지은이

로널드 J. 플레이너는 2015년부터 2020년까지 호주국립대학교 철학 대학원에서 박사후 연구를 수행했으며, 현재는 호주 연구 위원회 산하의 언어 역학 연구소의 연구 겸임교수 겸 멜버른 대학교 언어·언어학 대학원에서 박사후 연구원으로 언어 진화에 대해 연구하고 있다.

킴 스터렐니는 호주국립대학교 철학 대학원 교수다. 저서로 『언어와 현실: 언어철학 개요(Language and Reality: Introduction to the Philosophy of Language)』, 『도제의 진화: 진화는 어떻게 인간을 특이하게 만들었는가(The Evolved Apprentice)』를 비롯한 다양한 책들의 공저자이기도 하다.

옮긴이 고현석

《경향신문》,《서울신문》에서 과학, 국제, 사회 분야의 기사를 썼다. 지금은 수학, 자연과학, 우주과학, 인지과학 분야의 책들을 우리말로 옮기고 있다. 연세대학교 생화학과를 졸업했으며《느끼고 아는 존재》,《보이스》,《측정의 과학》,《세상을 이해하는 아름다운 수학 공식》,《의자의 배신》,《제국주의와 전염병》,《외계생명체에 관해 과학이 알아낸 것들》,《과학이 만드는 민주주의》,《코스모스 오디세이》,《페미니즘 인공지능》,《인지 도구》등을 번역했다.

신호에서 상징으로

From Signal to Symbol : The Evolution of Language
by Ronald J. Planer and Kim Sterelny
Copyright © 2021 The Massachusetts Institute of Technology
All rights reserved.
This Korean edition was published by Hyungju Press in 2024
by arrangement with The MIT Press through
KCC(Korea Copyright Center Inc.), Seoul.

이 책은 (주)한국저작권센터(KCC)를 통한 저작권자와의 독점계약으로
형주출판사에서 출간되었습니다. 저작권법에 의해 한국 내에서
보호를 받는 저작물이므로 무단전재와 복제를 금합니다.

신호에서 상징으로

글쓴이 로널드 J. 플레이너 · 킴 스터렐니
옮긴이 고현석

1판 1쇄 인쇄 2024. 1. 20.
1판 1쇄 발행 2024. 1. 30.

펴낸곳 형주 | **펴낸이** 주명진
표지 · 편집 디자인 예온

신고번호 제 333-2022-000002호 | **신고일자** 2022. 1. 3.
주소 부산광역시 해운대구 마린시티 2로 38 2동 2710호
전화 051-513-7534 | **팩스** 051-582-7533

ⓒ Hyungju Press, 2024

ISBN 979-11-977647-8-3 03700

신호에서 상징으로

언어의 진화

From signal to symbol

로널드 J. 플레이너 · 킴 스터렐니 지음 | 고현석 옮김

아들 에릭에게 이 책을 바칩니다.
로널드 J. 플레이너

―・―

이상한 아빠를 참고 이해해 준
딸 케이트에게 사랑을 담아 이 책을 바칩니다.
킴 스터렐니

차례

서문 ···· 10

---

1 불가능한 도전일까?

- 1.1 문제의 범위 ···· 33
- 1.2 원시언어 ···· 45
- 1.3 도상, 지표, 상징 ···· 54
- 1.4 송신자-수신자 이론 ···· 69
- 1.5 경험적 제약과 언어의 진화 ···· 81

---

2 원시언어를 향해

- 2.1 대형유인원 기준선 ···· 93
- 2.2 언어 모자이크 ···· 107
- 2.3 몸짓의 중요성 ···· 128
- 2.4 초기 호미닌: 이족보행의 인지적 결과 ···· 142

---

3 이족보행 인류의 기호와 말

- 3.1 최초의 호미닌이 거둔 성공 ···· 161
- 3.2 단어를 향해: 구조 ···· 183
- 3.3 의사소통, "지금 그리고 여기"로부터의 해방 ···· 190

3.4 능력, 이해, 유연성 ···· 195
3.5 어휘 확장을 위한 인지적·문화적 원동력 ···· 201
3.6 호모 에렉투스에서 호모 하이델베르겐시스로 ···· 208

4 합성기호

4.1 몸짓과 구조 ···· 217
4.2 합성기호 ···· 222
4.2.1 가리키기 ···· 223
4.2.2 도상 ···· 228
4.3 최초의 합성기호 ···· 239
4.4 더 복잡한 합성기호 ···· 247

5 문법 구조

5.1 문제의 형태 ···· 259
5.2 기준선 능력 ···· 267
5.2.1 해석 ···· 267
5.2.2 생성 ···· 274
5.3 구문의 쉬운 문제 ···· 278

5.4 계층적 구조: 언어학적 관점 ···· 283
5.5 계층적 구조: 신경과학적 관점 ···· 295
5.6 플라이스토세 초·중기의 기술적 진화 ···· 305
5.7 인간의 계층적 인지 진화 ···· 316

6 불 주변 이론: 기호에서 말로의 전환

6.1 몸짓에서 말로의 전환 ···· 329
6.2 말의 구조 ···· 335
6.3 불, 요리 그리고 입의 해방 ···· 339
6.4 웃음과 노래 ···· 346
6.5 불이 미친 영향 ···· 352
6.6 누가, 어디서, 언제? ···· 364

7 원시언어에서 언어로

7.1 협력의 변화 ···· 379
7.2 새로운 협력 방식으로 인한 사회적 비용 ···· 385
7.2.1 분업 ···· 385

7.2.2 호혜관계 ···· 390
7.2.3 밴드(집단) 사이의 협력 ···· 396
7.3 사회적 스트레스 해소 ···· 400
7.3.1 규범 ···· 400
7.3.2 친족관계 ···· 407
7.3.3 이야기와 가십 ···· 413
7.4 후기 인류가 협력을 잘하게 된 이유 ···· 417
7.4.1 본질적 인지적 차이 ···· 418
7.4.2 반응적 공격성의 감소 ···· 422
7.4.3 환경적 스트레스 ···· 430

8 기적은 없었다

용어 해설 ···· 459
주 ···· 467
참고문헌 ···· 481
찾아보기 ···· 511

서문

이 책은 오랜 준비기간을 거쳐 나오게 된 책이다. 이 책의 저자 중 한 명인 스터렐니는 인간의 사회적 삶의 진화와 사회적 삶을 가능하게 하는 능력에 대해 15년 동안 집중적으로 연구를 진행해 왔다. 연구가 진전되면서 스터렐니는 인간의 언어에 대해 본격적으로 다뤄야 할 필요성을 점점 더 많이 느끼게 되었다. 스터렐니는 자신의 저서 『도제의 진화 The Evolved Apprentice』의 한 장 전체를 인간의 의사소통 진화에 할애했다.

스터렐니는 『도제의 진화』에서 사람들 사이에서 이뤄지는 협력의 전반적인 안정성, 그리고 사람들 사이의 상호작용에서 "지금 그리고 여기 now and here"에 대한 수많은 의사소통이 이뤄지고 있는 상태에서 계획적으로 누군가를 속이는 일이 얼마나 어려운지 생각하면, 속임수 또는 기만이라는 특정한 문제가 안정적인 의사소통을 위협한다는 생각은 지나친 생각이라고 주장했다. 하지만 스터렐니는 이 책에서 몸짓이 언어의 기원이라는 이론에 대한 방어를 제외하면, 언어와 언어의 근접 조상에 대해 구체적이고 깊게 언급하지는 않았다.

따라서 스터렐니는 인간의 사회적 진화에 대해서는 구체적인 연구를 진행했지만, 2015년에 나와 만나 공동연구를 시작하기 전까지는 언어에 관련된 사안을 뒤로 제쳐놓았다. 그 후 우리는 2018년부터 이 책을 쓰기 위한 구상을 함께 했다. 이 책은 나와 스터렐니의 긴밀한 협력의 산물이다. 이 책의 본문 내용도 거의 반반씩 썼으며 원고 교정도 같이 했다.

이 책의 전반부는 스터렐니가, 후반부는 내가 초안을 잡았다. 이 책의 전체적인 주장을 구조화하는 인간 진화에 관한 이론은 스터렐니가, 언어 관련 요소들, 특히 인지신경학 관련 개념들과 구조의 진화 이론은 내가 제시했다. 따라서 이 책의 제1저자는 스터렐니라고 할 수 있으며 지금부터는 이 책의 내용을 전반적으로 소개할 것이다.

언어는 인간의 인지와 사회적 삶의 기초다. 따라서 사피엔스의 독특성에 대해 진화론에 기초한 설명을 하려면 언어 진화라는 문제를 반드시 다루어야 한다. 수많은 연구자들이 지적하듯이 언어 진화라는 문제는 극도로 어려운 문제다. 동물의 신호교환과 인간의 언어학적 의사소통 사이의 간극이 너무나 크기 때문이기도 하고, 언어의 조상일 수 있는 것들에 대한 증거를 찾기가 어려우며 그 증거를 찾는다고 해도 간접적인 증거에 불과하기 때문이다.

그럼에도 불구하고 우리는 (우리를 포함한) 점점 더 많은 연구자들이 이 어려운 문제에 도전해 가치 있는 결과를 내고 있다고 생각한다. 먼저, 이 많은 연구들 속에서 우리의 연구가 어떤 위치를 차지하고 있는지 살펴보도록 하겠다.

지난 10여 동안 언어 진화를 다룬 다양한 논문이 발표되었으며,

언어 진화를 주제로 한 중요한 책들도 여러 권 출판되었다. 대표적인 저자로는 허포드(Hurford, 2007), 토마셀로(Tomasello, 2008), 비커튼(Bickerton, 2014), 허포드(Hurford, 2011), 프로고바츠(Progovac, 2015), 스콧-필립스(Scott-Phillips, 2015), 버위크와 촘스키(Berwick and Chomsky, 2016), 에버렛(Everett, 2017)을 들 수 있다. 이 연구자들은 크게 점진적인 언어 진화를 주장하는 사람들과 갑작스러운 언어 출현을 주장하는 사람들(예를 들어, 버위크와 촘스키)로 분류된다. 우리는 점진적인 언어 진화를 주장하는 진영에 속하지만, 우리도 결국 그 진영에 속하는 다양한 연구자 중 일부일 뿐이다.

우리는 언어 진화에 관한 이론이 두 가지 중요한 조건을 만족시켜야 한다고 생각한다. 첫째, 언어 진화 이론은 대형유인원의 의사소통 능력에서 현생인류의 의사소통 능력으로의 진화 과정을 합리적으로 설명할 수 있어야 하며, 그 과정을 이루는 각각의 단계는 작고, 누진적이고, 적응적인 단계여야 한다(적어도 부적응적인 단계는 아니어야 한다).

유전적 부동genetic drift(주로 집단의 크기가 작고 격리된 개체군 내 한 세대에서 다음 세대로 대립유전자의 빈도가 기회에 따라 발생하는 현상)이 어느 정도 역할을 했을 가능성은 있다. 다시 말해, 언어 진화 이론은 언어에 대한 "혈통 설명lineage explanation"(Calcott 2008)을 할 수 있어야 한다. 둘째, 언어 진화 이론은 인간의 사회적·기술적·경제적 진화라는 더 높은 차원에서의 설명을 포함해야 하며, 그 설명은 고생물학적 증거, 고고학적 증거, 진화생물학적 증거에 의해 뒷받침되어야 한다.

우리에게는 고대의 인간들이 어디서 어떻게 살았고 이동했는지에 대한 충분한 증거가 있다. 그들의 생활방식에 대한 정보(어떤 자원을 소비했는지, 어떤 환경을 이용했는지, 어떤 위험을 피했는지, 어떤 지역으로 이동했는지에 대한 정보)에 따라 그들의 인지적·사회적 능력과 의사소통 능력에 대한 설명이 달라진다(Sterelny, 2016a). 이 두 가지 조건을 만족시키는 합리적인 이론을 구축하는 것은 쉬운 일이 아니다.

마음이론 능력theory of mind capacity(타인의 감정을 이해할 수 있는 인지적 능력)이 언어 진화에서 한 역할에 대해서도 연구자들 사이에서 의견이 갈라진다. 일부 연구자들(Tomasello 2008; Scott-Phillips 2015)은 언어 진화의 가장 큰 원동력은 마음이론 능력의 점진적인 발달이라고 본다. 더 구체적으로 설명하면, 이들은 우리 조상들이 허버트 폴 그라이스Herbert Paul Grice(역주: 그라이스는 화자와 청자의 대화에서 논리적 함축이 아니어도 둘이 협력할 경우에 의미 전달이 가능하다는 개념을 명시화한 "협력의 원칙"을 제시했다)가 주장한 의사소통 방식을 인식하고 그 방식에 기초해 행동할 수 있게 됨에 따라 언어가 만들어졌다고 본다.

이 주장과 정반대되는 주장을 하는 연구자들도 있다. 이들은 인간 특유의 마음이론 능력이 언어 발생의 원인이 아니라, 언어가 발생했기 때문에 나타난 결과라고 생각한다. 이 연구자들은 언어만의 구조적 특징, 특히 구문syntax 규칙과 그 구문 규칙의 기초를 제공하는 인간의 뇌를 중시한다. 이 책을 계속 읽으면 알게 되겠지만, 우리의 입장은 이 두 입장의 중간 정도에 위치한다. 우리는 마음이론 능력의 발달이 언어 발생에서 중요한 역할을 했다고 보지만, 중추적인 역할을 했다고까지는 생각하지 않는다.

우리는 마음이론 능력의 발달이 언어를 현재 우리가 사용하는 언어로 만든 핵심적인 인지적 변화 중 하나에 불과하다고 생각한다. 우리는 단 하나의 요인이 언어 진화에 결정적인 영향을 미쳤다고 생각하지 않는다. 또한 더 넓은 차원에서 우리는 인간의 마음과 인간의 사회적 삶의 출현에도 단 하나의 요인이 결정적인 영향을 미쳤다고 생각하지 않는다. 인간의 언어 그리고 인간의 언어를 뒷받침하는 인지적·사회적 능력은 여러 가지 면에서 대형유인원을 포함한 동물의 의사소통 시스템과 다르다.

인간의 언어는 발화utterance의 구조적 복잡성이 무한하며(따라서 구문 규칙의 중요성이 높아지며), 통시적 유연성diachronic flexibility을 가지며 (인간은 새로운 단어와 표현을 만들어낼 수 있다), 사회적 기능과 의사소통 기능이 다양하며, 표현의 다양성이 있으며, 그 표현의 다양성에 대한 문맥적 민감성이 있으며, 다수의 인원과의 대화의 속도도 매우 빠르고 안정적이며, 어떤 사물에 대해 말함으로써 그 사물에 대해 생각할 수 있게 만들기 때문에 사회적 학습과 생각의 조직화를 위한 강력한 도구가 된다. 하지만 우리는 인간의 언어가 가진 이런 기능들이 마음을 뒷받침한다고 해서 인간의 언어가 특별하고 우월한 존재라고 생각하지는 않는다.

우리는 언어 진화가 처음에는 기준선 능력baseline capacity과 차이가 별로 없는 능력들의 모자이크에서 시작되었다고 본다. 우리는 이 능력들의 상호작용으로 의사소통 시스템의 진화가 시작되었으며, 그 의사소통 시스템은 시간이 흐르면서 다른 동물들의 의사소통 시스템과 점점 더 크게 달라졌다고 생각한다.

인간의 삶에 대한 연구 대부분에서 생물학과 문화는 대조적인 위치를 차지한다. 인간의 삶과 몸의 생물학적인 특징들 또한 그럴 것이다. 하지만 이런 이분법적인 구분이 적용되지 않는 것이 언어다. 언어는 충분히 생물학적이면서도(언어는 유전적 변화를 기초로 적응한다. 그리고 이런 적응은 언어에만 한정되지 않는다) 몇 만 년 또는 몇 분 단위로 문화적 과정에 의해 만들어지기도 하기 때문이다(예를 들어, 신조어는 매우 짧은 시간 안에 만들어진다).

인류의 긴 역사에 걸쳐 인간의 의사소통 활동, 특히 인간의 발성은 대부분 하향식 통제top-down control를 받아왔다. 인간이 사용하는 단어는 말이 힝힝거리는 소리나 돼지가 꿀꿀대는 소리와 전혀 다르다. 하지만 이런 하향식 통제를 생물학에서 문화로의 전이 과정으로 생각하면 안 된다. 인간의 먹는 행동은 하향식 통제를 받는다.

이 하향식 통제는 문화적 학습이 우리가 무엇을 언제 누구와 먹는지에 지대한 영향을 미치게 만든다. 어떤 방식으로 무엇을 누구와 먹는지가 매우 큰 사회적인 중요성을 갖기 때문이다. 하지만 먹어야 한다는 것 그리고 무엇을 먹을 수 있는지는 형태와 생리적 특성과 관계된 문제다.

이 경우 형태와 생리학적 특성은 인류가 아주 오래 전에 요리를 시작했을 때부터의 문화적 발명에 의해 형성된 것이다. 따라서 인간의 먹는 행위는 매우 생물문화적biocultural이라고 할 수 있다. 인간의 먹는 행위는 생물학적 요소와 문화적 요소 모두에 영향을 받는다는 뜻이다. 인간의 웃음도 생물문화적인 특성을 가진 행동이다. 하지만 흥미롭게도 웃음은 하향식 통제를 부분적으로만 받는다. 진짜 웃음은 비자의적이지만 웃음을 촉발하는 요인들은 문화의 지대한 영향을 받는다. 하지만 언어는 전적으로 생물문화적인 특성을 가지는 전형적인 예다.

진화 및 생태학 이론은 생명이 매우 다루기 힘든 주제라는 사실을 잘 알려준다. 생명을 연구하려면 인간의 삶과 인류의 오랜 역사를 다뤄야 하기 때문이다. 생물학적인 주제들은 서로 분명하게 구분되지 않으며, 생물학적 과정들은 다양한 상호작용을 일으키는 인과관계 요소들의 영향을 받으며, 이 과정에서 일어나는 변화들의 중요성은 대부분 상대적으로 평가된다. 정형화된 모델로 이런 복잡성의 상당 부분을 제거할 수는 있지만, 그렇게 얻은 결과를 해석할 때는 정형화된 모델을 사용했다는 사실을 반드시 감안해야 한다.

우리는 이렇게 시간에 따라 상대적인 중요성이 변화할 수 있는 다양한 요소들을 모두 고려해 연구를 진행했으며, 각자의 원래 전공에 따라 서로 다른 관점에 충실했다. 우리가 이 책에서 주장하는 것은 언어학보다는 깊은 역사에 기초한다. 현재까지 나온 언어 진화에 관한 책들 대부분은 언어학자가 썼다. 이 책들의 대부분은 저자들이 현재 상태의 언어를 중심으로 과거를 돌아보면서 자신의 이론적 뼈대에 기초해 언어의 기원을 탐구한 책이다.

이 저자들은 언어학 데이터를 경험적 토대로 생각하고 있다. 예를 들어, 프로고바츠의 논문은 인간 언어 전반에 대한 특정한 구문 이론을 다루면서 구문 규칙이 어떻게 점진적으로 발달했는지 설명을 시도했다. 우리는 자연 언어의 특성에 관한 특정한 이론에 집중하지 않기 때문에 프로고바츠의 이론을 보강할 수 있을 것이다.

예를 들어, 우리는 대안으로 고대의 호미닌들의 생활방식을 탐구함으로써 그 생활방식이 의존한 인지능력과 의사소통 능력에 대해 자세한 설명을 하려고 시도했다. 고대 호미닌들의 생활방식은 시간이 지남에 따라 변화했고, 우리는 변화한 생활방식이 고대 호미닌들의 인지능력과 의사소통 능력 그리고 그들의 생존 문제 해결에 미친 영향을 설명할 수 있을 정도의 충분한 정보를 확보할 수 있었다.

우리의 목표는 현존하는 대형유인원의 생활방식에 비해 크게 복잡하거나 협력적이지 않은 생활방식에서 시작해 사회적 복잡성과 표현 욕구 면에서 현존 인류의 생활방식과 비슷한 수준을 가지는 생활방식까지 연구함으로써, 경험적으로 제한될 수밖에 없는 의사소통의 변화과정을 합리적으로 설명하는 것이다. 우리가 아는 한, 경험적으로 제한될 수밖에 없는 호미닌의 생활방식 변화에 대한 구체적인 연구결과를 중심으로 언어 진화 모델을 책 한 권 정도의 분량으로 서술한 책은 이 책이 처음이다. 실제로 이 책의 접근방법과 앞에서 언급한 다른 접근방법들과의 가장 중요한 차이는 우리가 제시하는 언어 진화 개념이 고고학적 맥락 그리고 인간의 사회성 진화에 대한 일반적인 이론과 상당히 밀접한 관련이 있다는 데에 있다.

예를 들어, 언어가 점진적으로 발생했다고 주장하는 진영에 속하는 에버렛의 이론은 넓은 의미에서는 우리 이론과 비슷하지만, 에버렛은 완전한 형태의 언어에 가까운 어떤 것이 우리의 이론에서보다 훨씬 먼저 출현했다고 생각한다. 우리는 인간의 언어 형성에 필요한 인지능력이 100만 년 또는 그 이전에 존재했다고 말할 수 있게 해주는 고고학적 증거가 없다고 본다.

비슷한 맥락에서, 언어 출현에 대한 비커튼의 연구도 "월러스의 문제Wallace's problem"를 풀기 위한 시도였다. 월러스의 문제란 인간이 물리적 및 생물학적 환경에 의한 문제들에 대처하는 데 필요한 지적 능력보다(언어 능력을 포함한) 더 고도의 지적 능력을 가질 수 있는지에 관한 문제를 말한다. 월러스는 우리가 서로에게 대처할 수 있을 정도의 지적 능력이 있으며, 이 지적 능력은 긍정적 피드백을 일으켜 우리의 인지능력을 더욱 발달시킨다는 사실을 간과했다. 우리가 보기에 비커튼은 실제로 존재하지 않는 문제를 풀기 위해 노력한 사람이다.

앞에서 우리는 하나의 핵심적인 요인이 우리 조상들에게 언어가 발생하게 만들었다는 생각에 반대한다고 언급한 바 있다. 우리는 언어가 의존하는 모든 또는 대부분의 요소들의 기본 형태가 대형유인원과 우리 계통 최초의 종에 존재했다고 생각한다.

이 요소들은 앞서 언급된 마음이론 능력, 복잡하고 정교한 행동들을 계획하고 실현하는 집행 능력, 다른 사람들의 행동을 인지하고 분석하는 능력 등을 말한다. 다양한 종류의 친사회적 동기prosocial motivation(다른 사람을 돕거나 기여하고자 하는 생각에 노력을 하는 욕구)도 이 요소 중 하나인데, 일반적으로 대화는 일종의 협력 형태이기 때문이다.

언어 진화에 관한 이런 생각은 초기 원시언어, 보강된 원시언어enriched protolanguage, 초기 언어와 같은 중간 언어intermediate language 형태의 역할과 (고대) 호미닌에게 존재한 마음의 유연성과 적응성의 역할을 중요시하는 생각이다. 이런 중간 언어 형태들과 그 형태들을 뒷받침한 중간적인 마음들의 중요성을 인식함으로써 우리는 진화 과정에서 기적 같은 일이 일어났다고 상정하지 않고도 대형유인원의 의사소통 시스템과 언어 사이의 간극을 메울 수 있었다. 즉, 우리는 언어에 대한 계통 설명을 시작할 수 있게 되었다.

하지만 앞에서 언급했듯이, 언어 진화에 대한 합리적인 설명은 호미닌 진화라는 더 넓은 맥락 안에 이뤄져야 한다. 우리는 언어 진화가 협력 면에서의 두 가지 혁명에 의해 이뤄졌다고 본다. 첫 번째 혁명은 대형유인원류의 사회적 행동이 초기 인류의 사회적 행동과 연결된 일이다. 이 혁명으로 침팬지들의 제한적인 협력 형태가 의무적인 상호 협력 형태로 전환되었다(Tomasello, Melis et al. 2012; Tomasello 2014). 이 시기는 정교한 형태의 의사소통에 필수적인 몇몇 인지능력이 처음으로 개선된 시기였다. 사회적 학습, 마음이론 능력, 기억력, 미래지향적 행동 등이 모두 이 시기에 강화되기 시작했다.

두 번째 혁명은 후기 호모 에렉투스erectus와 호모 하이델베르겐시스heidelbergensis의 이미 복잡해진 생활방식이 현생인류와 연결된 일이다. 이 혁명으로 인해 오늘 어떤 사람에게 도구를 주고 다음 주에 고기를 대가로 받는 교환 같은 지연 보상delayed-return 형태의 체계적인 협력이 출현했다(Sterelny 2014). 다른 사람에게 도구를 주고 나중에 보상을 받음으로써 자신이 속한 공동체에서 믿을 수 있고 도움이 되는 구성원이라는 평판을 얻게 되는 일은 삶을 훨씬 더 복잡하게 만드는 일이다.

우리는 이런 형태의 지연 보상 협력이 새로운 사회적 문제들을 일으켰다고 생각한다. 이 시기부터 수다^{gossip} 또는 그와 비슷한 행동을 통해 다른 사람들에 대한 평판을 알게 되는 것이 협력의 안정성 확보에 핵심적인 역할을 했고, 이 과정에서 더 복잡한 의사소통 기술의 필요성이 높아졌다. 수다를 떠는 사람들은 누가 어떤 일을 누구에게 했는지, 하지 않았는지 정확하고 자세하게 말할 수 있어야 했기 때문이다.

수렵채집 집단 또는 주거 집단 내에서 협력이 더 효율적이지만 더 복잡하고 어려운 형태로 전환되던 시기는 협력의 규모가 사회적·공간적으로 확장된 시기와 부분적으로 겹쳤을 것이다. 주거 집단 간의 구성원 이동이 자유로워지고 구성원들이 더 큰 공동의 일부로 편입되던 시기가 이 시기였기 때문이다. 협력규모의 확장은 [정보 교환, 번식 파트너의 증가, 인구학적 완충효과$^{demographic\ buffering}$ (사망률 증가로 인한 인구 감소가 인구 이동으로 상쇄되는 효과)] 여러 가지 이점도 발생시켰지만 사회적 상호작용과 의사소통을 더욱더 복잡하게 만들기도 했다(Sterelny 2021).

이 책을 쓰면서 우리는 다음과 같은 익숙한 생각들에 의존했다. (1) 인간의 언어 진화에서 몸짓이 핵심적인 역할을 했다(Donald 2001; Tomasello 2008; Corballis 2011; Sterelny 2012b). (2) 석기 제작 행동이 인간의 구문 능력을 비롯한 언어 관련 인지능력을 발전시켰을 것이다(Stout 2011; Stout and Chaminade 2012; Planer 2017b). (3) 대형 동물 사냥과 불에 대한 통제 행동은 인간들 사이의 협력과 조정의 필요성을 높임으로써 의사소통의 복잡성을 증가시켰을 것이다

(Pickering 2013). (4) 노래의 진화가 인간을 음성 언어에 미리 적응시키는 데 중요한 역할을 했으며(Gamble, Gowlett, and Dunbar 2014; Killin 2017a; Killin 2017b), 불에 대한 인간의 통제 능력이 발달함에 따라 인간은 목소리로 의사소통을 할 수 있는 생태학적 환경을 선호하고 선택하게 되었다. (5) 인간의 "근접성으로부터의 해방release from proximity"은 친척을 가리키는 복잡한 말들과 사람들 사이의 관계를 나타내는 말들이 진화함에 따라 가능해졌다(Gamble 2013; Planer 2020a).

우리는 언어 진화에 대한 생각을 발전시키면서 이 생각들을 결합해 일관성 있는 새로운 이론을 만들어냈고, 고생물학, 고고학, 계통발생학, 유전학 분야의 관련된 최근 증거들에 기초해 이 생각들을 업데이트하고 확장했다.(또는 그랬길 바란다!)

이런 전반적인 그림에 기초해 이 책의 각 장에 대해 간단히 요약하면 다음과 같다. 제1장은 랠런드(Laland, 2017)의 연구에 기초해 언어 진화 이론이 만족시켜야 하는 조건들에 대한 우리의 생각과 함께 원시언어들이 점진적으로 진화해 현재의 언어가 형성되었다는 언어 진화 이론에 관해 다룰 것이다. 또한 사람들에게 잘 알려진 점진적 언어 진화 이론, 즉 지표와 도상을 거쳐 진정한 의미의 상징이 탄생했다는 생각에 대해서 비판할 것이다.

대부분의 언어 진화 모델들은 지표index, 도상icon, 상징symbol을 구분하면서 언어의 문제를 인지능력과 상징적 의사소통을 뒷받침하는 사회적 환경의 출현에 대해 설명하는 문제로 보고 있다(Deacon 1997). 하지만 우리는 지표, 도상, 상징의 구분이 기존의 생각과는 달리 그리 명확하거나 확실하다고 보지 않는다. 우리는 최근 들어 활발한 연구의 대상이 되고 있는 송신자-수신자 체계sender-receiver framework라는 개념을 의사소통과 그 진화에 대한 연구의 핵심으로 보고 있다.

제1장은 언어 진화 연구의 경험적 제한을 해결할 수 있는 방법에 대한 우리의 생각을 정리하는 것으로 마무리될 것이다.

우리 연구의 실질적인 내용은 제2장에서부터 다뤄진다. 제2장은 비교생물학과 고생물학 연구결과를 기초로 인지 기준선과 의사소통 기준선, 즉 초기 호미닌들의 인지 능력과 의사소통 능력에 대해 논할 것이다.

제2장의 두 번째 섹션에서는 이 연구결과를 바탕으로 언어 모자이크language mosaic, 즉 언어를 뒷받침하는 인지능력들과 사회적 능력들에 대해 다룰 것이다. 이 언어 모자이크 이론의 핵심은 이런 능력들 대부분 또는 전부가 인간만이 가진 능력이거나 인간의 언어에만 적용되는 능력이 아니며 초기 호미닌들에게 원시적인 형태로 존재했다고 보는 데에 있다. 또한 이 능력들은 매우 다양한 기술들에 영향을 미치기 때문에 이 능력들이 존재했다는 역사적인 증거를 수렵채집이나 도구제작처럼 실제로 물리적인 흔적을 남긴 행동에서 찾을 수 있다. 우리는 제2장에서 이 기준선들과 능력들에 대해 설명하면서, 이족보행bipedalism(직립보행) 생활방식으로의 전환이 몸짓의 역할을 증가시킴으로써 특히 협력cooperation, 조율coordination, 의사소통의 변화 같은 중요한 인지적·행동적 변화를 일으켰다는 핵심 내용을 필두로 플라이오세Pliocene 호미닌이 대형유인원을 넘어선 능력

을 가지고 있었다는 것을 보여줄 것이다.

제3장에서는 동물들의 신호가 말로 전환되는 언어 진화 초기 단계들에 대한 우리의 생각을 다룰 것이다. 동물들의 신호는 특정한 환경적 상태에 의해 촉발되며 특정한 행동적 반응과 연관된다. 동물들의 신호는 일반적으로 '지금 그리고 여기now and here'에만 연관되며 다른 신호들과 같이 생성되지 않는다.

또한 동물의 의사소통 시스템에 속하는 신호들은 시간이 지나도 변화하지 않는 반면 인간의 어휘는 쉽게 확장된다. 우리는 이런 제약들이 어떻게 제거되어 말 또는 말과 비슷한 요소들을 생성될 수 있었는지 살펴볼 것이다. 우리는 이런 변화가 환경을 거스르면서, 그리고 협동이 처음 시작된 결과로 일어났다고 본다.

우리는 말과 비슷한 요소들이 포함된 일부 원시언어들이 매우 오래 전, 즉 협력적 사냥cooperative hunting이 시작되었을 것으로 추정되는 170만 년 전에는 출현했을 것으로 보고 있다. 우리는 호미닌의 생태학적 확장은 매우 점진적으로 진행되었기 때문에 호미닌의 어휘 확장도 그 생태학적 확장 속도에 맞추어 매우 점진적으로 진행되었다고 본다.

따라서 제3장의 핵심적인 주장은 플라이스토세Pleistocene의 전반 3분의 1에 해당하는 기간이 지난 뒤 출현한 에렉투스 계열 호미닌들이 사용하던 원시언어들이 매우 다채로웠을 것이라는 추측을 기반으로 한다. 이 원시언어들은 구조화된 신호 체계를 갖추고 있었고, 원거리 지칭displaced reference(현재는 존재하지 않는 대상이나 과거나 미래에 대한 정보를 공유하는 능력)이 가능했으며, 시간이 지나면서 새로운 아이템들이 추가될 정도로 유연성을 가지고 있었을 것으로 보인다.

이 장에서의 우리의 목표는 이 호미닌들의 생활방식에 대한 정보가 호미닌들이 원시언어를 사용할 능력이 있었으며, 유연성이 있고 원거리 지칭이 가능한 원시언어를 필요로 했다고 보는 이론을 뒷받침할 수 있다는 것을 보여주는 데에 있다. 제3장에서는 몸짓과 구조화된 신호 체계 사이의 연관관계를 중점적으로 설명하고, 제4장과 제5장에서는 신호 체계의 구조에 대해 집중적으로 다룰 것이다.

제4장에서는 "합성기호composite signs"의 기원과 확립에 대해 다룰 것이다. 합성기호란 기본적인 구문 구조 수준에는 이르지 못하지만 그것의 중요한 전구체precursor 역할을 하는 신호를 말한다. 합성기호는 그 합성기호를 구성하는 부분들이 특정한 방식으로 결합해 전체적인 의미를 바꿀 수 있지만 그 부분들의 순서 변화에 따라 의미가 달라지지는 않는 신호를 말한다.

합성기호에 관한 이론을 발전시키면서 우리는 톰 스콧-필립스(Thom Scott-Phillips, 2015)의 이론을 반박하는 과정을 거치기도 했다. 스콧-필립스는 합성기호를 사용하려면 고도의 인지능력이 있어야 한다고 주장하지만, 우리는 간단한 인지능력 몇 종류만으로도 합성기호를 사용할 수 있다고 본다. 우리의 이런 생각은 구조화된 신호 체계가 점진적으로 출현했다는 이론에 기초한다.

제5장은 특히 계층구조hierarchical structure 자체의 진화를 중심으로 구문 구조의 진화를 다룬다. 계층구조에 관련된 언어 진화 연구는 상당히 많이 이뤄진 상태지만(Stout 2011; Berwick and Chomsky 2016) 그 연구들은 계층구조 자체가 어떤 의미를 지니는지에 대해서는 명

확하게 밝혀내지 못했다.

따라서 제5장에서는 계층구조 자체와 계층구조가 의사소통에서 차지하는 역할에 대한 향상된 분석이 이뤄질 것이다. 또한 기술적인 능력(특히 정교한 석기 제작 능력)이 발달하는 과정에서 계층구조를 지지하는 계산 능력이 진화하였다는 생각을 더 발전시킬 것이다.

(지금까지 이 책에서 우리가 사용한 용어들을 기초로 짐작할 수 있겠지만, 제5장을 포함한 이 책 전체에 걸쳐 우리는 넓은 의미에서 인지능력의 계산적 관점을 방어하기보다는 그를 전제로 하여 우리의 주장을 전개할 것이다). 이를 위해 우리는 구석기시대와 신석기시대에 관한 최신 연구결과와 복잡하고 의도적인 행동에 대한 신경과학 연구결과를 모두 고려하고 통합하려 한다.

우리는 인간이 합성도구 composite tool를 제작하게 되었을 때(50만~25만 년 전)에 계층구조 처리를 위한 인지능력의 전부 또는 대부분이 생겨난 상태였을 것이라고 본다. 따라서 제5장의 목표는 에렉투스 계열, 특히 (약 80만 년 전에 출현한) 하이델베르겐시스 호미닌들이 석기 제작 기술을 익히기 위해 가져야 했던 인지능력이 구조화된 언어 처리에도 사용되었다는 것을 보여주는 데에 있다.

석기를 제작하려면 미리 단계별로 정확하게 계획을 해야 하며, 이런 능력은 다른 이들이 미리 계획한 단계들을 관찰하고 인식할 수 있어야 학습할 수 있다. 이 호미닌들의 이런 정교한 석기 제작은, 실행과 학습의 두 가지 측면 모두에서, 계층적으로 표현된 행동 계획에 의존했다. 우리는 계층적으로 구조화된 문장의 생성과 이해를 가능하게 하는 핵심적인 인지능력이 석기 제작을 실행하고 학습할 수 있는 능력과 같은 능력이라고 생각한다.

제6장에서는 몸짓의 역할 확장으로 언어가 시작된다는 생각에 대한 비판을 제기할 것이다. 원시언어가 몸짓 시스템으로 시작했다면 발성이 왜 중요해졌을까? 우리는 불 주변firelight niche 개념과 불의 통제로 인해 사회적·물리적 환경이 변화했다는 이론으로 언어의 몸짓 기원론을 반박할 것이며 그 과정에서 발성 조절을 선호하는 선택압selective force or selection pressure(역주: 다양한 형질 중 환경에 적합한 형질이 선택되도록 만드는, 자연에 존재하는 가상의 압박)의 존재를 주장한 던바Dunbar의 이론 중 일부를 적용시킬 것이다.

우리는 말로 하지 않는 노래 부르기와 웃음 같은 행동이 발성 조절 능력을 향상시켰다고 보며 호미닌들의 사회적 생활이 더 복잡하고 치열해지면서 이런 행동이 긴장을 완화하고 연대감을 강화하는 데 도움을 줬다고 생각한다.

호미닌들의 발성 조절 능력이 높아지면서 다양한 측면에서 발성의 효율성이 높아졌고, 특히 불 주변에서 효율성이 두드러지게 높아졌다고 본다. 따라서 우리는 (원시언어로부터 독립적으로 진화한) 발성 조절 능력의 향상과 불에 대한 통제 능력의 향상의 결합이 목소리를 주로 이용하는 의사소통 능력을 진화시키는 데 중요한 역할을 했다고 생각한다.

제7장에서는 플라이스토세 후반에 일어난 인간의 생활방식 변화, 즉 두 번째 협력 혁명이 본격화된 시기를 중심으로 우리의 이론을 더 자세하게 설명할 것이다(Sterelny 2014, Sterelny 2021 참조).

이 두 번째 협력 혁명에 따라 인간의 의사소통 능력은 더 발전해야 했고, 문화적 학습이 더 효율적으로 이뤄져야 하는 상황이 도래했으며, 이 두 가지 변화는 풍부한 원시언어에서 우리가 현재 사용하는 언어로의 전환을 일으켰다(하지만 우리는 풍부한 원시언어와 현재의 언어가 매우 명확하게 구분된다고 보지는 않는다).

따라서 제7장은 이 두 번째 협력 혁명이 의존한 사회적 도구와 의사소통 능력에 대한 구체적인 설명을 제공하게 될 것이다. 여기서 말하는 사회적 도구와 의사소통 능력은 친족을 가리키는 말, 명시적인 규범, 이야기를 할 수 있는 능력, 간접화법 능력 등을 뜻한다.

우리는 인간의 생활방식이 협동과 조절이 일상적인 문제였던 민족지학적ethnographic 의미의 수렵채집자들의 생활방식과 매우 비슷해진 것이 이 시기라고 본다. 따라서 협력과 조절의 필요성이 높아짐에 따라 갈등 해결을 위해 현대의 언어가 완전한 형태로 처음 출현한 것도 이 시기라고 본다.

언어 진화가 일어난 시기로 보기에는 이 시기가 너무 늦다고 보는 사람들도 있다. 하지만 우리는 언어의 문화적인 특징과 진화 측면에서의 특징을 중요하게 생각하기 때문에 이 시기가 언어 진화에 가장 적절한 시기였다고 생각한다. 호모 사피엔스, 네안데르탈인, 데니소바인 그리고 이들의 가장 가까운 공통조상인 하이델베르겐시스 사이에 유전적 차이가 매우 적다는 점을 고려하면 언어 출현을 위한 유전적 전제조건은 이 시기보다 훨씬 이전에 만족되었다고도 말할 수 있다(Dediu and Levinson 2013; Dediu and Levinson 2018).

하지만 우리는 언어 출현에서 문화적 진화가 가장 중요한 역할을 했다고 생각한다. 수리 인지numerical cognition와 언어를 비교해 보자, 숫자 127과 69를 곱할 수 있는 유전적인 능력을 가지는 것과 인지적 표현형의 일부로 그 능력을 가지는 것은 전혀 다른 경우이다.

플라이스토세 중기에 살았던 하이델베르겐시스들은 구조면에서 현대 언어 수준에 이르는 언어가 거의 필요하지 않았다. 또한 인구학적인 제약도 언어의 발달을 방해했을 것이다. 50만 년 전 그리고 그 이전의 우리 조상들도 "언어를 사용할 준비"가 되어 있었을지 모른다. 하지만 언어를 사용할 준비가 되어 있었다고 해서 실제로 언어 능력이 있었다고 볼 수는 없다.

제8장에서는 우리 이론에 대한 자기 평가를 할 것이다. 제1장 1.1에서 다루게 될 성공 조건들을 다시 다루면서 그 조건들에 기초해 우리의 이론을 우리가 스스로 평가할 것이다. 우리의 이론은 그 조건들을 완전히 만족시키지는 못한다. 하지만 우리는 경험적 제약이 있을 수밖에 없는 어휘 확장, 원거리 지칭 그리고 계층적 구문 구조 확립의 전제조건들에 대한 모델을 제시함으로써 전체적인 언어 발생 이론의 중요한 부분들을 설명했다고 생각한다.

이제 좀 즐거운 이야기를 해야겠다. 이 책을 쓰는 데 도움을 준 사람들에 관한 이야기다. 책을 쓰려면 마을 하나가 필요하다고 하는데, 우리는 우리 마을 안에서 운이 좋았다. 호주 국립대학ANU 내 철학 대학원과 언어학에 중점을 둔 언어 역학 학제간 연구소의 환경도 매우 큰 도움이 되었다.

호주 국립대학은 우리의 집필 과정에서 필요한 여러 가지 편의를 제공해 주었으며, 특히 언어 역학 연구소는 우리가 여러 차례의 프레젠테이션을 통해 이 책의 초기 원고 내용을 발표할 수 있게 해주고 우리의 연구에 대한 피드백을 줌으로써 우리에게 큰 도움을 주었다. 특히 칼 브러스Carl Brusse, 닉 에반스Nick Evans, 리즈 어바인Liz Irvine, 데이비드 콜크먼David Kalkman, 앤톤 킬린Anton Killin, 스티븐 만Steven Mann, 리처드 무어Richard Moore, 로스 페인Ross Pain, 로렌 리드Lauren Reed, 맷 스파이크Matt Spike에게 감사의 마음을 전한다. 이 열정적인 연구자들은 이 책의 초고를 읽고 우리의 프레젠테이션에 참석해 조언을 아끼지 않았다.

우리는 오스트랄라시아(호주, 뉴질랜드, 서남 태평양 제도를 포함하는 지역) 여러 곳에서 이 책과 관련한 다양한 워크숍(호주 국립대학에서 열린 언어 진화 관련 워크숍, CoEDLFest 워크숍, 웰링턴 경험철학 워크숍, 고고학과 철학의 결합을 목적으로 하는 일련의 워크숍 등)을 열었다. 이 워크숍들에서 큰 도움을 준 피터 고드프리-스미스Peter Godfrey-Smith와 피터 히스콕Peter Hiscock에게 특별히 감사드린다. 이 두 학자는 우리가 한 프레젠테이션에 참석하고 이 책의 초고를 검토해 주며 우리가 진화, 언어, 역사와 관계된 이론 정립을 한 방식에 핵심적인 영향을 미치기도 했다.

더불어 이 책의 원고 전체를 읽어준 MIT 출판부의 편집자 4명(마이클 오브라이언Michael O'Brien, 리처드 무어Richard Moore, 그리고 익명의 2명)에게도 감사드린다. 이들의 의견을 통해 우리는 이 책의 많은 부분을 개선할 수 있었다. 특히 리처드 무어의 면밀함은 큰 도움이 되었다. 마지막으로, 다년간 스터렐니의 연구와 이 책의 집필을 후원해 준 호주 연구지원 심의회에 감사의 마음을 전한다.

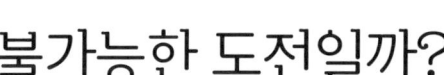

1

불가능한 도전일까?

1.1 문제의 범위

인간의 언어는 진화론 연구자들에게 어렵지만 피할 수 없는 도전을 제공한다. 언어가 인간의 삶에서 차지하는 명백하게 중심적인 위치 때문에 인간의 인지와 사회적 삶의 기원에 대한 설명에는 반드시 언어의 출현에 대한 설명이 포함되어야 한다는 뜻이다.

게다가 언어의 출현에 관한 설명은 반드시 진화론에 기초해야 한다. 언어의 출현이 (갑작스러운 것이 아니라) 어느 정도로 점진적이었는지, 유전적 진화와 문화적 진화의 역할이 각각 어느 정도였는지에 대한 논의가 존재하기는 하지만 진화론에 기초해야 한다는 주장 자체는 논쟁의 대상이 아니다.

설령 언어가 (문자처럼) 발명의 결과라고 해도 언어는 호미닌의 삶이 진화한 결과 그리고 호미닌의 인지능력이 진화한 결과로 발명되었을 것이다. 또한 언어가 발명의 결과라고 해도 언어는 점진적이고 누진적으로 발명되었을 가능성이 매우 높다. 즉, 언어는 유전적 진화의 결과가 아니라 문화적 진화의 결과일 가능성이 높다는 뜻이다(Heyes 2018). 이와 관련된 논의는 앞으로 자세히 다룰 것이다.

언어의 출현을 규명하는 문제가 어려운 이유는 언어가 의사소통의 다른 형태들과는 매우 다르다는 데 있다. 인간을 제외한 다른 모든 종에서는 최소 또는 원시적인 형태의 언어가 발견되지 않는다. 따라서 비교생물학적 방법을 이용해 다른 종들에게서 언어의 원시적인 형태를 찾아나서거나, 언어 진화에 선택압을 가한 환경적 요소들을 찾아내기는 매우 어렵다.

또한 설명의 대상인 언어 현상은 그 자체가 사회적 환경의 특징 중 하나이면서 개인의 머릿속에서 일어나는 현상이기 때문에 더 설명하기가 힘들다. 진화생물학자들은 유기체의 유전형genotype과 표현형phenotype(유전자의 영향을 받는 형태학적, 생리학적, 행동적 형질)을 구분한다.

예를 들어, 인간의 크고 복잡한 뇌는 표현형에 속하지만, 영어를 말하는 능력은 표현형에 속하지 않는다. 시간이 지나면서 특정 언어는 그 언어를 사용하는 공동체에 의해 만들어지고, 유지되고, 수정된다.

이 책의 저자인 우리는 둘 다 영어가 모국어다. 우리는 각자의 유년시절에 영어 사용 공동체에 "합류"한 것이지 언어를 구축하는 방법에 대한 지식을 유전적으로 물려받아 우리가 현재 사용하는 영어를 새롭게 만들어낸 것이 아니다. 반면, 일반적인 표현형 형질들은 새롭게 만들어진다. 우리는 짧은 다리를 물려받거나 이미 만들어진 짧은 다리를 환경에서 선택해 장착하지 않는다. 우리의 신체 기관들은 우리가 수정란에서 발달해 유아가 되면서 새롭게 만들어진 것이다. 하지만 영어를 말하고 이해하는 능력은 개인적인 특질, 즉 우리(저자들)의 각자의 표현형이 구현된 결과다. 언어를 진화적 관점에서 보는 사람들은 대부분 사회적 현상 그리고 때때로 개인적인 특질을 중점적으로 연구한다.

적절한 이론이 성립하기 위해서는 이 두 가지 요소의 상호작용에 대한 설명이 가능해야 한다. 이 연구를 더 어렵게 만드는 요소 중 하나는 설명의 대상 자체의 속성에 대한 깊은 논의가 현재 진행형으로 이뤄지고 있다는 사실에 있다.

인간의 크고 복잡한 뇌가 어떻게 진화했는지에 대해서는 이론이 분분하지만 최소한 뇌가 무엇인지에 대해서는 합의가 형성되어 있다. 하지만 언어 진화론자들에게는 이런 종류의 합의가 전혀 존재하지 않는다. 예를 들어, 언어가 기본적으로 사고 기관organ of thought이며 의사소통을 위해 2차적으로만 굴절적응exaptation(진화과정에서 신체기관이 본래의 기능과 다르게 쓰이는 현상)된다는 촘스키 학파의 이론(Berwick and Chomsky 2016)은 그 이론 자체가 언어 진화와 관계가 있는지조차 불분명하다.

일반적으로 생각할 때, 언어 진화에 대한 설명은 언어가 무엇인지에 관한 설명을 기초로 해야겠지만 언어 진화론 분야에서는 언어가 무엇인지에 대해 공통된 설명을 찾을 수 없다. 마지막으로, 언어 진화에 관한 연구를 결정적으로 어렵게 만드는 요인은 증거들이 대부분 간접적인 증거에 불과하다는 사실에 있다. 우리는 오래전 호미닌들의 의사소통 능력과 인지능력의 범위와 한계를 그 능력들을 가능하게 만드는 행동들의 흔적으로부터 추측해야 한다. 호미닌들이 언어를 가졌거나 가지지 않았다는 증거가 호미닌들의 유골(화석)

에 확실하게 남아있지 않기 때문이다. 말을 하기 위해서는 호흡, 혀의 위치, 입의 모양의 매우 복잡한 상호 조절이 필요하다(Fitch 2010; Everertt 2017; 제8장 참조).

제6장에서 살펴보겠지만, 이런 조절의 흔적을 보여주는 화석도 존재한다. 하지만 복잡한 소리들을 연속적으로 내는 능력은 말하는 능력보다 노래하는 능력에 의한 것일 가능성이 있고, 언어의 특징은 소리보다는 기호에서 더 명확하게 나타날 수 있다. 호흡 조절을 보여주는 증거가 중요하기는 하지만, 원시언어에 관한 증거 대부분은 간접적일 수밖에 없다.

회의적인 시각이 일부 존재함에도 불구하고 우리는 점진적인 언어 진화 이론을 뒷받침할 수 있는 수많은 이론적 증거를 확보했다고 생각한다. 첫 번째 증거는 일상적인 대화에 필요한 능력이 매우

용어설명

호미닌hominin(사람족)은 호모속Homo(사람속)과 침팬지속의 마지막 공통조상으로부터 갈라져 나온 모든 인류 쪽 계통을 말한다. 침팬지는 그 계통에서 현재까지 생존한 유일한 종족이며, 호모 사피엔스를 제외한 모든 호미닌 종족들은 멸종했다(역주: 족은 과와 속 사이의 분류 단위이며, 호미닌에는 호모속뿐만 아니라 오스트랄로피테쿠스 등의 더 오래된 인간의 조상들도 포함된다). 다른 연구자들처럼 우리도 뇌가 이례적으로 커진 최근의 호미닌을 "인간human"이라는 비공식적인 말로 지칭할 것이다. AMH라는 용어는 "해부학적 현생인류anatomically modern humans", 즉 화석 기록에 의해 약 30만 년 전에 출현했을 것으로 추정되는 우리 종과 형태학적으로 같은 인간을 뜻하는 말로 사용할 것이다.

고도의 인지능력이라는 사실이다.

일반적으로 말의 흐름은 1분에 135~180 단어 정도의 속도로 이어진다(Everett 2017, 제8장 참조). 말하는 사람은 이 속도를 유지하면서 자신이 하고 싶은 말을 결정하고, 하고 싶은 말에 대한 생각을 특정한 순서와 구조를 가지는 어휘들로 정리하며, 그 어휘들을 조음articulation을 가능하게 하는 운동 명령들로 전환한다. 이런 복잡한 인지적 과정은 시간의 압박을 받는 상태에서 이뤄진다.

대화에 참여하려면 말의 흐름을 끊지 않고 계속 이어가야 하며, 말하는 사람의 발화utterance는 그 발화 직전의 대화 내용에 제약을 받으면서 그 내용에 반응해야 하기 때문이다. 또한 대화 도중 의견을 말하려면 듣는 사람의 주의집중 정도, 관심 그리고 지식에 최소한 어느 정도는 말의 내용을 맞춰야 한다.[1]

최근의 언어 진화 연구는 화용론pragmatics을 중심으로 이뤄지고 있다. 화용론은 말하는 사람이 전달하고자 하는 내용이 발화의 단어 그대의 의미로만 인식되지 않는 상황을 설명하고자 하는 이론이다.[2]

예를 들어, 로널드 플레이너(이 책의 저자 중 한 명)가 강연의 마지막 부분에서 "질문 더 없습니까?"라고 묻는다면 청중은 그 말의 뜻이 술집으로 가서 뒤풀이를 하자는 것이라고 바로 알아듣는다. 또한 플레이너는 청중이 그가 말한 단어들을 듣고 어떻게 해석할지에 대한 즉각적인 자신의 표상 형성에 의존해 다음에 말할 어휘를 선택한다.

듣기와 해석하기가 말하기만큼 복잡한 과정인 이유 중 하나가 여기에 있다. 말을 들을 때 그 말을 듣는 행위를 하는 주체는 말하는 사람의 연속적이고 특이한(사람마다 목소리가 다르기 때문이다) 말의 흐름을 특정한 의미를 가진 단어들의 연속으로 간주한다. 이 능력은 언어 습득 과정 초기에 자연스럽게 발달하는 능력이다. 하지만 모르는 언어로 이뤄지는 대화를 들을 때는 말의 흐름 안에 있는 단어들 또는 구절들을 인식하는 것이 거의 불가능하다.

듣는 사람은 이 능력으로 말하는 사람의 어휘 선택과 구와 절의 조합 방법도 인식해야 한다. 또한 매우 빠른 속도로 사라지는 기억에도 불구하고 순식간에 지나가는 어휘들을 들으면서 이 과정을 수행해야 한다.

게다가 앞에서 말했듯이 어휘들이 구성하는 구조를 파악하는 것만으로는 충분하지 않으며 듣는 사람은 말해지는 것들 그대로의 의미뿐만 아니라 말하는 사람의 의도도 파악해야 한다. 여기에 또 다른 요인도 작용한다.

스티븐 레빈슨Stephen Levinson의 연구에 따르면 말의 해석은 예측에 의존한다(Levinson 2016). 한 번의 발화와 그 발화에 대한 반응 사이의 시간적 간격은 매우 짧기 때문에 반응을 하는 사람은 먼저 말을 한 사람이 발화를 끝내기 전에 최소한 부분적으로는 반응을 만들어낸 상태여야만 한다.

말을 들을 때도 우리는 말하는 사람이 어떤 말을 할지, 언제 말을 마칠지 예측해야 한다. 반응을 준비하고 시작하는 일은 듣고 해석하는 일과 부분적으로 동시에 일어난다는 뜻이다.

따라서 대화는 인지능력들의 복잡한 조합에 의존한다고 할 수 있다. 이 중 일부는 매우 고도의 인지능력이다. 대형유인원들의 의사소통은 이렇게 복잡하지 않다. 이런 능력들이 하나의 진화 단계만을 거쳐 형성되기는 극도로 힘들 것이다.

언어 진화를 연구하는 학자들 중 일부는 "언어 능력faculty of language"을 넓은 의미의 언어 능력과 좁은 의미의 언어 능력으로 구분한다(Hauser, Chomsky, et al. 2002). 언어와 관계되지만 행위주체의 삶에서 다른 역할들도 수행하는 능력과 오직 언어에만 관계되는 능력이 따로 존재한다는 생각이다.

이 생각에 따르면 마음이론 능력, 강력한 기억력, 집행 능력, 역사실적 추론counterfactual reasoning 같은 능력은 공동체 내에서의 의사소통 수단으로 언어를 사용하는 데 핵심적인 역할을 하지만 인간의 삶의 다른 영역에서도 다양한 역할을 한다.

이런 능력들은 인간에게만 있는 것이 아닐 것이며, 호미닌의 진화 과정에서 계속 개선되었을 것이다. 이런 능력들이 점진적으로 진화했다는 생각은 크게 반박을 받지 않고 있다. 하지만 구문 구성 능력, 즉 어휘들을 특정한 순서로 배열하고 어휘들로 매우 복잡한 계층적인 구조를 구축하는 능력이 점진적으로 진화했다는 생각은 거센 반박의 대상이 되고 있다. 이 능력은 언어에서 핵심적인 역할을 할 뿐만 아니라 언어에만 적용되는 능력이다.

원거리 지칭을 위한 요소들을 사용하고 이해하는 능력도 마찬가지다(Deacon 1997). 따라서 언어 능력을 두 가지로 구분하는 학자들의 주장은 (마음이론 능력처럼) 다양한 역할을 하는 능력은 점진적인 진화 과정을 거쳤지만, 언어(특히 구문)에만 적용되는 능력은 단 한 단계의 진화만으로 형성되었다는 주장으로 요약할 수 있다.

우리는 언어 능력에 대한 이런 구분에 반대한다. 이런 구분은 언어 구사를 가능하게 하는 능력이 언어 기능 외에도 다양한 기능을 가능하게 한다는 사실을 과소평가하기 때문이다. 또한 우리는 언어에서의 구문 구축 방식과 원거리 지칭을 인간의 인지적·사회적 삶의 다른 측면들과 연결시킬 것이다. 앞으로 설명하겠지만, 우리는 구문 구성 능력이 단 하나의 단계를 거쳐 발생했다는 생각에 대해 회의적인 입장을 가지고 있다. 구문 구성 능력에 대한 우리의 이 생각이 틀릴 수도 있다.

하지만 그렇다고 해도 인간의 언어 능력 형성에 필수적인 다른 모든 요인들 대부분은 점진적으로 진화했다는 우리의 생각은 변함이 없을 것이다. 이 부분에 대해서는 앞으로 다시 자세하게 다룰 것이다.

그렇다면 우리의 목표는 무엇이 되어야 할까? 케빈 랠런드Kevin Laland에 따르면 언어 진화 이론이 설득력을 가지려면 다음의 조건들을 충족시켜야 한다(Laland 2017).

- 초기 언어의 정직성을 설명할 수 있어야 한다.
- 확실하게 규명된 진화 메커니즘에 의존한 이론이어야 한다.
- 인간 언어의 고유한 범위와 표현력을 설명할 수 있어야 한다.
- 인간 언어의 독특성을 설명할 수 있어야 한다.
- 언어 진화 과정에서의 선택압에 대한 설명과 호미닌이 살아온 환경의 가변성과 역동성에 대한 설명이 일관성을 가져야 한다. 호미

닌은 단 하나의 물리적, 사회적, 생물학적 환경에서만 진화하지 않았기 때문이다. 실제로 호미닌의 진화는 호미닌의 사회적, 생물학적, 물리적 환경의 변화를 일으켰고, 따라서 우리 조상들이 노출되었던 선택압도 변화시켰다.

우리는 랠런드의 이런 생각에 동의한다. 하지만 우리는 완벽하게 점진적인 이론이 되기 위해서는 위의 조건들 외에 또 하나의 조건이 확실하게 충족되어야 한다고 생각한다. 그 조건은 브렛 캘코트Brett Calcott가 주장한 "계통 설명lineage explanation"(Calcott 2008)이 가능해야 한다는 조건이다. (침팬지속과 호미닌 계통의 마지막 공통조상의 의사소통 능력과 비슷했을 것으로 추정되는) 대형유인원의 의사소통 능력이 현생인류의 의사소통 능력으로 진화한 모든 과정을 계통적으로 설명할 수 있어야 한다는 뜻이다.

이 계통 설명이 설득력을 가지려면 두 가지 조건을 만족시켜야 한다.

첫째, 이 일련의 진화단계들 각각은 그 이전 단계 및 그 이후 단계와 비교적 적은 부분에서만 달라야 하며, 대형유인원의 의사소통 능력을 우리의 의사소통 능력과 연결시키는 모든 진화 사슬들은 그 사슬 하나하나가 독립적인 진화 과정을 나타내야 한다.

둘째, 이 진화 단계들 중 어떤 단계도 자연선택의 방해를 받은 단계여서는 안 된다. 원칙적으로 생각하면 후속 단계에서 유전적 부동genetic drift을 통한 고정fixation이 일어날 수 있지만, 일반적인 경우 후속 단계들을 거치면서 생물체는 생존에 유리한 이점들을 더 많이 갖게 된다.

언어 진화와 관련해 자연스러운 생각은 자연선택이 의사소통 능력의 점진적인 확장을 선호했다는 것이다. 하지만 앞에서 언급했듯이 우리는 일부 변화는 의사소통 능력과는 거의 관계가 없는 효과들을 위해 선택되었을 가능성도 생각해야 한다.

언어가 의존하는 능력들은 대부분 다른 기능들도 가능하게 만들기 때문이다. 언어의 진화는 모자이크 진화mosaic evolution의 예다.

즉, 원래는 독립적이었던 능력들이 공진화coevolution해 점진적으로 통합되지만 그 능력들 대부분은 언어와는 독립적으로 우리의 인지적·사회적 삶에서 계속 역할을 한다는 뜻이다. 언어 진화는 이미 존재하는 능력들의 개선 과정이자 그 능력들이 통합되어 더 조화롭고 빠르게 작용하게 되는 과정이다. 언어가 정확하게 어느 정도의 인지능력을 요구하는지, 그리고 언어 발생 과정에서 서로 연결되어 이렇게 공진화하는 능력들이 구체적으로 어떤 능력들인지에 대해 논란이 존재한다. 이에 대해서는 제2장 2.2에서 다룰 것이다.

지금부터는 제1장의 나머지 부분과 이 책의 나머지 장들에 대한 개략적인 설명을 할 것이다. 제1장은 나머지 장들에서 다룰 내용들의 기초가 되는 3가지 뼈대에 대해 개략적으로 설명할 것이다. 첫 번째 뼈대 언어가 점진적으로 풍부해진 원시언어들을 통해 진화했다는 점진적 언어 진화 이론이다.

원시언어는 어휘들을 가지고 있다는 점에서 언어와 비슷한 의사소통 도구다. 원시언어에서 발화는 단어와 비슷한 어떤 것들의 연속이었다. 하지만 원시언어에는 형태 구조 또는 구문 구조라고 할

지질시대(Geological Epoch)

이름	연대	설명
마이오세 중신세 (Miocene)	약 2303만 년~533만 년 전	마이오세 후반에 속하는 최초의 호미닌들의 화석이 발견된 상태지만, 이 화석들은 너무 파편적이라 당시 이 호미닌들의 생활방식을 알기는 거의 불가능하다.
플라이오세 신신세 (Pliocene)	약 533만 년 전~258만 년 전	플라이오세의 마지막 50만 년 동안(또는 그보다 훨씬 이전에) 석기를 사용했던 이족보행 호미닌이 출현했다. 호미닌의 생활방식 그리고 그 생활방식이 호미닌의 의사소통에 미친 영향에 대한 우리의 분석은 이 이족보행 호미닌에서 시작되었다.
플라이스토세 홍적세 (Pleistocene)	약 258만 년~1만 2000년 전	플라이스토세의 특징은 빙하기와 간빙기의 반복으로 인한 기후 불안정성의 증가다. 이 시기에 호미닌 계통에서는 뇌 용량의 확장(encephalization)과 신피질(neocortex, 사람에서는 대뇌 반구의 대부분을 차지하며, 학습·감정·의지 등의 고등 정신 작용이나 지각·언어·수의 운동 등을 지배한다)의 출현으로 생활방식이 크게 변화했다. 우리의 연구 대부분은 플라이스토세 호미닌들에 집중되어 있다.
홀로세 완신세 (Holocene)	약 1만 2000년 전~현재	홀로세 초기에 멸종되지 않고 살아남은 유일한 호미닌 종이 사피엔스다. 이 무렵에는 모든 인간 공동체가 현재 우리가 언어라고 인식하는 언어를 사용했을 것으로 추정된다.

수 있는 것이 거의 또는 전혀 없었다. 두 번째 뼈대는 기존의 점진적 언어 진화 이론들, 즉 언어가 지표index에서 도상icon(또는 도상에서 지표)을 거쳐 진정한 의미의 상징symbol으로의 발달을 통해 진화했다고 보는 이론들을 거부하는 것이다. 제1장 1.3과 1.4에서는 우리의 이런 회의적인 입장에 대해 설명한 뒤 우리가 선호하는 송신자-수신자sender-receiver 뼈대에 대해 논할 것이다. 제1장 1.5에서는 언어 진화 이론의 고질적인 문제인 경험적 제약empirical constraint과 이 문제에 대한 부분적인 해결방법을 제시할 것이다.

서문에서 언급했듯이, 제2장에서는 우리 계통에서 언어 진화의 기초가 된 기준선 능력들에 대해 설명하고, 대형유인원의 삶에서 우리의 삶이 처음 어떻게 결정적으로 (우리 생각으로는) 플라이오세에 분리되었는지 다룰 것이다.

또한 언어가 의존하는 인지적·사회적 메커니즘에 대해서도 살펴볼 예정이다. 제3장에서는 에렉투스 계열이 몸짓 원시언어를 진화시킨 방식에 대한 우리의 생각을 설명하고 제4장과 제5장에서는 구조화된 신호의 문제를 다룰 것이다.

제6장에서는 몸짓에서 말로의 전환에 대한 우리의 생각과 그 전환 과정에서 불 주변fireside이 한 역할에 대해서 설명할 것이다. 제7장에서는 경제적·사회적으로 복잡했던 플라이스토세 후기에 언어가 완전한 형태로 어떻게 출현했는지에 대한 우리의 생각을 전달할 것이다. 마지막으로 제8장에서는 우리 이론에 대한 검토와 자기 평가가 이뤄질 것이다.

1.2
원시언어

현재의 언어에는 수많은 특징들이 있다. 그 특징들 중 하나는 발화가 순차적으로 배열된 단어들의 단순한 연속이 아니라는 것이다. 현재 언어에서는 문장 안에서 단어들이 조합되어 구phrase가 되고, 구들이 조합되어 훨씬 더 복잡한 구조가 된다. 즉, 문장은 선형적인 순서뿐만 아니라 계층적 순서도 가진다는 뜻이다.

또한 단어들이 구로 조합되는 방식도 반복적으로 사용될 수 있기 때문에 이 경우 문장 안에서 대체적으로 동일한 역할을 하는 문장 구성 성분들의 복잡성이 점점 더 높아진다. 따라서 언어에서 문장의 복잡성은 무한히 높아질 수 있으며, 같은 언어 안에서 생성될 수 있는 문장들의 수도 무한하다.

현재의 언어의 두 번째 특징은 어휘 확장이 쉽고 무한하다는 것이다. 언어에 따라 소리와 음절의 순서 면에서 다양한 제약이 존재하기는 하지만, 현재의 언어에서는 새로운 단어들이 쉽게 만들어져 추가될 수 있다. 세 번째 특징은 모든 언어에 의미적 속성semantic property이 있다는 점이다. 현재의 언어에서는 원거리 지칭이 언제나 가능하다.

즉, 모든 언어의 화자는 여기가 아닌 다른 곳, 지금이 아닌 다른 시점에 대해 이야기할 수 있고, 청자는 화자의 그런 발화를 이해할 수 있다는 뜻이다.³ 어떤 언어든 다양한 언어행위 speech act 가 가능하다. 언어로 이야기를 할 수도 있고, 농담을 할 수도 있고, 질문을 할 수도 있으며, 의식을 수행할 수도 있고, 정보를 전달할 수도 있다는 뜻이다. 네 번째 특징은 현존하는 모든 언어에서 이중 부호화 dual coding 가 일어난다는 것이다.

모든 현존 언어에는 반복적으로 사용되고 재인식될 수 있는 기본 단위, 즉 음소 phoneme 가 존재한다(음소의 음성학적 특징은 개인에 따라, 문맥에 따라 미세하게 달라질 수는 있다). 이 음소라는 원소는 독립적인 의미를 갖지 않는다. 하지만 음소는 역시 반복적으로 사용되고 재인식될 수 있는 2차적인 문장 요소들을 만드는데 사용된다. 이렇게 만들어지는 요소가 바로 형태소 morpheme 와 단어다. 우리는 언어의 이 4가지 특징이 언어와 동시에 출현했다고 보지 않는다.

게다가 우리는 이 4가지 특징 중 적어도 3개는 점진적으로 나타났다고 생각한다. 어휘는 새로 만드는 것이 비교적 쉽고, 이중 부호화는 부분적으로도 이뤄지거나 완전하게 이뤄질 수 있으며, 언어행위의 종류는 많을 수도 적을 수도 있으며, 그에 따라 특정 언어 시스템의 표현력의 정도가 다양할 수 있다고 우리는 생각한다.⁴

우리는 점진적 언어 진화 이론을 보강하면서 책의 초반부에서는 언어의 진화에 관한 더 핵심적인 주장에 대해서도 다룰 것이다. 특히 데릭 비커튼 Dereck Bickerton 과 레이 재켄도프 Ray Jackendoff 의 이론에 기초해 우리는 언어 진화 과정의 중요한 중간단계가(더 정확하게는 일련의) 원시언어들의 확립이라는 주장을 할 것이다(Lieberman 1988; Jackendoff 1999; Bickerton 2002; Bickerton 2009; Bickerton 2014). 원시언어는 행위주체가 단어와 비슷한 요소들term, 즉 원거리 지칭을 비롯한 단어들이 가지는 다양한 의미적 속성들을 가진 요소들을 연속적으로 생성하고 이해하게 해주는 의사소통 시스템이다.

원시언어에서 이런 요소들의 종류는 매우 다양하지만, 그 요소들의 순서는 구문 규칙에 따라 정렬되지 않거나, 구문 규칙에 따라 정렬된다고 해도 매우 원시적인 정렬 형태를 띤다. 원시언어에 대한 우리의 생각은 다양한 자료에 기초해 성립된 것이다.

이 다양한 자료 중에는 해상무역을 하던 사람들과 그들의 무역 파트너였던, 다양한 언어를 사용했던 소규모의 사람들 사이에서 발달한 무역용 링구아 프랑카lingua franca(역주: 서로 다른 모어를 사용하는 화자들이 의사소통을 하기 위해 공통어로 사용하는 제3의 언어), 상당히 오랜 기간 동안 공통적인 언어가 없는 서로 다른 두 언어의 화자가 만나 의사소통을 위해 자연스럽게 형성한 혼성 언어인 피진pidgin 등이 포함된다.

이 두 가지 경우는 대개 식민주의의 강제 노동 시스템 안에서 일하는 사람들 또는 성인이 되어서 다른 언어 공동체로 이주한 사람들에게서 나타난다. 피진 같은 혼성 언어는 어휘가 상당히 풍부하지만 문법적인 구조 또는 형태학적 구조는 거의 또는 전혀 갖지 않으며, 어순 또한 매우 가변적이다.

우리가 사용한 또 다른 자료는 마을 수어village sign(community sign,

공동체 수어), 가정 수어homesign(공식적인 수어가 아닌 청각장애인이 개인적으로 만들어낸 수어) 같은 수어sign language다(Meir, Sandler, et al. 2010). 이런 수어 시스템들은 그 수어를 사용하는 사회 공동체에 따라 다르다. 이 모든 수어 시스템은 청각장애인들이 확립된 수어에 노출되지 않은 상태에서 의사소통을 해야 할 필요성에 의해 형성된 것이다. 피진 사용자들과는 달리 이런 수어를 사용하는 청각장애인들은 기존의 언어에 노출된 적이 없는 사람들이다.

마을 수어나 공동체 수어는 매우 역동적이지만(제4장 4.4에서 자세히 다룰 것이다), 이 역동성은 행위주체가 표준 언어에 노출된 적이 없기 때문에 발생하는 것이기 때문에 일부 학자들, 특히 언어의 기원을 몸짓으로 보는 연구자들은 이런 수어 시스템의 초기 단계에 대한 연구를 통해 초기 언어 진화를 연구하기도 했다.

이런 언어들은 모두 대면 의사소통 시스템으로, 표현력이 다소 제한적이며 언어 이해가 문맥에 크게 의존하는 언어 시스템이다. 하지만 이 언어들을 이용해 원시언어에 대한 이론을 발전시키는 일은 주의를 요하는 일이다. 이 언어 시스템들을 만든 사람들은 언어가 출현한 뒤에(그리고 언어 덕분에) 진화한 인지능력의 도움을 받아 그 언어 시스템들을 만들었을 수 있기 때문이다.

따라서 우리는 원시언어들이 마을 수어나 피진 같은 언어 시스템보다 더 조직화되고 표현력이 강하다고 생각하지 않는다. 적어도 초기의 원시언어들은 이런 언어 시스템보다 훨씬 덜 조직화되어 있었고 표현력도 약했을 것이다.

우리는 언어가 일련의 원시언어들(한때 원시언어는 여러 종류가 존재했을 것이다)을 거쳐 진화했으며, (발달 단계에 따라 다르겠지만) 그 원시언어들이 어휘와 표현력 면에서 서로 매우 달랐을 것이라고 생각한다.

예를 들어, 원시언어들은 그 원시언어들이 가능하게 만든 언어 행위의 범위 면에서도 달랐을 것이다. 우리는 원시언어들이 행위주체agent와 행위객체patient를 나타내거나 사건이나 행동이 발생한(또는 발생할) 시점을 나타내는 요소들은 어느 정도 표준화가 이루어졌지만 단어 요소들이 정렬되는 방식 면에서는 매우 달랐을 것이라고 본다.

원시언어와 언어 사이에는 명확한 경계가 없다. 점진적 언어 진화 이론을 지지하는 에버렛은 그런 이유에서 "원시언어"라는 용어를 거부한다(Everett 2017).

언어 이전의 이 원시언어들에서 지시적 요소들은 생성문법에서의 어휘적 요소들 같은 것이 아니었다. 이 지시적 요소들에는 수number, 성gender 또는 타동성transitivity(역주: 동사가 목적어를 취할 수 있는 성질) 같은 형태적 · 통사적morphosyntactic 특징이 없었다(우리는 추정한다). 원시언어를 중심으로 하는 언어 진화 이론에서는 어휘 요소들의 이런 형태적 · 통사적 특징들(또는 어휘 요소들의 이런 특징들에 대한 인지적 표상)이 나중에 발생했다고 본다.

그럼에도 불구하고 의미적 속성 측면에서 이 요소들은 단어와 비슷했다. 이 요소들은 재사용되었으며, 재사용되는 경우 동일한 대상이나 행동, 또는 동일한 종류의 행동을 가리켰다. 우리는 단어와 비슷한 이런 요소들이 일찍 나타났다고 보며, 이는 보편적인 생각과는 거리가 멀다.

스티븐 미슨Steven Mithen에 따르면 사피엔스가 출현하기 전까지 호미닌의 의사소통이 전일적holistic, 즉 이 호미닌들은 어떤 상황에 대한 정보를 담은 다양한 부름call들 전체를 하나의 메시지로 이해했으며, 그 부름들 각각은 독립적인 의미를 가진 각각의 요소들로부터 구축된 것이 아니었다(Mithen 2005; Mithen 2009). 미슨과 앨리슨 레이Allison Wray에 따르면 호미닌의 의사소통 시스템은 그 의사소통 시스템이 언어로 전환되는 과정의 후반에 이를 때까지 전일적인 상태였다고 주장했다(Wray 1998; Wray 2002); Wray 2005).

버빗vervet(긴꼬리원숭이과에 속하는 영장류의 일종)의 경고음 시스템 같은 동물의 신호전달 시스템이 이런 의미에서 전일적인 시스템이라고 할 수 있다. 하지만 버빗이 내는 소리는 매우 제한적이다. 버빗이 내는 소리는 종류가 다양할 수는 있지만 버빗의 경고음 시스템 자체는 매우 비유동적일 것이다. 이 시스템에는 필요할 때마다 새로운 메시지를 구축할 수 있는 수단이 없기 때문이다.

예를 들어, 이 시스템으로는 새로운 행위주체가 집단 안으로 들어왔을 때 그 행위주체가 그동안 어떤 일을 했는지 앞으로 어떤 일을 해야 하는지에 관해 의사소통을 할 수 없다. 게다가 우리는 전일적인 신호들로 구성된 대규모 시스템이 구조화된 시스템으로 어떻게 점진적으로 진화했는지에 대해 설득력 있는 설명을 할 수 없을 것이라고 생각한다.

미슨과 레이는 호미닌 화자들이 전일적인 발화들과 그 발화들이 나타내는 상황 사이에 우연히 존재했던 유사성을 인식하게 됨에 따라 단어와 비슷한 요소들로 구성되는 구조가 분절 과정을 거쳐 출현할 수 있었다고 주장한다.

미슨과 레이는 이 주장을 위해 토이 예시$^{toy\ example}$(역주: 말 그대로 장난감 같은 예시라는 뜻으로, 어떤 개념에 대한 매우 단순화되고 이해하기 쉬운 예시를 뜻한다)를 제시했다. 예를 들어, 이들은 "마^{ma}"라는 요소가 수많은 발성에서 나타나는데, 그 각각의 "마"라는 요소는 여성이 어떤 자원을 받는 상황을 나타내며, 전일적인 원시언어의 화자들이 "마"가 "어떤 것을 받는 여성"을 뜻한다고 유추하게 되어 단어가 출현했다고 생각한다.

우리는 이 시나리오가 단순화되고 이상화된 예에 의존한 것에 불과하다고 본다. 수많은 종류의 부름들이 존재했다고 가정한다고 해도, 인식 가능한 단위들의 연속이 단순히 우연에 의해 어떤 문맥의 특정한 특징들에 항상 동일한 방식으로 대응하는 일은 기적보다 일어나기 힘든 일이기 때문이다. "마" 같은 요소가 포함되는 부름들이 더 전일적인 성질을 가질수록 그 부름들은 여성이라는 의미와 관련이 될 가능성이 더 낮아진다.

게다가, 이 시나리오에 따르면 화자들은 이렇게 부름들 안에서 반복적으로 나타나는 요소들을 인식할 수 있어야 하므로, 이 시나리오는 전일적인 부름들에 의미적 구조가 없어도 그 전일적인 부름들이 음성학적 구조 또는 음절 구조[5]를 가진다고 상정하는 것으로 보인다.

음소와 단어가 소리 흐름$^{sound\ stream}$의 디지털화 과정^{digitalization}(역주: 하나의 소리 흐름에 속한 구성요소들을 서로 분리된 구성요소로 인식하게 되는 과정)의 일부로 공진화했다고 하면 이 주장은 설득력이 없다.

대니얼 데닛Daniel Dennett은 음소 또는 음절(또는 그 둘 다)이 디지털화 과정의 결과로 출현했을 가능성이 가장 높다고 생각한다. 데닛에 따르면, 원시단어들의 수가 늘어나면서 짧고 쉽게 알아들을 수 있는 소리들(또는 몸짓들)로 그 원시단어들을 나타내기가 점점 힘들어졌고, 따라서 당시의 호미닌들은 화자와 청자가 생생하게 인식할 수 있는 재사용 가능한 단위들로부터 원시언어를 만드는 과정인 "발성의 디지털화digitalization of sound stream"를 통해 이 문제를 해결했을 것이라고 주장한다(Dennet 2017).

결국 화자들은 전일적인 부름 안에 포함된 음향학적 단위들을 인식해야 했고, 게다가 그 전일적인 부름 안의 특정한 음향학적 단위들이 순전히 우연의 일치로 환경의 일부에 일정한 방식으로 대응한다는 것을 인식해야 한다.

이 이론에 따르면 개인은 이런 공변이covariation(역주: 여기서는 음향학적 단위들과 환경이 같이 변화하는 현상을 뜻한다)를 인식해야 하는데다, 그 공변이의 결과를 의사소통에 반영하려면 다른 사람들이 그 공변이를 인식할 것이라고 기대해야 한다.

이런 문제들을 모두 생각해볼 때, 우리는 전일적인 신호들로 구성된 대규모 시스템이 구조화된 시스템으로 어떻게 점진적으로 진화할 수 있는지에 대한 설득력 있는 설명을 하는 것은 불가능하다고 본다. 단어 또는 단어와 비슷한 어떤 것, 그리고 기본적인 구문 구조의 기원에 관한 우리의 이론은 이런 회의론에 부분적으로 기초를 두고 있다.

의사소통의 초기 발달이 몸짓에 의한 것이라는 이론을 우리가 선호하는 이유 중 하나도 이에 기초한 것이다. 몸짓 시스템은 쉽게 구조가 진화하며, 특정한 몸짓 하나하나는 모두 독립적인 의미를 가지고 있기 때문이다.

1.3
도상, 지표, 상징

점진적인 언어 진화 모델이 필요하다고 생각하는 것은 우리만이 아닙니다. 신호signal를 지표index, 도상icon, 상징symbol으로 구분한 찰스 샌더스 퍼스Charles Sanders Peirce(미국의 철학자이자 언어학자, 수학자, 과학자. 실용주의의 아버지라 불리며 현대 분석철학 및 기호논리학의 선구자 중 한 사람)의 연구를 중심으로 현재까지 수많은 언어 진화 관련 연구가 이뤄진 이유가 바로 여기에 있다(대표적인 연구로 Deacon 1997; Everett 2017을 들 수 있다). 겉으로 볼 때 퍼스의 이론은 언어가 점진적이고 누진적으로 진화했다는 생각과 자연스럽게 들어맞는 것으로 보인다.

하지만 우리는 그 생각이 일종의 착각이라고 본다. 지표는 그 지표가 가리키는 대상과 인과관계를 가지며(또는 그 대상과 확실한 상관관계를 가지며) 시간과 공간 면에서 그 대상과 밀접하게 연결된다(지표 개념의 핵심은 지표가 시간과 공간 면에서 어떤 대상을 가리킨다는 것이다). 도상은 그 도상이 가리키는 대상과의 자연적 유사성을 통해 그 대상을 가리키는 신호다.

이 둘에 비해 상징은 대개 부정적으로 정의된다. 상징과 그 상징이 가리키는 대상 사이의 관계는 유사성이나 규칙적인 연관성에 의존하지 않으며, 때때로 자의적이며 관습 또는 규약convention에 의존한다고 말해지기 때문이다. 이런 개념 정의는 이해하기가 쉽지 않지만 대략적으로 이 정의들의 기초를 이루는 생각은 지표와 도상은 상징보다 더 간단하고 근본적이며, 지표나 도상을 이용하는 의사소통 시스템은 상징을 이용하는 의사소통 시스템보다 먼저 진화했으며, 상징을 이용하는 시스템이 출현하기 위한 전제조건이라고 생각할 수 있다.

학계의 통설은 상징의 이용이 지표나 도상의 이용보다 더 많은 인지적 노력을 필요로 한다는 것이다(Deacon 1997 참조)[6]. 하지만 지표나 도상 중 어느 것이 더 인지적 노력이 필요한지에 대해서는 의견이 갈린다. 퍼스와 그의 추종자들은 도상의 이용이 가장 인지적인 노력이 적게 드는 일이라고 생각한다. 하지만 이 생각은 틀린 것으로 보인다. 동물이 이용하는 신호는 거의 대부분이 지표이기 때문이다.

예를 들어, 금조lyrebird 수컷이 추는 춤은 건강과 활력을 나타내는데, 이 경우 건강과 활력은 원인이고 수컷이 추는 춤은 그 건강과 활력의 결과라는 인과관계가 성립하기 때문에 수컷의 춤은 지표로 보아야 한다.

또한 인간 유아들은 사물을 가리키는 능력을 완전히 습득한 뒤 오랜 시간이 지나야 도상 신호들을 이해할 수 있게 된다.[7] 게다가 고고학적 증거들을 분석해 보아도 인간의 역사에서 지표 신호는 도상 신호보다 훨씬 전에 출현했다는 것을 알 수 있다.

1장 불가능한 도전일까? ᔪ 55

예를 들어, 마이클 로사노(Michael Rossano, 2010)는 주먹도끼handaxe가 그 주먹도끼를 만든 사람들의 긍정적이지만 감지하기 힘든 특징들(좋은 시력과 집중력 등)을 드러내주는 지표 신호로 기능했을 것이라고 주장한다.[8] 로사노에 따르면 이런 주먹도끼는 도상으로 볼 수 있는 다른 것들보다 150만 년이나 먼저 출현했다는 것을 고고학적 기록으로 확인할 수 있다.

최초의 도상으로 추정되는 "탄탄의 비너스Tan-Tan figurine"와 "베레카트 람의 비너스Venus of Berekhat Ram"는 일부의 주장에 따르면 인간의 모습을 강조하기 위해 다듬어진 돌이다. 이 두 비너스는 현재로부터 40만 년 전 이후에 만들어진 것으로 추정되며, 이 두 개의 돌이 어떤 의미를 지니고 있는지는 지금도 논란의 대상이다.

추정 수준을 넘어 현재 상태에서 가장 오래된 도상으로 확실하게 인정되는 도상은 플라이스토세 유럽의 동굴벽화들이다. 이 동굴벽화들은 모두 4만 년 전 이후에 그려진 것으로 확인된다.

물론, 고고학적 관점에서 볼 때 이런 벽화들은 매우 취약한 증거이며 그 벽화들 훨씬 이전에도 벽화가 그려졌을 가능성이 매우 높다. 하지만 그럴 수 있다고 해도, 황토ochre 자체가 처음 사용된 시점이 약 30만 년 전에 불과하다.

또한 이 황토를 이용해 그린 이 동굴벽화들이 황토를 안료로 사용한 최초의 예라고 해도(황토는 안료 외에도 다른 용도로도 사용된다), 안료에는 다른 쓰임새들도 있었다.

예를 들어, 장식을 위해 안료로 몸에 그린 그림은 도상일 필요가 없었다. 호주 원주민들은 의식 수행을 위해 까만 안료와 하얀 안료로 선명한 무늬를 그려 몸을 장식하지만 이 무늬들은 도상이 아니다. 어떤 경우든, 황토를 안료로 처음 사용해 그린 그림들을 도상으로 인정한다고 해도 지표는 그 도상들보다 훨씬 더 오래전에 만들어졌을 것이다.

대니얼 에버렛(2017)은 퍼스의 이론을 대부분 받아들이지만 도상이 먼저 출현했다는 생각은 거부하는 학자 중 한 명이다. 에버렛은 우리 조상들이 점점 더 인간과 같은 마음을 가지게 되면서 먼저 존재하고 있었던 지표 신호들에 도상들이 계속 추가되었으며, 그 이후에 상징 기호가 출현했다고 본다.

에버렛에 따르면 현재 수준 언어의 출현은 (사람들의 음성언어에) 의성의태어의 지표성이 흔적 수준으로만 남아있는 상태에서 사람들이 상징을 자유자재로 사용할 수 있는 능력을 갖게 된 것에 거의 전적으로 의존한다. 수어도 상징성에 대부분 의존하지만 지표성이 일반 언어에 비해 많이 남아 있다고 할 수 있다.

이런 점진적 이론은 지표가 그 대상과 직접적으로 대치하는 과정에서 생성된다는 사실에 의존한다. 이런 대치의 대표적인 예로는 짝짓기를 위한 금조 수컷의 화려한 춤과 소리 내기와 독수리의 접근을 감지한 버빗의 경고음 내기를 들 수 있다. 버빗의 경고음 내기는 독수리가 "지금 그리고 여기"에 있기 때문에 위험하다는 것을 다른 버빗들에게 알리기 위한 것이다.

적절한 반응을 내도록 자연선택이 아직 발생하지 않았다는 가정 하에, 특히 독수리의 출현으로 주변 환경이 매우 두드러지게 변하는 상황에서의 이런 경고음 내기의 중요성은 연상association에 의해 학습된다. 연상학습은 어떤 동물이 다른 종에 속한 동물들의 경고음을 어떻게 이용할지 배우게 되는 방식을 설명해 준다.

하지만 여기서 중요한 것은 도상과 지표가 명확하게 구분되지는 않는다는 사실이다. 우리 연구의 중요한 전제 중 하나가 바로 이 사실이다. 이빨을 드러내면서 그르렁거리는 개의 행동은 지표다. 공격할 준비가 되었기 때문에 그 결과로 나타나는 행동, 즉 인과관계에 의한 행동이라는 뜻이다. 개의 이런 행동은 "지금 그리고 여기"에서 이뤄지는 경고다. 하지만 이런 행동은 공격할 준비가 된 다른 개의 행동과 비슷한 행동이기 때문에 도상이기도 하다. 이 유사성은 개의 이런 행동이 경고 신호로 채택된 이유에 대한 부분적인 설명이 될 수도 있다.⁹

지표나 상징과는 달리 도상은 신호와 그 신호가 가리키는 대상의 유사성을 통해 대상을 가리킨다. 지도, 도표, 그림은 모두 도상이다. 말이 통하지 않는 곳에서 여행자가 물을 달라고 요청할 때 물을 마시는 시늉을 하는 마임^{mime}도 도상이다. 이 경우 유사성이 꼭 시각적일 필요는 없다. 사냥꾼들 대부분은 사냥감들이 내는 소리를 매우 잘 모방할 수 있다.

예를 들어, 새 사냥꾼들은 새의 위치를 가리키고 새가 내는 소리를 모방함으로써 그 새의 위치와 정체성을 도상으로 만든다. 도상 신호는 "지금 그리고 여기$^{\text{now and here}}$"에 한정될 필요가 없다. 예를 들어, 창을 던지는 시늉을 하는 것은 내일 사냥을 가자고 제안하는 것으로 해석될 수 있고 진흙 위에 어떤 지역의 지도를 그리는 것은 그 지역을 어떻게 통과할지에 대한 방법을 미리 생각하기 위해 하는 행동일 수도 있다.

하지만 도상은 "지금 그리고 여기"에 관한 기호도 될 수 있다는 점에서 확실히 지표와 비슷하다고 할 수 있다. 침팬지 수컷들은 발기한 성기를 잠재적인 파트너에게 보이는 방법으로 섹스 상대를 확보하곤 한다. 이런 행동은 직접적인 맥락을 드러내는 행동이지만 도상적인 측면도 어느 정도 있는 행동으로 추정된다. 일반적으로 기호와 대상 사이의 유사성은 해석을 쉽게 해주고, 다른 모든 조건이 동일할 경우 가장 해석하기 쉽고 학습하기 쉬운 기호는 도상 기호다. 유사성 자체가 많은 것을 말해주기 때문이다. 전자기기의 회로를 그린 도표도 도상이다. 도표와 대상 사이에 객관적인 유사성이 있기 때문이다. 하지만 이런 도상들에서의 유사성은 매우 추상적이기 때문에 도표를 해석하려면 문화적인 배경이 필요하다.

도상의 경우처럼 상징도 상징의 대상이 "지금 그리고 여기"에만 제한되지 않는다는 점에서 지표와 대조적이다. 하지만 상징은 도상과는 달리 대상과의 유사성을 가지지 않는다. 상징의 해석은 유사성에 근거하지 않는다는 뜻이다. 따라서 (일반적인 관점에서 볼 때) 상징의 해석은 가장 많은 인지적 노력을 필요로 한다.

우리는 이런 생각에 뭔가 문제가 있다고 본다. 우리는 호미닌 계통의 초기 의사소통 능력 확장이 대부분 몸짓과 마임의 확장에 의해 이뤄졌다고 생각하며, 그 이유 중 하나가 몸짓과 마임이 가진 도상적 요소들 때문이라고 본다(제2장 2.3 참조). 하지만 그럼에도 불구하고 우리는 퍼스의 이론에 대해 회의적이다. 우리는 호미닌 계통의 초기 의사소통 능력 확장을 송신자-수신자 이론으로 설명해야 한다고 본다.

이 섹션에서 우리는 지표-도상-상징 모델에 대해 우리가 가진 회의적인 생각들에 대해 설명하고 우리가 생각하는 대안적인 이론을 다룰 것이다. 언어 진화를 설명하기 위한 송신자-수신자 이론에 대한 최근의 비판 또한 다룰 것이다.

퍼스의 이론에 대해 우리가 가진 회의적인 생각은 3가지로 요약할 수 있다. 첫째, 연상학습에 의해 지표가 학습될 가능성은 예제를 처음 봄으로써 지표가 학습될 가능성보다 낮다. 지표 학습에서 연상학습이 차지하는 비중은 크지 않다는 뜻이다. 일반적으로 지표에는 지시적 메시지와 명령적 메시지가 모두 포함된다.

버빗의 경고음 내기는 표범이 가까운 곳에 있다는 메시지와 특정한 행동을 해야 한다는 메시지를 모두 포함한다. 마찬가지로 금조 수컷이 짝짓기를 위해 하는 행동은 자신이 우수한 수컷이라는 메시지와 짝짓기를 하자는 메시지를 모두 포함한다.

하지만 경고음을 내고 대부분의 버빗은 나무 위로 급하게 올라가는(그렇다고 추정되는) 반면 금조 수컷의 짝짓기 제의는 무시되는 경우가 매우 흔하다. 짝짓기를 위한 금조 수컷의 행동과 실제 짝짓기 사이에는 밀접한 상관관계가 존재하지 않는다. 짝짓기를 위한 행동과 짝짓기 준비 사이에는 밀접한 상관관계가 있을지 모르지만, 짝짓기 준비는 환경 안에서 두드러지고 관찰 가능한 특징이 아니다.

짝짓기 준비가 된 금조 수컷과 자주 같은 곳에 존재한다는 것을 금조 암컷이 인식한다고 해도 수컷의 짝짓기를 위한 행동의 의미는 쉽게 암컷에게 파악되지 않는다. 짝짓기를 위한 금조 수컷의 행동에 대한 제3자 입장에서의 가장 쉬운 해석은 그 행동이 금조 암컷의 존재를 나타내는 지표라는 것이다. 부름의 생물학적 의미가 그 부름이 가장 흔하게 일어나는 환경의 특징과 무관한 경우는 수 없이 많다.

땅에서 먹이를 찾는 새들 대부분(예를 들어, 뒷부리장다리물떼새)은 언제든지 경고음을 내면서 도망칠 준비가 된 매우 겁이 많은 새들이다. 이 새들의 이런 성향은 별로 놀라운 일은 아니다. 잘못된 경고 false alarm의 비용은 낮고 위험을 피하지 못했을 때의 대가가 막대하면 가짜 경고음의 발생 빈도가 훨씬 더 많을 수밖에 없을 것이기 때문이다. 이렇게 시끄러운 상황에서도 이 새들이 보내는 신호는 새들이 목표로 하는 상태를 발생시킬 수 있는 확률을 높일 것으로 추정된다.

짝짓기 제의가 이뤄진 뒤에 실제로 교미를 하는 경우는 매우 드물다. 하지만 짝짓기를 위한 행동을 하지 않은 상태에서 교미가 이뤄지는 경우는 그보다 더 드물다. 하지만 인지능력이 낮은 행위주체에게는 잡음이 많은 상황에서 다른 행위주체가 목표 상태 실현 확률을 높이는 것만으로도 연상에 의한 해석을 가능하게 할 수 있을까? 장다리물떼새에 주의를 집중할 수 있을 정도로 인지능력이 발달하지 않은 행위주체도 경고음 내기가 위험 수준 상승과 상관관계를 가진다는 것을 학습할 수 있을까?

경고음 내기는 행위주체의 주변 환경의 단 하나의 특징이 아니라 수많은 특징들과 상관관계를 가지는데 이런 의미에서 새들이 내는 경고음에는 모호성이 매우 많다고 할 수 있다. 장다리물떼새의 경고음 내기는 흑꼬리도요 같은 새들이 도망칠 수 있게도 만들기 때문이다.

이 이야기의 핵심은 경고음과 현재 환경의 두드러진 특징(그리고 그 특징에 대한 행위주체의 반응) 사이의 공변이covariation를 인식하게 되는 수신자들에 의해 집단 내에서 일반적으로 지표가 확립되는 것은 아니라는 사실에 있다.

장다리물떼새의 경고음과 잠재적인 위험을 연결시키는 것은 상관관계가 아니라 공적응coadaptation(상호적응)이다. 일반적으로 지표 신호는 그 신호의 송신자와 수신자 사이에서 일어나는 진화적 또는 발달적 공적응의 결과로 확립되기 때문이다.

따라서 동물이 사용하는 신호는 수신자의 주의를 주변 환경의 특정한 특징으로 돌리게 만드는 역할을 하는 것이 거의 분명하다. 동물이 사용하는 신호를 지표 기호로 생각할 수 있는 이유가 바로 여기에 있다. 하지만 동물이 사용하는 신호가 지표로 되는 것은 구애, 경고, 집단적 방어 및 공격 등 다양한 상호작용을 매개하기 때문이기도 하다. 따라서 동물이 사용하는 신호는 "지금 그리고 여기"에서의 위험 또는 기회를 나타낸다고 할 수 있다.

동물이 사용하는 신호는 일반적으로 송신자와 수신자의 주변 환경의 특징들과 확실한 상관관계 또는 연관관계를 갖는다. 하지만 이런 관계가 성립되는 것은 동물이 미래의 집단적 행동을 미리 계획하지 않기 때문이다.

동물은 근본적인 제약 때문에 사용하는 기호가 지표에 한정될 수밖에 없다. 동물이 사용하는 신호가 지표 신호의 성질을 갖는 것은 동물이 다른 종류의 기호를 사용할 수 없기 때문이 아니라 동물이 다른 동물과의 공동 행동이 힘들기 때문이다.

자연선택은 큰 집단에 작용하기 때문에 잡음이 많은 상태에서도 상관관계를 발견하게 해준다. 잡음은 상관관계를 숨길 수 없으며, 기억에도 제약을 가하지 않는다. 이런 공적응의 전형적인 예는 의식화ritualization다. 원래는 기능적이었던 행동(예를 들어, 개가 이빨을 드러내며 공격 준비를 하는 행동)이 경고 또는 위협을 위한 행동으로 채택되는 이유는 수신자가 그 행동을 위험 신호로 받아들이고 그 신호에 반응하기 때문이다. 이 경우 일어나는 공적응은 적어도 부분적으로는 유전적 변화에 의한 것이겠지만, 이런 상호적응은 한 세대 안에서도 일어날 수 있다.

예를 들어, 새끼 침팬지는 시간이 지나면 두 팔을 들어 올림으로써 일어나고 싶다는 욕구를 드러내는 신호를 보낼 수 있게 된다. 두 팔을 들어 올리는 행동은 실제로 들어 올려질 때 하게 될 기능적 행동의 일부였지만 새끼 침팬지는 그 기능적 행동을 신호로 사용하게 된다. 새끼 침팬지는 두 팔을 들어 올리는 신호를 이용함으로써 어미가 실제로는 그 두 팔 대신 몸통을 잡고 들어 올리게 만든다. 대부분의 경우 연상학습은 단서cue[10]를 신호로 만드는 과정의 핵심이다.

이런 측면에서 지표가 단순하고 널리 확산된 인지 메커니즘에 의존한다는 생각은 맞는 생각이다. 지표는 연상학습 능력에 의존하며, 그 연상학습 능력은 매우 오래전부터 널리 확산된 능력이기 때문이다.

하지만 이 생각은 신호 구축 과정에서의 송신자-수신자 공적응의 핵심적인 역할을 간과하고 있다. 이 역할은 송신자-수신자 이론에서 가장 중요하며, 우리는 송신자-수신자 공적응이 원시언어 출현 과정에서 핵심적인 역할을 했다고 생각한다. 우리가 송신자-수신자 이론을 선호하는 가장 중요한 이유가 여기에 있다.

우리가 가진 두 번째 의문은 지표가 생성 시점과 장소에서 그 대상을 가리키는 모든 신호를 뜻한다면 지표가 가리키는 대상은 매우 다양할 것이라는 생각에 기초한다. 지표에 대한 이 정의에 따르면 인간이 아닌 동물이 사용하는 신호의 전부 또는 대부분은 지표가 맞다.

우리는 이 신호들 대부분이 진화 또는 연상학습에 의해 매개되는 특정한 공적응 과정에 의해 확립될 것이라고 생각한다. 하지만 인간의 신호 대부분도 지표이며, 그 신호들은 매우 다양한 형태를 띤다. 이 신호들에는 감탄, 얼굴 붉힘 등이 포함되며, 흥분 상태를 나타내는 매우 비자의적인 신호도 포함된다.

하지만 인간이 사용하는 신호에는 교통신호도 포함된다. 예를 들어 빨간불은 "지금 그리고 여기"에서 멈춰야 한다는 것을 뜻한다. 인간이 사용하는 신호에는 몸짓의 일부도 포함된다. 가리키는 행동 pointing은 (거의 언제나) "지금 그리고 여기"에서 어떤 것을 가리키는 행동이다. 다양한 종류의 개인적인 휘장 insignia도 인간이 사용하는 신호의 일종이다.

예를 들어, 보석 장신구는 그 장신구를 한 사람의 부와 사회적 위치를 나타내며, 제복은 그 제복을 착용한 사람의 계급과 역할을 나타내며, 문신이나 몸에 그려진 그림은 부족의 정체성을 드러낸다.

라벨도 인간이 사용하는 신호의 일종이다.

예를 들어, "웨스트가스 스트리트Westgarth St."라고 쓰여 있는 도로표지판은 그 표지판이 웨스트가스 가에 있다는 것을 나타낸다. "웨스트가스 스트리트"라는 말 자체는 지표가 아니며 웨스트가스 가에서 시간적, 공간적으로 멀리 있는 상태에서는 확실하게 의미 있게 사용될 수 있다. 하지만 도로표지판은 지표다.

따라서 의사소통의 기본적인 사례가 되는 핵심적인 지표들이 존재하는 것은 사실이지만, 그 기본적인 사례들 안에서조차 상호조절 과정의 중요성은 연상학습의 중요성만큼 높다. 또한 지표가 되기 위한 인지적·사회적 전제조건이 달라지는 경우도 많다. 이런 모든 것들이 호미닌의 의사소통 과정 발달 과정에서 한꺼번에 출현했을 가능성은 거의 없다.

세 번째 의문은 도상 해석에 큰 노력이 필요하다는 우리의 생각에 기초한다. 우리는 도상이 신호와 대상의 유사성을 통해 대상을 가리키지만, 도상을 해석하는 사람은 그 도상의 어떤 특징들이 (대상이 무엇이든 상관없이) 대상과 유사한지, 그 유사성이 어느 정도인지 이해해야 한다고 생각한다.

예를 들어, 플레이너가 나무에 부분적으로 가려진 작고 검은 물체가 있는 곳을 가리킨 다음, 두 팔을 양옆으로 쭉 뻗었다 내리고 다시 올리기를 빠르게 몇 번 반복한다면 그는 새를 가리킨 다음 그 새의 날갯짓을 흉내 내고 있는 것이다. 플레이너의 행동과 새의 날갯짓 사이에는 유사성이 있다. 하지만 플레이너의 행동을 지켜보는 사람은 플레이너의 팔 움직임이 일종의 기호이며, 그 기호와 대상

1장 불가능한 도전일까? 65

사이에 유사성이 있다는 것을 인식해야 한다.

플레이너의 행동을 지켜보는 사람이 플레이너의 행동이 환경 속에 있는 어떤 것을 가리키고 있으며 플레이너가 두 팔을 움직이는 행동이 환경 속에 있는 어떤 것의 움직임을 흉내 내기 위한 행동이라는 것을 인식할 수 있어야 플레이너의 의사소통 노력은 성공할 것이다.

하지만 이런 인식은 인지적인 노력이 상당히 많이 필요한 인식이다(Planer and Kalkman 2019). 또한 이 모든 인식 과정은 즉각적으로 일어나야 한다. 다른 전형적인 사례를 들 수도 있지만 이 사례들은 문화적 학습에 의해 구축된 수많은 공통적 배경지식에 의존하는 사례들이다. 우리가 자주 마주치는 도상들은 수많은 규약과 규칙에 의해 형성된 것들이다.

예를 들어, 지도는 지도가 나타내는 것과 유사성을 가지지만, 400~500년 전에 그려진 유럽 지도들은 같은 지역을 그린 현대의 지도들과는 매우 다르게 보인다(지역의 모습이 변화했기 때문은 아니다: 그림 1.1 참조). 대부분의 경우 지도, 도표, 그림 같은 도상들은 지도와 대상이 어떤 부분에서 어떻게 유사한지 판단할 수 있게 해주는 규약을 알아야 해석할 수 있다.[11]

호주 원주민 부족들 다수는 즉석에서 모래에 지도를 그리면서 이야기를 하는 전통을 가지고 있다. 이들이 모래에 그리는 지도는 이들이 하는 이야기의 배경이 되는 공간을 나타낸다. 이 지도는 도상으로서의 특성과 규약에 의존하는 특성을 모두 가진 지도다(Wilkins 1997; Green 2016). 이런 혼종 표상 형식은 현대에 들어 처음 발명된

 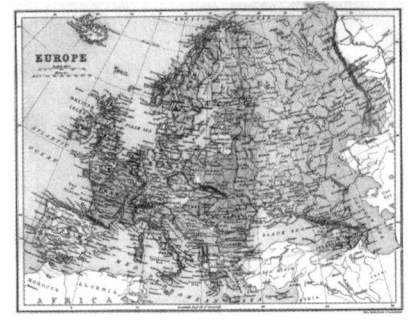

그림 1.1

1602년에 제작된 유럽 지도[아르놀디 디 아르놀디(Arnoldi di Arnoldi)가 그린 "유럽(Europae)", Ars Electronica: CC BY-NC-ND 2.0]와 존 잉그램(John Ingram)이 1923년에 같은 지역을 그린 지도("제1차 세계대전 후의 유럽", Gresham Encyclopedia, CC BY 2.0).

것이 아니다.

요약해 보자. 신호의 복잡성만을 생각하면 신호는 지표, 도상, 상징 순으로 점진적으로 자연스럽게 진화했다고 보는 것이 합리적으로 보인다. 하지만 면밀하게 생각하면 이 순서 자체가 의미가 없어진다는 것을 알 수 있다.

지표라는 범주는 일관성이 없기 때문이다. 또한 나무에 가려진 새를 가리키고 그 새의 날갯짓을 흉내 내는 예에서 알 수 있듯이, 자연스러운 연상학습을 통한 상호 조절에 의해 확립되는 지표의 기본 형태와 도상의 특성을 가지는 비교적 간단한 형태의 마임 사이에도 매우 큰 간극이 있는 것으로 보인다.

도상의 특성을 가지는 다른 표상들을 이해하는 것도 결코 쉬운 일은 아니다. 이런 표상들을 이해하기 위해서는 서로의 의도를 이해해야 하고 다른 사람들이 도상 신호에 어떻게 반응할지 예측할 수 있는 능력이 필요하기 때문이다. 도상을 이해하기 위해서는 상당히 많은 양의 문화적 배경 지식이 필요하다. 유사성은 추상적이며 도상의 대부분은 도상적인 요소와 자의적인 요소 모두를 가진 혼종 신호이기 때문이다.

뉴사우스웨일스의 남쪽 해안을 그린 지도의 도로 표시는 도상의 특성을 가진다. 이 도로 표시와 실제 지형 사이에는 자연스러운 관계가 있다. 하지만 지도에 표시된 도로의 색깔, 즉 어떤 도로가 폐쇄되었고, 어떤 도로가 자갈이 깔린 도로이고, 어떤 도로가 사륜구동 자동차 전용도로인지 나타내는 색깔은 규약에 의해 정해진다. 그 색깔들의 의미를 이해하려면 지도에 표시된 범례를 먼저 읽어야 한다.

도상에서 상징으로의 전환 또한 점진적으로 이뤄진다고 보기 힘들다. 우선, 상징은 문자로 완벽하게 표현할 수 있는 방법이 없다. 우리는 상징이 문맥에 의존하지 않으며 도상의 성질을 가지지 않는다는 것 외에는 아는 것이 없다. 게다가 상징이라는 범주도 다차원적 성향을 가진 것으로 보인다. 버빗이 내는 경고음은 자의적이라는 점에서 상징과 비슷하지만 구조화되어 있지 않고 서술적인 내용과 명령을 담은 내용이 혼재되어 있기 때문에 전일적이다. 음표의 경우 언뜻 보면 표상적이고 자의적으로 보이기 때문에 상징이라고 생각할 수 있지만 음표는 말과 전혀 다르다.

1.4
송신자-수신자 이론

따라서 우리는 지표, 도상, 상징의 구분에 기초해 의사소통의 초기 확장에 대해 설명하는 대신에 송신자-수신자 이론을 이용할 것이다. 이 이론은 명시적인 동의를 통해 규약을 설정하지 않아도 의사소통 자체에서 규약이 설정되기 때문에 기호가 관습적으로 사용되기 위해 먼저 언어가 존재할 필요가 없다는 것을 보여주기 위해 데이비드 루이스David Lewis가 제시한 이론이다(Lewis 1969).

이 이론은 발표된 뒤에 브라이언 스컴스Brian Skyrms와 그의 동료 연구자들에 의해 진화론적인 색깔이 입혀졌다(Skyrms 2010). 스컴스의 주장은 루이스의 주장보다 더 강력했다. 스컴스는 상황이 적절할 경우 규칙적이고 적응적인 신호 사용("신호 송수신 전략signaling strategy")이 가능해지며, 이런 신호의 사용은 언어 행동을 포함한 그 어떤 종류의 지적 작용 없이도 집단 안에서 안정화될 수 있다고 주장했다.

스컴스에 따르면 심지어 박테리아도 신호를 보내고 받을 수 있을 정도로 진화할 수 있다. 행위주체가 학습능력이 있는 경우 가장 간단한 종류의 강화학습만으로도 신호 송수신이 가능하다는 뜻이다. 스컴스가 이 이론을 발표한 때와 거의 동시에 진화 행동생태학 분야에서도 동물의 의사소통 진화를 설명하는, 본질적으로 스컴스의 그것과 동일한 이론이 발표되었다(이 이론에 대한 초기 리뷰는 Hauser 1996 참조). 이 연구내용은 송신자와 수신자의 이해관계가 겹치지 않는다면 정직한 신호 송수신 방법이 살아남는다는 점을 강조한다 [12](Maynard Smith and Harper 2003; Searcy and Nowicki 2005).

스컴스의 이 모델은 매우 간단한 모델이다. 이 모델은 비대칭적인 행위주체 두 명, 즉 송신자와 수신자 그리고 그 두 사람의 이익에 각각 같은 정도로 관계되는 방식으로 (단 두 가지 상태로만 변화할 수 있는) 세계로 구성된다(그림 1.2). 이 두 사람은 이 변화에 대한 적절한 반응을 함으로써 둘 다 이익을 얻을 수 있다. 송신자는 세계의 상태를 볼 수 있지만 그 상태에 직접적으로 반응할 수 없다.

하지만 송신자는 수신자가 볼 수 있는 방식으로 행동할 수 있다. 수신자는 행동할 수 있지만 오직 송신자만을 볼 수 있으며, 세계의 상태는 볼 수 없다. 자신의 행동을 변화시킬 수 있고 성공과 실패에 적절하게 반응할 수 있는 행위주체들의 집단이 이렇게 간단한 상황하에 놓인다면, 신호 송수신 전략들이 출현해 그 전략 중 하나가 안정화될 것이다. 송신자는 이 두 가지 세계의 상태 각각에 기초해 각기 다른 신호를 생성할 것이고, 수신자는 송신자가 이 두 상태 중 하나에 기초해 보낸 신호를 파악해 그 상태에 적응하는 행동을 할 것이다(그림 1.2의 F^*).

스컴스와 그의 동료 연구자들은 극단적으로 이상화된 이 모델

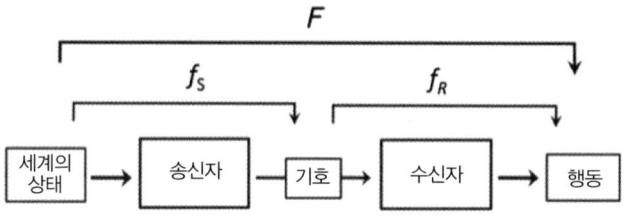

f_S : 송신자의 규칙, 세계의 상태를 기호로 표현하는 규칙
f_R : 수신자의 규칙, 기호를 행동으로 표현하는 규칙
F : 최종적으로 상태를 행동으로 표현함
F^* : 두 행위주체 모두가 선호하는 상태를 행동으로 표현함

그림 1.2

송신자–수신자 이론의 구조. 송신자는 세계의 상태를 볼 수 있지만 신호를 보내는 것 외에는 그 상태에서 행동할 수 없다. 수신자는 세계의 상태를 볼 수 없지만 자신이 받는 신호에 의존해 다양한 행동을 할 수 있다. 주어진 상태에서 수행되는 행동은 송신자와 수신자 모두에게 이익을 준다. 시간이 지나면서 이 이익은 송신자와 수신자의 전략을 형성한다[저자의 허락을 받아 고드프리 스미스(Godfrey-Smith)의 2017년 논문에서 인용].

을 점진적으로 복잡하게 만들었고 그 결과에 대해 연구했다. 이들은 세계의 상태의 수를 늘리고, 오류 상황을 도입하고, 다양한 이해관계 충돌 상황을 추가했으며, 이용 가능한 신호들의 수와 그 수와 관련된 세계의 상태의 수 사이의 불일치가 일어나는 상황을 추가했으며, 송신자와 수신자가 각각 여러 명인 상황도 추가적으로 연구했다.

이 연구의 대체적인 결론은 신호 송수신 시스템이 항상 최대의 정보를 송수신하게 만들지는 못하지만 매우 강력하며, 송신자와 수신자가 서로 조절을 함으로써 송수신 시스템이 더 강력해진다는 것이었다. 위의 모델에서 행동이 변화할 때도 이 송수신 시스템은 강력해진다.

신호 송수신의 목표가 행위주체들의 행동을 서로 조율하는 것이 되는 전략적 상황이 발생하기 때문이다. 이는 마치 춤을 출 때 주변 세계의 특정한 상태에 대해 집단적인 반응을 보이지 않고 춤을 추는 두 사람이 서로 조율을 해 시스템을 강화하는 상황과 비슷하다.[13]

지표, 도상, 상징을 구분하는 이론과는 달리, 송신자-수신자 이론은 단순하고 명확하기 때문에 형식적 모델 구축이 가능하다. 이 사실은 스컴스와 그의 동료들에게 매우 중요한 무기로 기능했다. 이들의 심화 모델은 원래의 모델보다 더 현실적임에도 불구하고 원시언어의 출현에 관해 연구할 때 우리가 고려해야 할 요소들을 단순화해 준다.

우리는 이 심화 모델에서 이뤄진 두 가지 이상화에 특히 주목해야 한다고 본다. 첫째, 이 모델은 일대일 의사소통을 가장 기본적인 형태의 의사소통으로 본다. 하지만 우리는 확장된 호미닌 의사소통의 최초 형태가 작은 집단에서 구축되었다고 생각한다.

작은 집단에는 다른 사람들의 이야기를 엿듣는 사람들도 있었고 일대일 의사소통 말고도 정보를 얻을 수 있는 방법도 있었다. 이 사실이 중요한 이유는 조작과 속임의 문제가 의사소통의 진화를 다룬 연구들에서 중요시되지만 다른 사람을 속일 수 있는 기회와 다른 사람을 속이고 싶은 욕구는 송신자와 수신자의 수가 많아지면 크게 억제되기 때문이다.

다른 송신자들이 존재하면 누군가를 속이기 위한 거짓 정보를 말하기가 매우 힘들어진다. 다른 수신자들이 존재하면 (성공적이든 아니든) 누군가를 속이려는 시도의 결과를 예측하기가 매우 힘들어진다. 이해관계가 충돌하는 세계에서의 정직한 의사소통에 관한 설명이 어려운 이유는 개인들 사이의 대화를 기본적인 의사소통 형태로 생각하기 때문이다.

둘째, 이 모델은 이익을 하나하나씩의 단위로 나눠서 별도로 취급한다. 송신자-수신자 모델은 원자론적atomistic 모델, 즉 이 모델에서는 신호가 하나씩 별도로 안정화되고, 그 안정화는 신호를 그 신호를 송수신하는 행위주체의 이익에 의해 가능해진다. 시스템을 안정화시키는 이득은 가장 기본적인 상호작용 하나하나를 통해 축적된다. 하지만 원시언어가 상당히 높은 수준으로 진화하면 이런 도식은 현실과 맞지 않게 된다.

대부분의 상호작용은 식별 가능한 행동으로 표현되지 않는다. 게다가 언어 같은 실체의 가장 기본적인 구성요소는 다방면으로 이뤄지는 대화 상호작용이자 다양한 사람들이 더 참가함으로써 확장되는 대화 상호작용이지 화자에서 청자로의 정보 또는 지시의 일방적 흐름이 아니다. 송신자-수신자 모델에서 포착되는 이익이 더 일반적인 의사소통 능력의 보유에 의존하는 이익으로 전환된 것은 호미닌 의사소통의 확장 과정의 매우 이른 시기에 일어났을 것이다.

일반적으로 의사소통에는 비용이 수반된다. 하지만 우리는 호미닌 의사소통의 확장 과정의 매우 초기에 의사소통을 위해 치러야 했던 비용은 신호에 반응하는 특정한 능력이 아니라, 신호를 송수신하고 해석하는 더 일반적인 능력이었다고 생각한다.

이렇게 생각한다면 송신자-수신자 이론이 매우 해석의 여지가 많아지지만, 모델이 단순화되면 그 모델을 현실에 적용하기가 힘들어진다. 그럼에도 불구하고 이 모델은 의사소통이 송신자와 수신자의 동적인 공적응 과정이라는 공통적인 핵심 아이디어를 제시한다. 모델에 이상화가 이뤄졌다고 해도 이 핵심 아이디어 자체는 변하지 않는다. 이 모델은 본질적으로 형식적인 아이디어에 의존하고 있지 않기 때문이다.[14]

이 섹션을 마무리하기 전에 소개해야 할 또 하나의 이론이 있다. 톰 스콧-필립스Thom Scott-Phillips는 송신자-수신자 이론이 동물의 의사소통을 설명할 수 있는 적절한 일반적 모델이지만 언어를 포함한 인간의 의사소통 시스템 대부분을 설명하는 데에는 적절하지 않다고 주장한다.

스콧-필립스는 댄 스퍼버Dan Sperber 등의 연구에 기초해 부호code와 명시적-추론적 의사소통 시스템을 구분한다(Scott-Phillips 2015). 동물의 의사소통 시스템은 모두 또는 거의 모두가 부호 기반이다.

부호는 고정된 의미를 가진 신호들로 구성되며, 부호를 구성하는 신호들은 부름들과 반응들로 구성되는 매우 작은 집합이다. 부호는 제한적이지만 연속적일 수 있다. 예를 들어, 부름의 진폭amplitude이 위협의 급박성을 나타내기도 한다. 때때로 부호는 구조화되기도 하는데 꿀벌이 사용하는 부호가 그 예다. 원칙적으로 볼 때 부호는 무한할 수 있으며, 특정한 방식으로 회귀recursion 또는 반복iteration될 수 있지만, 부호를 구성하는 기본적인 신호들의 수는 제한되어 있다.

송신자-수신자 모델은 이런 부호들이 표현되는 자연스러운 방식을 설명한다. 인간도 당연히 부호를 사용한다. 한때 체스 게임은 서신 교환 형태로 이뤄지기도 했는데, 이 경우 체스 말의 움직임은 명시적인 부호로 완벽하게 표시되었다. 브리지 게임(카드 게임의 일종)에서 카드를 내는 움직임도 부호로 나타낼 수 있다. 하지만 이 부호 시스템은 특수한 목적을 위한 제한적 시스템이다. 인간의 의사소통 대부분은 송신자의 의사소통 시도에 대한 해석자의 인식에 의존한다.

이러한 인식과 공통적인 지식 배경 그리고 일반적인 맥락 정보를 이용해 청자는 화자가 전달하려고 하는 내용이 무엇인지 파악한다. 이 과정은 매우 빠른 속도로 일어나기 때문에 청자의 추론 속도 또한 매우 빠르고 암묵적이다. 예를 들어, 사람들은 지루한 파티에 참석한 친구의 눈빛을 감지하고 다른 사람들의 눈에 띄지 않게 나가자는 메시지를 빠르게 보낼 수 있다. 언어를 통한 의사소통에서도 다른 의사소통 형태들에서처럼 이런 과정이 나타나는데, 이 부분은 제1장 1.1에서 실제로 한 말과 그 말이 전달하는 내용 사이에 차이가 있는 상황을 설명하는 화용론에 대해 설명하면서 다룬 바 있다. 스콧-필립스는 명시적-추론적 의사소통의 한계가 없다는 것을 매우 설득력 있게 설명한다.

명시적-추론적 의사소통에는 문맥만 적절하다면 모든 것이 신호로 채택될 수 있기 때문에 사용될 수 있는 기본 신호들이 무한하며, 우리가 언어를 통해 보낼 수 있는 메시지의 수는 그 언어가 나타내는 표면적 의미의 수보다 많다고 주장한다. 스콧-필립스는 여기서 한 발 더 나아가 부호에서 명시적-추론적 의사소통 시스템으로 점진적인 변화를 거쳤다고 볼 수 없다고 주장한다.

1장 불가능한 도전일까? 〉 75

스콧-필립스에 따르면 부호는 연상학습이라는 인지적 메커니즘에 의존하는 반면 명시적-추론적 의사소통은 고도의 마음이론 능력에 의존한다.

언어의 화용론적 측면과 기대 및 해석의 이중성에 주목한 이 이론은 상당히 중요한 통찰을 우리에게 제공한다. 하지만 우리는 이 이론이 크게 두 가지 측면에서 문제가 있다고 본다. 첫째, 우리는 제4장에서 부호와 명시적-추론적 의사소통이 명확하게 구분되지 않는 것을 밝힐 것이다.

우리는 모방 능력이 있고, 제한적이기는 하지만 마음이론 능력이 있고, 어느 정도 수준의 조건적 추론 능력이 있는 행위주체가 부호보다 유연하지만 현재 우리의 의사소통 능력보다는 유연하지 않은 시스템을 이용할 수 있다는 것을 보여줄 것이다.

둘째, 우리는 더 일반적인 측면에서 이 이론을 포함하여 공유된 지향성 등에 기초한 다른 언어 진화 이론들에 방법론적인 문제가 있다는 것을 밝힐 것이다.

스콧-필립스와 그의 선행 연구자들은 믿음과 의도와 관련된 다양한 통속심리학folk psychology 이론들을 이용해 명시적-추론적 의사소통을 뒷받침했다. 더 구체적으로 설명하면, 이들은 인간이 "고차원적" 의도 상태를 가짐으로써 의사소통을 한다고 봤다. 화자는 자신의 의도와 믿음에 대해 청자가 믿음을 형성하기를 의도한다는 뜻이다. 이 이론에서는 "1차 지향체계first-order intentional system"라는 용어가 사용되는데, 이 용어는 믿음(그리고 욕구)을 가질 수 있는 행위주체를 일컫는다.

예를 들어, 1차 지향체계는 호랑이가 언덕 너머에 있다고 믿음을 가지고 있지만 믿음에 대한 믿음은 가지고 있지 않다. 2차 지향체계는 다른 행위주체의(그리고 자신의) 믿음과 의도에 대한 믿음과 의도를 가지고 있다. 3차 지향체계는 믿음, 의도 등에 대한 믿음 또는 의도에 대한 믿음, 의도 등을 가지고 있다.

예를 들어, 론은 론이 이 장을 오늘밤까지 끝내고 싶은 의도가 있다는 것을 킴이 믿기를 바랄 수 있다. 이 이론에 따르면 명시적-추론적 의사소통은 고차원적 지향체계인 행위주체들 사이에서만 가능하다. 또한 이 이론에 따르면 우리는 매우 고차원적인 지향체계다. 우리는 배리가 파티에 가고 싶지 않았다고 어맨다가 생각하기를 배리가 의도했다고 어맨다가 믿는다고 데이브가 상상하는 상황을 이해할 수 있기 때문이다.

이와 관련해 클라이브 갬블Clive Gamble, 로빈 던바Robin Dunbar, 존 가울렛John Gowlett은 현존하는 호미닌과 멸종한 호미닌의 신피질 크기를 비교해 이 호미닌들이 가진 의도성의 차원을 구분하기도 했다(Gamble, Gowlett, and Dunbar 2014).

이 이론에는 두 가지 문제가 있다. 첫째, 이 이론은 인지심리학을 거의 고려하지 않은 이론으로 보인다(세실리아 헤이즈Cecilia Hayes도 문화적 진화에 관한 논문을 통해 비슷한 문제점을 제기했다. Heyes 2018). 행위주체의 의도 상태(행위주체의 믿음과 선호)와 그 행위주체의 행동을 인과관계 측면에서 설명하는 인지 메커니즘 사이의 관계는 무엇이란 말인가?

제리 포더Jerry Fordor에 따르면 통속심리학은 인지심리학의 한 형태다. 예를 들어, 어떤 행위주체가 왜 술집에서 나왔는지 설명하는 과정에서 우리는 그 행위주체의 믿음과 선호를 그 행위주체의 행동과 연관시키려면 그 행위주체를 술집에서 나오게 만든 운동 명령을 촉발한 방식에 영향을 미치는 그 행위주체의 중앙 프로세서의 표상 상태를 확인해야 한다(Fordor 1975; Fordor 1983).

하지만 통속심리학적 상태와 인지 메커니즘 사이의 관계에 대한 생각에는 논란의 여지가 많다. 예를 들어, 대니얼 데닛은 통속 심리학적 해석과 인지 메커니즘 사이의 관계는 매우 간접적이라고 주장한다. 데닛은 통속 심리학적 해석이 다른 행위주체의 행동에서 매우 안정적인 패턴들을 잡아낼 수 있다고 본다.

데닛에 따르면 우리는 그 패턴들에 잡음이 많이 섞여 있고, 이 패턴들을 설명하는 인지 메커니즘과 이 패턴들의 안정성, 그리고 그 패턴들의 예외에 대해 거의 알지 못한다고 해도 그 패턴들을 이용해 상당히 성공적으로 예측, 조율, 간섭을 할 수 있다(Dennet 1975; Dennet 1991). 데닛의 이론이 맞는다면 언어 진화에 관한 연구에서 인지심리학은 통속심리학이 씌운 틀에 의해 그동안 배제되어 왔다고 할 수 있다. 통속심리학이 인간이 서로를 해석하기 위해 집단적으로 만들어낸 도구gadget라면 현재의 통속심리학은 현재의 인간이 가진 마음과 매우 다른 마음의 메커니즘을 기술하기 위한 최적의 체계가 아닐 가능성이 매우 높다. 대형유인원과 초기 호미닌의 마음은 현재 우리의 마음과 상당히 달랐을 것이 거의 확실하다. 우리가 제기하는 두 번째 문제는 이 생각에서 기인한다.

사실 두 번째 문제가 훨씬 중요하다. 그 문제점은 이 이론이 중간

intermediate 인지 메커니즘에 대해서는 거의 다루지 않는다는 데에 있다. 중간 인지 시스템이란 반사reflex와 연상으로 구성되지만 의도가 완전한 형태로 정교화되지 않은 시스템이다. 대형유인원의 의사소통을 다루면서(제2장 2.1 참조) 우리는 이런 중간 인지 시스템의 예들, 즉 단순 반사 또는 조건 반응으로 보기에는 너무 미묘하고 정교하지만 완전히 수의적이라고 보기에는 너무 제한적이고 유연성이 떨어지는 행동들에 대해 설명할 것이다. 또한 이 이론은 지향체계들의 차원을 구분하지만 우리는 이런 구분을 하는 것이 최선의 방법인지에 대해 의문을 가지고 있다. 의도성의 차원 차이가 인지 메커니즘들 사이의 구조적 차이일까? 아니면 (자기성찰의 경우에서처럼) 행위주체가 시도하는 일의 농도, 맥락 그리고 그 일에 필요한 주의 집중의 양에 의해 강한 영향을 받는 것일까? 의도성의 차원과는 상관없는 다양한 지향체계들도 존재한다.

실제로 우리는 술집에 가겠다고 의도할 수도 있고, 술집에 가고 있다고 믿을 수도 있고, 술집에 가는 것을 선호할 수도 있다. 하지만 우리는 우리가 술집에 가고 있다고 상상하거나 가고 있는 척을 할 수도 있다. 이런 능력은 서술적으로 언어를 사용할 때 중요할 수도 있지만, 의도성의 차원 차이보다는 구조적 차이가 더 중요한 능력일 수 있다.

이런 점들을 고려하면 통속심리학과 의도성의 차원 측면에 기초해 의사소통의 진화를 생각하는 것은 현명하지 않은 일이 될 것이다. 본질적으로 통속심리학은 우리의 사회적 삶 안에서 그리고 우리의 삶을 위해 출현한 개념적 도구들이다. 통속심리학은 완벽하지는 않지만 매우 안정적으로 서로의 행동을 해석하게 해주고 미래의 행동을 예측하고 그 미래의 행동에 영향을 미칠 수 있게 해준다. 하지만 통속심리학은 대형유인원 또는 다른 호미닌들의 인지적 구조를 규명하기 위해 설계된 것이 아니다.

1.5
경험적 제약과 언어의 진화

언어의 출현에 대한 설명이 어려운 이유는 증거를 확보하기 힘들다는 데에 있다. 언어 진화를 연구하는 사람들은 언어가 화석으로 남지 않기 때문에 힘들어 한다. 운이 좋은 경우 복잡한 수의적 발성 과정을 보여주는 화석 증거를 발견할 수도 있지만, 앞에서 설명했듯이 발성 조절은 언어의 필요조건도 충분조건도 아니다. 하지만 오래된 언어에 대해 직접적으로 알려주는 유전자 화석이 존재한다는 주장이 최근에 제기되었다(Dediu and Levinson 2013; Levinson and Dediu 2018).

이 주장은 멸종한 사람 종인 네안데르탈인과 데니소바인의 유전체genome에 대한 직접적인 증거가 발견된 데에 따른 것이다. 연구자들은 이 유전체들을 서로 비교하고 우리의 유전체와도 비교해 호모 하이델베르겐시스의 유전체에 대한 합리적인 추측을 해냈다.

호모 하이델베르겐시스는 사피엔스, 네안데르탈인, 데니소바인의 공통 조상으로 추정되는 종이다. 우리가 언어를 가지게 된 것과 특히 관계가 깊은 유전자들이 어떤 유전자들인지 밝혀낸다면 우리의 형제 종들과 우리의 공통 조상에게 그 유전자들이 있었는지 확인할 수 있을 것이다. 댄 데디우Dan Dediu와 스티븐 레빈슨Stephen Levinson(2013)은 이런 생각에 기초해 AMH(해부학적 현생인류), 네안데르탈인, 데니소바인이 모두 우리의 공통 조상으로부터 언어를 물려받았다고 주장했다.

이 주장은 매우 혁신적이지만 유전자 화석이 보여줄 수 있는 것은 이 사람 종들이 언어에 필요한 유전적 자원을 가지고 있다는 정도밖에는 없다. 유전적 자원을 가진다는 것과 언어를 가진다는 것은 전혀 다르다. 아주 오래 전의 우리 조상들은 형식적인 양적 추론에 필요한 유전적 자원을 가지고 있었을 가능성이 매우 높다. 하지만 숫자와 숫자 열이 문화적으로 발명되지 않은 상태에서는 이 자원은 이용이 불가능했을 것이다.

언어도 마찬가지다. 문화적 학습이 (사회현상으로서의) 언어의 구축과 전파에서 핵심적인 역할을 한다는 사실은 언어의 사용이 유전적 능력뿐만 아니라 문화적 배경에 의존한다는 것을 확실하게 보여준다. 어떤 경우든 이런 유전자 증거는 점진적 언어 진화 과정에 대해 아무것도 말해 줄 수 없다.

따라서 우리의 주장은 주로 고고학적 현상들과 그 현상들의 중요성에 기초하지만, 제5장에서는 신경과학에 일부 근거한 주장을 펼칠 것이다. (제6장에서는 우리 주장과 관련된 유전학 연구결과에 대해 자세히 다룰 것이다. 하지만 우리는 유전자 증거를 우리의 이론을 뒷받침하는 긍정적 증거로 사용하지 않고, 우리 이론의 일관성을 점검하는 수단으로만 사용할 것이다.)

우리의 전략은 점진적 언어 출현 이론을 인간의 사회적 삶에 대한 점진적 진화 이론의 틀 안에 집어넣는 것이다. 특히 우리는 협동의 범위와 속성, 사회적 학습의 범위와 속성에 집중할 것이다. 이러한 더 일반적인 이론은 스터렐니의 논문(2021a, 2021)에 제시된 것이다. (일반적으로) 의사소통은 그 자체가 협력의 한 형태지만 다른 형태의 협력이 안정적이고 생산적이 되기 위한 조율과 협상의 핵심적인 부속물이기도 하다. 예를 들어, 특정한 형태의 협력은 평판(다른 사람들의 과거 행동에 대한 지식)이 착실하게 추적되고 상식적일 경우에만 안정적이 된다. 이런 형태의 협력이 존재한다는 것은 매우 정교한 의사소통이 존재한다는 증거가 되며 따라서 우리는 협력의 이런 형태들에 의사소통의 속성과 범위에 관한 핵심적인 정보가 있다고 본다.

협력의 속성은 시간에 따라 달라진다. 우리는 인간의 사회적 삶의 진화는 협력의 확장을 특징으로 하지만 그 협력의 확장은 연속적으로 매끄럽게 이뤄지지 않았다고 본다. 우리는 오래전 호미닌들의 삶에서 협력의 속성이 두 번 변화했다고 본다. 첫 번째 변화는 대형유인원 수준의 협력에서 팀을 이뤄 대형 사냥감을 사냥한 수렵채집자 군단forager band들의 조율로의 변화다(Bunn 2007; Bunn and Pickering 2010; Pickering 2013; Bunn and Gurtov 2014; Sterelny 2014).

두 번째 변화는 약 10만 년 전에 이뤄진, 상리공생의 수렵채집인들의 협동에서 호혜성에 기초한 소규모 수렵채집 집단의 협력으로의 변화다(Sterelny 2014; Sterelny 2021). 이 두 형태의 경제적 협동은 의사소통에 있어서 서로 매우 다른 형태의 조건을 요구했다.

특히 우리는 두 번째 경제적·사회적 변화가 인간 수렵채집인들의 의사소통 필요성에 지대한 영향을 미쳐 플라이스토세 후기의 우리 조상들이 언어와 비슷한 어떤 것을 만들어내게 했다고 주장할 것이다.

다시 요약하면 이렇다. 인간들은 수백만 년에 걸쳐 더 사회적이고 협동적이고 기법과 기술이 강화된 수렵채집인들로 진화했다. 기술적인 능력과 수렵채집의 대상 및 기법의 변화는 물리적인 흔적을 남겼다. 우리는 호미닌들이 어디에 살았는지, 어떤 자원을 이용했는지, 자원을 이용할 때 어떤 기술을 활용했는지 상당히 많이 알고 있고 호미닌들의 삶의 이런 측면들도 흔적을 남겼다. 또한 기법 및 기술 그 자체와 이것들의 변화는 수렵채집인들의 생활방식 구축에 영향을 미쳤기 때문에 수렵채집인들의 생활방식에 대한 정보를 이 변화에서 찾을 수 있으며, 오래전 호미닌들의 인지능력에 대한 중요한 정보도 담고 있다. 물리적 기술은 새로운 형태의 의사소통을 가능하게 하는 인지능력이 이 호미닌들에게 존재했다는 신호일 수 있기 때문이다.

언어 진화의 시점과 형태에 대한 이론이 호미닌 진화의 물리적 기록에 기초해 검증되어야 한다는 생각은 새로울 것이 없다. 하지만 언어 진화를 고인류학 기록과 연관시키려는 시도의 대부분은 언어 출현을 보여주는 특정한 신호, 즉 언어 고유의 특징을 찾기 위한 시도였다. 언어 고유의 특징으로는 물리적 상징material symbol의 사용(Tattersall 2016), 체계적인 교육(Laland 2017) 등을 들 수 있다.

하지만 우리는 언어의 고유한 특징이나 원시언어의 다양한 형태를 찾지 않는다. 우리의 목표는 (1) 다양한 수렵채집 경제와 그것의 형성에 따른 의사소통과 조율의 필요성 증가 (2) 다양한 기술적 도구들의 제조, 사용, 사회적 전파가 인지능력에 미친 영향에 관한 정보를 통합하는 것이다.

이 책의 나머지 부분에서는 특정한 추론 패턴이 계속 등장할 것이다. 예를 들어, 우리는 아슐리안^{Acheulian} 석기를 만들고 사용한 사람들이 그 석기 제작의 기술적 난이도를 고려할 때 언어와 비슷한 의사소통 시스템을 가능하게 한 특정한 인지능력들, 예를 들어, 새로운 기호를 상당히 성공적으로 만들 수 있는 능력을 가지고 있었을 것이라는 추론을 할 것이다.

우리는 이 석기 제작 기술이 보여주는 호미닌들의 인지능력을 생각할 때 그들에게는 의사소통 능력이 있었을 것이라고 생각한다. 언어가 가능하도록 도움을 주는 능력들은 호미닌들의 생활방식의 다른 측면들에도 분명히 작용했을 것이다. 따라서 우리는 호미닌들의 사회적 환경이 이 의사소통 능력을 강화하는 방향으로 선택압을 행사했을 것이라고도 생각한다.

요약하자면, 우리는 이 능력들이 유용하기도 했으며 잠재적으로 이용 가능했을 것이라고도 생각한다는 뜻이다. 우리는 특정한 의사소통 능력을 위해 인지적·사회적 자원들이 이용되었을 가능성을 확인하기 위해서는, 그리고 의사소통 능력을 위한 선택이 일어나게 만드는 의사소통 필요성을 확인하기 위해서도 그 물리적 기록을 이용해야 한다고 생각한다. 의사소통 능력이 이용 가능하면서 유용했다면 호미닌들에게는 그 의사소통 능력이 존재했을 것이다.

또한 우리는 적응을 위한 표현형의 유연성이 호미닌의 사회적 삶 전반, 특히 의사소통에 핵심적인 역할을 했을 것이라고 생각한다. 메리 제인 웨스트-에버하드Mary Jane West-Eberhard는 이와 관련해 진화에서 유전자가 선도적인 역할이 아니라 추종적인 역할을 했다는 유명한 이론을 제시했다(West-Eberhard 2003). 행동적 혁신이 성공적이었고 안정화될 수 있었던 것은 다양한 형태의 학습을 통해서라는 이론이다.

이 이론에 따르면 행동적 혁신의 결과가 일단 안정화되고 그 결과가 충분히 중요하고 오래 지속된다면, 자연선택은 그 혁신된 행동을 더 빠르게 또는 더 안정적으로 습득하는 유전적 변이를 선호한다. 또한 자연선택은 그 행동을 더 정교하게 만들거나 그 행동의 새로운 용도를 찾는 유전적 변이를 선호한다.

웨스트-에버하드는 자신이 유전적 조절gentic accommodation이라는 이름을 붙인 이 과정이 불가피한 것은 결코 아니라고 말했다.

하지만 우리는 호미닌의 진화가 한편으로는 개인적 학습과 문화적 학습 사이의 피드백에 의해 이뤄지지만 다른 한 편으로는 유전적 변화에 의해 이뤄진다고 생각한다. 우리는 개인적 학습과 문화적 학습 모두가 사회적 환경의 변화를 촉발하며, 그렇게 촉발된 변화는 선택압을 행사해 유전적 변화를 일으킨다고 본다.

따라서 이 책을 관통하는 첫번째 주제로 우리는 생태학적 환경, 기술 그리고 의사소통을 연결하는 추론 패턴을, 그리고 두 번째 주제는 사회적 학습의 변화를 다룰 것이다. 가장 기본적인 원시언어에서 그 다음 단계의 원시언어로의 발달은 한 세대에서 그 다음 세대로 사회적 학습이 이어지면서 이뤄졌으며, 더 풍부한 원시언어를 만드는 일은 사회적 학습의 어려운 목표였을 것이다(제2장 2.2 참조).

따라서 우리는 언어, 즉 표현력이 풍부한 원시언어 형성에 필요한 사회적 학습이 어떤 것이었는지, 그 광범위하면서 정확한 사회적 학습의 고고학적 특징과 고인류학적 특징이 무엇인지 밝혀내야 한다.

안정적이고 적절한 사회적 학습이 이뤄지지 않는다면 혁신은 혁신자가 흔적을 남기지 않는 경우 그 존재 자체가 사라질 가능성이 매우 높다. 따라서 혁신이 존재했다는 것을 보여주는 고고학적 흔적이 계속 늘어나는 것은 사회적 학습이 강화되었다는 증거가 될 수 있다.

우리는 이런 흔적들이 호미닌 진화 과정의 상당히 늦은 시점, 즉 80만 년~50만 년 전 사이에 다소 불안정한 형태로 혁신이 일어났으며 그 혁신으로 인해 사회적 학습이 강화되었을 것으로 본다.

우리는 기록에 기초해 플라이스토세 중기에 안정성과 지속성이 매우 높지는 않았지만 매우 중요한 기술적 혁신이 일어났을 것으로 본다. 이 기술적 혁신에는 약 80만 년에 가능해진 불의 제어(Alperson-Afil, Richter, et al. 2007; Wrangham 2017)와 아슐리안 석기의 정교화가 포함된다. 약 50만 년 전에는 핵심 부분을 미리 만드는 정교한 기법이 탄생했는데, 이 기법을 통해 당시 호미닌들은 돌을 깨 핵심 부분을 얻은 다음 돌에서 떨어져 나온 조각들을 훨씬 더 통제된 방식으로 이용할 수 있었다. 우리는 이 석기들이 접합 도구 사용을 확실하게 보여주는 최초의 예라고 본다.[15]

하지만 혁신의 속도가 두드러지게 빨라지는 일이 일어난 것은

20만 년~10만 년 전 사이였을 것이고, 지난 10만 년 동안 안정성이 매우 높지는 않았지만 그 혁신의 속도는 점점 빨라졌을 것이다(Sterelny 2011; Sterelny 2012a).

전체적인 패턴을 보자면, 330만 년 전에 최초로 석기가 등장한 시점부터 상당히 오랫동안 석기 발달 속도는 매우 느렸을 것이고, 약 80만 년 전부터 혁신과 다양화의 속도가 점진적이지만 결코 연속적이라고는 말할 수 없는 방식으로 빨라졌을 것이다.

석기 제작 면에서 플라이스토세의 마지막 10만 년 동안에는 그 전 320만 년 동안 일어난 것보다 훨씬 더 많은 일이 일어났다고 할 수 있다.

이 이야기는 석기 제작 기법에 과도한 초점을 맞춘 매우 단순화된 이야기일 것이다. 구세계(아프리카와 유라시아)의 상당히 많은 부분으로 에렉투스 계열이 확산하면서 대형 동물에 대한 사냥이 이뤄졌다는 사실은 지역 환경과 그 환경이 속한 자연의 역사에 대한 상당히 많은 양의 정보가 사회적으로 전파되었다는 것을 뜻한다. 그럼에도 불구하고 지난 20만 년 동안에 일어난 변화는 고르지 않았고 불안정했다. 우리(그리고 많은 연구자들)는 점진적으로 안정화되는 문화적 학습의 특징이 바로 여기에 있다고 본다(Henrich 2004; Powell, Shennan, et al. 2009).

세부적으로 들어가면 복잡하고, 혼란스럽고 논란의 여지가 더 많아지겠지만 큰 틀에서 보았을 때 두 가지 논점은 분명하다. 첫째, 풍부한 원시언어는 공동체 구성원의 대부분이 그 원시언어를 사용할 경우에만 안정되며, 이런 원시언어는 다른 사람들로부터 잘 배울 수 있는 행위주체들에 의해서만 습득될 수 있다. 둘째, 80만 년 전 이전에는 안정적이고 정확한 대규모 사회적 학습이 이뤄졌다는 고고학적 증거가 존재하지 않는다.

더 일반적인 이야기로 이 장을 마무리해 보자. 역사과학historical science(역사적 성격을 띤 모든 현상에 관한 모든 과학)이 발견해 낸 증거들은 파편적이고 부정확할 수는 있지만 오래전에 사라진 호미닌들이 살았던 다양한 사회적 세계들이 어떤 세계였는지, 그 세계들이 언어의 조상이 되는 의사소통 능력을 필요로 했는지 알 수 있게 해준다. 하지만 여기서 주의해야 할 점이 있다. 이 증거들은 사라진 이 호미닌들의 삶에 대해 우리가 실제로 알 수 있는 것보다 더 많은 것을 알 수 있게 해준다고 우리가 생각하게 된다는 점이다.

그럼에도 불구하고, 우리는 오래 전 호미닌들의 의사소통 시스템에 대한 직접적인 증거는 거의 없는 반면, 이 호미닌 집단들이 정보를 축적하고 전파하는 더 일반적인 능력에 대한 정보는 상당히 많이 가지고 있다. 우리는 이 집단들이 어떻게 살았는지, 어디에 살았는지(그리고 환경을 어떻게 견뎌냈는지), 무엇을 만들었는지, 무엇을 먹었는지 보여주는 증거들을 이용해 그들의 생활을 뒷받침한 의사소통 학습과 사회적 학습에 대해 연구할 수 있다. 이 사실은 이 책의 나머지 부분에서 이뤄질 추론의 원동력이 될 것이다.

다음 장에서는 호미닌들의 의사소통이 무엇을 토대로 확장되었는지 살펴볼 것이다. 이 논의를 위해 우리는 대형유인원들의 능력들을 비교한 데이터와 석기 제작 기술과 협력적 수렵채집에 의존한 생활방식을 채택하기 직전의 호미닌들에 대한 고고학적 데이터를 결합할 것이며, 완전한 형태의 언어 형성에 필요한 능력들에 대해 설명함으로써 계통설명lineage explanation에 관한 개괄을 할 것이다.

2

원시언어를 향해

2.1
대형유인원 기준선

제1장에서 언어 진화에 대한 우리의 관점의 토대가 되는 이론적 가정들을 다뤘다. 제2장부터는 언어 진화에 대한 우리의 관점을 구축할 것이다. 언어 진화에 대한 계통설명을 구축할 때 가장 먼저 해야 할 핵심적인 작업은 기준선의 설정이다.

초기 호미닌들의 의사소통 능력과 인지능력은 어떤 것이었을까? 의사소통의 확장 그리고 궁극적으로는 언어 형성을 위한 토대가 된 능력들은 어떤 것이었을까? 이 질문들에 완벽하게 대답할 수 있는 방법은 없다. 하지만 최선의 방법은 있다. 현존하는 대형유인원들을 연구하는 것이다. 호미닌이 침팬지 계통에서 분화한 것은 약 700만 년 전이며, 호미닌/침팬지 속 계통이 고릴라와 오랑우탄으로부터 분화한 것은 그보다 훨씬 먼저다. 이 계통들의 분화는 멈춰 있는 상태에서 일어난 것이 아니다.

우리가 침팬지로부터 완전히 분화한 시점은 700만 년 전이지만, 1400만 년 전부터 다양한 진화적 과정을 통해 분화가 진행되었다. 하지만 현존하는 대형유인원들의 의사소통 능력 그리고 그 능력을 뒷받침하는 인지능력은 대체로 비슷해 보인다. 번Byrne, 카트밀 Cartmill 등의 연구결과(2017년)에 따르면 대형유인원들이 하는 몸짓들은 상당부분 비슷하다.

이 연구진은 특히 침팬지와 보노보가 (전형적적으로 요청) 메시지를 전달하는 몸짓이 서로 비슷하다는 것을 발견했으며, 이 사실에 기초해 다양한 대형유인원들의 몸짓이 서로 비슷한 메시지를 전달할 수도 있다는 가정을 세웠다.

설령 대형유인원들의 몸짓들이 상당히 다양하다고 해도(그럴 것이 거의 확실하다) 대형유인원들의 일반적인 능력은 매우 비슷해 보이며, 우리는 초기 호미닌들도 이 일반적인 능력들과 비슷한 능력들을 가지고 있었다고 생각한다. 우리는 대형유인원들이 이 능력들 측면에서 확실하게 분화되지 않았으며, 따라서 호미닌들도 대형유인원들의 공통 조상으로부터 그 능력들을 물려받았다고 본다. 그렇다면 호미닌들이 물려받은 능력들은 어떤 것들이었을까?

음성 의사소통에 대해서 먼저 살펴보자. 최근까지 대형유인원들의 음성 의사소통에 대해서는 다음과 같은 의견이 지배적이었다 (Tomasello 2008 참조). (예를 들어, 침팬지 같은) 대형유인원들의 음성 레퍼토리는 빈약하다. 대형유인원들의 음성에서는 국부적 변이가 거의 관찰되지 않으며, 대형유인원들의 음성 레퍼토리가 학습에 의해 수정된다는 증거도 거의 없다.

침팬지(그리고 다른 대형유인원들)는 새로운 부름(소리)을 만들어내지 못하며 기존의 부름을 수정해 그 부름에 새로운 기능을 부여할 능력이 없다. 부름은 비수의적일 것이며 하향식 조절의 대상이 아니다. 침팬지를 비롯한 대형유인원들의 부름은 대부분 또는 전적으로 공포, 성적 흥분, 사회적 불안, 탐욕, 분노 같은 감정이 발생한 결과다.

인간이 내는 소리 중 일부만이 대형유인원들이 내는 소리와 비슷한데 놀람, 공포, 고통, 기쁨 같은 감정을 느꼈을 때의 외침 또는 감탄사, 그리고 아마 인간의 웃음소리 정도가 이에 해당한다. 대형유인원들이 내는 소리의 전부는 인간 음성 레퍼토리의 매우 작은 부분에 불과하다.

위에서 언급한 내용은 대형유인원들의 음성 의사소통은 제한적이고, 유연성이 낮으며, 그들 사이에서 아주 오래되고 널리 확산된 공통적 신경 메커니즘에 의해 촉발된다는 말로 요약할 수 있다. 하지만 대형유인원들은 음성뿐만이 아니라 몸짓으로도 의사소통을 하며, 많은 연구자들은 대형유인원들의 몸짓 의사소통이 종마다 놀라울 정도로 다르다고 본다. (침팬지를 비롯한) 대형유인원들이 하는 몸짓은 매우 다양하다. 또한 대형유인원 한 개체가 한 번에 할 수 있는 몸짓의 종류는 경험에 의해 형성된다.

몸짓은 수의적이거나 의도적이다. 유인원은 다른 유인원의 반응에 따라 상황에 적절한 방식으로 자신의 의사소통 전략을 적응적으로 바꾼다. 언어 진화 연구자들의 상당수가 호미닌 계통에서 의사소통이 대형유인원 기준선을 넘겨 확장된 것이 몸짓 덕분이라는 주장을 하는 이유 중 하나가 여기에 있다(Arbib, Liebal, and Pika 2008; Tomasello 2008; Corballis 2009). 우리도 그 호미닌 계통에 속한다.

이 주장은 뻣뻣하고 반사 운동과 비슷한 대형유인원의 발성과 유연하고 지능적인 대형유인원의 몸짓의 대조에 부분적으로 기초한다. 하지만 최근의 일부 연구자들은 몸짓과 음성 사이의 이런 차이가 과대평가되었을 가능성이 매우 높다고 주장한다. 대형유인원(그리고 영장류)의 발성에 대한 이런 새로운 견해에 대해서는 나중에 다시 다룰 것이다.

이런 최근의 연구결과에도 불구하고 우리는 여전히 몸짓과 음성이라는 두 가지 의사소통 방법 사이에 매우 중요한 차이가 있다는 것을 보여주는 증거가 있다고 생각한다. 따라서 호미닌의 사회적 삶이 더 복잡해지고 협력의 중요성이 강화됨에 따라 의사소통 방법 또한 다양했을 가능성이 매우 높다고 생각하지만, 우리는 몸짓이 호미닌 의사소통의 초기 확장에서 몸짓이 중심적인 역할을 했다고 본다.

캐서린 크록포드Catherine Crockford, 클라우스 주베르뷜러Klaus Zuberbühler 등의 학자들은 침팬지들이 경고음을 낼 때 상당한 유연성을 보인다고 주장했다. 실제로 이들은 침팬지들이 수의적이고 의도적으로 경고음을 낸다는 증거가 있다고 생각한다(Crockford, Wittig, et al. 2012; Schel, Townsend, et al. 2013; Crockford, Wittig, et al. 2017). 침팬지들이 상황적 유연성을 보인다는 주장은 확실히 입증된 상태지만 의도적이고 수의적으로 몸짓을 한다는 주장은 방어하기가 쉽지 않다. 이 주장을 하는 연구자들의 실험대상은 야생이지만 인간에 익숙해진 침팬지들이었다. 이들은 먹잇감을 찾는 침팬지들의 경로 근처에 독사 모양의 물체를 너무 눈에 잘 띄지 않을 정도로 배치하면 침팬지들이 경로를 바꿀 것이라고 예상했다.

이 실험의 목적은 생태학적 환경과 사회적 환경의 변화를 다양한 경고음을 낼 줄 아는 침팬지가 다른 개체들에게 알렸을 때 어떤 결과가 발생하는지 확인하는 것이었다. 침팬지들은 다른 침팬지가 있을 때만 경고음을 낼까? 경고음을 듣는 다른 침팬지의 성격에 의해 경고음을 내는 침팬지의 발성이 영향을 받을까? 침팬지는 자신을 따라오는 침팬지가 혈연관계에 있는 침팬지일 때 더 많은 경고음을 내거나 더 급박하게 경고음을 낼까?

이 연구자들은 침팬지의 경고음 내기가 단순한 흥분에 의해 촉발된다면 그 침팬지가 독사 모형에서 멀어지면서 경고음이 멈추거나 약화될 것이라고 예상했다(물론 뱀은 모습이 드러나지 않을 때 훨씬 더 위험하다).

또한 만약 경고음 내기가 그것을 듣는 침팬지들을 대상으로 한 것이라면 경고음 내기는 다른 방식으로 멈춰질 것이라고 예측했다. 즉, 이들은 경고음을 내는 침팬지는 이를 들은 개체가 안전한 곳으로 이동하면 경고음 내기를 멈출 것이라고 예상했다. 또는 침팬지가 경고음 내기를 멈춤으로써 다른 개체에게 자신이 이미 뱀을 보았지만 안전하다는 것을 알릴 것이라고 생각했다.

모든 데이터에는 잡음이 포함될 수밖에 없지만 이 연구자들의 데이터는 대체적으로 침팬지의 경고음 내기가 단순한 반사운동이 아니라 상황에 민감하게 반응하는 행동이라는 주장을 뒷받침한다(이 데이터의 잡음과 관련된 분석은 Crockford 2019 참조).

보통의 경우 경고음을 듣는 다른 침팬지의 존재와 성격이 경고음 내기에 영향을 미쳤기 때문이다(예외적인 경우에 대해서는 곧 설명할 것이다). 경고음 내기를 멈추는 방식은 듣는 침팬지의 상황뿐만 아니라 듣는 침팬지에 따라 달라진다. 경고음을 내는 침팬지는 듣는 침팬지의 상황도 능동적으로 살필 뿐만 아니라 듣는 침팬지와 독사 모형을 번갈아 보기도 한다.

실제로 한 실험에서는 경고음을 듣는 개체가 뱀을 쉽게 발견할 수 있도록 침팬지가 독사 모형에 가까이 다가가면서 경고음을 내는 경우가 많다는 것이 밝혀졌다(뱀은 위장을 매우 잘하기 때문에 눈에 잘 띄지 않는다).

하지만 이 연구자들은 이런 실험으로 경고음 내기가 자극에 대한 반응일 수 있다는 가능성을 완전히 배제할 수는 없다고 인정한다. 혈연 또는 동료 관계에 있는 개체가 자신의 주변에 있으면 침팬지는 불안감이 커져 아마 더 많은 경고음을 낼 것이다. 하지만 상황에 대한 반응이 정교해질수록 경고음 내기는 더 많은 상황 변수의 영향을 받기 때문에 이런 설명의 설득력은 줄어들 수밖에 없다.

경고음 내기가 의도적이고 수의적이라는 주장에 대해 살펴보자. 주베르빌러와 그의 동료 연구자들은 이 주장을 매우 표준적인 방식으로 입증할 수 있다고 생각한다(이들이 제시한 방식 중 일부는 시각 신호에만 적용할 수 있는 방식이긴 하다).

이 연구자들은 적어도 일부 침팬지들의 경고음 내기는 의도적인 행동으로 판단할 수 있는 기준 중 일부를 만족시킨다고 주장한다. 소리를 내는 행위주체의 믿음과 선호에 의해 행동이 촉발된다는 주장이다. 그 기준은 다음과 같다.

사회적 용도	신호는 신호 수용자(audience)가 있을 때만 생성된다.
사회적 용도	신호는 신호 수용자의 특징(character)에 민감하다.
사회적 용도	신호는 신호 수용자의 반응에 민감하다.
주의 민감도	시각 신호는 송신자가 수신자의 시야 안에 있을 때만 선택된다.
주의 조작	시각 신호가 생성되기 전에 송신자는 주의를 끌 수 있는 행동을 한다.
신호 수용자 점검, 시선 교차	송신자는 신호 수용자의 위치를 확인하고 그쪽으로 시각을 집중한다. 신호가 제3의 독립체에 대한 것일 경우, 송신자는 수신자와 지시 대상을 번갈아 본다.
지속/정교화	송신자는 의사소통 목적이 달성될 때까지 계속 (다양한) 신호를 보낸다.

 침팬지는 위협의 종류에 따라 내는 경고음이 각각 다르지는 않지만, 대체로 3가지 종류의 경고음을 낸다. 부드러운 후트hoot(침팬지가 내는 '우후우후' 소리), 위험을 알리는 후트 그리고 '와아'하고 짖는 소리다. 이 연구자들의 핵심적인 주장은 다음과 같다. (1) 위험을 알리는 후트와 짖는 소리는 신호 수용자가 있을 때만 생성된다. (2) 어떤 소리를 낼지는 신호 수용자의 특성에 따라 달라진다. (3) 경고음을 멈추는 방식은 앞에 언급된 바와 같이 다른 개체들의 영향을 받는다.

 경고음은 신호 수용자로 추정되는 개체가 위험에서 벗어나면 약해지며, 경고음을 내는 침팬지는 신호 수용자가 어디 있는지 확인하면서 독사 모형과 신호 수용자를 번갈아 쳐다본다는 증거가 있다. 이는 위험을 알리는 소리를 내는 것과 짖는 소리를 내는 것이 의도적인 행동이며, 침팬지는 적어도 1차 지향체계라는 것을 보여주는 증거로 해석될 수도 있을 것이다. 하지만 우리는 이 실험을 다른 관점에서 본다. 우리는 이 실험이 의도적인 조절이 얼마나 어려운 일인지 그리고 그 의도적인 조절이라는 개념 자체가 얼마나 불분명한 것인지 보여주는 실험이라고 생각한다.

그에 대한 한 가지 이유는 사회적 상황에 대한 경고음의 민감성이라는 것 자체가 매우 난해한 개념이기 때문이다. 수신자가 혈연 또는 동료관계에 있을 경우 더 많은 주의를 기울이는 것은 이해가 되지만, 독사 모형을 처음 보게 되는 침팬지는 자신보다 서열이 위인 개체가 자신의 뒤를 따를 때에도 경고음을 낸다. 침팬지가 자신보다 서열이 높은 개체를 보호할 이유는 없는 반면, 서열이 높은 침팬지가 가까이 있을 때 흥분 상태가 더 유발될 수 있다.

침팬지가 내는 부드러운 후트는 훨씬 더 이해하기 힘들다. 부드러운 후트는 다양한 요소들로 구성되는 이상한 소리이고, 이것의 사회적 사용은 위의 기준들 어떤 것에도 부합하지 않는다. 부드러운 후트는 신호 수용자가 없을 때도 생성되며, 신호 수용자의 종류와 그 신호 수용자의 반응과 연관관계를 가지지 않는다.

하지만 신호 수용자가 있을 때의 침팬지는 시선을 교차하고 신호 수용자를 점검하는 것이 확인되었다. 이렇게 엇갈리는 상황을 어떻게 설명해야 할까? 이는 실험의 한 측면일 뿐이지만, 우리는 그 측면이 인간이 아닌 행위주체가 0차, 1차, 2차 지향체계 중 어떤 시스템에 속하는지 구별하기 힘들게 만든다고 본다. 그럼에도 불구하고 이 실험은 경고음 내기의 유연성과 상황 민감성을 상당히 많이 밝혀낸 실험이라고 할 수 있다.

지금까지 우리는 크록포드와 주베르빌러의 연구를 바탕으로 경고음의 생성에 대해 살펴봤다. 경고음의 조절은 기존에 생각했던 것보다 더 주변 상황에 민감하다는 내용이었다. 도로시 체니Dorothy Cheney와 리처드 세이파스Richard Seyfarth는 수용reception에 초점을 맞춘 여러 편의 논문에서 영장류의 부름은 예상을 초월할 정도로 풍부하고 복잡한 의사소통 시스템이라고 주장했다(Seyfarth and Cheney 2010; Seyfarth and Cheney 2014; Seyfarth and Cheney 2018a; Seyfarth and Cheney 2018b). 이들은 주로 개코원숭이baboon를 대상으로 한 연구를 기초로 이런 주장을 했지만, 영장류 전체의 음성 의사소통이 대부분 그럴 것이라고 생각한 것이 확실하다.

  이 연구자들은 경고음(부름)의 생성, 사용, 해석을 구분하면서 영장류의 경고음 생성에 매우 제약이 많다고 주장한다. 이들은 영장류가 사용하는 신호의 유형이 매우 제한적이며 그 신호 유형을 수정하는 것이 어렵거나 불가능하다고 생각한다. 또한 크록포드와 주베르빌러의 주장을 넓은 의미에서 지지하는 차원에서 영장류가 목소리를 내는 시점과 방식을 어느 정도 조절할 수 있다고 본다. 다시 말해 영장류는 경고음을 낼지 말지 여부와 어떻게 낼지 선택할 수 있다는 생각이다. 하지만 이 연구자들의 핵심적인 주장은 영장류가 자신이 속한 사회적 세계에 대해 매우 풍부하고 개념화된 이해를 함으로써 경고음을 이해한다는 것이다.[1]

  이 주장에 따르면 개코원숭이는 신호를 보낸 송신자에 대한 정보, 그 송신자와의 과거 상호작용 이력, 사회적·물리적 상황에 대한 정보에 기초해 그 신호를 해석한다. 예를 들어, 개코원숭이는 신호를 보내는 다른 개코원숭이뿐만 아니라 그 개코원숭이의 친척들과 과거 상호작용도 고려해 그 신호가 위협 신호인지 화해 신호인지 해석한다.

어떤 개코원숭이가 상위 서열의 어떤 개코원숭이의 공격을 당한 적이 있다면, 공격을 당한 개코원숭이는 자신을 공격했던 개코원숭이와 모계 혈통이 같은 상위 서열 개코원숭이가 보내는 공격 신호를 모계 혈통이 다른 상위 서열 개코원숭이가 보내는 공격 신호보다 더 위협적으로 받아들인다. 또한 개코원숭이들은 방관자로서의 해석 능력도 보인다.

예를 들어, 개코원숭이들은 자신의 배경이 되는 사회적 계층구조에 부합하지 않는 지배 또는 복종 관련 소리를 들으면 경계수위를 높인다. 이런 현상은 같은 모계 혈통을 가진 개체들 사이에서 이런 소리가 날 때보다 모계 혈통이 다른 개체들 사이에서 이런 소리가 날 때 특히 더 두드러지는데, 이는 개코원숭이들의 사회적 세계에 중대한 변화가 생길 것이라는 정보를 제공하기 때문이다.[2] 키가 작은 개코원숭이들은(아마 대부분의 영장류들도) 사회적 지능이 상당히 높고 이를 이용해 자신에게 향하는 신호들을 해석한다.

체니와 세이파스는 사회적 지능과 그 지능의 사용에 관한 이 주장을 기초로 개코원숭이의 음성 의사소통 시스템은 아리송할 정도로 풍성하다는 주목할 만한 주장을 펼친다.

이 시스템은 불연속적이고, 조합적이며, 규칙의 지배를 받으며, 무제한적이다. 불연속적이고 조합적인 이유는 수신자가 음성신호로부터 (1) 송신자의 정체 (2) 상대적인 서열과 혈연관계 (3) 사회적 상호작용의 성격(위협, 복종, 화해) (4) 화해 등과 같은 최근의 상호작용 이력 등을 추출해 낼 수 있기 때문이다. 집단당 80마리 정도로 구성되는 개코원숭이 집단에서 상당히 다양하고 서로 다른 내용을 가진 음성 신호들이 송수신되는 것이다.

게다가 겉으로 보기에 단순해 보이는 이런 신호들에 새로운 정보들이 계속 추가된다. 이 시스템이 규칙의 지배를 받는다는 것은 음성 신호와 그 음성 신호의 기능 사이에 확실한 대응관계가 존재한다는 뜻이다. 이 시스템이 무제한적이라는 것은 집단 내의 개코원숭이들이 그 집단에서 태어나는 개체들 또는 그 집단에 새로 유입되는 개체들의 음성 신호를 인식하는 법을 학습할 수 있다는 뜻이다.

하지만 이 생각에는 문제가 있어 보인다. 이 추론에 따르면 '나(I)'는 소속 집단의 크기가 클수록 많은 의미를 가진다. 하지만 실제로 '나(I)'는 오직 하나의 의미, 즉 '이 발화의 화자'라는 정도의 의미만을 가진다.

예를 들어, 아기가 울 때 일반적으로 그 아기의 부모는 그 아기가 자신들의 아이라는 것을 인식한다. 하지만 아기의 울음은 특정한 정체성을 나타내는 신호가 아니라 자신이 행복하지 않다는 것을 나타내는 신호다. 이렇게 볼 때 체니와 세이파스는 두 가지 측면에서 잘못 생각하고 있는 것으로 보인다.

첫째, 이 연구자들은 신호와 단서를 구분하지 않고 있다. 음성 행동은 음성 신호만으로 구성되지는 않는다. 예를 들어, 스터렐니의 말은 스터렐니의 나이, 성별, 건강에 대한 정보를 담고 있지만, 이것은 그 말이 신호전달 기능을 수행하기 위한 적응의 부수적 효과

가 거의 확실하다.³

이와 마찬가지로, 위협을 나타내는 개코원숭이의 경고음도 신호가 아니라 단서다. 개코원숭이의 음성신호에 담긴 혈연관계와 서열에 관한 정보 또한 마찬가지다. 게다가 체니와 세이파스는 신호가 담는 정보의 양을 과대평가하고 있다. A가 B를 위협하는 소리를 제3의 개체가 엿들을 때 그 제3의 개체는 A와 B의 정체성과 상대적인 서열을 파악할 수 있다.

하지만 이는 제3자가 가진 배경지식에 의존하는 경우가 대부분이다. 서열은 어떤 신호가 지배관계 역전을 나타낼 때만 그 신호로부터 파악될 수 있으며 제3자에게 지배관계 역전에 관한 정보를 전달한다고 해도 그 신호는 적응과정을 통해 그 정보를 담게 된 것이 아니다.

제3자가 상황을 파악하는 것은 단서를 통해서다. 이 영장류의 경고음 시스템을 구성하는 신호의 수가 매우 적고 제한적임에도 불구하고 아리송할 정도로 풍부하다는 이 생각에 우리가 반대하는 이유가 여기에 있다. 우리는 체니와 세이파스의 분석을 다른 관점에서 본다.

우리는 신호 레퍼토리가 제3자의 해석 능력에 의해 확장되었다고 생각한다. 해석 능력의 확장에서는 병목 현상이 나타나지 않기 때문이다. 영장류에서 신호 생성 레퍼토리가 확장되기 시작했을 때 영장류의 해석 능력은 이미 상당히 많이 확장된 상태였다.⁴ 영장류는 자신이 속한 사회적 환경에 대한 정보를 얻기 위해 신호뿐만 아니라 단서를 이용할 수 있을 정도로 적응이 된 상태였다는 뜻이다.

이런 모든 생각들을 정리해 볼 때 우리는 해석 능력의 확장이 몸짓 의사소통을 하는 단계에서 시작되었다고 생각한다. 우리는 음성신호의 생성이 기존의 생각했던 것보다 더 유연성이 높았다는 주장은 받아들인다. 하지만 음성신호의 레퍼토리가 매우 적고 제한적이며 경험을 통한 수정이 거의 불가능하다는 생각을 뒤집을 수 있는 새로운 증거가 없으며, 우리는 호미닌과 침팬지 속의 마지막 공통 조상에게서도 이 상황은 같았을 것이라고 생각한다.

하지만 몸짓의 레퍼토리에는 이 생각이 적용되지 않는다. 몸짓의 레퍼토리는 의사소통 확장을 위한 자연선택이 발생하면 쉽게 수정이 가능하기 때문이다. 이 이야기는 제2장 2.3에서 다룰 것이다.

우리의 다음 단계는 현재의 언어가 의존하는 핵심적인 인지능력과 사회적 능력에 대해 자세하게 밝히는 것이다. 우리는 다음 섹션에 명시된 이 능력들의 전부 또는 거의 전부가 초기 호미닌들, 특히 호미닌과 침팬지 속의 마지막 공통 조상에게 특정한 형태로 존재했다고 본다. 우리의 이 생각이 맞는다면 언어 진화에 대한 계통설명으로 초기에 상당히 독립적이었던 인지능력들이 어떤 것들이었는지, 그리고 이 인지능력들의 통합, 공진화, 강화로 언어 출현을 설명할 수 있을 것이다. 이는 방법론 측면에서 매우 중요한 주장이다. 제1장 1.5에서 살펴보았듯이, 경험적 제한이 있는 언어 출현 이론의 구축 방법에 대한 우리의 생각은 의사소통을 강화한 능력들이 다른 행동들도 강화했을 것이라는 생각에 기초한다. 이 능력들 중에는 더 직접적인 고고학적 흔적들을 남긴 능력들이 포함된다. 따라서 제2장의 처음 두 섹션은 최초의 호미닌에서 현생인류까지의 계통이 끝나는 두 종착점에 대한 부분적인 설명이라고 할 수 있다. 이제 두 번째 종착점으로 이동해 보자.

2.2
언어 모자이크

여기에서는 언어가 의존하는 핵심적인 인지 메커니즘들에 대해 다룰 것이다. 우리 주장의 핵심은 의사소통 능력이 현존하는 대형유인원들의 의사소통 능력과 비슷했던 초기 호미닌들에게서 이런 인지 메커니즘의 전부 또는 거의 전부가 기초적인 형태로 존재했다는 것이다.

단기 기억, 실시간 처리 능력(online-processing) **그리고 조절.** 영장류는 단기 기억 능력과 실시간 처리 능력이 뛰어나다[개코원숭이들이 매우 복잡하고 자의적인 패턴들을 인식하고, 기억하고, 이용하는 법을 학습한다는 것을 보여주는 Claidiere, Smith et al의 실험(2014) 참조]. 하지만 우리가 현재 알고 있는 형태의 언어를 구사하기 위해서는 매우 높은 수준의 인지능력이 필요하다.

특히 우리가 대화와 동시에 (때때로 고난도의) 비언어적인 활동도 하는 경우가 많다는 사실을 고려하면, 더욱 그렇다. 언어 진화가 상당한 수준의 조절 능력 확장을 필요로 하는 이유가 여기에 있다. 언어가 지금 그리고 여기에서 조절을 위한 도구가 되는 경우 행위주체들은 의사소통 자체에 필요한 노력과 현재의 상황 전개에 필요한 노력을 구분해서 할 수 있어야 한다.

대화가 조절을 위한 도구가 아닌 경우에도 종종 우리는 대화와 병행해 상당한 수준의 주의 집중과 모니터링이 필요한 다른 행동을 한다. 하지만 언어는 정확하고 정교하고 오류를 용납하지 않는 순서로 생성되어야 하기 때문에 조절 능력의 확장을 필요로 한다. 소리나 모양에서 약간의 차이만 나도 말이 전달하는 전체적인 내용이 크게 바뀔 수 있기 때문이다.

하지만 조절과 인지적 노력의 구분이라는 문제를 빼고 생각한다고 해도, 언어 구사는 상당한 수준의 단기 기억 능력도 필요로 한다. 단기 기억 능력이 있어야 구를 이해하기 위해 말의 흐름 안에 있는 구성요소들을 인식할 수 있으며, 어휘 요소들로 어떤 문장성분들이 구성되는지 파악할 수 있으며, 그 문장성분들 사이의 관계를 추적할 수 있기 때문이다.

단어 인식이 어려운 이유는 말의 흐름은 연속적일 뿐만 아니라, 음은 같지만 다른 뜻을 나타내는 단어들(특히 이름)이 수없이 많이 존재하기 때문이다.

예를 들어, 피터PETER라는 단어를 듣는 사람은 이 피터라는 말이 명사인지 동사인지 구분해야 할 뿐만 아니라(역주: PETER라는 단어에는 동사로 "점점 가늘어지다"라는 뜻도 있다), 문장 속의 피터가 어떤 피터를 가리키는지도 파악해야한다(역주: 피터는 매우 흔한 남자 이름이다). 또한, 누가 누구에게 언제 어떤 상황에서 어떤 일을 했는지 기억해 내려면 말의 흐름 안에서 서로 떨어져 있는 구성요소들을 조합할 수 있는 능력이 있어야 한다.

물론 말을 이해시키는 일은 화자의 몫이지만, 제대로 듣는 것도 쉬운 일은 아니고 오류가 발생하기 쉽다. 시간의 압박을 받으면서 자신의 말을 이해시키는 일의 어려움을 생각해 볼 때 대화에는 상당한 수준의 단기 기억 능력과 그보다 더 높은 수준의 처리 속도가 요구된다고 할 수 있다.

의미기억(semantic memory). 현재의 언어는 의미기억에도 상당히 많이 의존한다. 언어마다 어휘의 수가 다른데, 때로는 수가 몇십, 몇백 배 수준으로 차이가 나기도 한다(Henrich, 2016). 특정 언어 공동체의 화자들이 일상적으로 사용하는 어휘는 제한적이지만 실제로 존재하는 어휘의 수는 엄청나게 많다. 그래도 화자들이 일상적으로 사용하는 어휘의 수는 몇천 개는 족히 넘는다.

게다가 이 몇천 개라는 숫자에는 고유명사들이 포함되어 있지 않기 때문에 앞에서 말했듯이 언어의 모호성은 더욱 높아진다.

이 모호성이 어느 정도로 높아지는지에 대해서는 논란의 여지가 있다. 화자에 따라 같은 단어가 다른 의미로 사용될 수 있기 때문이다. 생성문법 이론가들 중 일부는 특정한 어휘 요소들에 내재된 어휘에 대한 정보가 과도한 생성을 방지하는 역할을 한다고 본다.[5]

의미론에 대한 일부 관점에 따르면 단어를 이해하는 과정은 그 단어의 정의를 이해하는 등의 행동이 포함된다고 주장한다(Jackson 2010). 하지만 별 다른 노력 없이 수천 개의 단어들을 모두 이해하는 것은 기억력 측면에서 결코 쉬운 일이 아니다. 단어는 단순히 인식되는 존재에 불과한 것이 아니라, 그 단어가 지시하는 대상이 없을 때도 기억되는 존재이기 때문이다.

또한 의미기억은 의사소통의 정교화를 가능하게 하는 자연선택의 원동력이 될 수도 있다. 공동체 구성원들 사이에 정보의 양 차이가 있다고 가정할 때, 행위주체가 더 많은 정보(또는 거짓 정보)를 기억할수록 공통 정보에 대한 행위주체의 기여도는 높아진다.

(일부 개코원숭이 공동체의 구성원들처럼) 어떤 공동체의 구성원들이 같은 환경 안에서 움직이고, 서로 가까운 곳에서 잠을 잔다면 구성원들 각각이 가진 정보의 양은 크게 차이가 나지 않을 것이다. (사람 과에 속하는) 고릴라 집단의 경우도 마찬가지일 것이다. 즉, 구성원 한 개체가 아는 것은 다른 구성원 개체들도 대부분 알고 있다는 뜻이다.

하지만 침팬지 속에 속하는 두 종, 즉 침팬지와 보노보는 사회적 조직이 융합되기도 하고 분열되기도 한다. 이 두 종은 서로 가까운 곳에서 휴식을 하고 잠을 잔 후에 작은 집단으로 분리되어 그 작은 집단 고유의 영역으로 흩어졌다 밤이 되면 다시 모여서 잠을 잔다.

호미닌들도 진화과정에서 이 두 침팬지 종과 비슷한 양상을 보였을 것이고, 이 과정에서 공동체 구성원들 사이의 정보 격차가 생성되었을 것이다. 이 격차는 중요한 의미를 가지며, 정보의 중첩 또한 그러하다. 마이클 토마셀로가 강조했듯이, 대화를 통한 의사소통은 공통의 관심사가 존재할 때만 가능해진다. 즉 대화의 모든 참가자가 공통의 관심사를 가지며, 서로에 대해 알고 있으며 공통적인 지식을 가질 때만 알기 쉬운 대화가 성립한다(Tomasello 2008;

Tomasello 2014). 따라서 의사소통은 대화 참가자들이 자신만 아는 정보와 공유된 정보 사이에서 어떻게 균형을 유지하는지에 의존한다.

우리는 이 균형의 양상이 언어 출현에 중요한 방식으로 시간이 지남에 따라 변화했다고 생각한다. 실제로 공통의 관심이 줄어드는 것이 언어학적 의사소통에 영향을 미친다는 사실이 청각장애 학생들을 대상으로 한 실험에서 확인되었다.

예를 들어, 먼 곳에서 전학 온 학생이 학생들이 많아 공통의 관심이 줄어들자 청각장애 학생들이 사용하는 수어 어휘의 수가 늘어나고 수어의 구조적 복잡성도 증가했다(Meir, Sandler, et al. 2010). 이 이야기는 제7장에서 수렵채집이 더 공간적·시간적으로 확산된 결과와 관련된 클라이브 갬블Clive Gamble의 "근접성으로부터의 해방release from proximity"(Gamble 1998) 개념에 대해 설명하면서 다시 다룰 것이다.

우리는 (원시)언어와 의미기억 사이에 양성 피드백이 존재했다고 본다. 여기서 양성 피드백이란 원시언어 확장을 위해 선택된 의미기억 능력의 확장과 더 풍부하고 효율적인 기억(자신이 개인적으로 경험한 것들만을 기억하는 것이 아닌, 자신이 누군가에게 들은 것들에 대한 기억이 여기에 포함된다)을 위해 선택된 원시언어의 확장 사이의 관계를 말한다.

심적 모델(Menatl Model). 행동은 그 행동으로 인한 결과에 의해 성공 또는 실패로 정의된다. 따라서 행위주체들은 어떤 행동의 대안을 고려할 때 미리 그 행동의 결과에 대해 예측할 수 있어야 한다. 이 예측을 가능하게 만드는 것이 바로 심적 모델이다.

심적 모델은 어떤 상황에 (실제로 또는 가상으로든) 존재하는 대상과 그 대상의 속성뿐만 아니라 그 둘 사이의 인과관계도 나타낸다. 우리는 심적 모델을 사용함으로써 미리 예측을 하고, 과거를 돌아보고, 역사실적counterfactual(사물을 있는 그대로 그려 내는 것에 반대되는) 추론을 할 수 있다(Christensen and Michael 2015).

심적 모델을 이용하는 능력은 주먹도끼를 만드는 것(돌의 어떤 부분을 깨뜨렸을 때 어떤 모양이 나올지 예측하면서 깨뜨리는 행동)처럼 그동안 해오지 않았던 물리적 행동을 할 때 특히 중요하다.

또한 이 능력은 사회적 세계에서도 중요한 의미를 지닌다. 예를 들어, 이 능력은 ("내가 이 일을 하면 그가 저 일을 할까?"라고 예측하면서) 새로운 신호를 만드는 데 사용된다. 따라서 우리는 원시언어의 확장이 인과관계를 고려하는 추론 능력의 발달에 의존했다고 본다.

우리는 우리 조상들이 원시언어를 확장하기 위해서 자신들만의 새로운 신호들이 어떤 효과를 낼지 예측할 수 있는 능력의 강화가 필요했다. 한번 새로운 의사소통 장치(정보를 조직하는 수단으로서의 단어)가 만들어져 확산되면 훨씬 더 낮은 수준의 인지능력만 있어도 그 장치를 학습하고 사용할 수 있었을 것이다.

예를 들어, 어린이는 한 손으로 컵을 쥐고 물을 마시는 몸짓을 하면 물을 얻어 마실 수 있다는 것을 알게 되면서 그 행동을 자신의 행동 레퍼토리에 추가할 수 있다. 이렇게 남의 몸짓을 따라하는 것은 신호를 새로 만드는 것보다 훨씬 간단하다. 예외적으로 행운이 우연스럽게 찾아온 경우를 제외한다면, 새로운 신호를 만들어내는 것은 의사소통을 하려는 당사자에게 예측과 추론 능력을 요구한다.

이런 예측과 추론에 기초해 만든 신호들이 성공적인 의사소통을 이끌지 못하는 경우도 많다.(제4장 4.2.2에서 자세히 다룰 것이다) 물론 언어가 출현해 기능을 하기 시작하면 언어 자체에 유연성이 생긴다. 사람들이 "그 여자를 '미드나이트'라는 이름으로 부르자."라고 말하는 순간 그 여자의 이름은 미드나이트가 된다. 새로운 요소들이 쉽게 추가될 수 없었을 초기의 원시언어 형태들, 즉 메타언어(대상을 직접 서술하는 언어 그 자체를 다시 기술하거나 분석하는 언어를 뜻한다)를 가지기 전의 원시언어 형태들은 대부분 인과관계에 대한 추측 능력에 의존했을 것이다.

마음이론(theory of mind). 제1장 1.1에서 우리는 어떤 메시지의 관습적인 의미와 화자가 그 메시지로 전달하고자 하는 의미가 다를 수 있다는 것을 살펴봤다. 댄 스퍼버와 마이클 토마셀로, 그리고 특히 톰 스콧-필립스는 이 차이가 두 종류의 의사소통 시스템, 즉 부호 기반 시스템과 "명시적-추론적" 의사소통 시스템 사이의 근본적이고 불연속적인 차이라고 주장한다.

부호 기반 시스템의 예로는 표범, 독수리, 뱀의 접근을 알리는 경고음이 각각 다른 버빗의 의사소통 시스템을 들 수 있다(Scott-Phillips 2015). 부호 기반 시스템을 사용하는 신호 송신자는 사용할 수 있는 신호의 수가 제한적이다.

이 시스템을 사용하는 신호 수용자의 역할은 신호를 인식하고 그 의미를 파악해(버빗의 경우는 다른 버빗이 내는 경고음의 의미를, 구애를 받는 암컷의 경우는 수컷이 짝짓기를 원한다는 것을, 개의 경우는 그르렁거림에서 위협적인 존재가 가깝게 있다는 것을 인식하는 것이다) 어떤 반응을 보일지 결정하는 것뿐이다.

명시적-추론적 의사소통은 이에 비해 훨씬 유연하다. 이 시스템은 미리 정해진 신호들에 전혀 의존하지 않기 때문이다. 예를 들어, 플레이너는 빈 술병을 테이블에 굴리는 방법으로 한 병 더 마시고 싶다는 욕구를 표시할 수도 있다. 하지만 이런 유연성에는 인지적 비용이 수반된다. 플레이너의 이 행동을 본 나는 왜 그가 빈 술병을 테이블에 대놓고 굴리는지 이해해야 하고 왜 그가 그런 행동을 했는지 추론을 통해 즉석에서 알아차려야 하기 때문이다.

또한 플레이너는 내가 그의 행동을 일종의 신호로 받아들여 상식에 의존해 술을 더 마시고자 하는 그의 의도를 알아차리기를 기대해야 한다. 때로는 이런 신호들이 잘못 파악되기도 하지만 보통 의사소통은 매우 자연스럽게 진행되기 때문에 곧 적절한 추론이 이뤄진다.

하지만 제1장 1.4에서 언급했듯이, 우리는 부호 기반 의사소통과 명시적-추론적 의사소통이 확실하게 구분된다고 보지 않는다. 우리는 (호미닌의) 의사소통에서 해석과 그 해석에 대한 예측이 가장 중요하다고 생각하며, 송신자-수신자 이론으로 우리의 생각을 자연스럽게 설명할 수 있다고 본다.

신호의 의미가 일정해지는 현상은 의사소통 시도들의 전제조건이 아니라 때로는 성공적이고, 때로는 부분적으로 성공적이며, 때로는 실패한 의사소통 시도들이 오랫동안 쌓인 결과로 발생한다. 호미닌들의 의사소통 대부분은 "한 잔 더 먹고 싶으니 이번에는 네가 사라."라고 직접적으로 말하는 행동이 아니라 상대방이 술 한 병을 더 시켜주기를 기대하면서 테이블에 빈 병을 굴리는 행동과 비슷한 행동이었을 것이다. 따라서 다른 사람들의 의도를 해석하고 다른 사람들의 해석을 예측하는 능력이 중요해진 것은 아주 오래전의 일이라고 할 수 있다.

제3장부터 우리는 마음이론 능력의 점진적 진화와 의사소통의 점진적 진화를 연결시킬 것이다. 하지만 현재로서는 우리 계통에서 언제 어떻게 마음이론 능력이 변화했는지 보여주는 구체적인 증거를 확보할 수 없기 때문에 우리의 설명은 다소 추상적으로 들릴 수도 있다. 우리는 마음이론이 몇 가지 방식을 통해 더 강력해질 수 있다고 본다.

먼저 우리는 행위주체가 나타낼 수 있는 인지능력들의 종류가 늘어날 수 있다고 본다. 보는 것과 아는 것 사이의 관계를 나타낼 수 있는 행위주체는 보는 것과 관계된 것들만을 나타낼 수 있는 행위주체보다 마음이론 능력이 강하다. 하지만 마음이론 능력은 행위주체가 나타낼 수 있는 정신적 능력이 제한적일 경우에도 강화될 수 있다.

예를 들어, 마음이론 능력은 개인이 가진 개념 레퍼토리가 확장될 때도 강화될 수 있다. 보유한 개념들의 수가 많을수록 행위주체는 다른 행위주체들의 심적 상태를 더 잘 파악할 수 있다고 추정되기 때문이다. 또한, 가지고 있는 개념들의 수가 많은 행위주체는 가지고 있는 개념들의 수가 적은 행위주체에게는 보이지 않는 다른 행위주체들의 행동 패턴을 파악할 수 있을 것이다.

심지어 이 두 행위주체가 동일한 심적 상태 개념을 공유한다고 해도 그럴 것이다. 예를 들어, A는 독에 대한 개념을 가지고 있고, B는 가지고 있지 않다고 가정한다면, A는 다른 사람이 처음 보는 열매를 왜 자세하게 살펴보는지 B보다 더 잘 이해할 수 있을 것이다.

그렇다면 마음이론 능력은 단순히 우리 조상들이 개념적 토대를 확장한 결과로 우리 계통에서 강화되었을 가능성이 있다. 물론 마음이론 능력 확장의 원인은 다양한 인과관계 요소들, 즉 근본적인 인지적 변화와 사회적 학습의 변화라고 설명할 수도 있다.

예를 들어, 교사들은 사회적 학습이 일어나는 물리적 환경을 변화시킴으로써 학생들의 마음이론 능력을 향상시킬 수 있다. 물리적 변화는 매우 중요하다. 접착제가 발명되기 전까지는 아무도 접착제라는 개념을 습득하지 못했을 것이기 때문이다. 또한 개념 레퍼토리는 의사소통이 정교해질수록 확장된다. 한 개인은 다른 개인으로부터도 새로운 개념을 학습할 수 있기 때문이다.

마음이론 능력의 강화는 호미닌들의 작업기억 능력이 확장된 결과일 수 있다(Planer 2021). 간단하게 설명하면, 작업기억이란 심적 표상mental representation의 선택, (짧게는 몇 초 동안에 걸친) 유지, 시연rehearsal, 조작과 관계되는 영역 일반적 인지능력의 집합이다(역주: 영역 일반적 인지능력은 매우 다양한 과제들의 수행에 영향을 미치는 인지능력을 말한다).

피터 캐러더스Peter Carruthers(2015)에 따르면 본질적으로 작업기억

과정은 주의를 심적 표상에 하향식으로 집중시키는 과정이다.

이 주장에 따르면 표상이 작업기억 안으로 들어가는 것은 주의가 표상에 집중될 때다. 표상은 주의가 집중되는 동안에만 작업기억 안에 머무르면서 다양한 자극과 주의를 산만하게 만드는 요인들의 작용을 막는다. 작업기억의 가장 중요한 과정 중 하나는 시연이다. 시연은 행동(예를 들어, 목표물을 향해 돌을 던지는 행동)을 상상하면서 그 행동의 잠재적 결과에 집중하는 과정이다. 일반적으로 볼 때 작업기억의 내용의 조작은 머릿속에서 시연되는 행동들로 구성된다.

캐러더스에 따르면 주의를 기울여 어떤 표상을 목표로 삼으면 그 행동은 다양한 영역에 영향을 미치게 되며(Baars 1997; Baars 2005), 매우 다양한 인지 메커니즘들에 의해 처리될 수 있는 상태가 된다. 이 메커니즘들 중 일부는 이 행동이 일어나지 않았다면 표상과 아무 관련이 없을 메커니즘이다. 이 과정은 새로운 표상들에 주의를 기울이겠다는 집행 결정을 일으킬 수 있고, 지속적이고 목표 중심적이면서 반사적인 인지를 가능하게 만들 수 있다.

플레이너(2021)는 작업기억 능력의 향상으로 우리 조상들이 대형유인원들이 가진 마음이론 메커니즘을 더 유연하고 창의적으로 사용하게 되어 더 많은 것을 얻을 수 있게 되었다는 생각이다. 대형유인원들은 마음이론 능력은 제한적이지만 "지금 그리고 여기"에서는 목적이 있는 행동과 감정을 확실히 인식할 수 있다.

따라서 대형유인원들의 마음이론 메커니즘은 다른 행위주체들에 대한 표상에 의해 활성화된다고 할 수 있다. 예를 들어, 어떤 행위주체에 대한 심적 이미지는 특정한 환경에서 특정한 방향으로 집중된다. (회상, 시뮬레이션, 또는 실제 지각 표상 유지를 통해) 이런 표상을 작업기억 속으로 집어넣음으로써 이 표상은 다양한 영역에 영향을 미치게 되며, 그 결과로 이 표상은 행위주체의 인지 메커니즘의 상당 부분에 의해 처리될 수 있게 된다.

대형유인원들에게 제공된 인지 메커니즘의 강화가 이루어지지 않았을 때도 시연 능력이 있는 행위주체는 머릿속으로 다양한 행동들을 시험하면서 그 각각의 행동들로 인한 예측 결과들에 집중할 수 있으며, 이 예측에 기초해 특정한 행동을 선택할 수 있다.[6] 또한 행위주체는 왜 특정한 개체들이 자신을 향해 특정한 방식으로 행동했는지에 대한 지속적이고 반사적 추론을 할 수도 있다.[7]

요약하면, 표상에 대한 생각을 구축하는 능력과 지속적이고 누적적인 방식으로 표상을 처리하는 능력이 강화된 행위주체는 (부분적으로는 마음읽기를 더 다양하게 적용한 결과로) 더 강력한 마음읽기 능력을 가지게 된다. 이 능력은 (예를 들어, 제2장 2.4에서 설명할 경로 읽기 능력을 포함한) 우리의 인지능력 모두를 강화할 수 있다.

다시 요약해 보자. 마음읽기 능력을 강화시킬 수 있는 방법 중 하나는 더 좋은 도구를 발명하는 것이다. 예를 들어, A가 믿는 것과 A가 아는 것의 차이를 표현할 수 있는 능력이 그 도구 중 하나라고 할 수 있다. 마음읽기 능력은 높일 수 있는 또 다른 방법은 마음읽기 기술을 개선하는 것이다. 즉, 더 강력한 작업기억을 이용해 현재 존재하는 마음읽기 도구들을 사용하는 방법을 개선한다는 뜻이다.[8]

사회적 학습. 구문 능력이 유전적으로 암호화된 선천적인 능력이라고 해도 언어 능력은 사회적 학습에 의존한다. 각각의 언어를 구성하는 특유의 요소들은 반드시 학습을 통해 습득되어야 하기 때문이다. 이 요소들에는 어휘, 특정 언어에서 어휘의 형태를 제한하는 발음과 형태의 규칙성(예를 들어, 폴란드어 단어 중에는 영어의 발음 규칙으로는 구성이 불가능한 단어들이 있다), 시제, 상aspect(완료 · 진행 등을 나타내는 동사의 형태), 격 체계 등이 포함된다.

인간은 사회적 학습에 강하다. 롭 보이드Rob Boyd와 조지프 헨릭Joseph Henrich이 최근 각각 발표한 연구결과에 따르면 사회적 학습을 통해 세대를 거쳐 지식을 축적하는 능력은 우리 종의 가장 두드러진 특징이자 우리 종의 인구수, 지리적 분포, 생태학적 영향을 설명하는 요인이라는 매우 설득력이 강한 이론을 발표했다(Boyd 2016; Henrich 2016).

이 이론에 따르면 누적적인 사회적 학습을 가능하도록 인지적 특징과 사회적 특징들에 선택압이 거의 확실히 작용했으며 이 누적적인 사회적 학습의 결과 중 하나가 바로 우리가 사용하는 언어다. 하지만 사회적 학습이 언어 차원을 크게 넘어 확장되는 동안 언어와 언어의 전구체들을 구사하는 능력은 호미닌의 사회적 삶에서 핵심적인 위치를 차지하게 되었다. 이 능력은 특히 사회적 학습이 어려운 대상 중 하나다.

상당히 풍부한 원시언어를 습득하는 일과 주먹도끼를 정교하게 만드는 법을 학습하는 일을 비교하면 왜 언어 습득이 어려운 일인지 알 수 있다. 이 두 가지 일은 부분적으로 미리 계획된 순서에 따라 다양한 요소들을 정확하게 만들어내고 조절해야 할 수 있다는 점에서 어느 정도 유사하다.

우리는 이 두 가지 일이 모두 사회적 학습에 의존한다고 생각한다. 피터 히스콕은 석기 제작 능력을 습득하는 것이 어려우면서도 위험한 일이지만[9] 숙련된 모델의 적극적인 협조에 의해 필요한 노력의 양이 크게 줄어들 수 있으며, 그 모델은 협조를 한다고 해도 잃은 것이 거의 없었다고 주장했다(Hiscock 2014).

하지만 그렇다고 해도 이런 능력을 습득하기 위해서는 여전히 지속적인 노력과 연습이 필요하며, 원시언어 습득은 석기 제작 능력 습득보다 훨씬 더 어렵다. 그 이유는 다음과 같다. 첫째, 석기 제작의 경우 초보자는 모델로부터 두 가지의 사회적 정보를 얻을 수 있다.

초보자는 모델의 행동 순서를 보고 모방함으로써 학습할 수 있고 그 행동들의 결과도 볼 수 있다. 초보자는 다듬어지고 있는 돌, 즉 모델이 한 행동의 산물을 볼 수 있다는 뜻이다.

예를 들어, 초보자는 모델이 계속해서 돌을 깨 석기의 핵심 부분을 얇게 만드는 방법이나 돌 조각을 어느 정도 크기로 잘라내야 하는지 배울 수 있다. 석기 제작 기술 습득 과정에서 에뮬레이션은 많은 정보를 얻을 수 있는 채널이다. 결과물을 만져볼 수도 있고 다른 각도에서 결과물을 볼 수도 있기 때문이다. 또한 결과물(석기)은 시간이 지나도 계속 존재하기 때문에 이용 가능한 모든 정보를 한 번에 그 결과물에서 추출할 필요는 없다.

사냥 기법에 대한 침팬지의 사회적 학습은 대부분 에뮬레이션을 통해 이뤄지는 것으로 보인다. 하지만 원시언어 습득은 이 결과물 관련 채널이 닫혀 있다. 몸짓이나 발성 과정은 존재하지만 관찰 가능한 그 과정의 결과물이 계속 남지 않기 때문이다.

둘째, 석기 제작의 경우, 초보자는 비사회적이고 개인적인 탐구 결과들을 사회적 학습과 조합할 수 있다. 초보자는 다양한 종류의 돌, 망치, 각도를 시험할 수 있다는 뜻이다. 석기를 만드는 방법은 다양할 수 있지만, 대체로 환경, 그리고 돌의 성질과 돌이 힘에 반응하는 방식에 의해 엄격한 제한을 받는다.

또한 석기 제작 기법은 자의적인 기법이 아니기 때문에 개인의 학습에 의해 그 기법의 전부 또는 부분이 학습될 수 있다. 인도나 아프리카 동부 같은 서로 다른 두 지역의 다양한 주먹도끼 제작 기법들이 결국 하나의 기법으로 통합된 것은 놀라운 일이 아니다.[10](물론 이 통합의 원인 중 하나는 각 지역에 살던 호미닌들이 같은 공통 조상을 가진다는 사실에 있기도 하다). 만일 다른 두 공동체가 독립적으로 거의 동일한 형태의 풍부한 원시언어를 만들었다면 그것은 상상할 수 없을 정도로 놀라운 일일 것이다.

대체적으로 언어를 처음 배우는 초보자는 몸짓이나 발성을 무작위로 시험하면서 그 결과를 관찰함으로써 실험을 할 수 있다. 하지만 언어의 경우는 초보자가 선택해 시험할 수 있는 몸짓이나 발성의 종류가 너무 많기 때문에 현실적인 전략을 세우기가 힘들다. 따라서 언어학적 초보자가 자신이 속한 공동체의 원시언어 요소들에 접근할 수 있는 유일한 방법은 그 공동체의 구성원들로부터 사회적 학습을 하는 것밖에는 없다.

따라서 풍부한 원시언어는 사회적 조직과 개인의 인지능력이 결합되어 안정적이고 효율적이면서 폭넓은 사회적 학습을 뒷받침할 경우에만 구축될 수 있다. 우리의 주장에 매우 중요한 이 사회적 학습의 결과에 대해서는 제7장에서 자세히 다룰 것이다.

마이클 토마셀로는 상호작용에 대한 경험 또는 관찰을 통해 사회적 상호작용 또는 집단적 행동에 관한 문제를 "조감도bird's-eye view" 방식으로 생각하는 우리 계통 특유의 매우 중요한 사회적 학습 형태가 존재한다고 생각한다(Tomasello 2009).

조감도 방식이란 어떤 상호작용에 참여하는 개인들 각각의 특정한 정체성과 상관없이 그 상호작용의 구조를 생각하는 방식을 말한다. 즉, 조감도 방식은 참여자들의 역할을 생각하는 방식이다. 조감도 방식이 항상 필요한 것은 아니다.

예를 들어, 호미닌들이 시끄러운 소리를 같이 질러 표범을 도망가게 하는 경우에는 각각의 역할이 구분될 필요가 없다. 하지만 집단 내에서의 개인의 역할이 모두 다르다면 집단 전체의 팀워크를 위해서는 각자의 역할이 매우 중요해진다.

예를 들어, 매복 사냥을 조감도 방식으로 생각한다면 사냥감을 모는 사람, 사냥감을 찾아내는 사람, 매복하는 사람으로 역할이 정해질 것이다. 조감도 방식은 행위주체들이 자신의 역할을 변화시켜야 하는 상황에서 팀워크에 매우 중요한 영향을 미친다.

어떤 개인이 한 상호작용에서는 돌을 쥐는 역할을 하지만 다음 번 상호작용에서는 돌을 내리치는 역할을 해야 할 때 조감도 방식으로 생각하는 것은 매우 중요한 의미를 가진다. 조감도 방식은 역할 역전을 매우 쉽게 만들기도 한다.

인간은 아주 어린아이들도 다른 사람들과 같이 문제를 해결할 때 서로 역할을 쉽게 바꿀 수 있다. 대형유인원들은 그렇게 하기가 매우 힘들다. 집단적 행동이 필요한 문제에서의 이런 유연성은 인간의 협동에서 매우 중요한 역할을 하기 때문에 조감도 방식은 인간의 사회적 삶 전반에서 매우 중요한 역할을 한다.

조감도 방식은 언어에도 직접적인 영향을 미친다. 대화는 행위주체의 역할이 경우에 따라, 심지어는 순간에 따라 바뀌는 공동 행동이기 때문이다. 또한, 어떤 사람이 다른 사람의 혁신 결과를 이용할 때도 상황 속의 자신을 조감도 방식으로 본다면 도움이 된다.

친사회성(prosociality). 현재 우리가 사용하는 언어는 대형유인원의 사회적 심리와는 매우 다른 사회적 심리에 의존한다. 우리는 대형유인원보다 훨씬 더 사회적인 인내심과 협동심이 많다. 이와 관련해 새라 허디Sarah Hrdy는 《어머니와 타인들Mothers and Others》 초반부에서 대서양을 횡단하는 점보 여객기에 인내심이 있고 (비교적) 충동 조절을 잘하는 점잖은 사람들이 아니라 침팬지들을 태운다면 어떤 일이 일어날지 상상한 결과를 생생하게 묘사했다(Hrdy 2009).

정보를 나누고 계획하고 조절하면서 대화를 나누는 일은 특별한 형태의 협동이다. 다른 협동 형태들에서처럼 대화에서도 오랫동안 다른 사람들과 가깝게 있는 것을 참겠다는 의지와 도움을 주겠다는 의지가 필요하다. 마이클 토마셀로에 따르면 대형유인원과는 달리 우리는 공동 행동이 단순히 도구적이 아니라 본질적으로 우리에게 보상을 준다고 생각한다.

하지만 대화에는 동기부여를 위한 대화 특유의 요소들이 있다. 그 요소들 중 하나가 번갈아 말하기다. 앞에서 우리는 대화는 속도가 빠르고 말하기와 듣기 사이의 전환이 매우 빠르게 일어나기 때문에 언어를 사용할 때 인지적 부담을 가중시킨다는 스티븐 레빈슨의 주장을 다룬 바 있다. 하지만 대화를 위해서는 비언어학적인 능력도 있어야 한다.

대화의 행위주체는 화자 전환, 대화 도중 적절한 개입, 대화, 주제 전환, 관심의 저하, 혼란 및 조급함 등을 나타내는 단서와 신호에 민감하게 대처해야 한다.

또 다른 요소는 주의와 의도적인 듣기다. 다른 사람의 대화를 다른 생각을 하면서 흘려듣는 것과 다른 사람이 하는 말 사이에 적절한 추임새(예를 들어, "어, 그래?", "그렇구나.", "정말?" 같은 말)를 넣으면서 대화에 집중하는 것은 매우 큰 차이가 있다.[11] 인간의 고유의 사회적 삶의 진화는 (다른 무엇보다도) 주의가 흐트러지는 것에 저항하는 능력의 진화에 의존하며, 언어의 진화도 마찬가지다.

동기부여 측면에서 언어는 한층 더 특이하다고 할 수 있다. 우리는 언어의 전구체들이 공동체 구성원들의 상호 조절, 요청과 지시 표현, 정보 공유를 위한 의사소통 기술로서 처음 생겨났다고 생각한다. 원시언어는 유용한 도구였으며, 원시언어의 사용은 그 원시언어의 보존과 정교화를 위한 선택압을 행사했다. 어떤 단계에 이르러 대화 참여는 도구적인 측면에서 동기부여를 적게 받게 되었다. 사람들이 고기를 씹으면서 농담을 즐기고, 이야기를 듣고, 서로에게 장난을 치면서 그렇게 되었을 것이다.

이런 언어 형태들은 사회적 긴장을 해소하는 동시에 사회적 결속과 지역적 정체성을 강화하면서 건강에도 긍정적인 영향을 미쳤을 가능성이 매우 높다(Dunbar 1996; Wiessner 2014). 이야기를 듣는 것은 즐거운 일이다. 또한 대화도 본질적으로 보상을 주는 성격이 강하다. 이렇게 언어 또는 원시언어를 사회적 용도로 사용하게 된 현상은 우리의 동기부여 심리에 변화를 일으켰으며, 우리는 그 변화와 함께 공진화했을 가능성이 매우 높다.

인간 특유의 능력? 단기기억, 집행 능력, 의미기억, 심적 모델, 마음이론 능력, 사회적 학습, 인내, 친사회적 동기는 제한적이고 원시적인 형태로라도 다른 동물에게도 모두 존재한다. 이 능력들은 제대로 강화되고 적절하게 조합되면 언어 또는 언어의 전구체 출현을 가능하게 만드는 데 중요한 역할을 할 수 있다.

이 능력들은 모두 우리의 인지 메커니즘에서 다양한 역할을 한다. 그렇다면 언어에만 해당되는 능력은 어떤 능력일까? 우리는 언어 숙달이 언어에만 사용되는 인지능력들에 의존한다고 생각하지 않지만, 언어가 인간 특유의 능력에 부분적으로 의존할 가능성은 있다고 생각한다.

예를 들어, 원거리 지칭 기능이 있는 신호를 만들어내고 이용하는 능력이 인간 특유의 능력일 수 있다. 벌의 춤을 제외하면[12] 동물의 신호는 "지금 그리고 여기"에 한정된다[침팬지는 현재 존재하지 않는 대상이 과거에 있었던 자리를 가리킴으로써 원거리 지칭을 할 수 있다는 주장이 있긴 하다(Bohn, Call, et al. 2015)]. 짝짓기를 위한 금조의 행동은 직접적이고 즉각적인 요청이다. 미래의 어떤 시점에 다시 만나 짝짓기를 하자는 권유가 아니다.

　버빗의 경고음도 특정한 종류의 위험이 지금 그리고 여기에 존재한다는 것을 나타내는 신호다. 우리는 자리에 있는 어떤 사람을 소개할 때 이름을 사용할 수 있는데, 우리는 어떤 사람이 자리에 없을 때에도 그 사람의 이름을 말하면서 뒷담화하곤 한다. 하지만 이 능력이 호미닌 고유의 능력이라고 해도 자신의 공공 언어로만 하는 생각이 아닌 한, 언어에만 사용되는 능력은 아니다.

　우리는 즉각적인 상황의 한계를 넘어서 생각할 수 있으며, 지도를 사용하거나 다른 표현 형태를 통해 비언어적인 방법으로 여기가 아닌 다른 곳을 나타낼 수도 있다. 다음 장(제3장 3.3)에서는 원거리 지칭이 의존하는 인지 메커니즘에 대한 우리의 생각에 대해 설명할 것이다.

　언어와 인간에만 해당되는 능력일 가능성이 있는 가장 유명한 후보는 구문 능력이다. 언어의 엄청난 표현력은 언어가 허용하는 엄청난 조합 가능성에 부분적으로 의존한다. 예를 들어, "유명한 폴란드 출신 교수의 마지막 세미나에서 당황스러운 질문을 한 학생들." 같은 표현을 보면 알 수 있다.

　이런 능력은 인간과 언어에만 해당하는 것이 충분히 가능하다. 하지만 다른 가능성도 있는데, 그에 대해서는 제5장에서 다룰 것이다. 우리는 요소들을 정렬하고 재조합해 순차적 구조를 만들어 내는 이 능력과 원거리 지칭 기능이 있는 요소들을 사용할 수 있는 주먹도끼를 만드는 데 사용된 것과 같은 복잡한 능력에 의존한다고 본다.

이 기술적인 능력은 행동을 계획하고 조절하는 심적 틀mental template의 사용에 의존한다. 복잡한 순차적 구조는 내부적인 조절의 영향을 받기 때문이다. 또한 우리는 이 순차적 구조들이 계층적으로 조직된다는 주장을 할 것이며 현재의 신경과학적 증거와 행동적 증거가 구문 능력이 우리가 구조를 인식하고 처리하는 능력(다른 동물, 특히 영장류와 공유하는 인간의 이 능력이 훨씬 더 강화된 형태이긴 하다)에 의존하다는 것을 보여준다고 생각한다.

원거리 지칭과 구문 능력은 아슐리안 석기와 그 후의 석기들을 제작하기 위해 필요했던 특별한 기술을 출현시키기 위해 진화한 능력들이 재배치된 결과다. 이 능력들은 의사소통을 위한 것이 아니라 다른 목적을 위해 처음부터 진화한 능력이다.

2.3
몸짓의 중요성

대형유인원의 몸짓이 발성에 비해 더 하향식으로 조절되고 경험에 민감하다는 것은 자연스러운 설명이 가능한 현상이다. 대형유인원은 서식하는 지역의 크기에 따라 자원을 이용하는 방식이 달라지며, 매우 복잡한 운동 루틴의 도움만으로 자원을 얻는 경우가 대부분인 동물이기 때문이다.

   이런 자원을 얻기 위해 대형유인원은 시각을 동원해 정교한 운동 조작을 할 수 있어야 하며, 새로운 루틴을 배울 수 있어야 한다. 주변 환경은 대형유인원이 서식지를 옮길 때마다 달라지기 때문이다.

   대형유인원이 사는 환경은 손(그리고 몸의 나머지 부분들)을 유연하고 다양하게 움직이게 만든다. 대형유인원은 언제든지 몸짓을 사용할 준비가 되어 있으며, 상황에 맞춰 학습된 방식으로 몸짓을 사용할 수 있다.

   물론 대형유인원이 하는 몸짓의 범위는 대체적으로 제한적이다. 몸짓의 대부분은 요청을 나타냄에도 불구하고 그 메시지들을 표현하기 위해 하는 몸짓의 종류 자체는 매우 다양하다.

고릴라는 (적어도) 102가지의 서로 다른 몸짓을 할 수 있다는 주장도 있다(물론 이 102가지 몸짓이 각각 다른 요청을 나타내는 것은 아니다). 하지만 몸짓의 레퍼토리를 쉽게 확장할 수 없기 때문에 유연하지 못하다. 예를 들어, 젠티Genty와 그의 동료 연구자들의 분석에 따르면 대부분의 고릴라는 의도적인 하향식 조절을 받는 종 특유의 행동만을 하는 것으로 보인다(Genty, Breuer, et al. 2009).

고릴라에게서는 몸짓을 사용하는 능력이 매우 유동적으로 진화된 것으로 보이지만, 의사소통 도구 레퍼토리에 새로운 몸짓이 추가되는 경우는 제한적이었던 것으로 보인다. 고릴라가 사용하는 부호의 수는 직접적인 기능을 가진 행동들이 신호로서 축약되고 의식화되는 과정에서 연상학습에 의해서만 늘어난 것으로 추정된다.

따라서 고릴라들은 새로운 소리보다 몸짓을 추가하는 능력이 더 많긴 하지만 고릴라의 의사소통 시스템은 결코 쉽게 확장되는 시스템이 아니다.[13]

시간이 지나면서 유연성이 생겼다고 보기는 힘들지만, 어떤 특정한 시점에 상당한 정도의 유연성이 발생했던 것 같기는 하다. 신호와 반응이 일대일로 단순하게 대응하는 것 같지는 않기 때문이다. 캐서린 호바이터Catherine Hobaiter와 리처드 번Richard Byrne은 침팬지의 몸짓에 대한 체계적인 연구를 통해 몸짓과 반응의 특정한 대응 관계가 어느 정도 존재함을 밝혔다.

이 연구에 따르면 몸짓은 "주의를 집중하고 특정한 행동을 하라."는 의미만을 갖는 것은 아니다(Hobaiter and Byrne 2014). 원하는 반응 각각을 일으키기 위한 몸짓들의 경로들이 여러 가지 존재하기 때문이다.[14] 의사소통 파트너가 처음에 반응을 보이지 않는 경우 순차적으로 다양한 몸짓들이 수행된다(이런 식으로 제2장 2.2에서 설명한 하향식 조절 기준 중 하나가 만족된다).

또한 동일한 종류의 몸짓이 다양한 반응을 이끌어내기도 한다. 요약하면, 몸짓과 몸짓의 사용은 세이파스와 체니가 영장류 대부분의 특징이라고 주장한 고도의 사회적 지능을 보여준다고 할 수 있으며, 원시적인 형태의 화용론적 행동이라고 할 수 있다. 이 경우 행위주체는 신호를 수신하는 대상이 보고 들을 수 있는 방식으로 여러 선택지 중에서 선택을 해야 한다.

"대형유인원의 몸짓은 그 몸짓 신호를 수신하는 개체의 주의 집중 상태에 맞춰 조정된다. 소리 없는 시각적 몸짓은 신호 수신 개체가 그 몸짓을 보고 있을 때 수행되며, 소리를 동반하는 시각적 몸짓은 그렇지 않을 때도 수행되며, 접촉을 동반하는 몸짓은 신호 수신 개체의 주의 상태와 상관없이 수행된다(Genty, Beuer, et al. 2009, p528).

(논란의 여지가 있는 주장이기는 하지만) 대형유인원들은 다른 대형유인원들이 이미 알고 있는 것이 무엇인지도 어느 정도 알 수 있을지도 모른다(Crockford, Wittig, et al. 2012). 이 주장에 따르면 대형유인원들은 신호를 수신하는 개체도 사회적 지능을 가지고 있다. 몸짓은 (일부는 극도로) 모호할 때가 많기 때문에 몸짓을 보는 개체는 기대되는 반응을 인지하기 위해서는 상황적 단서를 사용해야 하기 때문이다. 물론 모호하지 않은 몸짓들도 있다.

예를 들어, 침팬지 수컷은 암컷에게 교미를 요청할 때 발기된 성기를 보인다. 이런 확실한 경우들이 존재함에도 불구하고 우리는 신호를 수신하는 대형유인원들이 신호 해석을 매우 잘한다고 생각한다(우리의 이 생각은 영장류가 자신이 속한 사회적 세계에 잘 적응한다는 세이파스와 체니의 주장과 일치한다). 몸짓이 무시되는 경우가 많다는 연구결과들은 많지만, 예상치 못한 방식으로 반응함으로써 좌절과 갈등이 유발된다는 연구결과는 없는 것 같다.

대형유인원들이 공통의 관심사에 민감하다는 것을 보여주는 증거도 존재한다. 예를 들어, 침팬지들이 적당히 좋아하는 먹이를 요청하게 하는 것과 그보다 더 좋은 먹이가 있었던 접시를 가리킴으로써 그 먹이를 요청하게 하는 것 중에서 선택을 하게 한 실험이 최근에 이뤄진 적이 있다. 이 침팬지들은 그 접시에 무엇이 있었는지 아는 신호 수용자에게만 접시를 가리키는 몸짓을 했을까? 실험 결과, 이 침팬지들은 연구자들이 예상한 대로 상황에 민감한 행동을 보였다(Bohn, Call, et al. 2016).

따라서 우리는 대형유인원 기준선에 대한 연구, 그리고 우리의 마지막 공통 조상에 대한 기준선에 대한 연구를 통해 의사소통의 확장이 몸짓 신호의 수와 정확성 확장을 통해 이뤄졌을 가능성을 확인할 수 있을 것이라고 본다. 이런 생각은 우리만의 생각이 아니다. 예를 들어, 토마셀로(2008)와 코발리스(Corballis)(2009; 2011) 같은 학자들도 우리와 생각이 같다.

우리의 이 생각이 맞는다면 언어와 언어 진화의 수많은 특징들을 쉽게 설명할 수 있을 것이고, 앞에서도 언급했지만, 의사소통의 구조에 대해서도 더 자연스러운 설명을 제공할 수 있을 것이다. 이 이론에 대해서는 다음 장에서 언급하겠지만, 우선 여기서는 몸짓과 수렵채집 기술 사이의 공진화와 도상성iconicity(언어의 구조와 의미 간에 존재하는 유사성)이라는 두 가지 포인트에 대해서만 설명해 보자.

첫째, 호미닌의 의사소통 능력이 몸짓 시스템으로서 처음에 진화했다면 정교한 손 기술의 진화와 몸짓 의사소통의 진화는 서로를 뒷받침했을 것이다. 또한 이 두 가지 진화는 같은 종류의 근본적인 인지능력, 지각능력, 운동능력에 의존하고 점점 복잡해지는 순차적 행동을 학습하고, 기억하고, 능숙하게 실행하는 능력에 선택압을 가했을 것이다. 그리고 기술적인 능력이 더 복잡해지고 더 배우기 위험해지면서(익숙하지 않은 사람이 석기를 만들 때는 돌 파편에 몸을 다치기 매우 쉽다) 사회적 학습의 중요성이 거의 확실하게 점진적으로 더 커졌다. 도구 제작에 필요한 능력과 몸짓을 하는 데 필요한 능력은 여기서도 중첩되었다.

특히 모방을 통해 기술을 사회적으로 학습하려면 다른 사람들의 손 움직임을 주의 깊게 살펴봐야 한다. 다른 사람들이 손 움직임을 인지하고 반응할 것이며, 그들도 손으로 어떤 행동을 하는지가 중요하기 때문이다. 특히 몸짓들이 길게 이어지고, 더 정교해지고, 실수를 허용하지 않는 경우는 더욱더 이런 종류의 주의 집중이 사회적 학습에 반드시 필요하다.

우리는 몸짓 의사소통의 확장이 대형유인원의 삶에서 발견되는 기술적 능력보다 훨씬 더 정교한 능력의 진화에 의해 가능했다고 보며, 그 정교한 능력의 진화는 다시 몸짓 의사소통의 확장을 일으켰을 것이다. 이 생각에 대해서는 3~5장에 걸쳐 자세히 설명할 것이다.

두 번째 포인트는 도상성이다. 예를 들어, 침팬지 수컷의 짝짓기 욕구를 나타내는 신호는 자의적이지 않다. 우리는 이것이 몸짓과 마임이 호미닌의 의사소통 확장 과정 초기에 매우 중요한 역할을 했다는 생각을 뒷받침할 수 있는 사례 중 하나라고 본다.

인간 언어의 특징에 관한 설명에서 자의성은 매우 중요한 요소다. 자의성은 말과 지시대상 사이에 자연스러운 관계가 성립하지 않음을 나타내는 용어다. 예를 들어, '개'라는 말은 고양이를 가리킬 수도 있는 말이다. 극히 일부 예외 경우를 제외하면 우리가 사용하는 단어들은 자의성을 가진다.

자의성은 우연히 발생한 것이 아니다. 언어는 음성 모방에 의해서만 소리와 대상 사이의 자연스러운 대응관계를 제공할 수 있으며, 지시대상 중에서 인간이 쉽게 흉내 낼 수 있는 소리를 내는 것은 거의 없기 때문이다.

기호의 경우는 언어보다 자의성이 훨씬 적다. 예를 들어, 행동에는 특징적인 움직임 패턴이 있지만, 그 행동만의 독특한 소리가 수반되는 경우가 거의 없기 때문이다. 언어 사용을 쉽게 하기 위해 진화한 온갖 인지 도구들을 가진 인간이 현재 사용하고 있는 고도로 발달된 기호들조차 자의성이 매우 적다.

코발리스는 이탈리아인들이 사용하는 기호의 약 50%가 도상성을 가지고 있으며, 현재는 도상성을 가지지 않는 기호들도 처음에는 도상성을 가졌을 것이라고 주장한다(Corballis 2009, p32).[15] 다른 기호 시스템들, 예를 들면 도로표지판 체계의 대부분은 관습화된 도상에 기초한 것이다.

우리는 자의적이고 완전히 관습적인 상징을 사용할 수 있으며 실제로 도상성에 쉽게 의존할 수 있을 때 그렇게 순응하는 현상은 우리의 현대적인 마음조차 도상성의 도움을 받는다는 것을 보여준다고 생각한다. 도상 형태의 기호를 기억하거나 인식하는 것이 쉽기 때문일 것이다. 우리 계통에서 의사소통의 확장은 기호를 학습하고 사용하는 데 적응이 덜 된 개체들에서, 사회적 환경이 기호를 학습하고 사용하는 능력이 습득을 제대로 지원하지 못하는 상태에서 시작되었다고 생각한다. 현재의 아이들은 언어로 포화된 환경에서 태어나 핵심적인 어휘들에 반복적으로 노출된다. 또한 현재의 아이들은 엄마 말투Motherese(엄마가 아이에게 쓰는 말투)의 출현에 따라 초기부터 유아에게 친화적인 특별한 언어에 둘러싸여 자란다.

초기 호미닌들의 사회적 삶에서 의사소통의 역할이 커지기 시작했을 때의 아이들은 현재의 아이들처럼 운이 좋지 않았을 것이다. 안정화되고 규격화된 기호와 그 기호가 가리키는 대상과의 관계가 이용된 것은 그보다 훨씬 뒤의 일이었기 때문에 당시의 아이들은 얻을 수 있는 모든 도움을 얻어야 했을 것이다. 상징 사용에 적응하지 못한 행위주체들과 기호 습득을 뒷받침하는 발달 환경을 누리지 못했던 당시의 행위주체들에게 도상 기호의 이용은 상당히 큰 도움이 되었을 것이다. 이 점에서 몸짓 또한 소리에 비해 더 많은 이점을 제공했을 것이다.

몸짓-대상 관계의 잠재적 도상성이 플라이스토세 초기 호미닌들의 의사소통 능력이 몸짓을 중심으로 확장되었다는 생각을 뒷받침한다는 견해에 동의하지 않는 사람들도 있다. 특히 리즈 어바인 Liz Irvine은 발달과 관련된 증거(그리고 아마도 침팬지들에 대한 비교 데이터)에 따르면 도상성이 도움이 되지 않으며, 오히려 도상성은 원거리 지칭 기능이 포함된 표상들을 만들어내고 이해하는 일을 더 어렵게 만들었다고 주장한다(Irvine 2016).

어바인은 다소 직관에 반하는 이런 결론을 내리기 위해 크게 4가지 논점을 제시했다. 그 4가지 논점을 한 문장으로 요약하면, 발달과 관련된 증거는 영유아들이 자의적인 상징-지시대상 관계를 도상-지시대상 관계보다 더 빠르고 자연스럽게 선택한다는 것이다. 더 자세히 살펴보자.

첫째, 어바인은 아이들이 2세 정도면 유사성을 이용해 의미를 추론할 수 있고 이 능력은 약 3세가 되어서야 안정화되지만, 생후 18개월 때부터 이미 아이들은 단어(그리고 다른 기호들)를 대상에 연결시킬 수 있다는 점을 지적했다.

둘째, 어바인은 2~4세의 유아들은 새로운 상징이 새로운 대상(또는 행동)을 나타내야 한다고 전제할 때 새로운 몸짓을 처음 듣는 말을 해석하듯이 하지 않으며, 이 유아들은 새로운 단어가 새로운 상징/의미 전략을 촉발하는 상황과 동일한 종류의 상황에서도 이런 방식으로 새로운 몸짓을 해석하지 않는다고 주장했다.

셋째, 어바인은 아이들이 3세 정도가 되어야 모형과 묘사 방식을 대상에 관한 정보의 원천으로 사용할 수 있으며, 묘사되는 대상 자체가 흥미를 끌수록 그 대상을 표상으로 사용하기 힘들어진다고 주장했다. 이에 따르면 아이들은 이 과정에 필요한 "이중 표상dual representation"이 매우 인지적으로 어렵다고 생각한다.

마지막으로, 어바인은 도상 표현은 자동화된 반응을 촉발하는 경향이 있기 때문에 (의식적이고 처리가 느린) 시스템 2에 의해 조절되는 행동에는 최적화되어 있지 않다고 주장한다. 이 연구는 침팬지에 관한 샐리 보이슨Sally Boysen의 흥미로운 실험을 기초로 한다. 이 실험은 침팬지들이 더 큰 먹이 더미를 얻기 위해 작은 먹이 더미를 가리키는 법을 학습하는 것은 거의 불가능하지만 실제 먹이 더미를 자의적인 상징으로 교체하면 이 방법의 학습이 가능하다는 것을 보여준다.

자의적인 기호로의 교체가 침팬지들이 욕구를 전달하는 것을 도운 것은 사실이다. 하지만 이 침팬지들이 힘들어했던 것은 도상 기호가 아닌 반도상성counter-iconicity이었는데, 더 큰 먹이 더미를 갖고 싶은 욕망을 표시하기 위해 작은 먹이 더미를 선택해야 했기 때문이다. 이 침팬지들은 마치 코끼리를 가리키기 위해 쥐의 도상을 만들어내야 하는 상황에 있었고, 누구도 반도상성이 우리 조상들에게 도움이 되었다는 것을 시사하지는 않는다.

이와 비슷한 연구들은 인간의 어린이들을 대상으로도 여러 차례 이뤄졌다. 어바인은 연상적인 반응을 촉발하는 이런 성향이 지금 그리고 여기를 뛰어넘는 표현을 하기 위한 적응 과정에서 도상이 거의 역할을 하지 못했다는 것을 보여준다고 주장했다.

몸짓이 의사소통의 확장을 이끌었다는 우리의 이론도 도상성의 역할에 대한 우리의 주장에 크게 의존하지는 않지만, 우리는 어바인의 주장에 동의하지 않는다.

첫째, 일상적인 음성 대화가 이뤄지는 가정에서 자란 아이들은 보통 2~4세에 이르는 시점에 수천 시간 동안 음성 언어에 노출되며, 단어가 몸짓이 아니라 음소로 구성된다는 것을 배울 기회를 충분히 가지게 된다. 따라서 이 아이들이 몸짓과 말에 대해서 각각 다른 해석 전략을 가지게 되는 것은 놀라운 일이 아니라고 할 수 있다.

둘째, 이 증거는 사피엔스 아이들이 도상을 매우 일찍부터, 즉 2~3세부터 사용할 수 있다는 것을 보여준다고 볼 수도 있다. 또한 아이들이 부드러운 동물 인형을 좋아하고 그 동물 인형이 동물이 아니라 인형이라는 것을 이해한다는 사실은 이중 표상의 일부 형태들이 매우 일찍 출현한다는 것을 보여준다고 할 수 있다.

예를 들어, 스터렐니의 딸은 2세인데, 자기가 좋아하는 곰 인형이 실제로 곰이 아니라 인형이라는 것을 알고 있다. 우리는 2세밖에 안 된 아이가 도상과 대상의 유사성을 이용해 도상으로부터 대상을 유추할 수 있다는 사실이 놀랍다고 생각한다. 여기서 놀라운 데이터는 18개월 된 아이가 상징을 상징으로 이해하는 것으로 추정된다는 사실이다.

이 데이터를 액면 그대로 받아들인다면 "자연스러운 학습능력 natural pedagogy(단어를 처음 사용하기 전에도 의사소통으로부터 문화적 정보를 습득할 수 있는 인간 고유의 능력)"의 존재를 주장하는 학자들이 말하듯이, 단어를 사용하는 능력이 늦게 진화했다고 생각할 수 있다 (Gergely and Csibra 2006; Gergely, Egyed, et al. 2007). 하지만 18개월 된 아이들의 행동 능력이 매우 제한적이라는 사실을 고려하면, 이 아이들이 "피터"라고 말한다고 해서 그 "피터"라는 단어가 어른들이 말하는 "피터"라는 단어와 같은 의미를 갖는지는 매우 불분명하다.

　마지막으로, 도상 표현이 자동적인 연상을 촉발함으로써 집행 기능을 저하시키고 깊은 생각을 통한 반응을 방해한다는 주장에 대해 생각해 보자. 이 주장에는 맞는 측면도 있는 것을 부정할 수 없다. 예를 들어, 포르노와 광고에서 사용되는 표상은 도상과 상징이 섞인 혼종이긴 하지만, 이 표상들의 대부분은 집행 기능을 방해하기 위해 설계된 것들이다. 상징도 자동화된 반응을 촉발할 수 있다.

　독을 떠올리게 하는 해골과 뼈다귀 표시, 위험을 나타내는 빨간색은 도상이 아니다. 우리는 위의 주장이 도상 표현의 일반적인 특징을 설명하지 못한다고 생각하며, 도상 이해 능력이 원거리 지칭 능력을 방해한다고 보지 않는다.

　어바인은 "행동 기반 몸짓과 가리킴은 반응을 유도해 지금 그리고 여기에서 설정된 의사소통 상황을 크게 개선할 수 있지만, 눈에 보이지 않는 것들, 과거 또는 미래의 것들을 가리켜야 하는 상황에서는 이런 몸짓과 가리킴이 의사소통을 개선하기 힘들다. 이 경우에는 상징이 필요하며, 일상적인 반응을 억제할 수 있는 능력이 특히 중요해진다(Irvine 2016, p. 235)."라고 주장했다. 하지만 우리의 생각은 다르다. 몸짓이나 마임이 자동화된 반응을 일상적으로 촉발한다면, "지금 그리고 여기"에서뿐만 아니라 그것을 넘어서 어떤 것을 지시할 때 모두 큰 문제가 발생한다.

　우리는 정형화된 반응을 촉발하기 위해서만 "지금 그리고 여기"에 대해 의사소통을 하지 않는다. 어바인은 몸짓 의사소통과 전형적인 반응 사이에 밀접한 연관관계가 있다고 보는 것 같다. 그렇기 때문에 어바인은 몸짓이나 마음을 이용해 누군가를 가르치는 것이 "반응적인 행동reactive behaviour"을 유발하기 위한 것이라고 주장한다.

하지만 우리는 이 주장에도 동의하지 않는다. 우리는 몸짓이나 마음을 이용해 가르치는 능력은 초보자가 촉발할 자동화된 루틴을 가지고 있지 않을 때만 중요하다고 보고 마임이 이런 루틴의 발달에 도움을 주는 수단이라고 생각한다.

요약해 보자. 자동화된 반응을 촉발해 집행 기능을 억제할 수 있는 특정한 도상들이 존재한다는 어바인의 지적은 옳다. 하지만 이는 도상의 일반적인 특징이 아니다. 도상은 연상 반응에 포함되고 연상 반응을 촉발하기 때문에 그리고 그런 촉발이 일어날 때만 해석이 가능하다는 어바인의 주장은 사실이 아니다.

예를 들어, 노스퀸스랜드 해변에서 볼 수 있는 악어 도상(악어 출몰을 경고하는 표지)들은 사람들에게 주의를 요망하는 목적뿐만 아니라 사람들이 자신의 담력을 과시하게 만드는 역할을 하기도 한다.

우리는 현재의 인간 어린아이들에 대한 발달 데이터를 언어의 기초를 구축하기 시작할 때의, 플라이스토세 성인(그리고 성인에 가까운) 호미닌들의 인지능력을 보여주는 데이터로 사용할 수 없다(어바인도 마찬가지다). 하지만 매우 어린아이들이 도상성에 기초해 해석을 한다는 사실은 그 해석이 그렇게 어려운 것이 아니라는 것을 보여준다.

현재의 아이들의 이런 능력은 뇌가 매우 커진 플라이스토세 중기의 호미닌들도 이런 능력을 가지고 있었을 것이라는 추측을 가능케 한다.

다시 요약하면 이렇다. 우리는 도상성이 새로운 기호를 만들거나 학습할 때 특히 도움이 되었다고 생각하지만 핵심적인 역할을 하지는 않았다. 안토넬라 트라마세레Antonella Tramacere와 리처드 무어가 지적하듯이, 몸짓이 언어 진화를 이끌었다는 이론은 도상성과는 상관없이 성립할 수 있다. 이들은 가리키기가 자의적인 기호를 도입하기 위한 토대가 되었다고 주장한다(Tramacere and Moore 2017).

우리는 도상성의 역할을 완전히 무시하지만 가리키기가 초기에 중요했고, 초기의 다른 몸짓들 일부에는 도상성이 없었을 것이라는 생각에는 동의한다. 우리는 초기의 의사소통 확장 과정에 발성이 포함되었다면 부름(경고음 내기)에도 처음에는 도상성이 없었을 것이라고 생각한다.

마지막으로 언어 사용 훈련이 시도된 유명한 보노보 '칸지Kanzi'에 대해 이야기해 보자(역주: 칸지는 미국 조지아 주립대 언어연구소에서 생후 9개월부터 의사소통법을 익혔다). 칸지의 사례가 도상성이 초기 원시언어를 뒷받침했다는 생각을 무너뜨린다고 할 수 있을까? 우리는 그렇게 생각하지 않는다.

칸지에 대해서는 제5장 5.2에서 구문 능력에 대해 다루면서 다시 살펴보겠지만, 이 장에서의 논의와도 관련이 있기 때문에 간단히 살펴보도록 하겠다. 칸지와 다른 보노보들은 그 이전에 대형유인원들을 대상으로 한 실험에서 시도된 폭넓고 생태학적으로 타당하지 않은 방법을 통하지 않고도 상당히 자의적인 어휘들을 학습하는 데 성공했다. 하지만 이들처럼 문화에 적응한 보노보 개체들을 대상으로 한 실험결과를 과도 해석하지 않는 것이 중요하다(개가 상당히 수용적인 어휘를 익힌 놀라운 경우도 있었다).[16] 칸지와 팬배니샤Panbanisha(칸지의 이복 여동생)는 특별한 교육을 받지 않았다. 그냥 언어가 많이 사용되는 환경에서 길러졌을 뿐이었다.

따라서 우리는 이 보노보들이 상당히 많은 수의 자의적인 기호들로 구성된 기호 시스템을 이용할 수 있는 인지능력을 가졌다는 것은 알지만, 그 기호 시스템을 발달시킬 수 있는 인지능력도 가졌었는지 알 수가 없다.

2.4
초기 호미닌:
이족보행의 인지적 결과

우리는 호미닌과 침팬지 속의 분화가 약 700만 년 전에 일어났다고 본다. DNA 돌연변이 속도에 기초한 분자시계 기법으로 분화시점을 추정하면 다양한 답이 나올 수 있지만, 우리는 대체적으로 약 700만 년 전에서 크게 벗어나지 않는다고 생각한다. 이 분화시점과 200만 년 전 사이에 다른 분화시점을 위치시키기에는 물리적 증거가 너무 모호하며, 물리적 증거가 있다고 해도 그 증거의 확실성을 장담하기가 쉽지 않기 때문이다.

우리가 속한 호모 속의 출현을 보여준다고 추정할 수 있는 최초의 화석은 호모 하빌리스의 화석들이다. 이 화석들은 200만 년 전 이전으로 연대가 추정되며, 모두 플라이스토세에 속한다. 최초의 석기는 330만 년 전에 만들어진 것으로 추정되지만, 이 석기를 만든 호미닌의 정체는 아직 확실하지 않다.

호미닌 진화에 관한 표준적인 제보들에 따르면 우리 속의 오스트랄로피테쿠스 조상들의 (몸무게 대비) 뇌 크기는 침팬지의 뇌 크기와 비슷했던 것으로 추정된다. 이 계통은 상당히 복잡한데, 오스트랄로피테쿠스에는 상당히 많은 종들이 속했으며, 이 종들 중 몇몇은 동시대에 살기도 했다. 어떤 종들은 몸, 특히 얼굴과 턱이 꽤 강했는데, 이는 질긴 식물을 씹기 위해 진화한 결과로 추정된다. 이 계통의 다른 오스트랄로피테쿠스들 중에는 이들보다 더 연약하고, 다양한 종류의 먹이를 먹었고, 시간이 지나면서 이족보행을 하게 되었으며(몸이 강한 오스트랄로피테쿠스들도 이족보행을 했을 것이다) 성적이형성이 낮은 종들도 있었다.

호모 속의 직접 조상이 바로 이 연약한 오스트랄로피테쿠스 계통이며, 이 계통에서 플라이오세 석기들이 만들어졌을 것으로 추정된다. 석기는 매우 다양한 용도로 사용되었겠지만, 그 용도 중 하나는 대형 초식동물의 뼈에서 고기를 떼어내는 것이었다.

하지만 이런 표준적인 이론에는 상당히 많은 문제가 있다. 이 이론의 가장 기초적인 개념인 "진정한 인간true human"부터 살펴보자. 호모 속이 유일한 진짜 인간 계통이라는 이 생각은 생물학적으로 전혀 설득력이 없다. 생물학적 종biological species이 객관적으로 존재한다는 생각은 매우 확실한 이론적 토대를 가지고 있다(물론 생물학적 종들을 구분하는 것은 전혀 다른 문제다).

하지만 종의 상위 범주들, 즉 속genus, 과family 등이 객관적으로 존재하는지에 대해서는 논란이 많다(Ridley 1986). 어느 한 종과 그 종의 모든 후손 종들이 생명 계통수에서 하나의 독립된 영역을 차지하는 것은 사실이다. 하지만 생명 계통수의 어떤 영역들을 하나의 속, 과 등으로 묶는 것은 관습과 편의성의 문제다.

우리가 호미닌 계통의 계보를 완전히 다 파악한다고 해도 최초의 진정한 인간 종이 어떤 종인지 밝혀내는 것은 불가능하다. 멸종한 호미닌 종들을 구분하는 일은 훨씬 더 어려운 일이다. 고생물학 교과서에 실리는 종의 수는 현재도 계속 늘어나고 있으며, 이 종들은 대부분 하나 또는 소수의 화석을 기초로 분류된 것들이다.

게다가 이 표본들 대부분은 파편적이고 불완전하다. 특히 마이오세와 플라이오세의 호미닌 화석들이 특히 그렇다.[17] 게다가 이 새롭게 이름이 붙여진 분류군taxon들의 생물학적 의미도 매우 불분명하다. 이 화석을 남긴 종들의 표현형들이 어떤 특성을 가지고 있었는지도 거의 밝혀지지 않았다. 이 종들이 시간이 지나면서 어떻게 어느 정도로 변이되었는지는 더욱더 불분명하다.

현존 인류의 몸 크기와 모양의 차이를 생각해 보자. 미래의 고생물학자들이 마오리 족Maori(뉴질랜드의 원주민 부족)과 하드자 부족Hadzar(아프리카 탄자니아에 사는 소수 부족. 평균 신장과 몸무게가 마오리족의 평균 신장과 몸무게의 각각 60%, 40%밖에 되지 않는다) 화석을 완전한 형태로 발견한다면, 이 두 부족이 같은 종에 속한다고 생각하지 않을 가능성이 매우 높다.

반대의 경우도 발생할 수 있다. DNA 서열에 기초해서야 다른 종으로 확인되는 경우가 많으며 은밀한 종 분화cryptic speciation(겉으로 나타나지 않는 내적 변화의 진화)는 매우 흔한 일이라는 것이 밝혀졌다.

화석 기록은 호미닌들이 700만 년에 걸쳐 극적으로 변화했다는 것과 이 기간의 거의 대부분에서 상당히 많은 변이가 일어났다는 것을 말해준다. 하지만 이 변이들이 종에 따라 어떻게 다른 양상을 나타냈고, 이 종들이 어떻게 서로 다른 번식 패턴을 보이게 되었는지, 어떻게 진화 과정에서 서로 다른 궤적을 보이게 되었는지는 거의 알려주지 않는다.

화석 분류군들 사이의 특정한 조상-후손 관계를 확인하는 일은 훨씬 더 어렵다. 호미닌 진화 과정의 많은 부분에서 밀접하게 연결된 여러 종들이 한 시기에 동시에 존재했다면 특히 더 힘든 일이 된다. 이런 형제자매 종들이 남긴 화석들은 서로간에 매우 비슷할 수밖에 없는데다, 화석 보존 과정에서 사고가 생기면 이 종들은 기록에서 사라질 수밖에 없기 때문이다.

따라서 A. 스터렐니$^{A.\ sterelnyi}$가 H. 플레이네리$^{H.\ planerii}$의 직접 조상이라고 생각했는데, H. 플레이네리의 진짜 직접 조상은 A. 스터렐니의 발견되지 않은 자매 종인 A. 고드프리스미티$^{A.\ godfreysmithii}$로 밝혀지는 경우가 발생할 수도 있다. 제3장부터 우리는 오스트랄로피테쿠스 계열, 하빌리스 계열, 에렉투스 계열, 하이델베르겐시스 계열에 대해 다룰 것이다(용어는 책 마지막 부분의 〈용어 해설〉 참조). 하지만 그 과정에서 우리는 특정한 분류군이 아니라 등급을 기준으로 논의를 진행할 것이다.

즉, 우리는 플라이오세 후기, 플라이스토세 초기, 플라이스토세 중기, 플라이스토세 후기의 마지막 3분의 1에 해당하는 시기에 존재했던 각각의 호미닌들의 형태학적·행동적·인지적 특징들의 집합(등급)을 중심으로 논의를 진행할 것이다.

우리는 이 등급들이 하나에 분류군에 대응하는지, 여러 개의 분류군에 대응하는지, 아니면 그 어떤 분류군에도 대응하지 않는지 그리고 대응한다면 어느 정도 수준으로 대응하는지는 중요하게 생각하지 않는다(예를 들어, 에렉투스 계열의 종들에서는 나중에 하이델베르겐시스 계열의 등급이 가진 특징들이 진화했는지).

이런 복잡한 상황 때문에 우리는 마이오세 후기와 플라이오세의 호미닌들에서 나타난 점진적인 형태학적·행동적·인지적 변화를 재구성하지 않을 것이다. 이 데이터들은 너무 파편적이기 때문에 이 시대들의 조상-후손 연결 관계는 추측에 의해 구성될 수밖에 없기 때문이다.

대신 우리는 플라이오세 후기, 플라이오세에서 플라이스토세로 넘어가는 시기에 살았던 호미닌들, 즉 일반적으로 호모 속의 종들의 직접 조상들로 추정되는 호미닌들의 생활방식에 집중해 그들의 행동적·사회적·인지적 능력에 대해 추론할 것이다.

우리는 (적어도) 플라이오세가 끝날 때쯤에 호미닌들이 완전한 형태로 이족보행을 했으며, 이 호미닌들의 수렵채집 기술이 대형유인원들의 수렵채집 기술을 넘어서기 시작했다는 것을 가장 핵심적인 사실로 생각한다. 이 호미닌들 중 한 종이 플라이스토세 호미닌들의 조상이라면 이 호미닌 종들의 정체성은 중요하지 않다고 생각한다.

기술과 수렵채집에 인지능력과 의사소통 능력이 어떤 영향을 미쳤는지에 대해서는 뒤에서 다룰 것이다. 여기서는 이족보행이 인지능력에 미친 영향에 대해서만 다룰 것이다. 우리는 이족보행 생활방식의 확립이 인지적 변화를 일으키는 선택압으로 작용했으며, 인지적 변화는 플라이스토세의 기술적·사회적 세계를 더 풍부하게 만들었다고 본다.

이족보행의 기원과 확산에 대해서는 한때 표준적인 이론이 존재했었다. 이 이론에 따르면 호미닌 진화는 아프리카 동부에서 시작되었으며, 플라이스토세에 지역적 요인들(열개rifting, 역주: 판구조 인장력에 의해 지각의 두께가 줄어들고 지각이 파괴되어 해양 지각이 형성된 사건)과 융기로 인한 비 그늘rain shadow(역주: 산 또는 산맥이 습한 바닷바람을 가로막고 있어 비가 내리지 않는 지역) 발생과 화산 폭발 등 전 지구적 요인들이 결합되어 지구가 더 건조하고 불안정하게 변하면서 아프리카 동부에서 숲이 지속적으로 사라지기 시작했다.

이에 따라 아프리카 동부에서는 삼림지대가 일부 우호적인 환경에 듬성듬성 유지될 정도로 줄어들고 사바나(건기가 뚜렷한 열대와 아열대 지방에서 발달하는 초원)가 발달하기 시작했다.

호미닌의 이족보행은 이렇게 개방된 새로운 환경에서 자원을 찾으려고 노력하면서 환경에 적응한 결과였다. 호미닌들은 자원이 집중적으로 몰려있는 숲을 찾아 매일 더 많이 움직여야 했을 것이다.

하지만 이 설명은 너무나 단순해 보인다. 예를 들어, (에티오피아 아파르에서 발견된 440만 년 전의) 아르디피테쿠스 라미두스Ardipithecus ramidus 화석은 숲에서 살면서 이족보행을 하던 호미닌의 화석으로 보이며, 오스트랄로피테쿠스 중 일부는 나무 오르기와 이족보행 둘 다에 적응된 것으로 보인다. 이 오스트랄로피테쿠스들은 나무 위에 오르기도 했고 나무 사이를 이동하기도 했던 것으로 보인다.

숲에 사는 동물인 대형유인원들은 잠깐 동안 두 발로 서있을 수도 있고 짧은 거리를 두 발로 이동할 수도 있다. 따라서 우리 계통에는 기본적으로 나무 위에서 살면서도 이족보행도 했던 종들이 있었다고 생각할 수도 있다. 예를 들어, 현생인류는 나무 위에 올라가 편안하게 잘 수 있는 정도는 아니지만 나무에 쉽게 오를 수는 있다. 물론 다른 가능성도 존재한다.

킴 쇼-윌리엄스Kim Shaw-Williams 같은 학자는 이족보행이 습지, 강 주변, 바닷가에서 살기 위한 적응의 결과라고 주장한다(Shaw-Williams 2017). 쇼-윌리엄스는 크레타 섬의 바닷가 진흙에서 최근 발견된 마이오세의 발자국이 이 가설을 뒷받침한다고 주장한다.[18] 하지만 위의 두 가지 가능성은 서로 결정적으로 충돌하지는 않는 다. 매슬린Maslin의 주장에 따르면, 이족보행은 두 번 이상에 걸쳐 다양한 선택압에 의해 진화했을 가능성이 높기 때문이다(Maslin 2017, pp. 75-76).

하지만 이족보행이 어떻게 출현했든, 플라이오세 후기에서 플라이스토세 초기까지 아프리카 동부가 몇 백만 년에 걸쳐 더 건조해지고, 삼림이 줄어들었으며, 기후의 계절성이 뚜렷해진 것 자체는 사실이며, 가끔씩 이족보행을 하는 수준을 넘어선 호미닌들이 살았던 것도 분명하다. 이 호미닌들은 (거의) 상시적으로 이족보행을 하였다. 이런 변화가 이 호미닌들의 인지능력에는 어떤 영향을 미쳤을까?

인간 진화에 관한 벤 제파레Ben Jeffares의 논문에 따르면, 이족보행의 진화는 인간 고유의 특징을 형성하는 데 핵심적인 역할을 했다(Jeffares 2014). 그의 (그리고 우리의) 생각에 의하면 뇌가 큰 플라이스토세 호미닌들과 사회적·기술적 지능의 상대적인 중요성으로 연구의 초점이 이동함에 따라 이족보행은 상대적으로 과소평가되어 왔다. 하지만 이족보행의 중요성은 매우 쉽게 이해할 수 있다.

너클보행knuckle walking(주먹을 쥔 손을 지면에 대고 배 부위에 체중을 싣고 걷는 보행법)에 따른 부담으로부터 두 손이 자유로워지자 호미닌 진화에서 제약 하나가 사라졌다. 두 손이 더욱 다양한 일들을 할 수 있게 되었기 때문이다.

예를 들어, 두 손은 더 정확하고 강력하게 사물을 쥘 수 있게 적응했다. 또한 호미닌의 어깨와 팔은 방어를 하거나, 동물의 사체를 먹거나bully scavenging, 사냥을 할 때 돌 같은 간단한 물체들을 던질 수 있도록 적응했다(Ambrose 2001). 제파레는 기억, 탐색 그리고 공간의 사용이 어떤 의미를 가지는지에 집중했다. 이족보행의 이점 중 하나는 너클보행보다 효율적이라는 데 있다. 아프리카 동부의 환경이 균질성이 떨어지고 계절적인 성향이 강해지면서 이 이점은 더 부각되었을 것이다. 이런 상황에서 호미닌들은 식량, 물, 피난처를 찾아 더 멀리 여행해야 했다. 즉, 이 호미닌들의 주거 범위는 더 넓어져야 했었다.

실제로 민족지학적인 정의에 따른 아프리카 수렵채집인들은 침팬지에 비해 주거 범위가 훨씬 더 넓었다(Layton, O'Hara and Bilsborough 2012). 이에 따라 탐색과 기억의 필요성이 높아졌다. 이 호미닌들은 물이 나오는 구멍과 안전한 피난처가 어디에 있고, 그곳에 어떻게 갈 수 있는지 기억해야 했다. 또한 제파레는 이족보행이 새로운 공간 이용 방식을 제시했다고 주장한다.

이족보행을 하는 호미닌들은 짐을 운반할 수 있기 때문에 자원을 수확한 장소에서 그 자원을 모두 처리하거나 소비할 필요가 없었다. 플라이오세 호미닌들이 대형 동물의 고기를 자주 먹었다는 증거가 있다고 가정해 보자(처음에 이들은 죽은 동물의 고기부터 먹기 시작했을 것이다. Thompson, Carvalho, et al. 2019).

만약 그랬다면 이 기회를 이용하기 위한 선택압이 상당히 크게 작용했을 것이다. 하지만 특히 밤이 오기 전에 육식동물이 득실거리는 킬링필드에서 최대한 빠르게 벗어나는 방향도 선택압에 의해 선호되었을 것이다. 플라이오세 호미닌들은 육체적으로 위압적이지 못했다.

따라서 이는 이 호미닌들 일부에게 계획과 충동 조절을 위한 선택이 강화되었음을 뜻한다. 침팬지는 찾아낸 것을 그 자리에서 먹는다. 또한 플라이오세 호미닌들의 수렵채집 집단이 동물 사체(또는 그 일부분)를 안전한 장소로 옮기려면 상당한 정도의 사회적 관용도 가졌어야 했을 것이다. 누가 더 많은 부분을 가져갈지를 두고 서로 싸우지 않아야 했기 때문이다.

우리는 플라이오세 후기의 사회적 관용에 대한 이런 생각이 전적으로 상상에 의한 것이라고 보지 않는다. 습관적^{habitual} 이족보행, 특히 더 개방된 환경에서의 의무적^{obligatory} 이족보행이 더 협력적인 사회적 환경을 선택한다고 생각하기 때문이다.

이족보행은 유아와 그의 엄마 모두에게 모두 어려운 일이다. 엄마가 이족보행을 하면 유아는 유인원 새끼처럼 등에 매달린 채로 이동할 수 없기 때문이다. 두 발로 걷는 엄마에게는 다음과 같은 네 가지 선택이 있을 수 있다.

첫째로 크레싱^{creching}(아기를 다른 개체에게 맡기는 것. 생식 협력을 의미함),

둘째로 슬링sling(아기를 업거나 안을 때 쓰는 띠)이나 바구니를 이용해 아기를 데리고 다니기(이는 대형유인원들이 사용하는 그 어떤 것보다 우수하다),

셋째로 아기를 직접 안고 다니기,

넷째로 다른 개체의 도움을 받아 아기를 데리고 다니기(협력을 의미함)가 있다. 아기를 혼자 데리고 다니는 것은 쉬운 일이 아니다. 하드자 족과 산 족에 대한 관찰결과에 따르면 슬링을 이용해 아기를 데리고 먹이를 찾는 엄마의 능력은 크게 떨어진다(Lee 1979; Marlowe 2010). 슬링이 없다면 장거리에 걸쳐 아기를 데리고 또는 팔에 안고 먹이를 찾는 엄마는 이미 모유를 제조해야 하는 상당한 부담까지 가지고 있기 때문에 에너지 소비는 더 커질 수밖에 없다. 어린 아기가 어깨에 앉을 수 있다고 해도, 엄마는 상당한 거리를 먹이를 찾아다니면서 험난하거나 가파른 땅에서 쉽게 움직일 수 없고 상당한 에너지 부담을 느끼게 된다. 물론, 플라이오세의 아이들은 사피엔스의 유아들만큼 약하지는 않았을 것이지만 걷기를 시작했다고 해도 어른만큼 빨리 또는 멀리 걸을 수는 없었을 것이다.

이 아이들은 개방된 서식지에서는 더 취약했을 것이다(Hart and Sussman 2005). 수렵채집을 막 시작한 아이들은 어른 몇 명 정도가 지켜보는 상태에서 서식지 근처에서 놀거나 먹이 채집을 돕는 일을 했을 것이며 일반적으로 어른들의 수렵채집 원정대에는 동반하지 않는다.[19] 요약하자면, 상당히 넓은 주거 범위에 걸쳐 매일 상당한 거리를 이동하는 이족보행이 생식 협력이 일어나지 않고 가능했다고 생각하기는 힘들다(슬링 기술이 대안이었을 수는 있다).

또한 우리는 (특히 야행성) 포식자들의 위협이 협력, 또는 적어도 더 나은 사회적 관용을 위한 선택압으로 작용했다고 생각한다. 침팬지는 (연약해 보이는) 플라이오세 호미닌들보다 훨씬 더 육체적으로 위압적이다(고릴라는 특히 더 그렇다). 그럼에도 침팬지는 비교적 안전하게 나무에 둥지를 만든다. 이런 상황에서 습관적 이족보행을 하는 호미닌들은 밤에 안전을 확보하기 위해 어떤 일을 해야 했을까?

클라이브 핀레이슨Clive Finlayson은 물 근처의 암석 노두(광맥 등의 노출 부분)가 가장 가능성 있는 피난처라고 제안했다(Finlayson 2014). 우리는 그 생각이 그럴듯하다고 생각하지만, 개체간 상호 지원을 위해 서로 가까운 곳에서 휴식을 취하는 경우에만 그 피난처를 이용할 수 있었다고 본다. 노두를 통해 여기저기 흩어져 사는 오스트랄로피테쿠스 집단은 표범을 비롯한 민첩한 야행성 포식자에게 매우 취약했을 것이다.

하지만 오스트랄로피테쿠스의 숫자가 안정성을 제공하기 위해서는 서로 장기간에 걸쳐 최소한의 관용을 보이면서 적극적인 협력을 해야 했을 것이다. 따라서 이를 종합하면 이족보행으로의 전환은 기억력과 탐색 능력의 강화, 계획 능력과 충동 조절 능력의 강화, 사회적 관용과 적극적인 협동의 뒷받침을 받았다고 추정할 수 있다.

우리는 매우 그럴듯하다고 생각하지만 더 추측적인 아이디어로 이 장을 마무리할 것이다. 이족보행은 후각과 시각의 상대적 역할을 바꾼다는 생각이다. 호미닌이 두 발로 서 있을 때 호미닌의 머리는 냄새가 나는 바닥에서 땅에서 더 멀리 들어 올려진다. 따라서 냄새에서 오는 정보 흐름이 감소한다. 동시에 눈의 높은 위치는 행위주체의 시야를 높인다. 시각의 가치가 커지는 것이다.

킴 쇼-윌리엄스는 호미닌의 마음에 도달하는 기본적인 정보 흐름의 이런 변화를 이족보행의 진화에서 습지 수렵채집의 중요성에 대한 자신의 이론과 연관시켜 호미닌 특유의 능력을 설명한다(Shaw-Williams 2014; Shaw-Williams 2017).[20] 우리가 시각적 경로를 체계적으로 활용하는 유일한 동물인 것은 확실하다. 우리는 발자국 같은 동물이 지나간 흔적을 시각적으로 인식하기 때문이다. 이 능력은 다양한 형태의 수렵채집에서 핵심적인 역할을 한다(Liebenberg 1990; Liebenberg 2013). 하지만 이 능력은 사회적 상호 작용과 탐색에서도 중요하다.

수렵채집인은 사회 구성원 모두의 발자국을 인식하고(이 능력은 불법적인 밀회를 어렵게 만들기도 한다). 흔적을 표시하면서 자신의 경로를 다시 추적할 수 있기 때문이다. 쇼-윌리엄스에 따르면 대부분의 습지에서는 키가 큰 풀들이 행위주체의 시야를 제한하고 개펄과 모래톱의 모양이 비가 올 때마다 바뀌기 때문에 탐색이 어렵다고 지적한다.

우리는 이런 능력이 수렵채집인들로 알려진 호미닌들에게서 고도로 발달했으며 중요한 역할을 했다는 것을 알고 있다(Liebenberg 1990; Liebenberg 2013). 이 능력이 언제 처음 나타났는지 정확하게 말하기는 힘들지만, 쇼-윌리엄스는 최소 수준의 길tract way에 대한 인식을 보여주는 증거로 라에톨리 발자국Laetoli footprint을 들고 있다.

이는 350만 년 전의 재 안에서 보존된 호미닌의 발자국으로 호미닌 한 명이 다른 호미닌이 만든 발자국을 밟고 지나간 흔적을 보여준다.

다른 사람의 발자국을 그렇게 조심스럽게 밟으려면 그 발자국이 눈에 잘 띄어야 한다. 우리는 호미닌이 다른 호미닌의 발자국이 생긴 직후에 밟은 것인지, 어느 정도 시간이 지난 다음에 밟은 것인지는 모른다(후자의 경우라면 발자국 인식의 중요성은 훨씬 더 크다고 생각될 수 있다).

여기서 이 발자국은 신호가 아니라 단서다[21](물론 그 발자국을 나중에 자신이 이용하기 위해 남겨두었다면 신호가 될 수 있다). 하지만 이 발자국은 매우 특이한 종류의 단서다. 발자국의 방향성은 이동 방향에 대한 정보를 전달하므로, 발자국을 남긴 개체의 현재(또는 그 약간 이전) 위치에 대한 정보를 전달한다.

발자국과 발자국을 남긴 개체 사이에는 시간적 간격이 있고, 보통 그 발자국을 따라가는 사람들에 의해 그 간격이 바로 직전, 며칠 또는 몇 달 전인지 여부가 감지된다(예를 들어, 진흙 위에 딱딱하게 굳은 발자국).

이러한 차이는 발자국의 중요성을 차별화한다. 발자국을 인식하는 개체는 발자국이 얼마나 오래 된 것인지 알아내야 하기 때문이다. 발자국을 인식하는 행위는 다른 시점과 다른 장소에 대한 흔적을 인식하도록 만든다. 우리는 쇼-윌리엄스의 이 생각이 옳다고 생각하며, 플라이오세 후기(또는 플라이스토세 초기)의 호미닌들이 다른 호미닌들의 발자국을 적어도 최소한의 수준에서 인식했다고 본다.

만약 그렇다면, 이 호미닌들은 다른 행위주체들의 행동을 지금 그리고 여기를 넘어서는 사건들에 대한 정보의 원천으로 다룰 준비가 어느 정도 되어 있었다고 할 수 있을 것이다.

우리는 플라이오세 후기 호미닌의 생활방식에 대해서 아는 것이 별로 없는 것이 사실이다. 하지만 우리에게는 이들의 생활방식이 대형유인원의 전형적인 생활방식과는 상당히 달랐다는 것을 보여주는 증거가 있다. 이 호미닌들은 공간과 석기의 사용, 그리고 식생활 면에서 대형유인원과 달랐으며, 동물에서 추출한 산물과 협동 및 사회적 관용을 더 적극적으로 활용했다.

이런 요인들은 이들의 의사소통 능력과 의사소통 필요성이 대형유인원의 패턴과 달라지기 시작했다는 것을 보여준다. 특히 이 호미닌들 사이의 협동이 팀워크와 집단행동의 형태를 띠면서 이런 차이는 더 커지기 시작했다고 할 수 있다. 우리는 이 호미닌들의 사회적·경제적 삶에 대한 지식이 너무 부족하므로 이들의 의사소통 능력에 대해 추측하려고 시도하지 않을 것이다.

대신 다음 장에서 두 가지 주요 목표를 가지고 우리 이론을 발전시킬 것이다. 첫 번째 목표는 에렉투스 계열의 생활방식을 묘사하는 것이다. 우리는 약 190만 년 전에 출현한 이 호미닌들이 에렉투스 계열의 직접 조상보다 최근의 인류와 훨씬 더 비슷하다는 통설을 받아들인다. 이들의 생활방식을 재구성한다는 우리의 목표는 고고학적 증거들에 기초해 (1) 이들이 상당히 정교한 원시언어를 구사하는 데 충분한 인지능력을 가지고 있었으며 (2) 그 원시언어 사용으로 이들의 삶이 개선되었다는 증명하는 것이다. 우리는 이들이 분명히 그런 원시언어를 가지고 있었다고 생각한다.

두 번째 목표는 이들의 원시언어에 세 가지 중요한 언어 유사 요소, 즉 (1) 구조화, (2) 원거리 지칭, (3) 새로운 요소의 비교적 쉬운 추가가 가능했다는 것을 입증하는 것이다.

마지막으로 우리는 이 재구성을 통해 주로 수렵채집(그리고 더 일반적인 생존방법)과 사회적 구성, 협동, 의사소통 사이의 상호작용에 초점을 맞출 것이다. 하지만 이런 상호작용은 환경이 점점 더 역동적으로 변함에 따라 일어난다.

(특히) 플라이스토세는 추운(그리고 보통 건조한) 시기와 따뜻한 시기가 교차하는 패턴이 특징이며, 이 패턴은 플라이스토세 후반에 더 두드러지고 교차 간격도 짧아져 시간이 지남에 따라 지구의 기후는 더 가변적이 된다. 우리가 속한 시대인 홀로세는 플라이스토세와 뚜렷하게 다르다. 그 이유는 홀로세에 들어서 이런 극심한 변동 패턴이 끝나기 때문이다(어쩌면 변동 패턴이 잠시 멈춘 것일 수도 있다).

호미닌의 진화는 이런 환경적 변화에 의해 형성되었다. 이런 환경적 변화는 호미닌의 생존에 가장 직접적인 영향을 미쳤을 뿐만 아니라 사회적 구성, 협동 의사소통에도 영향을 미쳤다. 또한 환경적 변화는 선택적인 환경, 특히 그 환경의 사회적 측면에 영향을 미쳤지만, 인간의 행동(예를 들어, 불을 사냥의 도구로 사용한 것) 또한 생물학적·물리적 환경에 직접적이고 누진적인 영향을 미쳤다. 신경 능력이 확장되고 협동, 정보, 기술에 점점 더 많이 의존하게 되면서 이뤄진 플라이스토세의 호미닌 진화는 외부의 힘 작용에 대한 반응의 일부였다.

하지만 플라이스토세에는 호미닌 환경의 지역적 변이가 커진 만큼이나 사회적 조직, 협동, 의사소통 사이에서 일어난 피드백 또한 중요했다(Gamble 2013). 따라서 호미닌 집단 내에서 작용하는 선택압도 시간에 지남에 따라 변화했다. 하지만 이러한 공진화적 상호작용은 점점 더 살기 어려운 환경을 배경으로 일어난 것이었다.[22] 이 문제는 플라이스토세 말기에 인간의 협동에 변화를 일으켰을 수 있는 외부 요인들에 대해 설명할 제7장 7.3에서 자세히 다룰 것이다.

피터 고드프리-스미스는 진화적 변화에 대한 외재론적externalist 모델과 내재론적internalist 모델을 구별한다. 이 구분에 따르면 외재론자들은 독립적으로 변화하는 환경이 혈통에 미치는 영향에 가장 큰 비중을 둔다.

예를 들어, 외재론자들은 기후나 해수면의 변화에 대한 진화적 반응을 중시한다. 반면 내재론자들은 내부의 공진화적 요인, 즉 여성의 선택에 의해 남성이 변화하는 현상과 같은 사례를 중시한다(Godfrey-Smith 1996). 이 구분은 중요하지만 완벽하다고 할 수 없다. 우리는 내부 상호작용뿐만 아니라 이를 촉발하는 주요 환경 변화의 배경도 중요하게 생각한다.[23]

하지만 우리는 환경 자체가 결정적인 역할을 했다고 보지는 않는다. 예를 들어, 해양 동위 원소 5단계(약 13만 년~8만 년 전)는 비교적 따뜻하고 습도가 높은 시기였지만(약 12만 4000년~11만 9000년 전의 해양 동위 원소 5e 단계의 기후는 현재 기후보다 더 따뜻했을 것이다), 이 간빙기 동안 농경이 시도된 흔적은 없다.

홀로세에 들어서자 기후가 더 온화하고 덜 변덕스러워져 농경과 정착 사회가 발생할 수 있는 조건이 형성되었지만 그것만으로는 충분하지 않았다. 문화적·기술적 공동 조건이 충족되지 않았기 때문이다. 우리는 이 사례가 호미닌 계통의 진화의 내적 요인들과 호미닌 계통과는 독립적으로 변화한 환경적 요소들 사이의 더 일반적인 상호작용과 공동 인과관계를 보여주는 사례라고 본다.

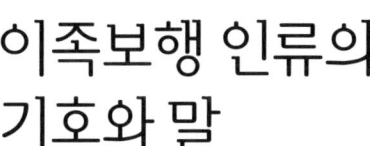

3

이족보행 인류의 기호와 말

3.1
최초의 호미닌이 거둔 성공

제2장 말미에 제기한 우리의 추측이 맞는다면, 플라이오세 후기 무렵에 호모 속은 이미 다른 유인원들과 인지능력과 사회적 능력 면에서 달라지기 시작했지만, 여전히 사람보다는 유인원과 비슷했을 것이다. 하지만 호모 에렉투스의 등장으로 국면이 전환되기 시작한다.

대부분의 학자들은 약 190만 년 전에 에렉투스 계열이 진화하면서 결정적인 분화가 일어났다고 본다. 해부학적 현생인류AMH와 놀라울 정도로 비슷한 종이 이때 처음 출현했기 때문이다.

실제로 클라이브 핀레이슨은 호모 에렉투스를 호모 사피엔스, 호모 사피엔스 에렉투스의 아종으로 보기도 한다(Finlayson 2014). 목 아래로 볼 때 에렉투스 계열의 몸은 현대인의 몸과 비슷했지만 키는 약간 작았다(약 160~180cm). 이들의 뇌는 현대인의 뇌보다 훨씬 작았지만, 초기 호미닌의 뇌에 비해서는 매우 커진 상태였다(뇌 부피가 약 950cc였다, Maslin 2017, p. 32).

하지만 인간의 진화는 단순히 영장류의 뇌가 크게 진화한 과정이 아니다. 우리는 에렉투스 계열의 등장과 함께 대형유인원의 인지 능력, 사회적 능력, 의사소통 능력을 크게 넘어서는 능력에 의존한 생활방식이 시작되었다고 본다. 우리는 에렉투스 계열이 기초적인 원시언어를 필요로 했고 실제로 가졌다고 본다.

이 원시언어는 처음에는 핵심적인 생존 활동을 위해 사용한 기호들의 작은 집합이었지만, 시간이 지나면서 경제적·사회적 삶이 더 복잡해지고 의사소통과 몸짓 또는 도상성과의 연결이 약해지면서 점차 더 확장되었을 것이다.

우리의 이 주장은 다음과 같은 5가지 증거에 기초한다. (1) 에렉투스 계열의 중대형 동물 사냥, (2) 에렉투스 계열의 식생활, (3) 더 최근의 호미닌들의 생활사 패턴과의 유사성, (4) 새로운 기술에 대한 인지적·사회적 요구, (5) 지리적 분포에 관한 증거다. 이 증거들에는 공통적인 패턴이 존재한다. 우리는 에렉투스 계열의 생활방식이 간단한 원시언어를 구사할 수 있을 정도의 인지능력과 사회적 능력(개인의 혁신과 사회적 학습을 위한 능력 포함)에 의존하고 원시언어 같은 것의 출현에 상당한 선택압을 가했으며, 그 결과로 그들이 원시언어를 가졌다는 것을 보여줄 것이다. 우리는 에렉투스 계열이 현재에만 매여 있었다고 보지 않는다. 그들은 미래의 욕구를 예상하고 적절하게 행동할 수 있었으며 눈앞의 상호작용뿐만 아니라 특정한 선택이 어떤 결과를 일으킬지 인과적으로 생각할 수 있었다. 그들은 협력적인 삶을 영위했으며, 그에 따라 더 많은 마음이론 능력이 필요했다.

이러한 요인들이 결합되어 에렉투스 계열은 이전의 호미닌보다 더 계획적이고 조직적이고, 정보에 의존적이고, 협력적인 삶을 살았을 것이다. 또한 그들이 의존했던 협동 형태는 조정과 의사소통이 필요했다. 다른 사회적 육식 동물(늑대, 아프리카 들개, 하이에나)은 먹이를 잡기 위해 서로 협력하지만 특정 자원과 특수화된(그리고 아마도 유전적으로 유도된) 사냥 패턴에 훨씬 더 묶여 있다. 제3장 3.1의 나머지 부분에서는 에렉투스 계열의 생활방식에 대해 더 자세히 그리고 이 장의 나머지 부분에서는 그 생활방식이 의사소통과 원시언어에 끼친 영향에 대해 탐구할 것이다.

사냥. 에렉투스 계열의 생활방식에 대한 5가지 증거 중에서 사냥에 대한 증거를 대해 제일 먼저 다루는 이유는 이 증거가 논쟁의 여지가 있는 유일한 증거이면서 에렉투스 계열의 인지와 의사소통에 대한 우리의 논의에서 가장 결정적인 위치를 차지하고 있기 때문이다.

이 논쟁은 (적어도) 1970년대로 거슬러 올라간다. 당시 글린 아이작Glynn Isaac은 에렉투스 계열의 사냥을 공유, 중심 지역 수렵채집, 남성 협동, 성별에 따른 노동 분업과 연결 짓는 이론을 발표했다. 아이작의 이 이론은 루이스 빈포드Lewis Binford에 의해 격렬한 도전을 받았다.

빈포드는 에렉투스 계열이 동물의 사체에 매우 늦게 접근한, 미미한 존재의 청소부 동물이었다고 주장했다(이 논쟁에 대해서는 Lupo 2012 참조). 오래 방치된 사체들은 호미닌에게는 가치가 있으면서도 쉽게 얻을 수 있는 먹이였는데 바위를 망치처럼 이용해 사체의 큰 다리뼈와 두개골을 부숴 골수와 뇌를 먹을 수 있었기 때문이다(자갈과 다듬지 않은 돌도 원시적이지만 효과적인 망치로 사용할 수 있었기 때문에 아슐리안 석기의 필요성에 대한 주장은 이 부분에서 설득력을 잃을 수도 있다). 최소 지난 15년 이상 동안 에렉투스 계열이 중간 크기의 동물(나중에는 더 큰 동물)을 사냥했다는 주장은 헨리 번Henry Bunn과 트래비스 레인 피커링Travis Rayne Pickering에 의해 일관되게 주장되어 왔으며, 우리의 주장도 이들의 주장을 기초로 형성된 것이다(Bunn and Pickering 2010, Pickering and Bunn 2012, Pickering 2013, Domínguez-Rodrigo and Pickering 2017).[1]

이들의 이론은 침팬지 속 계열이 사냥을 했다는 것은 침팬지 속/호미닌 계통의 마지막 공통 조상이 사냥을 했다고 추정할 수 있는 강력한 근거가 되기 때문에 에렉투스 계열이 사냥을 했다는 것이 놀라운 일이 아니라는 주장에 근거한다.

이 주장은 침팬지들의 사냥이 계절에 영향을 받았으며 플라이오세 호미닌들의 환경이 적어도 현재의 침팬지들이 사는 환경 중에서 가장 계절 변화가 심한 환경과 비슷했다는 사실에 의해서도 뒷받침된다.

또한 이 연구자들은 사바나 지역에 사는 침팬지들이 갈라고bush baby(아프리카 대륙에 사는 작은 야행성의 영장류로 갈라고과Galagidae에 속하는 원숭이의 총칭)를 원거리에서 죽이기 위해 간단한 나무창을 사용하며, 창으로 무장한 호미닌들이 침팬지들이 사용하는 간단한 막대기에서 플라이스토세 후기와 홀로세의 빠르고, 끝이 뾰족하고, 우메라(창을 멀리 던지기 위해 사용하는 홈이 있는 막대, 일종의 발사장치)를 이용해 던지는 창으로 매우 점진적으로 기술적인 진보를 이뤘다는 점을 지적한다.

이 연구자들의 생각에 따르면 플라이오세의 소규모 사냥과 기회주의적 스카벤징scavenging(사체 청소: 야생에서 죽은 생물을 식량으로 소비하는 행동)에서 대형 및 중형 동물 사냥의 형태로 발전했다(Pickering and Domínguez-Rodrigo 2012).

이 연구자들에 따르면 석기를 사용하지 않는 패시브passive(수동적) 스카벤징 방식으로는 계절의 변화에 따라 자원 부족을 해결할 수 있을 정도로 충분한 고기를 얻을 수 없었다. 스카벤징으로 자원을 얻으려면 석기를 이용해 뼈를 부숴 골수를 얻고 두개골을 부숴 뇌를 얻어야만 했기 때문이다. 마찬가지로, 큰 동물의 두꺼운 피부를 자르기 위해서는 플라이오세 호미닌의 이빨이 아닌 날카로운 날이 필요했다. 초기 호미닌은 아마도 340만 년 전까지는 이런 도구가 없었을 것이다(이 연대는 논란의 여지가 있다).[2] 피커링과 그의 동료들은 초기 호미닌이 적어도 약간의 고기에 접근할 수 있었다는 동위원소 증거가 있기 때문에 작은 동물을 사냥했다고 결론지었다. 이 결론에 따르면 플라이오세에서 플라이스토세로의 전환은 작은 동물 사냥과 패시브 스카벤징으로부터 적극적이고 더 어그레시브aggressive(공격적) 스카벤징으로의 전환이며, 이 전환은 고기, 골수, 뇌를 얻을 수 있게 만든 석기와 나무창 같은 것을 이용한 사냥에 의해 가능해졌다.

에렉투스가 큰 동물을 사냥했다고 생각하는 이유는 아프리카의 에렉투스 계열이 큰 동물의 사체에 접근했다는 고고학적 증거가 있기 때문이다. 이 에렉투스 계열은 영양 또는 그와 비슷한 크기의 동물의 고기 그리고 / 또는 뼈를 이용했으며 물리적으로도 기술적으로도 사냥을 할 수 있는 조건을 갖추고 있었다. 날카롭지만 끝이 뾰족하지 않은 나무창은 근거리에서 던질 경우 (얼룩말) 가죽을 관통할 수 있으며(Pickering and Bunn 2012, p. 161), 최대 약 20미터의 거리에서 정확도와 힘으로 명중시킬 수 있다는 실험적 증거가 있다(Milks, Parker, et al. 2019).

또한 에렉투스 계열은 이런 나무창을 던질 수 있을 정도의 신체 조건을 가지고 있었다(Roach and Richmond 2015). 하지만 이들은 사냥을 했을까 아니면 스카벤징을 했을까? 초기 에렉투스 계열의 사냥에 관한 논쟁의 대부분은 약 180만 년 전에서 160만 년 전 사이의 다양한 동아프리카 유적지에서 암석과 함께 발견된 뼈들의 해석에 의존한다.

특히 중요한 것은 약 184만 년 전으로 연대가 추정되는 탄자니아 올두바이 유물(FLK Zinj, Bed 1, Olduvai)이지만, 이 유물과 거의 비슷한 연대로 추정되는 다른 두 유물들인 필립 토비아스 코롱고Philip Tobias Korongo, PTK와 데이비드 사이트David's Site, DS도 중요하다. 이 두 유물들은 올두바이에서 500미터 떨어진 곳에서 2010년부터 발견되었으며(Pickering and Bunn 2012; Domínguez-Rodrigo and Pickering 2017) 초기 호미닌들이 사체들에 (아마도 최초로) 접근했다는 것을 보여주는 유물들로 추정된다. 올두바이에서는 고기와 골수가 풍부했을 긴 다리뼈들이 발견되었으며, 이 뼈들에는 고기를 뜯어낼 때 생긴 상처들이 남아있다.

호미닌들이 사체에 늦게 접근해 골수만 채취했다면 이는 이런 패턴이 생길 수는 없다. 만일 그랬다면 뼈가 부서져 있었을 것이고, 고기를 뜯어낼 때 생긴 상처들도 남아 있지 않았을 것이다. 이 사체들에 처음 접근한 것은 호미닌들이었을까? 만일 그랬다면 이 사체들을 죽인 것도 이 호미닌들이었을까?

번과 피커링 그리고 블루멘샤인Blumenschine과 다양한 공저자들 사이에서 이 뼈들에 있는 상처가 육식동물의 이빨에 의해 만들어진 것인지를 두고 지금도 논란이 벌어지고 있다. 이 상처들이 육식동물의 이빨에 의한 것이라면 이 뼈들이 파워 스카벤징의 결과일 수 있기 때문이다.[3]

실제로 그랬다고 해도, 뼈들이 석기에 의해서도 상당부분 살이 발라졌다면 이는 초기 호미닌들의 접근을 보여주는 증거라고 할 수 있다.[4] 실제로 최근에는 가볍고 날카로운 올도완Oldowan 석기에서 더 튼튼한 아슐리안 석기로의 전환이 대형 동물의 사체에 접근할 일이 많아진 결과로 이뤄진 것이며, 동물 사체에서 살을 더 잘 발라내기 위한 도구의 필요성에 의해 촉진되었다는 연구결과도 발표된 바 있다(Toth and Schlick 2019).

하지만 가장 중요한 사실은 이 뼈들의 대부분이 호미닌들이 육식동물의 사냥 결과물을 낚아챈 결과로 나온 것이라고 본다고 해도 사냥된 동물들의 죽음 당시 나이가 좀 이상하다는 것이다(Bunn and Pickering 2010). 포식자들은 주로 어리거나 노쇠한 동물을 노리지만 발견된 대부분의 뼈는 다 자란 수컷의 뼈였다(Bunn and Pickering 2010). 이는 호미닌들이 사냥감을 확실하게 정해서 사냥했다는 증거다. 에렉투스 계열이 정기적으로 사냥을 했다고 가정해 보자.

이 초기 에렉투스 계열은 어떻게 사냥을 했을까? 몇 가지 가능성이 있겠지만, 우리는 사냥이 우리 연구에서 중요한 이유가 호미닌의 사냥이 대형유인원의 사냥보다 훨씬 더 포괄적인 협동, 조정, 의사소통, 사회적 학습에 의존했다고 생각한다.

우리는 에렉투스 계열의 사냥은 매복 사냥이었을 가능성이 가장 높다고 생각한다. 우연히 마주친 사냥감을 추적해 사냥하는 것은 성공할 가능성이 거의 없다. 사냥감에게 치명적인 피해를 입혀 그 자리에서 그 사냥감을 죽이려면 끝이 뾰족하지 않은 창으로 여러 번 찔러야 한다.

나무창을 던져 중간 크기의 소를 사냥하려면 창이 그만큼 무거워야 하며, 여러 명이 소에게 들키지 않고 최대한 가깝게 접근해야 하는 굉장히 어려운 문제에 직면한다. 활을 들고 추적하는 사냥꾼들도 사냥감에 가깝게 접근할 필요까지는 없지만 최대한 인원을 줄여서(때로는 한 사람이) 실행한다. 이 상황에서 가장 큰 부담은 사냥꾼의 수가 많아지는 것이다.

추적 사냥과는 달리 (은폐만 제대로 할 수 있다면) 매복 사냥은 상당히 안전하며 무기의 무게에도 큰 영향을 받지 않는다. 매복 사냥으로는 발견된 뼈들의 상태에 대한 설명도 가능하다. 매복 사냥을 하면 표적 선택이 가능해지며, 추적 사냥에서와는 달리 가장 가깝거나 가장 취약한 것이 아니라 그룹에서 가장 가치 있는 표적을 선택할 수 있다. 매복 사냥에는 정보와 조정이 필요하다. 특히 사냥감이 매복 지점을 지나가도록 만들려면 더욱 그렇다.

매복 사냥을 하는 동물과 달리 인간은 전문적인 생물학적 무기가 없고 자신보다 몸집이 크거나 같은 동물을 사냥한다. 빈포드의 이론이 옳다면 단거리 무기를 사용하는 매복 사냥에는 많은 정보가 필요하다(Binford 2007, pp. 196-202 참조).

빈포드는 번과 피커링이 염두에 두고 있는 종류의 무기를 사용한 사냥이 실제로 매우 성공적일 수 있다고 생각하지만 그런 단순한 무기의 성공은 거의 항상 사냥감이 어떤 불리한 상황에 놓인 것과 관련이 있다. 물리적으로 취약한 상황이나 탈출 행동에 수반되는 특정한 취약성을 이용하는 것이다.[5]

빈포드의 생각이 옳다면, 매복 사냥의 정기적인 성공은 사냥꾼이 환경에 관한 정보를 얼마나 많이 가지고 있는지에 달려 있다. 이 정보는 아마도 명시적 가르침을 포함한 상당히 광범위한 사회적 학습에 의존한다.

180만 년 전에 에렉투스 계열이 상당히 성공적인 매복 사냥꾼이었다면, 그들은 사냥을 조정하고 아마도 사회적 학습을 촉진할 만큼 충분히 의사소통을 잘할 수 있었을 것이다. 이런 사냥에는 충동 조절과 상당한 수준의 사회적 관용도 필요하다.

매복을 하는 호미닌들은 사냥감과 매우 가까운 거리에서 조용히 앉아서 기다리면서 개미나 파리 같은 곤충이 성가시게 해도 참으면서 버텨야 했을 것이다. 리처드 굴드Richard Gould는 에뮤emu(새 중에서 타조 다음으로 2번째로 크다)를 잡기 위한 매복 사냥이 얼마나 힘든 일이었을지 생생하게 설명하고 있다(Gould 1969).

다른 가능성들도 있지만 결정적으로 그들도 역시 매우 높은 수준의 조정 및 사회적 학습을 전제로 한 가능성들이다. 피커링은 에렉투스 계열이 나무 위에 올라서 사냥을 했을 것이라고 제안했다(Pickering 2013).

초기 호미닌들은 나무에 숨은 상태에서 (반복적으로) 나무창을 아래를 지나가는 큰 동물의 척수에 박았다는 것이다. 피커링은 이 방법으로 은폐 문제를 해결할 수 있다고 봤다. 아마도 나무 위의 호미닌을 제외한다면, 큰 동물에 의한 포식 위협은 위에서가 아니라 땅에서 오기 때문에 사냥감들은 위를 쳐다보도록 진화하지 않았을 것이다(이 사냥감들이 위를 쳐다볼 수 있도록 학습을 할 수 있었는지는 사실 또 다른 문제이긴 하다).

피커링은 자신의 제안을 뒷받침하는 몇 가지 민족지학적 데이터를 제시한다. 지구력 사냥endurance hunting은 또 다른 선택이 될 수 있다. 현대인은 단거리나 중거리에서 소를 능가할 수 없지만, 더운 날에는 땀을 통해 열을 발산하는 능력을 사용해 에너지가 고갈될 때까지 달릴 수 있다.

이런 의미에서 조지프 헨릭은 성공적인 지구력 사냥의 전제조건인 인지능력, 기술적 능력, 정보 능력, 협동 능력을 강조하면서 지구력 사냥이 우리 역사에서 중요한 역할을 했다고 주장한다(Henrich 2016).[6] 이런 논쟁은 본질적으로 중요하지만, 사냥, 협동, 조정, 의사소통 사이의 연결 관계에 대한 우리의 전반적인 주장은 특정한 사냥 형태에 의존하지는 않는다. 사냥의 형태는 시간이 지남에 따라 계속 변했을 것이고, 이 모든 사냥 형태는 공통적으로 협동, 조정 그리고 지식을 필요로 했을 것이다.

식생활(Diet). 하빌리스 계열의 출현 이후 호미닌 진화의 주제 중 하나는 고품질 식품에 대한 의존도의 증가다. 몸을 구축하고 유지하는 데 필요한 에너지가 높아짐에 따라(최근에는 약간 하락했다) 음식을 섭취하고 처리하기 위한 몸 안의 메커니즘들이 줄어들었고, 치아, 턱, 내장의 분쇄 및 처리 능력이 감소했다.[7] 따라서 신진대사면에서 볼 때 호미닌이 먹었던 음식의 질이 좋아진 것은 확실하다.

사냥 또는 사체에서 얻은 고기, 골수, 뇌는 더 영양분이 풍부하고 소화가 잘되는 음식의 잠재적인 공급원이 되었다. 또 다른 전략은 계절성 아열대 지방의 많은 식물이 건기를 극복하기 위해 지하저장기관(USO, underground storage organ)을 이용하듯이 고부가가치 식물 자원을 찾고 처리하는 방법을 배우는 것이었다.

이런 지하저장기관은 (기계적 또는 화학적으로 방어되기 때문에) 대부분은 찾기가 어렵거나 처리하기가 힘들다. 고품질 음식은 그냥 얻을 수 있는 것이 아니다. 고도로 특화된 생물학적 장치가 없다면 식물의 방어는 기술과 협동에 의해서만 무너뜨릴 수 있기 때문이다(Hill, Barton, et al. 2009). 지하저장기관의 수확은 상당한 양의 사회적 학습, 구멍을 파기 위한 막대기 사용, 처리 도구 사용, 불의 사용처럼 단순하지만 사소하지는 않은 기술에 의존한다.

따라서 에렉투스 계열이 성공적으로 정기적인 사냥을 했다고 주장하는 데 있어서 우리는 그들의 먹이 대부분이 사냥을 통해 얻어진 것이라고 제안하지는 않을 것이다. 이 에렉투스 계열과 비슷한 환경에 살고 있는 민족지학적 수렵채집인들 사이에서 사냥 성공률은 매우 높은 편차를 보인다.

대부분의 사냥은 실패한다(Kelly 2013). 우리는 매복 사냥을 한 무리가 대부분 성인 남성일 것이기 때문에, 그리고 특히 에렉투스 계열의 뇌와 몸이 필요로 했던 추가적인 영양분을 고려하면 사냥의 성공 여부가 무리의 간헐적 굶주림에 영향을 미쳤을 것으로 본다. 실제로 에렉투스 계열의 사냥은 다른 좋은 자원들을 안정적으로 이용할 수 있을 때만 시도되었을 일종의 사치스러운 행위였을 것이다. 우리가 매우 설득력 있다고 여기는 리처드 랭엄Richard Wrangham의 최근 주장에 따르면 에렉투스 계열의 사냥은 식물성 먹이(구근, 구경, 덩이줄기 등)가 먹고 소화하기 쉽게 채집되고 처리되었을 때만 의미를 가졌다(Wrangham 2017).[8]

사냥이 풍족한 계절에 국한되지 않는 한 사냥은 노동의 분업을 의미했을 것이다. 에렉투스 계열에게는 번번이 사냥에 실패하면서도 예비 식량을 만들 정도의 시간적 여유는 없었을 것이기 때문이다. 다시 말하면, 에렉투스 계열은 간단한 형태일지라도 상당한 수준의 사회적 학습을 했으며, 조정에 의존하는 더 협동적인 삶을 살았다고 할 수 있다.

이 시점에서 회의적인 사고방식이 중요해진다. 크리스틴 호크스 Kristin Hawkes, 제임스 오코넬James O'Connell 그리고 그들의 동료들은 에렉투스 계열의 생활사를 가능하게 만든 사회적 혁신이 여성들 간의 육아 협력이며, 특히 나이가 들어 직접적인 번식을 포기하고 딸들의 아이들을 보살피는 할머니들에게서 이런 형태의 육아 협력이 나타난다고 오랫동안 주장해 왔다(Hawkes 1994; Hawkes, O'Connell, et al. 1998; Hawkes and Bird 2002; Hawkes 2003; Hawkes, O'Connell, et al. 2010). 이러한 사회적·생물학적 혁신은 에렉투스 계열과 그 이후의 아이들에게 필요했던 음식의 양이 침팬지 새끼들에게 필요했던 먹이의 양보다 더 많았음에도 불구하고 수렵채집 활동을 하는 엄마들이 침팬지 어미들에 비해 더 일찍 젖을 뗄 수 있게 만들었다 (Hrdy 2009).

이 견해를 옹호하는 사람들은 에렉투스 계열과 그 이후의 호미닌 남성이 사냥을 했다는 것을 인식하고 있지만 사냥은 사회적 신호라고 주장한다. 사냥꾼은 경제적인 동기에 의해, 즉 노동의 적응적인 분업을 위해서가 아니라 자신의 능력을 널리 알리기 위해 사냥을 한다는 뜻이다. 이 주장이 옳다면 사냥된 자원은 (호혜를 배제하고) 주로 가족 집단 외부로 흐르고, 사냥의 성공 여부와 관련해 수컷의 짝짓기 성공 양태에 중요한 변화가 생겼을 것이다. 이 견해는 지금도 논란의 대상이 되고 있다.

우리는 생식 협력이 호미닌의 사회생활에서 일어난 혁명의 일부라는데, 그리고 에렉투스 계열의 생활사가 이런 협력에 의존했다는 생각에 동의한다. 실제로 우리는 호미닌이 완전한 형태의 습관적인 이족보행을 했다면 어떤 형태로든 생식 협력이 필수적이었을 수도 있다고 주장한 바 있지만, 우리는 할머니의 역할에 대해 이렇게 초점을 맞추는 것과 사냥이 공급 행동이 아니라는 생각에는 전적으로 동의하지 않는다.

일단 우리는 에렉투스 계열의 어머니들이 자신이 속한 주거 집단에 자신의 생모 또는 여성 친척을 동반했다고 전제하지 못한다. 침팬지와 보노보처럼 에렉투스 계열도 수컷들이 유소성(동물이 태어난 곳에 머무르거나 태어난 곳 근처로 돌아오는 성질)을 가질 가능성이 충분하다. 만약 그렇다면, 즉 남성들은 태어난 곳에 머물고 여성들이 태어난 곳을 떠난다는 뜻이다. 새로운 어머니는 자신의 생모와 함께 살지 않았을 것이고, 아마도 여성 친척도 없었을 것이다(Kaplan, Hill, et al. 2000; Hrdy 2009 참조). 이 문제에 대해서는 제7장에서 다시 다룰 것이다. 더 전반적으로 볼 때 우리는 번식 협력이 호미닌의 사회적 삶에서 더 일반적인 변화의 일부로, 침팬지 속 계통(특히 침팬지)에서 보이는 지배 구조에 의해 구축되는 형태에서 민족지학적 정의상 수렵채집인들의 훨씬 더 평등하고 협력적인 삶으로의 변화 과정에서 나타났다고 본다.[9]

할머니의 집단에 대한 기여는 중심지 회귀 수렵채집 활동의 특수한 경우다. 할머니들은 중심지(주거지)로 돌아가 자신의 발견물(특히 젖을 뗀 아기들을 위한 음식)을 처리함으로써 손주들을 돕는다.

중심지 회귀 수렵채집은 지배 구조의 사회적 환경과 양립할 수 없다. 이런 환경에서 할머니는 자신의 발견물을 더 크고 강한 개체에게 빼앗길 가능성이 너무 높기 때문이다. 할머니들이 가진 음식이 많을수록, 그리고 처리를 통해 음식에 더 많은 가치를 더할수록 대상은 더 유혹적이 된다.

침팬지는 음식을 가지고 중심지로 돌아가지 않고 찾는 즉시 먹어 버린다. 따라서 할머니들이 양육을 지원하는 풍경은 공격, 지배, 빼앗기의 세계에서 공격성이 감소하고 소유를 존중하는 세계로의 전환이 최소한 어느 정도 이뤄졌음을 전제로 한다.

하빌리스 계열에서 에렉투스 계열로 전환되면서 성적이형성

sexual dimorphism이 줄어든 것은 이런 사회적 변화, 즉 수컷들의 지배 경쟁이 약해진 현상을 보여주는 신호 중 하나일 수 있다. 하지만 지배력은 그냥 사라지지는 않았을 것이다. 보엠Boehm 등의 학자들은 이러한 변화가 성공적인 집단행동이 가능해졌기 때문에 일어났다고 생각한다.

예를 들어, 최근 리처드 랭엄은 인간의 사회성에 대해 설명하면서 무장을 통한 지배성의 억제라는 개념을 핵심으로 들었다. 하지만 랭엄은 이 지배성의 억제가 우리의 생각과는 달리 호미닌 진화에서 훨씬 더 나중에 발생했다고 주장했다(Wrangham 2019).

지배의 위험에 처한 이들은 인지적, 사회적, 기술적 능력을 발전시킨 뒤 연합체로 꾸려 약자를 괴롭히거나 지배하려 하는 사람들을 통제하기 시작했다(Boehm 1999; Bingham 2000; Boehm 2012). 생식협력은 호미닌이 사회적 삶(예를 들어, 상당한 노력을 요하는 집단적 행동)의 다른 측면들에서의 더 큰 협력의 결과이며, 더 높은 수준의 협력은 더 높은 수준의 의사소통을 촉발했다.

생활사(life history). 인지, 의사소통, 사회적 학습에 대한 이런 이론들은 생활사에 대한 고찰에 의해 강화된다. 에렉투스 계열은 해부학적 현생인류AMH 발달의 고유한 특징인 유년기를 가진 최초의 호미닌 종인 것으로 보인다(Maslin 2017, p. 32). 유년기에는 상당히 빠른 두뇌 성장과 발달이 계속되지만 전반적인 신체 성장이 둔화된다.

에렉투스 계열은 최근의 호미닌에 비해 생활사가 더 빠르게 진행되었다. 예를 들어, 나리오코토메 소년Nariokotome boy(연대가 150만 년 전이고 전체의 90%가 보존된 고대 호미닌 골격. 호모 에렉투스나 호모 에르가스테르에 속할 것으로 추정된다)은 12.3세에 성장을 거의 마쳤으며 성적으로 거의 성숙했던 것으로 보인다.

하지만 에렉투스 계열이 최근 호미닌의 생활사 패턴에 더 가까워졌다는 것에는 의심의 여지가 거의 없다. 성적 성숙이 지연되고, 상대적으로 상당히 오랜 기간 동안 청소년의 취약성과 의존성이 유지되었으며, 여성의 경우 폐경 후에도 오랫동안 적극적이고 의미 있는 삶을 영위했으며, 전반적으로 수명이 길어졌기 때문이다. 에렉투스 계열은 성인기까지 발달하는 데 오랜 시간이 걸렸지만 성인기 자체가 비교적 길었기 때문에 느린 발달에 따른 보상을 받았다고 할 수 있다.

캐플런Kaplan과 동료들은 의존성 유지 기간이 길었던 해부학적 현생인류AMH 수렵채집자들 발달 궤적은 이들의 수명이 야생에서 최대 50년 정도인 침팬지 정도였다면 계속 이어질 수 없었을 것이라고 본다.[10](Kaplan, Gangestad, et al. 2007, pp. 68-69).

에렉투스 계열의 수명은 AMH의 수명보다 현저히 짧았던 것은 거의 확실하지만, 플라이스토세의 삼림지대에 같이 살았던 대부분의 다른 동물들의 수명보다는 길었다. 데일 거스리Dale Guthrie는 이런 생활사가 성립되려면 외적 요인에 의한 성인 사망률이 낮아야 한다고 주장했다(Guthrie 2007). 특히 포식의 위험에 대한 탁월한 통제가 필요하다.

코끼리의 수명은 AMH의 수명과 비슷한데, 이는 성체 코끼리가 포식을 거의 당하지 않기 때문에 가능하다. 에렉투스 계열의 생활사는 코끼리처럼 포식자의 공격을 견뎌낸 것은 아니지만 안전에 그만큼 신경을 써야 했다.[11]

에렉투스 계열은 노출된 땅에서 많은 시간을 보냈다. 이들의 몸은 더 이상 나무를 오르고 그 사이를 빠르게 이동하거나 나무를 엄폐물 삼아 편안하게 잘 수 있는 상태가 아니었다. 그렇다면 포식자들의 위협이 많았던 환경에서 이들은 어떤 방식으로 비교적 안전하게 지낼 수 있었을까?

해결책은 더운 낮 시간에 활동함으로써 포식자와 조우할 위험을 줄이는 것이었을 수 있다. 강력한 포식자 대부분은 밤, 황혼, 새벽 시간대에 활동했기 때문이다. 하지만 더운 낮 동안의 활동은 깨끗한 물에 대한 호미닌의 의존성을 심화시켰고, 다른 영장류들은 이런 활동 패턴을 따르지 않았다. 예를 들어, 퐁골리Fongoli 침팬지는 하루 중 가장 더운 시간에 더 많이 쉬고 덜 움직여 에너지 소비를 최소화한다(Pruetz and Bertolani 2009).

거스리는 최소한 아프리카의 에렉투스 계열은 가시가 덮인 아카시아 나무 가지들로 야영지를 둘러싸는 방법으로 야간에 안전을 확보했다고 주장한다. 이 방법은 지금도 아프리카 원주민들 일부에 의해 가축을 보호하기 위해 사용되고 있다. 아카시아 나무 가시는 야영지에 침입하려는 대형 동물들의 얼굴과 눈에 치명적인 위협이 되기 때문이다.

하지만 이런 수동적인 방법만으로는 충분하지 않았다. 에렉투스 계열은 많은 활동을 해야 하는 대규모 수렵채집 집단이었기 때문이다. 따라서 우리는 이러한 수동적 조치가 집단적 경계와 정보 공유로 보완되었다고 추론한다. 이 경우 정보는 포식자가 어디에서 공격을 하고 어디에서 휴식을 취하는지에 관한 내용을 뜻한다.

호미닌들의 할머니들은 뒤지개digging stick(식량을 채집할 때 땅 속을 뒤져 식물 뿌리나 열매를 캐는 데 쓰는 도구)를 들고 다니면서 포식자들이 있는 곳을 피했다. 집단적인 경계를 하고 포식자의 위치 정보를 파악하는 것만으로도 충분했을 수 있지만, 우리는 호미닌들의 이런 포식자 회피가 협력적이고 공격적이며 무기를 이용한 방어로 보완되었다고 추측한다.

에렉투스 계열은 가능하면 함께 이동하고 함께 경계를 하고, 자신들의 영역과 위험에 대해 파악하고 그 정보를 공유하고, 상호지원을 하면서 수풀에서 안전하게 지냈다. 심지어 할머니들도 뒤지개를 사용해 위험 요소들을 쫓아내는 데 도움을 주었다.

우리 중 한 명(스터렐니)은 전통적인 호주 원주민의 뒤지개를 가지고 있다. 이 막대기는 길이가 1미터가 조금 넘고 단단하고 무거운 나무로 만들어지고, 양쪽 끝이 날카로워 필요한 경우에 유용한 무기로 사용될 수 있다. 이러한 추정에는 사회적 학습, 성인 간 정보 공유, 지역 자원의 유연한 사용이 모두 고려되었다.

기술. 새로운 석기 제작법은 에렉투스의 출현과 거의 동시에 역사 기록에 등장한다.[12] 아슐리안 석기 기법의 대표적인 도구는 대칭적인 눈물방울 모양의 주먹도끼다. 이 중 일부는 매우 아름답지만, 크기와 모양은 상당히 다양하다. 이 시대의 모든 주먹도끼가 우아함과 대칭성을 가지고 있지는 않다. 우리는 5장에서 아슐리안 석기 제작법과 이러한 도구를 만드는 데 필요한 인지 능력에 대해 자세히 살펴볼 것이다. 지금은 올도완 석기와 비교해 정교함을 강조하는 것으로 충분하다.

올도완 석기는 매우 단순하지만 만들기가 쉽지는 않다. 하지만 숙련된 석기 제작자의 지도를 받으면 초보자도 몇 시간 만에 자갈을 이용해 석기를 만들 수 있었다. 이와는 대조적으로, 현대의 석기 제작자들은 어느 정도 수준의 주먹도끼를 만드는 법을 배우는 데 (소수만이 믿고 해 나가겠지만) 몇 년이 걸린다.

아슐리안 석기 제작법은 올도완 석기 제작법에 비해 오류에 훨씬 민감하여 가하는 힘의 강도, 위치 및 방향이 더 정확해야 하고, 미리 정교하게 계획을 세워야 한다. 올바른 계획을 수립하고 실행하려면 높은 수준의 기술이 필요하다. 어느 시점에서든 심각한 오류가 한 번 발생하면 전체 공정이 엉망이 될 수 있다. 게다가 이렇게 계획된 순서는 정형화될 수도 없었다.

정확한 순서 설정은 석기 핵심이 되는 초기 모양, 핵심을 구성하는 원료, 돌의 품질에 민감하기 때문에 배운 것을 그대로 반복해 석기를 만들 수 있는 간단한 공식은 존재하지 않았다. 또한 제작 계획은 종종 예상치 못하게 돌이 부서지기 때문에 그때마다 수정되어야 했다.

우리는 아슐리안 석기의 제작이 내부적인 틀에 따라 이뤄져야 했다고 본다. 석기 제작자는 자신이 작업하고 있는 모양에 대한 개념으로 시작해야 하지만, 아마도 스티븐 쿤이 제안한 것처럼 일부 측면은 자유롭게 변경할 수 있는 부분이었을 것이다(Kuhn 2020). 원하는 모양을 만들기 위해 계획을 세워야 했지만(약간의 유연성은 있었을 것이다. 즉 제작을 하면서 세부사항이 정해졌을 것이다).

따라서 에렉투스 계열의 삶에는 매복 사냥, 중심지 회귀 수렵채집center-place foraging(확보한 식량자원을 특정 장소로 다시 가져오는 방식의 수렵채집), 부분적 분업과 적극적인 음식 공유, 잠잘 수 있는 안전한 장소의 준비, 집단 경계와 적극적인 방어, 도구 제작의 혼합이 포함되었을 것이다.

이 도구 제작 자체에는 (1) 연습과 시간을 들여 습득하는 기술, (2) 원료를 얻기 위한 시간과 노력, (3) 돌을 가공하는 시간이 필요했다. 이는 이들의 삶이 현재에 머물지 않고 즉각적인 필요에 대한 반응에 기초했다는 뜻이다. 이 호미닌들은 필요를 예상하고 그러한 필요를 충족시키는 데 필요한 능력에 투자했다.

아슐리안 석기 제작법은 호미닌들의 이런 예측, 즉 현재를 넘어서는 인지의 지평 확장을 보여주는 또 다른 사례다. 또한 미래의 필요에 대한 효과적인 예측은 조정 또는 집단행동에 의존하기 때문에 에렉투스 계열은 더 먼 지평에 대해서도 의사소통할 수 있어야 한다는 선택압을 받고 있었다. 제3장 3.3의 요점이 바로 이것이다.

또한 우리는 아슐리안 석기 제작법이 가르침과 함께 호미닌 생활에서 점점 더 중심적인 역할을 하는 사회 학습에 대한 추가적인 증거라고 본다. 여기서 우리는 피터 히스콕의 통찰력에 의존한다(Hiscock 2014). 그는 돌 세공 기술에서 감독되지 않은 시행착오 학습은 매우 위험하다고 지적한다. 종종 떨어져 나가는 돌조각은 매우 날카로우며, 잘못 날아가면 초보자의 얼굴이나 손에 다양한 상처를 입힐 가능성이 매우 높다. 눈을 다쳐 시력을 잃을 수도 있었다.

우리는 전문가와 초보자 사이에 진화론적 이해관계가 겹치고, 학습에 대한 보상은 높지만 비용도 높을 때, 전문가가 적은 비용을 들여 가르침으로써 비용이 줄어들 때 가르침이 이뤄진다고 본다(Thornton and Raihani 2008).

에렉투스 계열의 집단에서는 이런 조건이 충족되었을 가능성이 매우 높다. 이런 점과 아슐리안 석기 제작의 본질적인 어려움을 감안해 우리는 에렉투스 계열의 기술 전수가 전문가의 도움을 받는 일종의 사회적 학습에 의존했다고 본다.[13]

에렉투스 계열의 생활방식의 이런 측면들은 플라이스토세 중기에 접근함에 따라 강화된다. 예를 들어, 약 120만 년 전이 되면 지역적으로 독특한 석기 제작법이 출현했고 원료에서 더 큰 선택성이 나타나기 시작한다(Shipton 2019). 또한 이 시기에는 원료를 옮기는 거리도 크게 늘었다(Petraglia, Shipton, and Paddayya 2005). 사냥에 대한 주장은 논란의 여지가 줄어들었고, 일부 사냥 대상 동물의 크기가 매우 커졌다(Ben-Dor, Gopher, et al. 2011). 또한, 개인들이 식량을 비축하고, 미래의 필요를 예측해 주거 지역에 원재료를 조달하는 활동이 이 시기에 시작된다(Kuhn 2020).

확산(Distribution). 인지적으로 좀 더 협력적이고, 기술적으로 정교한 호미닌에 대한 우리의 주장을 마지막으로 보강해 보자. 에렉투스 계열에 대한 매우 놀라운 사실 중 하나는 이 계열이 매우 광범위하고 빠르게 확산되었다는 것이다.

이 종은 첫 출현 후 약 20만 년 안에(190만 년 전에서 170만 년 전 사이) 동아프리카, 북아프리카, 조지아, 남중국 및 자바로 확산되었다 (Finlayson 2014). 가장 오래된 인도의 유적지는 최초의 유럽 유적지(스페인 북부)와 마찬가지로 조금 더 최근의 것이다. 그보다 약간 늦은 인도의 유적도 에렉투스 계열의 보존 유물로 추정된다. 유럽의 유물들은 확실히 에렉투스가 나중에 유럽에 도착했다는 것을 보여준다.

에렉투스 계열의 분포 위치는 상당히 다양하지만, 폐쇄된 숲(호미닌 수렵채집인이 살기에는 힘든 서식지)에는 살지 않았던 것 같고, 모두 물 근처에 살았던 것으로 추정된다. 하지만 에렉투스 계열의 분포가 지니는 가장 중요한 의미는 에렉투스 계열의 종들이 매우 성공적이었다는 사실에 있다. 이 분포는 지리적 확장을 촉발한 (아마도 매우) 급속한 인구 증가의 신호이기도 하다.

에렉투스 계열의 기원과 그들만의 독특한 적응 패턴이 무엇이든, 에렉투스 계열은 아프리카를 비롯해 구세계의 많은 열대, 아열대 및 온대 지역 전체로 확산했다. 확실하게 입증할 수는 없지만, 이러한 확장은 계획 및 물리적 환경을 조작하는 능력 향상, 사회적 학습 향상, 협력 및 의사소통 능력 향상이 결합된 결과로 추정된다. 이제 우리는 그 의사소통의 본질과 단어와 같은 요소의 출현으로 논의 초점을 이동시킬 것이다.

3.2
단어를 향해: 구조

버빗의 경고음 시스템은 동물 신호의 교과서적인 예다. 하지만 버빗이 내는 경고음은 단어와는 전혀 다르다. 버빗의 경고음에는 목표 특이성이 어느 정도 있지만 두 가지 의미에서 전일적이기 때문이다.

독수리의 출현을 알리는 소리가 어떤 의미를 갖는 것은(명령적인 기능이 있기 때문이다) 그 소리가 상황 또는 사건의 상태, 즉 독수리가 "지금 그리고 여기" 있다고 나타내기 때문이다. 어떤 특정한 개체, 종류, 행동 또는 속성을 나타내지 않는 점에서 버빗이 내는 경고음은 단어보다 문장과 비슷하다. 하지만 문장과는 달리 버빗의 경고음은 구조화되어 있지 않다는 점에서 전일적이라고 할 수 있다.

반면, 독수리의 출현을 알리는 소리는 그 소리의 어떤 요소도 특정한 상황(또는 요구되는 반응)의 특정한 요소에 대응하지 않는다. 또한, 버빗의 경고음은 단어나 문장과는 달리 자극 또는 상황에 따라 달라진다. 버빗의 경고음이 가진 지시적이고 명령적인 기능은 "지금 그리고 여기"에 관한 것이다. 게다가 버빗의 경고음 시스템은 동결되어 있다. 즉, 이 시스템에는 새로운 경고음이 추가되기가 극도로 힘들다.

원시언어가 등장하려면 구조화된 신호 시스템이 우리 계보에서 어떻게 진화했는지 설명해야 한다. 여기서 신호의 요소는 설명 중인 상황의 요소에 대응된다.[14] 우리는 자극 또는 상황과 독립적인 신호 송수신이 어떻게 진화했는지 설명해야 한다는 뜻이다. 또한 호미닌의 신호 송수신 시스템이 어떻게 쉽게 확장될 수 있게 되었는지도 설명해야 한다. 우리는 이러한 기능들이 점진적으로 등장했다고 생각하는데, 이 기능들은 모두 일괄적으로 나타나거나 나타나지 않는 요소들로 구성되는 시스템이 아니라 구성요소들이 서로 어느 정도 독립적인 시스템이라고 보기 때문이다.

앞에서 언급했듯이 버빗의 경고음을 비롯한 대부분의 동물 신호는 전일적이며, 구조가 있는 신호 시스템의 대조는 매우 중요하다. 구조화된 신호들로 구성되는 신호 시스템은 아직 구문이 있는 시스템은 아니지만, 이러한 시스템으로 가는 데 필수적인 단계다. 이 문제는 매우 중요하므로 이 구조에 대한 대부분의 논의는 다음 장에서 자세히 다룰 것이다.

이 시점에서 우리의 목표는 이 문제를 간략하게 소개하고, 우리의 견해를 언어의 기원에 몸짓이 우선되었다는 설명을 제시한 멀린 도널드Merlin Donald의 초기 연구(Donald 1991; Donald 2001)와 연결하는 것이다. 우리가 언어의 진화에서 몸짓이 우선되었다는 관점을 선호하는 중요한 이유 중 하나는 구조화된 신호 진화 과정 연구를 훨씬 더 쉽게 해준다는 사실에 있다. 우리는 이전 형태의 몸짓 신호가 도널드가 생각했던 것보다 염두에 둔 것보다 훨씬 간단했다고 생각한다.

도널드는 현대 생활에서 (필요시 도구로도 사용) 마임이나 몸짓 놀이charade(한 사람이 하는 몸짓을 보고 그것이 나타내는 말을 알아맞히는 놀이)와 유사한 것으로 시작하는 호미닌 의사소통의 확장을 상상했다. 따라서 우리는 특정 동물의 위치를 전달하려는 시도가 그 동물 특징의 일부분, 즉 뼈나 가죽 또는 독특한 신체 움직임을 나타내는 마임과 연결된 방향 지시 몸짓들(아마도 거리를 나타내기 위해 반복 또는 강도를 나타내는 간단한 관습적 요소와 결합되었을 것이다)로 구성되었을 것이라고 상상할 수 있다.

발성이 하향식 제어를 더 많이 받게 되면 마임에는 독특한 소리가 포함될 수 있다. 현대의 수렵채집인들은 주변의 동물들이 내는 소리를 흉내 내는 데 전문가이며, 이는 생계형 수렵채집뿐만 아니라 사냥에서도 중요한 도구가 된다(Lewis 2009). 뉴질랜드의 사슴 사냥꾼들은 보통 영역 표시를 하는 수컷 사슴의 울음 소리를 흉내 내어 근처의 다른 수컷사슴이 침입자를 몰아내기 위해 나타내도록 유도한다.

우리는 사냥과 모방적 의사소통에서 음성 모방의 중요성이 (몸짓에서 언어로의 전환을 가능하게 하는) 발성 기관의 정교한 하향식 제어의 진화를 선택하는 데 기여했을 것이며, 한번 이 선택이 이뤄진 뒤에는 수많은 요소들이 그 선택을 뒷받침했을 것이다. 예를 들어, 원재료 조달 및 석기 제작이라는 맥락에서 의사소통이 일상적이었다면 손이 자주 사용되었을 것이고 음성 의사소통은 더 실용적이 되었을 것이다(Planer 2017b).

일부 형태학적 증거에 따르면, 에렉투스 계열에서 진화해 에렉투스 계열을 대체한 종인 호모 하이델베르겐시스는 하향식 제어가 가능했다. 에렉투스 계열에서는 하향식 제어가 매우 원시적인 형태였을 것이다.[15] 이 문제는 제6장에서 자세히 다룰 것이다.

이런 진화적 전환이 시작되었을 때 몸짓은 운에 의존하고 그 몸짓에는 오류가 많았을 것이 확실하다. 하지만 우리는 도널드가 생각했던 마임보다 그 몸짓이 처음에는(에렉투스 계열 호미닌의 출현 이전) 훨씬 더 단순한 의사소통 의도에서 시작했을 것이라고 본다.

더 야심찬 마임은 훨씬 더 단순한 관행을 기반으로 개발되었다. 예를 들어, 쫓는 대상을 덤불이나 숲에서 발견하기 어려울 때는 아주 간단한 식별자를 이용한 지시적인 가리키기가 이뤄졌을 것이다. 우리는 시각적 대상이 새임을 보여주기 위해 비행을 흉내 내기 위해 손가락으로 가리키고 팔로 펄럭이는 것과 같은 동작을 염두에 두고 있다. 그러한 플랫폼에서도 처음에는 더 복잡한 마임이 무리의 사회적 레퍼토리로 구축되기 어려웠을 것이다.

의사소통할 내용이 있는 행위주체와 소규모 집단은 더 복잡한 메시지 전달을 시도하려는 동기 부여 수준이 높아야 한다. 청중은 마임을 의사소통을 위한 시도로 인식해야 하고, 그것을 이해하기 위한 높은 수준의 동기 부여가 필요하다. 에렉투스 계열은 생명에 필수적인 자원을 수확하기 위해서 협력하였기에 침팬지와는 달리 다른 방식으로 의사소통을 하도록 동기를 부여받았다.

이 시나리오가 거의 맞는다면, 초기의 호미닌 의사소통에는 많은 실패가 있었을 것이다. 혁신은 스스로를 강화하는 삶의 변화를 유도할 만큼 충분히 잘 작동할 때까지 안정화되지 않는다. 초기의 성공은 청중이 의사소통 시도의 목표를 정확하게 식별하는 것만큼이나 연상적 연결에 달려 있었을 것이다.

먹다 남은 덩이줄기를 뒤지개로 가리키며 적절한 기억과 의향을 불러 일으키는 여성 호미닌의 모습을 상상해 보자. 이 여성과 동료들은 식량을 구하기 위해 돌아다녔겠지만, 이들의 행동은 그녀가 촉발한 구애 욕구의 결과이었을 수도 있으며, 이러한 상호작용은 짝짓기를 원하는 침팬지들이 발기된 성기를 드러내는 행동보다 복잡한 행동은 아니었을 것이다.

하지만 일단 의사소통 방식이 확립되면 그 의사소통 방식은 스스로 강화되었을 것이다. 즉, 그 방식을 더 많이 사용할수록 의사소통이 더 쉬워졌을 것이다.

특정한 마임을 성공적으로 읽고 조치를 성공적으로 취하면 두 번째 및 후속 사용이 더 쉬워진다. 그들이 의사소통을 시도한다는 것이 더 분명해졌기 때문에 아마도 다른 마임을 하는 것도 더 쉬워졌을 것이다. 또한 의사소통은 그 의사소통과 직접 관련된 행위주체뿐만 아니라 구경꾼 입장에서도 더 쉬워졌을 것이다.

의사소통의 이러한 혁신은 사회적 학습과 협력이 점점 더 중요해지는 사회적 세계에서 일어났기 때문이다. 따라서 호미닌들은 다른 사람들이 하는 일에 주의를 집중하는 일이 중요하다고 생각하게 되었을 것이다.

주기적으로 사용된 몸짓과 마임은 일단 확립된 후부터는 점점 더 강화되어 관습화되었을 것으로 보인다. 이와 같은 시스템의 일반적인 패턴은 일부 도상성은 유지되는 동시에 표현을 축약하고 단순화하여 시간과 에너지를 절약하는 것이다. 또한 이 시스템은 사용 편의성에 대한 사용자의 요구와 진입 용이성에 대한 압력 모두에 응답한다. 이런 패턴은 청각 장애인 학교와 지역 사회에서 발생하는 새로운 수화에서도 관찰할 수 있다(Meir, Sandler, et al. 2010).

아직도 도상성과 연상을 중심으로 구성되어 있는 이 같은 시스템은 표현의 한계가 상당히 크다. (특히 의사소통 확장의 초기 상태를 제외하고는) 심지어 이 시스템을 이용하는 행위주체가 모든 가능성을 활용하는 데 능숙하더라도 그렇다. 에렉투스 계열이 마임으로 확실하게 나타낼 수 있었던 것은 독특한 모양, 움직임 소리, 그리고 아마도 독특하고 인식 가능한 종류의 활동이었을 것이다.

이렇게 하여 운이 좋거나 상상력이 풍부했던 플라이스토세 호미닌들은 손의 움직임을 통해 영양이 껑충껑충 도망가는 모습을, 또는 머리와 손을 통해 싸움을 거는 수컷 염소의 움직임을 흉내 냈을 것이다. 상상력이 풍부하고 능숙한 사람이라 할지라도 완전히 상징적인 시스템은 수렵채집자들이 그들의 언어로 부호화한 인상적인 박물학적 정보를 상당 부분 표현할 수는 없었을 것이다.

분류학적으로 수렵채집을 하는 종들 대다수는 고유의 실용적인 의미나 외형 면에서의 특징이 없다. 마찬가지로, 독특한 걸음걸이나 신체적 움직임이 있는 경우를 제외하면, 보통 특정 장소나 개인을 나타내는 자연스러운 방법이 없는 경우도 많다.

구어와 수화 모두에서 현대 언어의 표현력은 자의성 없이는 불

가능하다. 하지만 상징적이거나 부분적으로 상징적인 몸짓 및 마임 기반 시스템, 심지어 상당히 단순한 몸짓 시스템도 다음과 같은 구조를 가지고 있다. 마임의 개별 요소는 환경의 개별 요소를 나타낼 수 있다.

  영양의 움직임을 손으로 흉내 내는 것과 다른 기호들은 조합되어 다른 상황에서도 사용될 수 있다. 이런 몸짓과 기호가 바로 원시단어다. 원시단어는 다른 구조화된 몸짓에서도 일정한 목적으로 사용될 수 있다.

3.3

의사소통,
"지금 그리고 여기"로부터의 해방

모든 또는 거의 모든 동물의 의사소통은 즉각적인 장면에 관한 것이지만 인간의 의사소통은 에렉투스 계열과 함께 크게 확장되었다. 이러한 변화의 가장 근본적인 요인은 에렉투스 계열이 지금 그리고 여기에서 점차 분리되었다는 사실이다.[16] 석기를 만들어 저장하는 등의 행동으로 보아 에렉투스 계열은 어느 정도 미래를 예측하고 준비했다. 이들은 "지금 그리고 여기"가 아닌 다른 곳에 대해 생각하고 계획하는 이 능력을 의사소통 능력으로 어떻게 전환시켰을까? 우리는 새로운 기술에 대한 요구가 그들이 필요로 하는 인지 도구 중 일부를 제공했다고 생각한다.

3.1에서 우리는 에렉투스 계열의 출현이 유인원의 삶에서 발견되는 그 어떤 것보다 훨씬 더 정교한 기술적 진화에 의존하는 새로운 기술인 아슐리안 석기의 출현과 거의 동시대라고 지적했다. 또한 이 시기에 초기 호미닌의 물질문화가 시작되었다. 이러한 기술적 능력의 진화는 길고 복잡하고 정교한 순서들의 실행을 제어할 수 있게 만들었으며, 아슐리안 석기 제작법은 개인의 시행착오에 의

해 습득하기 어렵고 위험했기 때문에(에렉투스 계열의 수렵채집에 필수적인 박물학 기술과 더불어) 사회적 학습이 개선되도록 선택압을 가했다.

초보자들이 석기 제작 순서에 주의를 기울이도록 했을 뿐만 아니라, 그 순서를 분석하여 제작 행동의 구조와 구성을 명확하게 배울 수 있게 했다. 행동의 결과를 사회적 학습을 통해 관찰할 수 있게 됨에 따라 돌로 주먹도끼를 만드는 과정은 더 진화할 수 있었다. 모방emulation을 통해 행동의 결과에 주목하는 학습은 모방imitation을 통해 행위 자체에 주목하는 학습을 보완한다. 이러한 새로운 기술적 요구는 외부 자극이 아닌 내부 틀의 제어 하에 복잡한 움직임을 가능하게 만들었으며, 이에 따라 기억력과 집행 기능의 향상이 필요하게 되었다.

우리는 이러한 인지능력이 즉각적인 장면 너머에 있는 문제에 대한 의사소통에 강화하기 위해 다시 확산되었다고 본다. 우선, 아슐리안 석기 제작 기술의 획득 및 전달을 위해서 이 호미닌들은 시연, 연습, 그리고 아마 심지어 머릿속으로 구상을 할 때 석기 제작 순서의 모든 요소를 비실시간적으로 재현할 수 있는 능력을 필요로 했다. 그 기술의 실행도 마찬가지였다.

3.1에서 언급했듯이, 자갈로 주먹도끼를 만들려면 장인이 대상에 대한 정신적 템플릿templet(형판)이 있어야 하며, 장인은 그것을 사용하여 해당 대상에 도달하기 위한 일련의 작업을 계획해야 한다. 고도로 숙련된 전문적인 도구 제작자에게는 의심의 여지없이 이 중 많은 부분이 자동화되지만, 시작점의 다양성(자갈 모양과 구조의 차이에 의해 강제됨)과 도구 작업 진행에 따라 유연한 조정의 필요성이 대

두되었다. 이러한 점은 행위주체가 보통 목표와 그 목표를 실현하기 위한 행동 순서의 구조를 명시적으로 표현하며 작업하였다는 것을 암시한다(5장에서 자세히 설명).

몸짓, 마임 또는 시연을 이용하는 원거리 지칭을 위한 인지적 기반이 바로 이것이다. 미래의 어떤 행동을 위해 계획을 세워 일련의 행동을 실행하는 행위주체는 해당 작업의 순서를 제어하고 실행하기 위한 적절한 템플릿을 구성해야 한다. 주먹도끼를 만들 때도 마찬가지다.

행위주체는 최소한 의도한 물리적 결과물에 대한 대략적인 개념과 도끼를 생성할 작업 순서에 대한 표현(계획)이 있어야 한다. 스티븐 쿤이 지적했듯이, 자갈에 타격을 가할 때마다 주먹도끼와 점점 더 가까워지는 아슐리안 석기 제작 기술의 보다 발전된 형태에서는 연속적인 근사만으로는 주먹도끼를 만들 수 없다(Kuhn 2020).

주먹도끼를 제대로 만들려면 핵심 부분의 모양에 대한 구축이 처음부터 이뤄져야 하며 행위주체는 인식을 유발하는 일반적인 물리적 소품 없이 이러한 작업 템플릿을 구성할 수 있어야 한다. 즉 템플릿은 인식의 도움 없이 기억에서 자유롭게 불러와서 구성되어야 하며 이 능력은 어려운 석기 제작 기술을 가르치고 배우고 이용해야 하는 필요성에 의해 구축되거나 향상되었다.

호미닌들이 연습을 통해 가르치고 배울 수 있는 능력을 갖게 되자, 이들은 인식을 유발하는 일반적인 물리적 소재가 거의 없어도 석기 제작 행동을 시작할 수 있게 되었다.

행위주체가 주먹도끼를 만들기 시작하면, 돌도끼의 실제 모양은 제작자가 제작 순서를 계획하면서 상상한 것과는 매우 달라질 수 있다. 인식에 의존하지 않고 기억을 이용해 복잡한 일련의 행동들을 실행할 수 있는 호미닌은 자극과는 무관한, 석기 제작을 흉내 내는 행동을 하는 데 필요한 핵심적 인지 메커니즘을 가진 호미닌이다. 예를 들어, 이런 호미닌은 실제로 무딘 도구나 망치를 들지 않고 무딘 주먹도끼를 연마하는 데 사용되는 일련의 손동작을 생성할 수 있기 때문이다.

실제 물리적 기질과 무관하게 내부 템플릿에 의해 구동되는 연속적인 행동들을 의사소통 몸짓으로 바꾸려면 행위주체에게는 몇 가지 추가적인 인지 도구가 필요하다. 행위주체는 이 템플릿 기반 제어를 적절한 의사소통 의도 및 향상된 마음 이론과 결합해야 한다.

행위주체는 다른 행위주체의 목표를 나타낼 수 있어야 하며, 이러한 목표에 영향을 미칠 수 있는 자신의 행동을 가능한 방법으로 나타낼 수 있어야 한다(자세한 내용은 제3장 3.4 참조). 최소한 행위주체는 자신의 의사소통 시도에 대한 응답을 예측하고 표현할 수 있어야 한다. 우리는 제2장 2.4와 제3장 3.1에서 플라이오세 후기와 플라이스토세 호미닌들에서 협동의 확장으로 인해 마음이론 능력이 높아졌다고 주장한 바 있다.

예를 들어, 매복 사냥은 크고 잠재적으로 위험한 동물과의 가까운 접촉을 수반한다. 이런 조우에서 무리의 모든 구성원은 모든 것이 계획대로 진행된다면, 그리고 무언가 잘못되었을 때 다른 사람들이 무엇을 하려고 하는지에 대해 잘 이해해야 한다. 또한 그들은 자신의 행동이 다른 사람들의 행동에 어떻게 영향을 미칠지에 대해 합리적으로 정확하게 이해해야 한다. 포식자로부터 공격적으로 자신을 방어하는 경우에도 마찬가지다.

우리의 견해로는 (1) 에렉투스 계열 수렵채집자들은 종종 협력적인 의도와 기대를 가지고 있었고, (2) 행동 순서에 대한 템플릿 기반 제어, 특히 해당 순서에 영향을 미치는 일반적인 물질적 기질의 존재 없이 이러한 순서를 시작하는 능력을 가졌으며 (3) "지금 그리고 여기"가 아닌 다른 곳과 다른 시간에 대한 의사소통을 위한 계획(또는 정보)을 가지고 있었으며, (4) 유인원보다 앞선 마음이론 능력을 가지고 의사소통을 의도하고 의사소통 시도를 인식하기에 충분했으며, (5) 다른 사람들의 행동 순서를 확실하게 인식하고 그 순서에 집중하는 능력이 뛰어났다.

우리는 다른 곳과 다른 시간에 대해 생각할 수 있는 행위주체에게서 자극과 무관한 신호 전달은 동작 순서의 내부 템플릿 제어, 의사소통 목표의 소유와 인식 그리고 마음이론 능력의 강화, 이 세 요소의 조합에 의해 가능해졌다고 본다.

3.4
능력, 이해, 유연성

신호 관련 연구로 얻을 수 있는 가장 놀랍고 중요한 교훈 중 하나는 신호 전략에 대한 지적인 이해 없이도 신호가 나타나고 안정화될 수 있다는 것이다. 행위주체는 자신이 의사소통하고 있다는 사실을 모른 채 의사소통을 할 수 있다는 뜻이다.

예를 들어, 세포와 박테리아도 서로 의사소통을 한다. 이는 성공적인 의사소통이 지능 진화의 원천 중 하나가 될 수 있음을 보여주기 때문에 중요하다. 의사소통은 지능을 전제로 하지 않는다. 예를 들어, 버빗은 주변의 위험 요소들에 대해 의사소통을 한다.

버빗은 자신이 의사소통을 한다는 것을 알고 있을까? 우리는 모른다. 하지만 버빗도 알 필요가 없다. 유전적 재능과 연합적 미세조정의 조합을 통해 적절한 반응이 연결되어 경고음이 적절한 위험에, 그리고 적절한 반응이 적절한 경고음에 연결되기만 하면 충분하기 때문이다.

데닛의 이론에 따르면, 우리가 아는 모든 버빗은 의사소통에 능하지만, 버빗은 자신의 능력에 대해 거의 또는 전혀 알고 있지 않으며, 왜 의사소통을 하는지도 모르고 있다. 아마도 버빗은 자신의 능력에 대한 이해 없이도 의사소통을 할 수 있는 듯하다(Dennett 2017). 우리도 그럴 가능성이 높다고 생각한다. 이해 없는 능력에는 대가가 따른다.

반사작용 같은 자동적 의사소통은 인지적인 노력이 매우 적게 들지만 유연성이 없다. 버빗은 즉석에서 혁신해 역량을 확장할 수 있는 능력이 거의 또는 전혀 없을 것이다. 이런 시스템은 스콧-필립스가 언급한 것처럼, 운이 좋은 경우에만 확장할 수 있다. 즉, 표준 레시피의 우연한 변형이 결과를 가져오고, 그 결과의 성공은 변형의 출처에 따라 연상 학습 또는 자연 선택을 통해 강화된다(Scott-Phillips 2015).

이와는 대조적으로, 즉석에서의 유연성은 이해 능력이 수반되는 능력의 장점 중 하나다. 예를 들어, 스터렐니는 체스를 즐겨 두는데, 체스 게임의 표기법은 각 말의 이름에 대한 약어를 해당 말을 만드는 가장 일반적인 패턴을 기반으로, 그리고 체스판 위에서의 말의 위치와 이동이 모두 표준 아이콘들로 표시될 수 있기 때문에 언어가 필요하지 않다.

이 시스템에 따르면 "!"는 "좋은 움직임", "?"는 "약한 움직임"을 뜻한다. 유고슬라비아의 한 체스 잡지 발행인은 이런 규칙을 확장했다. 예를 들어 "+"는 "유리한 움직임", "++"는 "승리"가 되는 식이다. 따라서 이 회사는 사용자가 잘 이해하는 시스템에 대한 단일 혁신 패키지를 통해 전 세계에 이 체스 시스템을 판매할 수 있었다. 이해에 의해 혁신이 주도된 예라고 할 수 있다.

버빗의 경고음과 비교할 때 현대인의 언어 능력은 흥미로운 조합이다. 어떤 면에서 우리는 많은 이해 없이도 언어 능력을 가진다고 할 수 있다. 우리 두 저자는 둘 다 스코틀랜드 억양을 인식할 수 있지만, 스코틀랜드와 오스트레일리아 또는 뉴저지 영어의 음성적 차이는 구체적으로 설명하지 못한다. 마찬가지로 우리는 대부분의 독자가 다음과 같이 겉보기에 유사한 문장 패턴들에서 차이점을 인식할 수 있다고 추측한다. 예를 들어, 아래의 문장 두 세트 중에서 두 번째 세트의 세 번째 문장은 매우 이상하게 들린다.

마이클은 그 움직임이 훌륭하다는 것을 인식했습니다
(Michael recognized that the move was brilliant.)

마이클은 **무엇이** 훌륭하다는 것을 인식했습니까?
(Michael recognized that what was brilliant?)

마이클은 그것이 훌륭하다는 것을 **무엇으로** 인식했습니까?
(What did Michael recognize that was brilliant?)

마이클은 그 움직임이 훌륭하다는 사실을 인식했습니다.
(Michael recognized the fact that the move was brilliant.)

마이클은 **무엇이** 훌륭하다는 사실을 인식했습니까?
(Michael recognized the fact that what was brilliant?)

마이클이 *****무엇으로** 훌륭한 사실을 인식했습니까?
(*What did Michael recognize the fact that was brilliant?)

하지만 언어학 공부를 하지 않은 독자들이라면 대부분은 차이점을 정확하게 구별하고 설명할 수 없을 것이다. 언어의 중요한 조직적 특징, 즉 소리가 단어로 결합되는 방식 시퀀스 내에서 소리의 위치가 발음에 미치는 영향, 단어가 문장으로 결합되는 방식 등에 대해서 보통 사람들은 잘 모른다.

이와는 대조적으로, 사람들 대부분은 "파이도Fido(이름)"과 "개dog"의 차이점에 대해 어느 정도 이해하고 있다. "파이도"라는 단어는 특정한 개를 지칭하는 반면, "개"라는 단어는 일반적인 개를 지칭한다. 여기에서 우리는 용어의 의미와 그 의미에 대한 화자의 지식 사이의 관계에 관한 언어 철학의 방대한 논쟁을 살짝 들여다봤다.[17]

현재로서는 일반적으로 화자가 음운이나 구문보다 언어의 의미론적 특징에 대한 명시적 이해를 더 잘 하는 것으로 보인다. 우리는 이러한 이해가 글을 읽도록 교육받은 사람들(사회)에게만 국한되어 있다고 생각하지 않는다. 예를 들어, 호주 원주민 공동체의 구성원들도 이름을 이름으로서 인식하고 중요성을 잘 알고 있으며, 특히 최근 사망한 사람들의 이름을 확실하게 인식한다.

이러한 이해의 차이는 유연성의 차이와 상관관계가 있다. 사람들 대부분은 다른 언어로부터 가져온 새로운 음소를 모국어에 추가하는 일을 겪지 못한다(음소가 새로 만들어지는 경우는 더더욱 없다). 새로운 형태 또는 구문 구조가 추가되는 경우 또한 거의 없다. 대부분의 언어에는 "증거 표지evidential"가 존재한다. 증거 표지란 접미사suffix, 또는 접사affix가 동사에 붙어 그 동사의 형태를 바꿈으로써 목격, 상식, 증언을 통해 알려지는 것들의 증거적 상태를 추정하게 만드는 것이다.

영어의 경우, 증거 표지란 시제, 서법mood 또는 수를 표시하는 데 사용하는 것과 동일한 시스템의 일부이며 "시제-상tense-aspect" 시스템이라고 부른다. 영어에 증거적 상태가 포함된다는 것은 매우 유용할 수 있지만, 이 책의 저자 중 누구도 영어의 시스템을 임의로 수정할 수 있는 방법은 전혀 알지 못한다. 언어의 음운 구조와 형태학적 구문구조는 (보통 느리지만) 계속 변화하는데 의도적이고 목표가 있는 혁신 시도에 의해서는 거의 변화하지 않는다. 하지만 어휘는 변화 양상이 매우 다르다.

새로운 용어와 새로운 이름은 정기적으로 만들어지거나 차용되며, 공동체의 어휘 자원에 쉽게 추가된다. 누구나 어휘를 추가할 수 있다. 예를 들어 별명 같은 것들은 계속 만들어지고, 또 계속 사라지기도 한다.

어떤 의미에서 이런 차이는 별로 신기한 것이 아니다. 언어가 설계에 의해 만들어진 것이라면 우리는 언어에 새로운 기능을 추가할 수 있을 것이다. 우리의 환경이 변화함에 따라 우리도 환경을 변화시키고 새로운 행동방식을 만들어낼 때 바로바로 새로운 용어를 도입할 수 있는 유연성을 가질 수 있다면 매우 유용할 것이기 때문이다. 언어의 조직적 특징을 수정하는 것이 도움이 되는 경우는 그보다 훨씬 적게 발생한다.

더욱이, 영어(그리고 우리가 추측하기로는 대부분의 또는 모든 언어)에는 어휘를 확장하기 위한 확립된 언어적 메커니즘이 존재한다. 예를 들어, 어떤 새로운 물건이나 사람에 새로운 이름을 만들어내 붙일 수 있다. "단어word", "이름name", "소리call" 같은 단어들은 흔하게 사용되는 단어다. 반면, "음소phoneme", "상aspect", "서법mood", "절clause"

같은 단어들은 전문적인 단어들이다.

이 점을 생각할 때 가장 평범한 영어에도 일상적인 메타언어학적 어휘 확장 메커니즘이 있다고 말할 수 있다. 이는 어휘 혁신이 음운 혁신보다 훨씬 쉬운 이유를 설명하지만, 그 두 혁신의 차이가 어떻게 또는 언제 발생했는지는 설명하지는 못한다.

우리는 최초의 단어들, 즉 원시단어들이 "단어" 또는 "이름" 같은 것들과 매우 달랐다고 생각한다. 현재 우리 언어가 작동하는 방식에 대한 부분적 이해를 표현하고 어휘를 쉽게 확장할 수 있게 해주는 메타언어적 메커니즘은 우리의 어휘 목록을 확장했던 원시적인 능력이 발현된 결과다. 초기 호미닌들이 필요에 따라 원시언어를 성장시키는 데 필요했던 인지능력과 의사소통 능력은 어떤 것이었을까? 우리는 이에 대해 다음 3.5에서 몇 가지 제안을 할 것이다.

3.5

어휘 확장을 위한
인지적·문화적 원동력

우리는 집단이 쉽게 어휘를 확장할 수 있는 능력을 갖게 되는 것을 점진적인 과정의 종착점이라고 본다. 우리 계열에서 마음이론 능력과 인과관계 추론 능력이 더욱 정교해짐에 따라 신호를 발명하는 일은 점차적으로 더 많은 지능과 이해력을 요하는 일이 되었을 것이다.

다시 말해서 우리 계열은 시간이 지나면서 우연의 일치에 덜 의존하고 지적인 예측과 해석에 더 의존하게 되었다는 뜻이다(하지만 우리는 제4장 4.2.2에서 행운과 우연을 지적으로 인식하고 능력도 중요했다는 주장을 할 것이다).

예를 들어, 집단에서 어떤 특정한 개체를 선택해 집단 밖으로 유도한 다음 짝짓기를 하고 싶어 하는 신호 송신자가 있다고 상상해보자. 송신자는 "저쪽 가로수 길을 걸을 때 그녀에게 손을 흔들면 그녀의 관심을 끌 수 있고, 그녀가 내 쪽으로 올 것이다."라고 생각할 수 있다.

물론 송신자의 계획은 실패할 수도 있다. 하지만 성공한다면 "이리 와!" 같은 새로운 신호가 생겨날 수 있다. 수신자는 송신자가 보낸 신호의 의미를 그 자리에서 파악할 수도 있고, 나중에 이해할 수도 있고, 반복적으로 그 신호에 노출되어야 이해할 수도 있다.

하지만 어쨌든 수신자가 송신자의 신호를 송신자의 의도적 요청과 연관시키게 된다는 것을 생각하면 송신자와 수신자 사이에는 새로운 신호가 설정된다고 할 수 있다. 여기서 주목해야 할 것은 이 신호의 생성은 수신자의 주의 집중 상태, 수신자가 주의를 집중하는 대상, 수신자의 주의 집중에 영향을 미쳐 발생할 수 있는 결과에 대해 발신자가 추론할 수 없다면 이런 신호는 만들어질 가능성이 매우 낮다는 점이다.

이런 능력이 향상됨에 따라 단서가 신호로 전환되는 속도도 빨라졌을 것이다. 단서가 신호가 되면 송신자가 아니라 수신자가 주도권을 잡게 된다.

예를 들어, 도구를 만들기 위해 돌을 깨려다 실패한 어떤 행위주체가 있다고 상상해 보자. 정교한 마음이론 능력과 인과적 추론 능력을 가진 구경꾼에게 이 실패가 확실하게 눈에 띌 것이다.

이제 이 구경꾼이 이 행위주체에게 도움을 준다고 가정해 보자. 이 구경꾼이 어떤 일이 일어났는지 인식하게 된다면(송신자가 돌을 깨는 것이 수신자에게 자신의 목표를 인식하게 만들어 수신자가 돌을 깨는 행동을 돕는다면) 송신자는 그 후에도 이런 일을 할 때 구경꾼의 도움을 바라면서 그 행동을 반복할 것이다.

이런 식으로, 돌을 깨기 위한 팬터마임 같은 어떤 것이 송신자와 수신자 사이에서 확립될 수 있을 것이다. 다시 말하지만, 송신자와 수신자의 이러한 인지 능력이 없으면 이런 신호가 발생하지 않을 것이다.

다음 장에서 이런 생각을 더 발전시킬 것이다. 현재로서는 마음 이론 능력과 인과적 추론 능력의 향상이 의사소통을 하는 사람들 사이의 신호 생성 속도를 높인다고 말하는 것으로 충분하다. 하지만 새로 생성된 신호가 그 신호가 발생한 2명 또는 3명 사이에서만 사용되고 그 범위 밖으로는 퍼져나가지 못할 가능성도 있다.

대형유인원 어미가 새끼에게 사용하는 많은 신호는 그렇게 서로 사이에서만 사용되어 확산이 제한되는 것으로 보인다(Fröhlich, Wittig, and Pika 2016). 실제로, 이런 신호는 단일 방향으로만 사용될 수도 있다.

B가 A와 의사소통할 때 A가 B와 의사소통할 때 동일한 상황에서 사용하는 신호와 동일한 신호를 사용하지 않는 경우다. 이 시점에서 제2장 2.2에서 논의된 조감도 방식으로 표현하는 능력이 매우 중요해진다. 이 능력은 특정한 행위주체와는 상관없이 그 행위주체의 행동을 표현할 수 있게 만듦으로써 사회적 상호작용에서 다양한 역할을 행위주체들이 할 수 있게 만드는 능력이다.

대부분의 개인 간 상호작용에는 의사소통 요소가 있으며, 조감도 형식 표현 능력을 가진 행위주체들은 자신이 처음에 간접적으로 경험한 신호를 다른 행위주체들에게도 사용할 수 있다. 개인이 실제로 이러한 방식으로 신호를 차용하고 사용하도록 동기를 부여받음으로써 중요한 일들이 발생하게 된다.

첫째, 집단의 신호 레퍼토리가 어느 정도 표준화될 수 있다. 이는 신호 수집과 실시간 생성 및 해석을 모두 단순화하며, 학습과 신호 사용을 훨씬 더 효율적으로 만든다.

둘째, 한 세대에서 생성된 신호가 다음 세대로 상속되는 경향이 있기 때문에 신호 생성은 더 누진적인 성질을 갖게 된다(Planer 2017a). 신호 전송은 수직적이면서 수평적이 된다는 뜻이다. 즉, 성공적인 혁신은 같은 세대의 동료들과 다음 세대로 전파된다.

집단의 신호 레퍼토리를 확장하기 위한 이 기본 엔진의 구축을 위해 대형유인원의 인지능력이 엄청나게 상승할 필요는 없었을 것이다. 조감도 방식 표현이 중요하긴 했겠지만, 현대인의 마음이론 능력이나 인과적 추론능력과 같은 것은 필요하지 않았을 것이다.

단순한 의도 상태(보기, 듣기, 주목하기, 원하기)에 대한 이해와 그리고 기본적인 메타 표현 능력으로도 그 과정을 시작하기에 충분했을 것이다. 이러한 능력이 점진적으로 변형됨에 따라 이 엔진은 더 높은 성공률, 더 높은 대역폭, 더 높은 충실도를 가진 더욱 강력한 엔진으로 변화했을 것이다. 지금까지 위에서 살펴본 에렉투스 계열의 생활방식에 대한 증거에 따르면 이 엔진은 에렉투스 계열에서 확실하게 자리를 잡았으며 플라이스토세 중기와 후기를 거치면서 더욱 강력해졌을 것이다.

우리는 제2장 2.4와 제3장 3.1에서 사회적 학습이 에렉투스 계열의 생활방식의 핵심이라고 주장했다. 이 주장에는 제3장 3.2와 3.3에서 설명한 보다 일반적으로 사용되는 구조화된 몸짓 마임에 대한 설명이 포함된다. 하지만 사회적 학습 자체는 위에서 설명한 것과 동일한 이중성을 가지고 있다. 즉, 이해하지 않아도 능력을 가질 수 있다는 뜻이다.

사회적 학습은 초보자가 배운 것을 인식하거나 이해하는 것에 항상 의존하는 것은 아니라 노출에 의해 발생한 반사작용처럼 다소 눈에 띄지 않는 결과일 수 있기 때문이다. 인간의 자동적인 모방에 관한 연구에 따르면, 사람들은 상호작용할 때 몸짓, 자세, 목소리에서 종종 서로 비슷해진다. 그리고 이런 일이 더 많이 일어날수록 그들은 서로를 더 좋아하게 된다. 이런 일은 사람들이 의식하지 못한 상태에서 이뤄진다(Heyes 2011). 얼마나 서로 가까이 거리를 유지할지, 또는 얼마나 크게 대화할지와 같은 사회적 상호작용에 관한 규범 대부분은 이런 식으로 학습되었을 것이다.

초기 언어 학습의 대부분 또는 전부는 이 방식으로 이뤄졌을 것이 거의 확실하다.[18] 하지만 사회적 학습의 일부는 학습되는 내용에 대한 초보자의 반성적 이해 그리고/또는 정보를 어떤 전문가로부터 수집할지에 대한 초보자의 현명한 선택에 의존했을 것이 분명하다. 교사로부터 악기를 배우는 일을 그 예로 들 수 있으며, 특히 학습의 고급 단계에서 이런 의존이 더 심화된다.

문화적 진화론자들 사이에서는 더 자동적인 버전과 더 반성적이고 숙고적인 버전의 사회 학습의 서로간의 상대적 중요성에 대한 주요 논쟁이 존재한다(Sterelny 2017). 이 논쟁이 결론이 어떻게 나든, 우리는 어떠한 형태의 반성적인 사회적 학습이 에렉투스 계열에서 이뤄졌다고 생각한다.

아슐리안 석기 제작 기술의 일부 요소는 근육 기억에 각인되어야 하기 때문에 연습을 필요로 하지만 이 능력 자체는 이해를 필요로 한다. 자갈을 도끼로 바꾸기 위해서는 간단한 비결 이상의 것을 알아야 하기 때문이다. 앞서 언급했듯이, 석기 제작자는 돌과 그 돌의 미래 가능성을 이해해야 한다.

일부 인지 과학자들은 시스템 1 인지과정과 시스템 2 인지과정을 구별한다(Kahneman 2011). 시스템 1 처리는 빠르고 자동적이며, 다른 인지 활동과 결합될 수 있고 반사적이지 않다. 익숙한 노래를 인식하는 것이 한 예다. 시스템 2 처리는 느리고 다른 활동과 결합하기가 더 어려우며 보통 의식적인 숙고가 필요하다. 어려운 체스 문제를 푸는 것이 한 예다.

이 구분은 날카롭고 철저한 이분법으로 취급되지 않는 경우에 유용하다. 우리는 이 이론에 기초해 아슐리안 석기 제작법의 습득과 숙달은 시스템 2 인지의 일부 요소에 달려 있었다고 보며 따라서 반사적으로 일련의 몸짓 순서를 학습하게 해주는 사회적 학습 능력이 존재했다고 본다.

이 주장은 에렉투스 계열의 마음이 매우 정교했다는 주장은 아니지만 우리는 에렉투스 계열이 자신들의 의사소통에 대해 어느 정도 명백한 이해를 해야 했었다고 본다. 물론 행위주체는 기대보다는 희망으로 새로운 신호를 시도해 성공하기도 한다. 그렇게밖에 할 수 없을 때가 있기 때문이다. 이렇게 행운이 찾아올 때도 있지만 구조화된 몸짓이 이미 의사소통에 사용되고 있는 사회적 환경에서, 성공 확률이 희박할 때 혁신을 시도하려면 행위주체는 자신에게 가능한 몸짓을 표현할 수 있어야 한다. 이 능력은 이 행위주체가 가능한 신호들에 대해 생각하는 과정, 그 신호들이 동료들의 행동에 어떤 영향을 미칠지 생각하는 과정에서 핵심적인 역할을 했을 것이다.

두 가지 유형의 인지 처리를 구분하는 측면에서, 일부 기능을 갖춘 새로운 몸짓을 도입하기 위해 이 행위주체는 자신의 몸짓 레퍼토리를 대상으로 하는 일부 시스템 2 인지 능력이 필요했을 것이다. 이 행위주체는 자신의 희망을 담은 "이리 와!" 몸짓을 표현할 수 있어야 했으며, 이 몸짓은 다른 선택들과 달랐어야 했을 것이다.

짝짓기 상대를 쳐다보는 것(충분히 부각되지 않는 신호), 발기된 성기를 보여주는 것(지나치게 부각되는 신호)이 이런 신호들의 사례다. 게다가 이 행위주체는 혁신을 성공적으로 이루기 위해 마음이론 능력을 어느 정도 갖추는 것이 더 나았겠지만, 그런 능력이 현재의 우리만큼 아주 정교할 필요는 없었다.

이 행위주체의 의사소통 문제는 대형유인원의 그것보다 훨씬 더 까다로웠지만, 현대 호미닌의 의사소통 문제보다는 훨씬 간단했다. 에렉투스 계열의 사회적 세계는 매우 작았고, 그들의 시간 지평은 상당히 짧았으며 그들이 필요로 하는 자원의 범위는 후기 호미닌에 비해 훨씬 적었고 그들의 조정 및 집단적 행동 문제는 상당히 간단하였기 때문이다. 이 행위주체는 청중에게 자신이 의사소통을 하려고 하거나 최소한 그들의 행동에 영향을 미치려고 한다는 것을 인식하게 하는 방식으로 관심을 끄는 방법을 알아야 했다. 일단 그들의 주의를 끈 후에 이 행위주체는 친숙한 행동, 사건 및 사물의 작은 조합을 향한 목표에 영향을 미치는 방법에 대해 다듬어지지 않았을 수 있지만 준비된 전문 지식이 필요했다. 하지만 그것이 그가 필요한 전부였다.

3.6

호모 에렉투스에서
호모 하이델베르겐시스로

에렉투스 계열은 단순히 널리 확산되는 정도에 그치지 않았다. 에렉투스 계열이 단일 종이었다면 매우 오랫동안 지속된 종이었을 것이다. 인도네시아에는 불과 10만 년 전에 존재했던 에렉투스 계열의 흔적이 남아 있으며, 아마 그 후에도 더 지속되었을 것이다.

하지만 에렉투스 계열의 핵심 분포 지역인 아프리카와 유라시아에서는 약 80만 년 전에 에렉투스 계열이 훨씬 더 뇌가 큰 호미닌으로 대체되었는데, 이 호미닌은 뇌 부피의 범위가 현대인의 범위와 비슷하다.

이 종은 일반적으로 호모 하이델베르겐시스Homo heidelbergensis로 간주되지만, 에렉투스 계열이 하나의 종으로 대체되었는지 여부와 대체 과정의 특성에 대해서는 다양한 견해가 있다. 제3장 3.1에서 우리는 초기 에렉투스 계열의 생활방식에 대해 다뤘으며, 3.2부터 3.4까지에서는 이 계열의 생활방식에 인지능력과 의사소통 능력이 어떤 영향을 미쳤는지 다룬 바 있다. 그렇다면 플라이스토세 후반부가 진행됨에 따라 이들의 생활방식과 원시언어에는 어떤 일이 일어났을까?

우리는 그 당시 매복 사냥에서 상당한 수준의 남성 간 협동에 의존하는 생활방식의 미세조정이 일어난 것이 가장 큰 변화라고 본다. 사냥 실패의 위험을 관리하기 위한 일부 여성-남성 협력(이는 특히 이 궤적의 초기에 분명히 자주 발생했다), 아마도 아버지를 포함했을 생식 협력, 지배 계층의 축소 또는 억제, 사회적 학습의 증가가 이 시기에 강화되었을 것이다.

우리는 이런 생활방식이 확립됨에 따라 이러한 모든 사회적 패턴이 깨지기 쉽고 갈등을 겪었을 것이라고 거의 확신한다. 위험 관리에서 남성과 여성의 협력은 종종 말다툼과 갈등을 수반했을 것이며 지배 계층의 억제도 때때로 실패했을 것이다.

또한 사회적 학습은 종종 비효율적이고 오류가 많았을 것이다. 우리는 자원, 생식, 정보에 대한 더 안정적이고 갈등 요소가 적은 협력으로의 장기적이지만 급격한 변화가 이 시기에 일어났을 것이라고 본다. 왜 그렇게 생각하는지 이제부터 설명할 것이다.

한 가지 징후는 기술의 느린 축적이다. 아슐리안 석기 제작 기술의 점진적인 미세조정 과정과 불을 다루는 기술의 변화 과정에서 이런 추세를 관찰할 수 있다. 불의 길들임에 대한 기록은 찾기가 거의 불가능하지만, 약 150만 년 전부터 아프리카 곳곳에서 불의 길들임이 일어났다는 것을 추측하게 만든 장소들이 존재한다. 하지만 확실한 증거는 80만 년 전의 유물에서야 관찰된다(Gowlett and Wrangham 2013; Dunbar and Gowlett 2014; Gowlett 2016; Wrangham 2017).

(연료 경제를 크게 성장시킨) 길들여진 불의 공유는 요리, 따뜻함, 그

리고 아마도 보호를 위해서뿐만 아니라 제6장에서 보게 될 사회적 영향을 위해서도 엄청나게 중요하다. 또한 사용자가 불과 가까운 곳에서 일하고, 먹고, 쉬도록 해주면서 이 모든 활동에 사용할 수 있는 시간 또한 확장시켰다. 불의 길들임은 처음에는 (아프리카 대부분 지역에서 흔한) 자연적인 불을 사용하고 유지하는 일에서부터 거의 확실하게 점진적이고 우연적으로 발달되었다(물론 불은 종종 손실되기도 꺼지기도 했다).

80만 년 전까지조차도 호미닌은 아직 마음대로 불을 붙일 수 없었을 것이다. 그럼에도 불구하고, 플라이스토세 후반부에는 두 번째 기술 혁명이 시작되었다. 그 당시의 석기 제작 기술 또한 사회적 학습의 개선을 보여준다. 스티븐 쿤은 석기 제작 과정의 진화에 관한 뛰어난 논문에서 준비된 핵심 기술들의 도입과 함께 약 80만 년 전 또는 그보다 더 이른 시기부터 아슐리안 석기 제작법에 중요한 변화가 일어났다고 지적했다.

이 논문에 따르면 당시 호미닌들은 이런 기술들을 사용하여 주먹도끼로 만들어질 자갈의 초기 형태를 미리 유리한 방향으로 다듬어서 완성품의 최종 형태를 더 잘 제어할 수 있었다. 이렇게 미리 다듬는 기술은 르발루아Levallois 기술의 출현으로 더욱 광범위하게 확산되었으며, 이 확산은 빠르게 보면 50만 년 전부터 시작되었을 것이다(Wilkins and Chazan 2012; Wilkins, Schoville, et al. 2012).

또 다른 징후는 사냥 발자국의 증가다. 하이델베르겐시스의 출현 즈음, 즉 약 80만 년 전에 호미닌이 사냥을 했다는 것에는 논란의 여지가 없다(Stiner 2002; Stiner 2013). 당시 호미닌은 분명히 정기적이고 성공적인 중형 및 대형 동물 사냥꾼이었다. 다른 증거도 있다. 약 150만 년 전 아프리카의 두엄더미에서 발견된 초대형 사냥감의 흔적은 당시에 사냥의 효율성이 개선되었음을 보여준다(Domínguez-Rodrigo 및 Pickering 2017). 하이델베르겐시스가 출현했을 당시에 호미닌들은 시원한 온대 지역, 즉 겨울에 식물성 식품의 공급이 빈약한 지역에 정착하기 시작했다. 190만 년 전 사냥은 매우 위험한 일이었기 때문에 사냥으로 얻은 고기는 사치품이어서 쉽고 빠르게 얻을 수 있는 예비식량에 의존했을 수 있다. 하지만 70만 년 전이 되자 일부 지역에서는 사냥한 고기가 더 이상 플랜 B가 필요하지 않은 신뢰할 수 있는 식품 공급원이 되었다(Mussi 2007). 사냥이 더 효율적이고 더 신뢰할 수 있는 단백질 공급원이 되었고, 사냥꾼이 목표 선택에 있어서 더욱 야심을 부릴 여유가 생겨 때때로 매우 큰 동물을 사냥할 수 있었다면 사회적 학습도 그만큼 더 효율적으로 변모했을 것이다.

빈포드는 특히 단거리 무기를 사용한 성공적인 사냥이 풍부하고 정확한 박물학 정보에 의존했음에 틀림없다고 생각하며 우리도 그의 주장이 확실히 옳다고 본다. 사냥을 통한 생존은 원거리 무기를 사용하는 사냥꾼에게도 매우 많은 정보가 요구되는 삶의 방식이다. 이와 관련한 더 자세한 내용은 사냥꾼이자 고고학자인 프리슨[Frison]의 논문에서 찾아볼 수 있다(Frison, 2004).

우리는 에렉투스 계열의 이런 생활방식의 미세조정이 에렉투스 계열의 원시언어에서 두 가지 진전을 유도했다고 본다. 첫 번째 진전은 음성 채널이 더 큰 역할을 하게 된 일이었다. 하이델베르겐시스의 진화 과정을 보여주는 화석과 유전자 증거에 기초하면[19] 하이델베르겐시스의 음성 조절 능력은 해부학적 현생인류^AMH의 음성 조절 능력과 비슷한 수준이었다.

발성 제어에 대한 적응은 발성이 중요하고 제어가 문제가 되는 환경에서만 진화한다. 행동이 먼저 변화하고 유전자가 그 변화를 따른다(West-Eberhard 2003). 따라서 발성 제어가 80만 년 전에 크게 이루어졌다면 발성 제어가 190만 년 전에서 80만 년 전 사이의 일부 단계에서 증가했음을 추론할 수 있다. 우리는 하향식 제어가 더 잘 이뤄질수록 음성 채널의 중요성이 점차 커진다고 본다.

리즈 어바인의 지적처럼, 몸짓 기반 의사소통에서 대화 당사자의 수가 증가함에 따라 다른 사람의 몸짓을 추적하는 시각적 관심에 대한 요구가 급격히 증가하기 때문이다. 게다가, 몸짓 기반 시스템은 한편으로는 손의 사용에 대한 상충되는 요구 때문에, 다른 한편으로는 시각적 주의를 의사소통과 안내 행동으로 나누어야 하기 때문에, 동시에 행동하고 의사소통하는 능력을 크게 제한한다.

도구 제조 및 사용의 맥락에서 의사소통의 중요성을 생각할 때 이는 상당한 부담이 된다(개인 서신, Irvine 2016). 마지막으로 덧붙이자면, 몸짓은 충분한 빛과 시선이 있을 때만 사용할 수 있다.

앞에서 우리는 호미닌의 사회적 삶에서 불의 통제의 변혁적 역할에 대해 언급했다. 불의 통제는 개인 간의 사교 시간을 연장하고, 특히 낮 시간 외의 의사소통을 용이하게 했을 것이다. 그러나 불 옆의 상황은 몸짓으로 의사소통하는 것보다 음성 의사소통에 더 도움이 된다. 희미하고 깜박이는 빛은 몸짓 인식에 이상적이지 않지만,

소리 인식에는 영향이 없다. 이 생각에 대해서는 제6장에서 자세히 다룰 것이다. 따라서 음성 제어가 가능하게 되면서 효율성 측면에서 의사소통이 더욱 중요해졌을 것이고, 이런 전환은 아마도 에렉투스 계열에서 시작해 하이델베르겐시스에서 계속되었을 것이다.

원시언어는 아마도 항상 음성 요소가 어느 정도 섞여 있는 혼합 양식을 띠었을 것이다. 우리는 에렉투스 계열에서 하이델베르겐시스 계열로의 전환을 통해 이런 음성적 요소가 더 핵심적인 역할을 하게 되었을 것이라고 생각한다.

또한 우리는 음성 기호가 대부분 자의적인 기호의 역할이 이 시기에 증가하는데 부분적으로 기여했을 것이라고도 생각한다. 우리는 제3장 3.3에서 원시언어가 시퀀스를 이루는 각각의 구성요소들이 시퀀스의 목표와 반드시 유사성을 가져야 하는 몸짓 시퀀스에 의존하는 한 시스템의 표현력이 매우 제한된다는 것을 다룬 바 있다.

이는 주거 범위 안에서 기회와 위험에 대한 정보 공유와 전문가가 지원하는 사회 학습을 제한한다. 따라서 에렉투스 계열이나 하이델베르겐시스 계열이 자연 선택에 의해 덜 제한된 시스템을 선호하면서 덜 제약을 받았을 것이다.

우리는 좀 더 자의적인 기호 집합으로의 전환이 인지적으로 문제가 될 것이라고 생각하지 않는다. 일반적으로 사용되는 상징적 기호의 경우 축약되고 관습화되어 상징적 측면을 잃는 경향이 있기 때문이다. 이러한 변화를 보여주는 실험 데이터(및 상징적인 쓰기 시스템의 데이터)는 에렉투스 계열이나 하이델베르겐시스 계열이 아닌 해부학적 현생인류[AMH]에서 얻은 점은 인정한다(Fay, Ellison, et al. 2015).

하지만 이런 관례화 및 약어화 과정은 침팬지의 몸짓에서도 어느 정도 관찰할 수 있고 정기적으로 사용되는 자의적인 기호는 침팬지도 학습할 수 있지만 확실히 부자연스러운 환경에서 칸지와 판바니샤는 자의적 기호의 중요한 어휘를 사용하는 법을 배우긴 했다. 따라서 이런 기호들은 훨씬 더 뇌가 커진 에렉투스 계열과 하이델베르겐시스 계열에게는 사용하기 어렵지 않았을 것이다. 음성 채널로의 전환과 자의성의 역할 증가에 대해서는 제6장에서 자세히 다룰 것이다.

제4장에서는 구조화된 기호에 대해 탐구할 것이다. 우리는 초기 형태의 구조가 정교한 (손가락으로) 가리키기로 구성되어 있었다고 본다. 대형유인원은 우리가 염두에 두고 있는 종류의 정교한 가리키기가 거의 가능하고, 따라서 호미닌은 그렇게 할 수 있으려면 약간 사회적으로 더 능숙하기만 하면 되기 때문이다.

요점이 모호한 경우 정교함이 중요해진다. 이는 아마도 시각적 세계가 어수선하기 때문일 수 있다. 대상이 시각적으로 구별되지 않기 때문일 수도 있다. 호미닌이 환경의 더 많은 측면을 식별하는 데 관심을 갖게 되었기 때문일 수도 있는데 이 점은 매우 중요하다.

우리가 이미 언급했듯이, 에렉투스 계열의 생활방식은 대형유인원의 생활방식에 비해 정보를 훨씬 필요로 하기 때문이다. 모호함은 대개 새로운 몸짓(또는 발성)에 의해 해소될 수 있다. 이런 해소는 이해를 위한 유사성에 의존하기 때문에 지시-도상 조합은 최초의 구조화된 신호의 매우 유력한 후보다.

4

합성기호

4.1
몸짓과 구조

인간 언어의 가장 두드러진 특징 중 하나는 복잡한 구조다. 음소는 결합해 형태소를, 형태소는 결합해 단어를, 단어는 결합해 문장을, 문장은 결합되어 대화를 형성한다. 이와는 대조적으로 동물의 의사소통 체계는 구조가 결여되어 있으며 전일적이다.

몇 가지 예외 중 가장 두드러진 사례는 일부 고래와 새의 노래, 그리고 유명한 벌의 춤 시스템이다. 하지만 이런 사례들과 인간의 언어 사이에는 매우 중요한 차이가 있다. 특히, 벌을 제외하면, 동물들의 이런 시스템은 인간 언어 시스템과는 달리 의미론적 역할을 하지 못한다. 인간은 일상적으로 의미 정보를 부호화하기 위해 단어와 문장 수준을 구조화한다.

언어와 비슷한 시스템의 표현력은 부분적으로 이 구조에 따라 달라지므로 행위주체가 더 많은 원자적 요소를 새로운 방식으로 결합할 수 있다. 이 장에서 우리는 언어 구조의 출현을 다루기 시작할 것이다. 말할 필요도 없이, 이것은 방대한 주제이며 여기에서 모든 측면을 다룰 수는 없다. 특히 음소와 음절의 기초가 되는 구조보다는 결국 문장 형식의 기초가 되는 구조의 형태에 초점을 맞출 것이다. 하지만 이 장과 다음 장에서 우리는 몇 가지 사례의 자세한 분석을 통해 최대한 많은 내용을 다룰 것이다.

우리는 원시 문장proto-sentence 구조가 언어의 최초 구조라고 추정한다. 여기서 우리는 두세 개의 기호로 구성된 매우 단순한 구조를 염두에 두고 있다. 우리는 이러한 종류의 기호를 합성기호composite sign라고 부른다. 합성기호는 다른 기호를 구성요소로서 포함하는 기호다. 이 구성요소들은 다른 의사소통 상황에서 재배치되거나 최소한 재배치될 가능성이 있다.

또한 이 구성요소들은 전체의 의미를 구체화하기 위해 어떤 식으로든 함께 작동한다. 이 구성요소들은 단순히 같은 공간과 시간에 공존하는 두 개의 기호가 아니다. 기호를 진정으로 구성적으로 만드는 것은 이 부분들이 "함께 작용한다는" 사실이다(Scott-Phillips 2015). "함께 작용함"이라는 일반적인 특성에 대한 설명은 놀랍게도 매우 어려우며, 따라서 우리의 계획은 이 구성 요소들이 분명히 함께 작동하는 명확한 예를 기반으로 하는 분석을 기반으로 할 것이다.

초기 호미닌의 의사소통 확장이 몸짓에 의해 주도되었다는 관점은 구조 출현에 대한 매우 자연스럽고 점진적인 모델로 이어진다. 제1장 1.2의 끝부분에서 우리는 풍부한 전일적 기호 시스템에서 구조화된 표현 시스템으로의 전환에 대한 신뢰할 수 있는 모델을 개발하는 것이 매우 어렵다는 점에 주목했다.

몸짓 기반 모델은 아래에서 위로 구조를 구축함으로써 이 문제를 피해간다. 가장 단순한 경우를 제외한다면, 몸짓과 마임 그리고 아마도 일반적으로 상징적인 표현은 모두 구조화된 표현이다. 정교한 형태의 마임과 몸짓은 본질적으로 구조화되어 있다.

어떤 행위주체가 매복해 말을 사냥하는 행동이나 나무에서 익은 과일을 따서 먹는 행동을 흉내를 내는 경우, 마임은 원칙적으로 추출할 수 있는 요소가 포함된 순차적 구조(종종 활동, 활동 대상 및 결과)를 갖는다.

마임의 요소들은 마임이 나타내는 상황의 요소들에 대응하기 때문이다. 매복 사냥에 해당하는 마임의 요소들은 말이 아닌 다른 대상에 대한 매복 사냥을 위한 마임 요소로 재사용할 수 있다.

침팬지 새끼가 들어 올려질 것을 기대하면서 두 팔을 위로 올리거나 무엇인가를 얻기 위해 손을 내미는 수컷 침팬지의 행동과 같은 가장 단순하고 가장 기본적인 몸짓은 이런 식으로 구조화되지 않지만 약간의 정교화를 거치면 이야기가 달라진다.

침팬지 새끼가 어미를 향해 몸을 돌려 요청의 대상을 명확히 표시하는 경우 또는 무엇인가를 가리키는지 지정하기 위해 다른 요소를 추가하면(새 소리의 음성 모방, 뱀을 나타내기 위한 손의 구불구불한 움직임) 하나의 몸짓 요소가 최소한의 구조를 지닌 몸짓 시퀀스가 된다. 이와 마찬가지로, 공동 행동을 요구하는 몸짓을 한 후 특정 대상을 향해 가리키기를 한다면 이는 파트너 지정에 대한 의미가 된다.

구문syntax이란 무엇일까? 우리는 특정한 의미 정보를 전달하기 위해 문장 수준에서 구조를 사용하는 것이라고 생각한다. 앞에서 언급한 가리키기와 음성모방의 조합을 예로 들어보자. 이 조합은 두 요소가 결합해 위치와 정체성을 나타내기 때문에 구조화된 조합이라고 볼 수 있다.

하지만 이 두 기호는 동시적일 수도 있고 순차적일 수일 수도 있다. 따라서 구조는 존재하지만 구문은 아직 존재하지 않는다. 이 두 기호 사이의 물리적·구조적 관계가 의미 정보를 전달하지 않기 때문이다. 반면, 발성을 먼저 하는 것이 새가 방금 날아왔다는 것을 의미한다면 이는 간단한 구문이 될 수 있다. 우리가 그 개념을 이해하기 때문이다.

구문은 선형적 구문linear syntax과 계층적 구문hierarchical syntax의 두 종류로 나눌 수 있다. 이름에서 알 수 있듯이, 선형적 구문은 의미 정보를 전달하기 위해 선형적 구조(예를 들어, 어떤 단어가 다른 단어 앞에 오는 구조)를 사용하는 구문을 뜻한다. 반면, 문장의 원자적 요소들이 문장 안에서 의미를 가지는 더 큰 단위들로 조합되는 경우 그 문장은 계층적 구조를 가진다고 할 수 있다.

따라서 "그 유명한 폴란드인 교수는 파티에서 한쪽 다리로 열정적인 춤을 추고 있었는데, 그 다리에 불이 붙어있는데도 그랬다."라는 문장에서 "그 다리에 불이 붙어있는데도"라는 부분 안의 "그 다리"라는 말이 이 조각을 전체 시퀀스에 연결시키는 것으로 미루어 보아, "한쪽 다리로"라는 부분은 그 자체가 의미를 가지는 단위다. 의사소통 시스템은 두 가지 형태의 구문을 동시에 사용할 수 있다.

대부분의 언어학자들은 영어에서도 이런 현상이 발생한다고 생각한다. 언어학자들은 종종 모호한 문장의 사례를 통해 구조의 역할을 설명한다. 여기서 모호성은 동일한 단어 문자열을 구성하는 별개의 구조에서 파생된다. 많이 사용되는 사례 중 하나로 제2차 세계대전 당시의 신문기사 제목인 "제8군 진격으로 독일군이 봉쇄되다Eighth Army push bottles up Germans."를 들 수 있다. 이 문장은 다음의 두 가지 계층적 구조를 가질 수 있다. "제8군/진격으로 독일군이 봉쇄되다"와 "제8군 진격으로/독일군이 봉쇄되다."

우리는 다음 장에서 구문을 다루며 훨씬 덜 상세하지만 문장 수준 위와 아래 모두에서 구조 형태의 출현을 다룰 것이다. 우리는 인간 언어 구문을 뒷받침하는 인지능력이 다른 형태의 구조 사용 또한 뒷받침한다고 주장할 것이다. 그것들은 모두 향상된 기술 능력을 위한 선택에 의해 주로 추진되는 순차적 및 계층적 정보 처리의 변화에 의해 설명된다. 더 자세한 설명은 뒤에서 할 것이다.

4.2
합성기호

동물의 의사소통 시스템에서 합성기호가 왜 거의 사용되지 않는지는 지금도 의문이다.[1] 한 가지 대답은 합성기호의 발명이 인지적으로 매우 까다롭다는 사실에 있다. 더 구체적으로 살펴보자. 스콧-필립스(2015)는 명시적-추론적 의사소통이 이뤄지지 않는다면 단 하나의 합성기호조차 만들기 힘들다고 주장한다.

앞서 설명했듯이, 스콧-필립스는 명시적-추론적 의사소통에는 본질적으로 높은 수준의 재귀적 마음읽기, 공통점 추적 과정 등이 포함된다고 생각한다. 우리는 스콧-필립스가 합성기호의 생성 및 사용과 관련된 인지적 요구를 과장했다고 생각한다.

송신자와 수신자 측의 상당한 인지적 정교함이 없이는 기원을 설명하기 매우 어려운 합성기호가 있는 것이 사실이다. 하지만 이는 일반적인 현상이 아니다.

우리는 대형유인원이 매우 기본적인 합성기호를 사용한다고 생각한다. 즉, 우리는 대형유인원이 주의를 먼저 끌고 요청을 한다고 생각하며, 문화적으로 훈련된 대형유인원은 어느 정도 정교한 합성기호를 만들어낼 수 있다고 본다(Lloyd 2004).

대형유인원의 의사소통이 합성기호를 사용한다는 사실은 대형유인원의 마음이론 능력, 작업기억 능력, 인과적 추론 능력이 합성기호를 사용할 정도로 충분히 높다는 것을 뜻한다. 우리 계열에서 처음 나타난 합성신호는 어떤 것이었을까? 물론 확실히 아는 것은 불가능하다. 하지만 우리는 특히 유력한 후보가 일종의 상징적 몸짓과 함께 생성된 (손가락으로) 가리키기라고 생각한다.

이런 형식의 확립은 의사소통에 지대한 영향을 미쳤을 것이며 특히, 신호 생성 프로세스를 크게 촉진해 신호 조합에 의한 신호 레퍼토리를 확장했을 것이다. 지금부터는 가리키기와 도상 기호에 대해 다루면서 가리키기와 도상 기호가 어떻게 결합되었는지에 대해 설명할 것이다.

4.2.1
가리키기

가리키기는 모든 인간이 다 할 수 있는 일이다. 아주 어린 나이부터 영아는 관심을 공유하기 위해, 감정을 공유하기 위해, 알리기 위해, 요청하기 위해 등 다양한 이유로 자주 가리키기를 한다. 야생 개체를 포함한 대형유인원들도 가리키기를 한다.[2]

하지만 야생 대형유인원들의 가리키기 빈도는 훨씬 낮으며 그들의 가리키기는 대부분(먹이 등) 무엇인가를 요청하기 위해서만 이뤄진다(Tomasello 2007; Bullinger, Zimmerman, et al. 2011). 야생 개체들이 정보를 공유하기 위해서 가리키기를 하는 경우는 거의 없을 것이다.

유인원은 서로를 위해 또는 인간 실험자를 위해 정보를 제공하는 방법을 배울 수 있지만, 그렇게 되기 위해서는 일반적으로 상당한 훈련이 필요하다(따라서 생태학적으로 강화가 일어나기가 거의 불가능하다). 따라서 우리는 어떻게 가리키기가 우리 조상들에게 보다 규칙적인 관행이 되었고, 가리키기가 (대부분의) 명령 기능과 어떻게 덜 연결되게 되었는지 설명해야 한다. 이 두 의문에는 모두 가까운 답과 궁극적인 답이 가능하다.

예를 들어, 우리는 우리 조상들이 가리키는 행동이 점점 더 많은 보상을 주는 이유를 왜 알게 되었는지 또한 가리키기 행동이 더 빈번해지고 더 기능적으로 다양해짐에 따라 그들의 인지능력이 (그래야 했다면) 어떻게 변했는지도 알고 싶다.

궁극적인 질문은 대답하기가 훨씬 쉽다. 앞에서 살펴본 바와 같이, 우리의 아주 오래된 조상들조차도 다른 유인원에서는 볼 수 없었던 방식으로 협력했음을 시사하는 증거가 많이 존재하는데, 이러한 행동은 위험한 포식자로 가득 찬 더 개방적이고 건조한 지역으로 이동하는 과정에서 식량과 기타 자원을 추출하기 위해, 생식을 위해, 그리고 거주 집단을 방어하기 위해 채택되었다.

또한 고대 호미닌들은 도구 사용 및 제작이라는 맥락에서 새로운 방식으로 협력을 시작했다. 그들에게는 더 관대하고, 더 친사회적이며, 더 기꺼이 서로를 도와주도록 선택압이 작용했는데, 이는 명령 형식의 의사소통과 지시 형식의 의사소통 모두의 강화를 위해

서였을 것이다. 토마셀로(2008)에 따르면 두 사람이 함께 작업하고 그 중 한 사람이 관련 정보를 가지고 있을 때 정보를 공유하는 것은 두 사람 모두에게 이익이 된다. 서로의 행동을 효율적으로 지시하는 경우에도 마찬가지라고 할 수 있다.

토마셀로가 제기한 또 다른 가능성은 협력 파트너로서의 가치를 알리는 것과 관련이 있다. 협력이 점점 더 호미닌들의 삶의 중심이 되면서 파트너로 선택되는 것이 생존 과정에서 점점 더 중요해졌다. 자신의 가치를 입증하는 방법 중 하나는 유용한 정보를 공유하는 것이다.

가리키기가 호미닌의 의사소통 시스템에서 어떻게 더 규칙적이고 유연한 부분이 되었는지는 더 복잡한 질문이다. 현대 인간에게서 가리키기로 정보를 공유하는 행동은 매우 일찍 나타나며, 이 행동의 발달은 유전자에 기초하는 것으로 보인다.

토마셀로와 동료들은 현저히 어린 나이에 인간의 유아는 다른 유인원과 달리 의도적인 상태를 다른 사람과 공유하려는 욕구를 발달시킨다는 설득력 있는 주장을 한다. 하지만 정보를 공유하려는 이러한 열망이 인간의 진화 과정에서 발생했다고 손쉽게 생각하기는 힘들다. 이러한 (가리키기를 통한) 정보 공유가 아주 어릴 때부터 발달한다는 사실은 유전적 연관성을 강력하게 시사하지만, 우리는 이런 유전적 기초의 진화가 가리키기 행동 증가의 원인이 아니라 결과라고 본다. 이런 유전적 변화를 위한 선택(실제로 그러한 변화가 있었다면)은 협동, 정보 공유 및 협력이 이미 호미닌의 생활 방식에서 훨씬 더 중심적인 역할을 했기 때문에 발생했을 것이다.

우리는 가리키기가 다른 인지 능력으로의 업그레이드의 결과로 인해 점차적으로 호미닌 의사소통의 더 중심적인 특징이 되었다고 본다. 특히, 우리는 넓은 의미에서의 강화된 마음이론이 중심적인 역할을 했다고 생각한다. 우리의 조상들은 다른 사람들이 감각을 통해 정보를 획득하는 방법과 정보 또는 정보의 부족이 다른 사람의 행동을 유도하는 기능에 대한 완전한 이해를 발전시켜 나가고, 다른 사람들이 소유하거나 자신에게 부족한 정보를 더 잘 인식하게 됨에 따라 더 다양한 목적을 위해 가리키기 행동을 실행하려는 동기가 커졌다. 우리 조상들은 특히 "지금 그리고 여기"를 넘어 집단적 행동에 참여하기 시작하면서 자원으로서의 정보의 가치에 훨씬 더 민감해졌다.

즉각적인 맥락에서 협업 활동이 발생하면 관련 정보의 대부분을 관계된 모든 사람이 인지할 수 있다. 다른 사람들이 볼 수 있다는 것을 알아차리거나 지적할 필요도 없다. 이는 관련 정보에 대한 공통적인 접근이 덜 자동화됨에 따라 변경된다. 물론, 침팬지가 뱀의 출현을 알리는 경고음 내기에서 알 수 있듯이 모든 개체가 중요한 모든 것을 알아차리는 것은 아니기 때문에 공유 환경에서도 공통적인 접근은 완전히 자동적이지는 않다.

하지만 상호작용의 맥락이 시공간적으로 더 분산됨에 따라, 공통적인 접근은 훨씬 덜 자동적이 된다. 그렇다면 우리 조상들은 시공간을 초월한 협업 활동에 더 많이 참여하기 시작하면서 "머릿속 시간여행mental time travel" 능력이 높아졌고, 자원으로서의 정보에 대한 민감도가 높아졌다고 할 수 있다. 대체로 우리와 다른 대형유인원들이 현재에만 국한되어 살고 있다.

우리 조상들이 더 먼 미래를 생각할 수 있게 되자, 미래에 유용한 정보는 즉각적인 프로젝트와 관련이 없더라도 공유할 가치가 있는 정보가 되었다. 따라서 한 개인은 도구 제작이 현재의 목적에 포함되어 있지 않더라도 도구 제작을 위해 돌을 구할 수 있는 위치를 다른 사람에게 가리킬 수 있다. 펠릭스 바르네켄Felix Warneken은 마이클 토마셀로 등의 학자들과의 공동연구에서 침팬지가 다른 침팬지를 돕는 것이 쉬울 때 다른 침팬지를 도와주려는 친사회적 의도를 가지게 된다고 주장했다(Warneken and Tomasello 2006 참조).

하지만 침팬지들은 지시적인 가리키기로 서로를 돕지는 못한다. 그들은 정보를 다른 개체들이 필요로 할 수 있는 자원으로 개념화하지 않는 것 같다. 그렇기 때문에 우리는 아마도 침팬지와 초기 호미닌의 (추론에 의해) 상당히 수수한 기존의 친사회적 동기를 감안할 때, 마음이론 능력의 적절한 향상이 지시적인 가리키기를 위한 필요충분조건이라고 생각한다.

요약하자면, 가리키기는 사회적 동기와 사회적 이해의 변화로 인해 우리 계통에서 보다 규칙적이고 다양한 역할을 수행했다. 이러한 변화는 우리의 조상들이 점점 더 협력적으로 생계를 꾸려온 방식으로 인해 보상을 받았다. 정보를 제공하려는 의지의 이러한 변화는 적어도 초기에는 향상된 마음이론 능력과 현재로부터 분리할 수 있는 더 큰 능력에 의해 주도된 것으로 보인다.

정보 전달을 위한 가리키기가 광범위하게 이뤄지고 중요했던 세계에서 선택압은 가리키기와 가리키기의 해석의 발달을 더 빠르고 신뢰할 수 있게 만드는 유전적 변화를 선호했을 것이다. 우리는 초기의 이 변화가 기존의 행동적 유연성에 의존했으며, 이 변화 후에 새로운 능력을 확장하고 공고하게 만든 유전적 변화가 일어났다고 본다. 우리의 이 생각이 옳다면, 현대의 인간 유아의 가리키기는 부분적으로 우리 계통의 그러한 유전적 변화를 반영하며, 이는 가리키는 행동을 보다 자동적으로 만드는 데 기여했다고 볼 수 있을 것이다.

4.2.2
도상

알렉스는 벤 앞에 있는 덤불에 돼지가 있다는 것을 알리기 위해 땅을 파는 몸짓을 하면서 "꿀꿀" 소리를 낸다. 알렉스는 왜 이런 행동을 할까? 알렉스는 자신이 내는 "꿀꿀" 소리가 돼지가 자주 내는 소리와 비슷하고 자신이 손으로 생성하는 동작 패턴이 돼지가 자주 하는 행동과 유사하다고 생각하기 때문이다.

게다가 알렉스는 벤이 이러한 유사성을 인식할 것이라고 생각한다. 또한 알렉스는 자신의 행동을 벤이 알렉스 내면의 돼지를 해방시키는 어떤 이상한 표현 행위가 아닌 의사소통을 위한 행동으로 인식할 것이라고 생각한다. 벤은 사실 이 모든 것을 파악하고 앞 덤불에 돼지가 있다고 추측한다. 알렉스와 벤은 이런 식으로 의사소통에 성공한다.

이 이야기에서 도상 기호의 생성과 해석에는 모두 상당한 수준의 인지적 정교함이 수반된다. 알렉스는 자신의 행동을 벤이 이해하기 쉬운 방식에 대해 생각한다. 여기에는 무언가를 전달하려는 알렉스의 의도를 벤이 알아차릴지에 대한 생각이 포함된다. 또한 벤은 알렉스의 생각에 대해 생각하고 알렉스가 알고 싶어 하는 것이 무엇인지 추론한다. 이 과정의 일부로 두 사람은 공통의 근거를 기초로 함께 알고 있는 것에 대해 숙고하게 된다.

우리의 상징적 의사소통은 때때로 이런 종류의 심리적 과정으로 설명할 수 있다. 현대의 성인 인간은 능력뿐만 아니라 이 영역에서 최소한 어느 정도의 이해력을 가지고 있다(제3장 3.4 참조). 하지만 상징적 기호의 확립에 필요한 인지적 요구가 훨씬 적은 방법이 많이 있다. 그리고 이러한 기호는 송신자에게 의도된 지시 대상과 유사하다는 생각을 하게 해 다른 도상을 만드는 데 발판이 될 수 있다. 이 상황을 제대로 파악하지 못하면 도상을 만들고 사용하기 위한 인지적 전제 조건을 크게 과대평가할 수 있다. 앞으로 우리는 인지적 노력이 더 적게 요구되는 경로 중 몇 가지에 대해 논의할 것이다.

이러한 많은 경우에 "도상"은 신호라기보다 단서와 비슷하지만 이 사실은 중요하지 않다. 일반적으로 볼 때 수신자가 특정한 유사성뿐만 아니라 유사성의 가치를 알아차려 유사성 매개 의사소통을 시작할 수 있기 때문이다.

이러한 사례의 대부분에는 공통적인 패턴이 있다. 그 자체로는 인지적·문화적 의사소통 형태는 아니지만, 중심적 행위주체에서 기능적인 행동과 유사한 부분적인 또는 축약된 행동을 생성하고 관찰자에게 적절한 행동을 일으키는 의사소통 형태들이 있다.

대부분의 경우에서 이것이 새로운 신호의 기원이라면 반응적 지능이 요구될 것이다. 하나 이상의 행위주체는 부분적 또는 축약된 행위가 기능적 반응을 이끌어냈고 몸짓으로 전환했음을 알아차릴 필요가 있다. 하지만 알렉스가 보여주는 종류의 예측적 지능은 필요하지 않으며, 반응적 지능이 그다지 필요하지 않은 경우도 있을 수 있다.

모방(imitation). 알렉시라는 사람이 다른 사람 배리에게 덩이줄기에서 모래를 씻어주기를 원한다고 가정해 보자. 알렉시가 과거 경험을 바탕으로 배리가 알렉시의 행동을 모방하려는 경향이 있다는 것을 알고 있다고도 가정해 보자. 이런 가정은 매우 합리적인 가정이다.

대부분의 경우 아이들은 어른들의 행동을 모방하는 경향이 있기 때문이다. 알렉시가 할 수 있는 일 중 한 가지는 단순히 자신의 행동을 연기하는 것이다. 그 행동이 알렉시와 배리 사이에서 반복되었던 행동이라면 알렉시는 그 행동을 완벽하게 할 필요가 없어진다. 알렉시가 행동의 전체 과정을 보여주지 않아도 배리는 물에 손을 잠시 담그는 행동의 의미를 모래를 씻어내는 것으로 인식하게 될 것이기 때문이다.

이런 표현은 반드시 정교한 마음읽기에만 의존하는 것이 아니다. 이 과정의 거의 모든 것은 배리가 알렉시를 모방하는 경향이 있다는 알렉시의 인식과 배리가 알렉시의 유도를 따를 것이라는 알렉시의 기대에 의해 수행되기 때문이다.

리허설(reheasal). 복잡한 기술은 리허설에서 비실시간으로 작업 시퀀스를 수행하는 능력과 관련이 있다. 실제로 복잡한 기술은 연습과 리허설을 통해서만 습득할 수 있다. 정상적인 물리적 기질이 없는 상태에서 기술의 리허설은 해당 활동 또는 해당 활동과 관련된 개체 중 하나의 도상이 될 수 있다(Sterelny 2016b).

예를 들어, 개인이 돌의 핵심 부분이 없는 상태에서 박편 동작을 리허설하거나 창을 던지는 리허설을 하는 경우를 상상할 수 있다. 창 던지기와 같은 전신 동작에서 매끄럽게 통합되고 적절한 타이밍의 동작 패턴은 정확성과 파워를 위해 필수적이다. 이 두 경우 모두에서 이러한 리허설은 구경꾼에게 어떤 영향을 주기보다 운동 패턴을 미세하게 조정하는 것을 목표로 한다.

하지만 부싯돌을 두드리는 행위의 리허설은 구경꾼에게도 두드리려는 욕구(또는 다른 경우에는 사냥하려는 욕구)를 불러일으킬 수 있는데 이러한 종류의 성공적인 행동이 본질적으로 보상을 준다고 생각하기 때문에 그럴 가능성이 높다. 돌 다듬기에 대해 떠올리는 것은 돌을 다듬는 사람에게 긍정적인 영향을 준다. 행위주체 중 한 명이 이 전염 효과contagion effect에 적응되면 리허설을 일종의 신호로 사용할 수 있다. 이런 식으로 리허설 시퀀스는 "자 이제, 돌을 다듬자!" 같은 뜻을 나타내는 신호가 될 수 있다.

충동성(impulsiveness). 행위주체가 특정 종류의 행동에 대해 생각할 때 이 행동에 대한 운동 이미지는 행위주체에게 해당 행동을 전체적 또는 부분적으로 수행하게 만드는 경우가 많다. 이 운동 이미지가 "밖으로 흘러나가bleeding through" 행위주체의 외부를 향한 행동에 영향을 미치는 것을 방지하기 위해서는 인지적인 노력이 필요하지만(Hostetter and Alibali 2008) 항상 막아지는 것은 아니다. 따라서 각성 정도가 높은 상황에서 운동 이미지가 송신자가 수행하기를 원하는 행동과 유사한 외적 행동을 초래할 수 있다고 쉽게 상상할 수 있다.

예를 들어, 어느 무리에 속한 에렉투스 개인이 위험한 포식자에게 위협을 가해 쫓아내고 싶어 하지만 다른 사람들이 이 공격에 가담하게 만들 신호를 기다리는 경우를 생각해 보자. 동료가 포식자를 쫓아내기 위해 돌을 던지면 어깨를 움츠린 채로 옆으로 몸을 돌려 눕는 등 자세가 바뀔 수 있다. 이렇게 "밖으로 흘러나온 행동"은 현대 인간보다 실행 통제력이 낮았던 고대의 호미닌에서 일어났을 가능성이 더 높다. 이런 행동이 원하는 반응을 촉발하면 다시 해당 행위주체나 관찰자가 이를 알아차리고 이 반자발적semivoluntary 행동을 신호로 이용할 기회를 갖게 된다.

진공 행동(vacuum behavior). 도상은 콘라트 로렌츠Konrad Lorenz가 제시한 개념인 "진공 행동"에서 기원했을 수도 있다(Lorenz 1981). 진공 행동은 리허설과 유사하지만, 특정한 유발 자극(예를 들어, 음식)에 대한 응답으로 일반적으로 수행되는 타고난 종 특유의 행동과 관련이 있다.

하지만 일반적으로 동물이 한동안 행동을 수행할 기회가 없었기 때문에 행동이 자극 없이 수행되는 경우도 있다. 로렌츠는 진공 행동을 다음과 같이 설명한다. "운동 패턴이 확실하게 특정한 대상(동물)을 목표로 하지만 그 특정한 대상 없이 수행되는 경우 순진한 관찰자는 존재하지 않는 대상을 존재하는 것처럼 그 동물이 보이게 만든다는 생각을 하게 된다."(1981, p. 128).

호미닌이 어느 정도로 진공 행동을 하는지는 명확하지 않다. 우리는 로렌츠가 염두에 두었던 종류의 고정된 행동 패턴을 가지고 있지 않기 때문이다. 인간의 경우 진공 행동은 충동성의 특별한 표현일 수 있다.

욕구가 더 급박하고 불만족스러워질수록 욕구를 충족시킬 행동에 대한 운동적 이미지가 더 빈번하고 생생해지며 "밖으로 흘러나올" 가능성이 높아진다. 욕망이 공유되면 리허설과 마찬가지로 전염이 될 가능성이 있으며, 처음에는 비자발적이며 의사소통이 불가능한 신호가 상징적인 몸짓으로 사용될 가능성이 있다.

의식화(ritualization). 의식화는 한때 기능적 행동 패턴이었던 것을 신호로 함께 선택하는 것을 의미한다. 행동의 역할이 변화함에 따라 행동 자체도 축약되거나 과장되는 방식으로 변화할 가능성이 있다. 이 과정은 상징성의 풍부한 원천이 될 수 있다.

개나 늑대가 이빨을 드러내는 행동이 전형적인 예라고 할 수 있다. 임박한 공격의 위협을 나타내는 신호는 과거 한때에는 공격에서 개가 자신의 입술을 물어뜯는 것을 방지하기 위한 준비 행동이었다. 이런 식으로 진화한 도상의 또 다른 분명한 예는 대형유인원이 팔을 드는 몸짓이며, 이는 임박한 공격을 나타낸다. 이는 대형유인원들이 폭력 행사를 하려고 위협하는 적에게 주먹을 흔드는 행동에서 진화하였다.

이런 행동들에서 공통적으로 실행되는 과정이 있다. 도상의 후보가 될 수 있는 행동이 송신자 또는 수신자의 행동 레퍼토리에 있는 행동 중 하나와 비슷한 행동이 되는 과정이다. 이런 유사성은 처음에는 의사소통 의도 없이도 적절한 반응을 유발할 수 있다. 이 경우 신호로 행동을 선택할 기회가 존재하게 된다. 때때로 이 과정은 단순한 강화를 통해서 일어날 수 있다.

더 일반적으로 생각한다면, 한 행위주체의 촉발 행동과 그에 적절히 대응하는 응답 사이의 인과 관계를 인식하는 좀 더 정교한 경로를 통해 이 과정이 일어난다고 할 수 있다. 이 과정에서 촉발 행동과 반응 사이의 인과 관계가 유사성에 달려 있다는 추가 인식을 포함할 수도 그렇지 않을 수도 있다. 추가적 실현이 있는 경우 적절한 응답을 기대해 실험적으로 추가 도상 몸짓을 시도한다면 이 사례가 일반화될 수 있다. 하지만 이 실험이 단순히 반응적 지능이 아니라 능동적 지능에 기초하더라도 알렉스와 벤 사이에서 필요했던 정교한 마음이론능력이 필요하지는 않다.

뱀을 나타내는 물결 모양의 몸짓이나 비를 나타내는 두드리는 몸짓 등 다른 동물이나 무생물의 특징을 닮은 도상은 어떨까? 이 도상을 만들기 위해 상당한 인지적 복잡성이 필요할까? 이것들은 아마도 반응적 지능보다는 능동적 지능에 더 많이 의존하겠지만, 여기에서도 혁신을 위해서는 기존 신호가 신호로 작동하는 이유에 대한 약간의 이해가 필요하겠지만, 그 이해는 상당히 제한적일 수 있다.

한 집단이 많은 수의 상징적 기호를 사용한다고 가정해 보자. 이 경우 이들의 의사소통에는 규칙성이 내포되어 있다고 할 수 있다. 집단의 기호 중 수많은 또는 아마도 대부분의 기호들은 어떤 면에서 지시 대상과 유사하다. 그 규칙성은 기호 체계를 배우는 사람들에 의해 포착될 수 있고, 이후의 의사소통에 사용될 수도 있다.

새로운 기호를 만들어야 하는 개인은 자신이 알고 있는 다른 기호에 기초해 신호를 수용할 수 있다. 이때 송신자는 자신의 참조 대상과 유사한 기호가 왜 작동하는 경향이 있는지에 대해 깊게 생각할 필요 없이 새로운 도상을 만들어낼 수 있다. 송신자는 수신자의 생각에 대해 생각할 필요가 없고, 수신자도 송신자의 생각에 대해 생각할 필요가 없다.

하마에 대한 표준적인 기호가 없지만 하마와 관련된 다른 도상적 몸짓들은 할 수 있는 집단이 있다고 가정해 보자. 늪에 숨은 하마의 위치를 표시하려는 송신자는 과장된 하품을 나타내는 몸짓을 시도하거나 자신의 귀를 접어 하마의 귀를 닮은 모양을 만들 수 있다.

이를 시도하기 위해 이 집단의 구성원은 자신의 몸짓을 실제 하마와 유사하게 표현해야 하며, 그 몸짓이 대상과 유사하다는 사실을 포착해야 한다. 하지만 이 구성원은 도상적 기호가 이해되는 이유를 알 필요가 없다. 이 구성원이 알아야 하는 것은 지시 대상과 유사한 기호를 생성하는 것이 메시지를 전달하는 효과적인 방법이라는 사실밖에 없다. 즉, 원하는 방식으로 다른 구성원의 행위에 영향을 미치기만 하면 되는 것이다.

이 시점에서 우리가 잘못 이해하지 말아야 할 것들이 있다. 첫째, 앞의 사례는 가능성을 설명하기 위한 것이지 초기 원시언어의 실제 역사를 재구성한 것이 아니다. 앞의 사례는 호미닌이 대형유인원과 현대 인간의 중간 수준인 마음이론 능력과 인과적 추론 능력을 진화시켰기 때문에 사용된 의사소통 가능성을 설명하기 위한 것이다.

스콧-필립스는 드물게 운이 좋은 사고의 경우를 제외하면 합성기호는 인간의 마음이론 능력의 완성도에 의존한다고 주장했으며(Scott-Phillips 2015), 우리도 그 생각에 동의한다. 동물의 의사소통 시스템에서 합성기호는 거의 나타나지 않는다.

앞의 사례는 운이 좋은 사고가 매우 흔할 수 있으며, 그러한 운이 좋은 사고는 관찰력이 좋고 인과관계에 민감하지만 마음이론 능력이 없는 행위주체에 의해 새로운 합성기호로 바뀔 수 있음을 보여준다. 둘째, 앞의 사례들은 복잡한 인지능력이 확장 가능한 의사소통 시스템을 가능하게 만드는 데 중요한 역할을 거의 수행하지 않는다는 것을 말하기 위해 든 사례가 아니다. 잘 선택된 도상 기호는 두 가지 조건을 만족할 것이다.

첫번째, 수신자에게 그 기호가 의도된 지시 대상과 비슷하다는 것을 분명하게 알릴 수 있어야 한다. 두 번째, 이미 다른 용도로 사용되고 있는 다른 도상 기호들과 충분히 달라야 한다. 이 두 번째 조건은 도상 시스템의 크기가 확장됨에 따라 충족하기가 더 어려워진다. 서로의 정신 상태와 공통점의 부재 여부에 대해 추론할 수 있다면 이러한 조건을 충족하는 신호를 선택하는 데 분명히 도움이 될 것이다.

우리는 표현력이 뛰어나고 매우 효율적인 도상 의사소통 시스템 발달에는 상당한 인지적 정교함이 필요할 것이라고 생각한다. 하지만 이런 인지적 정교함은 이 과정을 시작하는 데 필수적이지는 않으며, 복잡한 마음이론 능력이 없는 경우에도 우리는 일반적으로 실현되는 것보다 훨씬 더 확장된 도상 시스템이 진화할 수 있다고 생각한다.

도상이 초기 호미닌에게 도움이 되었다면 도상은 왜 대형유인원의 몸짓 레퍼토리에서 상대적으로 미미한 역할을 할까? 우리가 보기에 일반적으로 대형유인원(특히 침팬지)은 우리가 제시한 준지능적semi-intelligent 방식으로 도상 레퍼토리를 구축할 수 있는 적절한 반응 지능을 갖고 있지 않다. 이들은 사회적 학습에 능숙하지 않으며, 특히 충실도가 높은 모방에 의한 사회적 학습에는 더더욱 그렇다.

우리가 상상했던 도상 기호들의 초기 사용과 규칙적 사용은 주거 집단 구성원들이 다른 구성원들의 손과 팔의 움직임에 주의를 기울이는 것에 의존하는데, 침팬지는 이 정도 수준의 세부 사항에 초점을 맞추지 못하는 것으로 보인다. 그들은 그렇게 할 필요가 없기 때문이다.

손의 움직임에 대한 이러한 세밀한 세부 사항을 확실히 인식하지 못한다면, 이러한 패턴과 세상의 비사회적 측면 사이에 어떤 유사점도 알아차리지 못할 것이며, 유사성이 잠재적인 도상과 대상을 연결하지도 못할 것이다.

또한 "조감도 방식 표현"(제2장 2.2 참조)을 구축하기 위해 능력이 약화되면 이해가 방해될 가능성도 있다. 이러한 형태의 표현은 신호를 올바르게 해석하는 것과 유용할 때 직접 사용하는 것 사이의 다리 역할을 한다. 이 다리가 없다면 수신자는 의사소통 행위와 대상 사이의 유사성은 알아차릴 수 있지만, 나중에(유사한 의사소통 의도가 발생할 때) 해당 신호를 재현하지 못해 새로운 도상을 잃을 수 있다.

4.3
최초의 합성기호

요약해 보자. 우리는 가리키기가 우리 계통에서 빈도와 유연성 모두에서 어떻게 증가했는지에 대해 논의했다. 그리고 우리는 송신자와 수신자의 제한된 인지적 정교함을 감안할 때 인구집단에서 도상기호가 확립될 수 있는 여러 가지 방법을 살펴보았다. 이제 우리가 알고자 하는 것은 이 기호들이 어떻게 그리고 왜 결합되었는지, 그 과정에서 필요했던 인지능력은 무엇인지에 관한 것이다.

이 과정은 여러 가지 경로를 통해 진행되었을 것이다. 여기서 우리의 전략은 하나의 잠재적인 경로를 상당히 자세하게 고려하는 것이다. 우리는 야생 대형유인원의 의사소통 행동이 이러한 형태의 합성기호 문턱에 있기 때문에 이 경로가 경험적으로 그럴듯하다는 것을 알게 되었다.

따라서 우리는 우리 조상들의 인지능력에서 약간의 개선이 이러한 합성기호를 만드는 데 필요한 전부였다고 본다. 고고학적 증거에 따르면 우리의 에렉투스 계열 조상들은 기술적으로나 사회적으로나 대형유인원보다 확실히 인지적으로 더 정교했으므로, 우리가 여기에서 전제하는 인지적 능력들을 소유했을 가능성이 매우 높다.

이 경로의 중심에는 부분적 의사소통 실패에 인한 정교화 과정이 존재한다. 명령적 의사소통과 지시적 의사소통 모두 정교함을 특징으로 할 수 있다. 먼저 명령적 의사소통에 대해 생각해 보자. 먹이를 찾는 행동을 조절하기 위한 일련의 신호들을 가진 호미닌 집단을 상상해 보자.

예를 들어, 수신자가 도구로 사용할 수 있는 막대기나 돌을 송신자에게 건네도록 촉구하는 표시가 있을 수 있다. 또한 이 기호가 어느 정도의 기호-대상 유사성을 가졌다고 상상해 보자. 그렇다면 돌을 요구하는 표시는 망치질을 하는 행동과, 그리고 막대기를 요구하는 표시는 땅을 파는 행위와 비슷할 수 있다. 이제 송신자가 수신자 근처에 있는 특정한 돌을 원하는 상황을 상상해 보자. 수신자는 송신자의 기호를 망치를 만들 돌을 요청하는 행동으로 인식하지만 송신자가 생각한 것과는 다른 돌을 선택할 수 있다. 이 경우 송신자은 어떤 행동을 했을까?

대형유인원의 경우 수신자의 응답이 욕구를 만족시키지 못할 때 신호 행동을 지속한다는 사실은 널리 알려져 있다(Genty and Byrne 2010; Russon and Andrews 2015 참조). 우리가 상상하는 호미닌의 끈기는 어떤 형태였을까? 우리는 여기서 향상된 마음이론 능력이 중요한 차이를 만드는 가능성이 생긴다고 본다.

송신자가 생각하는 대상의 유형, 즉 망치질에 적합한 돌에 대해 수신자가 제대로 이해했다고 가정해 보자. 송신자의 관점에서 볼 때 문제는 단순히 수신자가 잘못된 돌을 선택했다는 것이다. 이 경우 송신자가 해야 할 매우 자연스러운 일 중 하나는 원하는 돌로 수신자의 주의를 끄는 것이다. 송신자는 돌을 가리키며 주의를 끌 수 있다. 이 경우 송신자가 지금 다른 돌을 가리키고 있는 이유를 수신자가 정확히 이해할 필요조차 없을 것이다. (우리의 상상이지만) 어쨌든 중요한 것은 결과적으로 수신자의 주의가 재설정되어 송신자가 원래 원한 돌을 송신자에게 준다는 것이다.

이 경우 송신자의 욕구를 충족시키지 못한 수신자의 초기 실패가 송신자의 가리키기를 이끌어내는 데 중요한 역할을 했다고 할 수 있다. 하지만 이는 시간이 지나면서 쉽게 바뀔 수 있다. 특히 송신자는 자신의 도상 기호 표현 직후 그 자리에서 자신이 원하는 돌을 어떤 것인지 표시함으로써 오해를 피하기 위한 시도를 할 수 있다.

이 송신자가 사회적으로 "똑똑하고" 과거에 비슷한 상황에서 자신의 의견이 어떻게 작용했는지 이해한다면 특히 그럴 가능성이 높았을 것이다. 그 결과는 하나의 자연스러운 몸짓 시퀀스, 즉 도상 기호 생성 후에 가리키기 행동이 이뤄지고 그 두 행동 사이의 반응 모니터링이 없는 시퀀스로 나타난다. 추상적으로 말하자면, 마음이론 능력의 약간의 개선이 대형유인원이 메시지를 정교하게 만드는 경향을 갖도록 변화시켰을 가능성이 높다는 것이다.

구체적으로 말합자면, 수신자의 오해의 본질을 고려하게 되면서 정교화가 더 지능화되었을 것이다. 또한 이 과정은 단순히 반응적이기보다는 선제적으로 변화했을 것이다. 따라서 우리는 송신자가 상황을 개선하거나 개선의 필요성 발생을 방지하기 위한 최소한의 해결책으로 가리키기 행동을 채택한다고 상상할 수 있다. 이 전체 시퀀스는 시간이 지남에 따라 단축될 수 있다.

이러한 종류의 관행이 확립된 결과는 매우 중요했을 것이다. 첫째, 송신자는 가리키는 몸짓으로 이미 확립된 다른 기호를 같이 사용하기 시작할 수 있었을 것이다.

둘째, 기호의 새로 확보된 특이성을 활용해 이러한 형식 중 일부를 용도 변경할 수 있었을 것이다. 집단적으로 음식을 찾고 있을 때 누군가 땅을 파는 막대기를 들고 있는 상황에서 땅의 특정 위치를 가리킨다는 것은 가리킨 지점을 파라는 지시를 의미하는 기호로 사용되었을 것이다. 셋째, 가리키기가 동반되었기 때문에 이해할 수 있는 새로운 기호가 생성될 수 있었을 것이다. 여기서 우리는 상황에 크게 의존하는 기호를 염두에 두고 있다.

예를 들어, 송신자가 현재 가리키고 있는 대상이 무엇이든지 간에 수신자가 송신자에게 제공하도록 요청하는 일반적인 기호가 있을 수 있다. 이러한 방식 등을 통해 풍부한 양의 명령형 기호가 생성될 수 있다. 표 4.1은 모든 사람이 상상할 수 있는 몇 가지 더 많은 사례들을 제공하는데, 이 기호들의 생성과 사용은 대형유인원의 인지능력 내에도 거의 이뤄진다.

지시적인 기호는 어떨까? 비슷한 논리가 여기에도 적용된다. 자신들이 사냥하는 동물들에 대한 기호의 수가 적은 집단을 상상해 보자. 이 기호들은 사냥에 참여하는 사람들에게 동물들의 존재를 나타내기 위해 사용된다.

한 개인이 원숭이를 발견하고 그에 상응하는 기호를 생성하는 상황을 상상해 보자. 송신자는 동료 중 하나가 여전히 시각적으로 해

표 4.1

강화된 명령적 기호 시스템의 사례

형태	의미
팔 들기+가리키기	가리키는 대상을 집어듦
팔을 아래로 급히 낮추기+가리키기	들고 있는 대상으로 가리키는 대상을 맞춤
손을 가슴 방향으로 쓸어 움직이기+가리키기	송신자에게 가리키기의 대상을 알려줌
부러뜨리는 것 같은 행동+가리키기	가리키는 가지를 부러뜨림
자르는 것 같은 행동+가리키기	가리키는 위치에서 사체를 자름

이 사례들에는 어느 정도 추상적인 기호가 포함되어 있으며(예를 들어, 세 번째 줄). 인과적 추론 능력, 마음이론 능력, 기억 능력이 대형유인원들보다 어느 정도 더 정교한 호미닌들이 어떤 행동을 할 수 있는지에 대한 가능성을 보여주기 위한 것이다.

당 영역을 스캔하고 있음을 알아차리고 동료의 반응을 모니터링한다. 이 송신자는 무엇을 할 수 있을까? 그가 할 수 있는 한 가지 행동은 아마도 강도를 높이면서 계속해서 원숭이가 있다는 것을 나타내는 소리를 내는 것이 될 것이다.

또는 특히 수신자가 어떤 종류의 동물이 표시되고 있는지 이해하지 못하는 것이 아니라 볼 수 없다고 생각할 이유가 있는 경우 송신자는 원숭이가 어디에 있는지 가리킬 수도 있다. 이 능력은 송신자 입장에서는 결코 사소한 능력이 아니다.

송신자는 다른 사람들의 시각적 경험에 대해 상당히 많이 이해해야 하기 때문이다. 심지어 송신자는 무언가를 바라보는 것과 그것을 알아차리는 것의 차이를 인식해야 할 수도 있다. 하지만 우리는 그 인식을 위해 정교하고 재귀적인 마음읽기 능력을 사용할 필요가 없다. 직접적인 주의를 부르는 가리키기의 힘에 대한 기초적인 이해로 충분할 것이기 때문이다.

이 과정은 반대 방향으로도 작동할 수 있다. 즉, 수신자가 가리키는 대상을 감지하지 못하고 신호를 제공하는 일부 대상을 가리킬 수도 있다는 뜻이다. 다시 말하지만, 송신자는 단순히 계속 가리키거나 더 유용한 일을 할 수도 있다. 송신자는 가리키는 대상과 유사한 기호를 생성하는 등 더 유용한 일을 할 수도 있다.

우리는 송신자가 이런 방식으로 행동하도록 동기를 부여받으려면 수신자의 마음에 대한 풍부한 이해가 필요할 것이라고 생각하기 쉽다. 즉, 우리는 "송신자가 현재의 장면에 주의를 집중하는 방식에 송신자의 기호가 어떻게 영향을 미치는지 이해해야 할 필요가 있을까?"라고 생각하기 쉽다는 뜻이다.[3] 이런 방식으로 수신자의 마음에 대해 추론할 수 있다면 틀림없이 매우 도움이 될 것이다.

하지만 때로는 더 간단한 경로가 신호를 더 정교하게 만들 수도 있다. 송신자는 실험을 통해 무엇이든 시도할 의향이 있을 수 있다. 따라서 송신자는 현재 마음속에서 대상을 표현하고 있다는 사실에 기초해 그 대상에 대한 도상 기호를 생성할 수 있다.

또는 송신자는 도상이 가리키기와 함께 사용된 다른 사례에서 영감을 얻을 수도 있다. 이 두 경우 모두 송신자가 추가적으로 전달하는 기호는 송신자가 그 이유를 이해하지 않고도 수신자가 대상을 식별하는 데 도움이 될 수 있다.

위의 경우에서처럼 송신자가 기호 해석에 도움을 줌으로써 시간과 에너지를 절약하려고 시도함에 따라 이 과정은 시간이 지남에 따라 압축되었을 것이라고 상상할 수 있다. 송신자는 자신의 신호를 전달하려고 하는 대상이 추가적으로 기호를 생성하기 전에 의도된 지시 대상을 찾기 위해 고군분투하고 있다는 신호를 더 이상 기다리지 않을 수도 있다. 명령적 의사소통의 영역에서와 같이 이런 관행의 확립은 의사소통 시스템의 후속 진화에 대해 유사하고 광범위한 결과를 초래했을 것이다.

명령적 합성기호는 지시적 합성기호의 모델로도 작용하는 동시에 지시적 합성기호로도 사용되었을 것이다. 이렇게 생각하는 이유 중 하나는 명령적 의사소통이 지시적 의사소통보다 더 일찍 우리 계통에서 확장되었을 수 있기 때문이다.

예외가 있기는 하지만(Slocombe, Kaller, et al. 2010), 야생에서 대형유인원의 의사소통은 환경에 존재하는 물체에 주의를 집중시키기 위한 지시적 지표로 활용되는 경우는 극히 드물다. 따라서 명령적 의사소통에서 합성기호를 사용하는 것은 지시적 의사소통에서 합성기호를 사용하는 것보다 틀림없이 더 작은 단계라고 할 수 있다. 하지만 어쨌든 환경 상태에 대해 다른 사람들에게 정기적으로 정보를 제공하면 잠재적인 목표의 범위가 상당히 증가했을 것이다. 결과적으로, 이는 잠재적인 모호성 또는 불확실성을 발생시켰을 것이며, 따라서 많은 상황에서 추가적인 기호로 가리키기를 보완해야 할 진정한 필요성을 발생시켰을 것이다.

다시 강조하지만, 우리는 실제 역사적 궤적을 묘사하는 것이 아니다. 우리는 행위주체가 의사소통에 동기를 부여받고 성공에 대한 보상을 받는 맥락에서 마음이론 능력과 인과적 추론 능력의 약간의 증가가 혁신을 위한 가능성을 높였다는 것을 보여주기 위해서 이런 사례들을 사용한 것뿐이다. 우리는 그 혁신의 대부분이 행운의 기회를 인식하고 활용하는 형태를 취했다고 생각하지만, 이러한 기회가 드물지는 않다는 것을 보여주려고 노력했다.

4.4
더 복잡한 합성기호

지금까지 우리는 가리키는 몸짓과 도상을 결합한 기호인 원시 합성기호가 어떻게 등장했는지 살펴보았다. 그 다음에 이어진 자연스러운 단계는 무엇이었을까? 이 시점에서는 많은 불확실성이 있을 수밖에 없다. 하지만 우리는 두 가지 자연스러운 확장 경로가 있었다고 생각한다.

첫 번째 경로는 기호 시퀀스를 확장하기 위해 기호를 추가하는 과정이고, 두 번째 경로는 가리키기를 도상으로 바꾸는 과정이었을 것이다. 우리는 이 과정에서도 명령적 의사소통이 좀 더 복잡한 구조로 가는 길을 열어주었을 가능성이 있다고 생각한다.

가능하고 그럴듯한 확장 경로 중 하나는 행위주체, 대상 및 위치를 나타내는 3개 기호로 이루어진 시퀀스다. 제3장 3.1에서 우리는 호미닌이 밤에 안전을 확보하기 위해 겪었을 어려움에 대해 논의하면서 호미닌들이 잠자는 곳 주변에 방벽을 쌓기 위해 가시가 있는 아카시아 가지를 사용했을 것이라는 거스리의 가설을 다룬 바 있다.

만약 실제로 그런 일들이 표준적으로 이뤄졌다면, (예를 들어) 첫 번째 요소인 행위주체는 집단의 구성원을 나타내는 X-Y-Z 세 부분으로 구성된 시퀀스를 생성하고 이해할 수 있도록 정교함을 약간만 증가시키면 되었을 것이다. 여기서 두 번째 요소는 아카시아 가지다. 세 번째 요소는 안전하게 잠을 잘 수 있는 위치가 된다.

아카시아 나무가 호미닌들의 바로 옆에 있었다면 3번의 가리키기만으로 위의 임무가 거의 완료될 수 있지만, 아카시아를 가까운 곳에서 운반해서 가져와야 하는 경우에는 2번의 가리키기와 잠이나 휴식을 나타내는 한 번의 마임이 집단의 규칙으로 정착되었을 것이다. 제3자에게 무언가를 주거나 특정 방식으로 제3자를 도우라는 요청과 함께 3개 기호 시퀀스와 유사한 방식을 이용했을 가능성도 생각할 수 있을 것이다.

정교화는 3개 기호로 이뤄진 시퀀스에 이를 수 있는 또 다른 방법이다. 이는 가리키기-도상 시퀀스에서 나타나듯이 두 번째 도상을 사용해 수신자의 관심을 끄는 방식이다. 주의를 끌기 원하는 대상의 특정 기능이 있는 경우 대상이 소유하고 있는 속성이나 현재 수행 중인 작업 또는 송신자가 권장하려는 작업이 있는 경우 이런 정교화가 필요할 수 있다. 그러면 가리키기와 도상 중 하나가 함께 작동해 발화의 주제를 지정하고 다른 도상이 이 주제를 나타내는 역할을 할 수 있다.

예를 들면, 아마도 뱀을 묘사하는 몸짓 다음에 뱀이 위험하다는 메시지를 전달하기 위해 뱀이 타격을 가하는 몸짓이 뒤따랐을 것이다. 따라서 우리는 뱀을 향해 가리키기를 한 뒤 물결 모양의 뱀 도상을 만들고, 그 후에 뱀이 타격을 가하는 몸짓이 이뤄졌을 것이라고 생각한다.

송신자가 특정 대상으로 듣는 사람의 관심을 끄는 것만으로는 관련 기능을 알아차릴 수 있을 것이라고 더 이상 기대할 수 없게 되면 정교한 시퀀스가 유용할 것이다.

여기서 다시 오해를 하지 않게 만드는 노력이 복잡성을 추가하였을 것이다. 수신자는 주제를 식별하지만 송신자가 나타내는 의미를 감지하는 데 실패할 수도 있다. 이 경우 송신자는 추가적인 도상으로 더 자세한 설명을 하면서 이 과정은 압축된다. 다른 종류의 복잡성은 가리키기를 추가 도상으로 대체할 때 발생할 수 있다.

다시 말하면, 도상은 (점진적으로) 두 가지 역할, 즉 명사적 역할과 술부(문장 속에서 주어에 대해 진술하는 동사 이하 부분)적 역할을 수행하게 될 수 있다는 뜻이다. "지금 그리고 여기"가 아닌 다른 곳과 다른 때에 대한 의사소통 의도가 이 과정을 일으킨 주요 요인이었을 것이다. 예를 들어, "말이 강 옆에 있다." 같은 메시지를 강에서 멀리 떨어진 곳에서 생성할 때 송신자와 수신자 사이에 공통점이 충분히 많다면 송신자는 말의 도상과 강의 도상만으로 이 메시지를 전달할 수 있을 것이다.

강이 2개가 있거나 화자가 강 근처의 더 구체적인 위치를 나타내기를 원하는 경우 방향성을 위해 가리키기가 도입될 수 있다. 하지만 우리는 때때로 "지금 그리고 여기"에 존재하지 않는 대상을 언급하기 위해 가리키기를 하지만, 부재가 송신자와 수신자 모두에게 매우 두드러지지 않는 한 이런 가리키기는 잘못 해석될 가능성이 매우 높다. 또한 우리보다 덜 정교한 마음이론 능력을 가진 행위주체는 메시지의 이해가 훨씬 더 어려웠을 것이다.

이밖에 어떤 요소들이 작용했을까? 확실하지는 않지만, 실제 및 자연 실험에서 어느 정도 단서를 찾을 수 있다. 우리는 이 단서를 찾기 위해 피진과 새로운 수화의 사례뿐만 아니라 실험실에서 생성된 언어에 대해서도 연구했다. 하지만 이런 상황에서는 완전히 현대적인 마음이 작동한다는 사실을 반영해야 한다. 자연선택이 우리에게 많은 언어별 인지 적응을 제공했다면 오해의 가능성이 분명히 존재하겠지만, 그렇지 않더라도 여전히 걱정할 이유가 있다.

우리는 그러한 증거를 고고학적·민족지학적 정보와 동등하게 보는 경향이 있다. 이 둘은 모두 가설의 풍부한 원천이 될 수 있으며, 독립적으로 공식화된 일부 가설이 잘못되었을 때 그 오류에 대해 알려줄 수 있다. 하지만 우리가 현재에서 과거를 단순히 "읽어낼" 수 있는 경우는 거의 없기 때문에 우리는 이 증거에 조심스럽게 접근해야 한다.

몸짓 주도 언어 진화 모델에 대한 우리의 이론을 고려할 때 우리에게 특히 흥미로운 것은 가정 수어이다. 가정 수어는 청각 장애 아동이 전통적인 수화에 대한 노출이 부족한 상태에서 전형적인 사회적 환경을 경험할 때 생성된다.

또한 가정 수어는 아동의 대화 상대(보호자)의 의사소통 행동이 매우 단순하다는 점에서 새로운 수화의 경우와 구별된다. 가정 수어는 아동의 행동에 내재된 복잡성을 거의 또는 전혀 나타내지 않기 때문이다. 따라서 우리는 양육자의 관습적인 언어가 아동의 기호 생성에 암묵적인 영향을 미치지 않는다고 확신할 수 있다.

가정 수어를 하는 아이들은 발달과정에서 다양한 문법적 범주를 지정하기 위해 점점 더 정교한 수단을 사용한다(Goldin-Meadow 2002). 이 중 일부는 (적어도 우리에게는) 매우 놀라운 수단들이다. 예를 들어, 수잔 골딘-메도Susan Goldin-Meadow는 자신이 집중적으로 연구한 데이비드라는 아동이 어휘, 형태 및 구문 장치를 사용해 이러한 다양한 문법적 범주를 나타낸 방법에 대해 자세히 논의했다. 골딘-메도는 데이비드의 발달을 세 단계로 나눴다.

처음에 데이비드는 가리키는 몸짓을 사용하여 대상을 지정하고 동사와 형용사에 대한 상징적 몸짓을 사용했다. 이 방식에서는 한편으로는 명사, 다른 한편으로는 동사와 형용사의 구별이 완전히 다른 형태의 사용으로 표현되었다.

다음 발달 단계에서 데이비드는 세 가지 역할 모두에 도상icon을 사용하기 시작했다. 하지만 데이비드가 명사 기능을 나타내기 위해 도상을 사용했다면 동사나 형용사 기능에 해당 도상을 사용하지 않았을 것이며 그 반대의 경우도 마찬가지였다. (골딘-메도가 제시한 사례에 의하면 데이비드가 산타클로스를 나타내기 위해 사용한 웃는 몸짓은 웃음을 나타내는 데에는 사용하지 않았다).

따라서 이 단계에서 데이비드는 각 역할에 대한 특정한 기호를 사용해 어휘적으로 범주 간의 차이를 표시했다고 할 수 있다.[4] 이는 데이비드가 명사로 사용한 많은 도상들이 동사나 형용사(예를 들어, 웃는 몸짓)에도 잘 작동했을 만큼이나 매우 인상적이다.

마지막으로 세 번째 단계에서 데이비드는 여러 역할에 대해 동일한 유형의 도상을 사용하기 시작했지만 형태 및 구문 장치를 사용해 관련 범주를 표시했다.

예를 들어, 데이비드는 도상을 명사로 사용할 때 대부분 몸짓을 축약했다. 그는 주전자를 가리키기 위해 이 형식을 사용하면서 데이비드는 비트는 몸짓을 한 번 수행했지만, 비트는 몸짓 자체에 대해 설명할 때는 동일한 몸짓을 여러 번 반복했다. 또한 데이비드는 도상을 명사로 사용할 때는 중립적인 공간(가슴 앞)에서, 도상을 동사로 사용할 때는 지시 대상에 더 가깝게 수행하는 경향을 보였다.

이는 굴절inflection의 한 형태다. 동시에 데이비드는 명사와 동사를 표시하기 위해 몸짓을 사용했으며 형용사는 명사 사용(굴절 없음)과 (명사 뒤의) 동사 사용의 일부 특징을 결합한 혼합 처리를 했다. 따라서 세 번째 발달 단계에서는 서로 다른 범주를 구분하는 문법의 사용(형태론적 및 통사론적 관습)이 나타났다고 할 수 있다.

하지만 우리는 데이비드 같은 가정 수어 사용자가 언어 진화의 단계에 대한 신뢰할 수 있는 안내자로 간주되어야 한다고 제안하지는 않는다. 데이비드는 언어의 시작 단계에는 존재하지 않았던 명사, 동사, 형용사 범주에 대한 템플릿을 타고났거나 태생적으로 언어 정보를 조직화하기 위한 전문적인 계산 절차를 소유하고 있을지도 모르기 때문이다.

하지만 데이비드의 경우와 이와 유사한 다른 사람들의 사례는 우리 조상들이 문법적 범주가 점점 더 중요해짐에 따라 어떻게 문법적 범주를 구별하기 시작했는지에 대한 통찰력을 제공한다. 또한 이 사례들은 구어적 관습 언어를 모델로 사용하지 않고 몸짓 영역에서 이런 구별이 어떻게 이뤄졌는지도 보여준다.

데이비드가 가정 수어 시스템을 발달시킨 궤적이 제기하는 핵심적인 이론적 질문은 이 시스템에서 문법 구조의 출현을 주도하는 것이 무엇인지, 시간이 지남에 따라 언어 능력이 더 좋아지는 이유는 무엇인지에 관한 것이다. 베이츠와 맥위니Bates and McWhinney(1982), 토마셀로(2003)와 같은 언어 구성주의자들은 문법 구조가 주로 의사소통 문제 해결에 의해 출현한다고 생각한다. 즉, 이들의 생각에 따르면 문법 구조는 화자와 청중 사이의 의사소통을 용이하게 하기 위해 생성되며 의사소통의 성공으로 안정화된다.

이 가설은 가정 수어의 다양한 사례를 사용해 테스트되었으며, 적어도 가정 수어의 사례에서는 이 가설이 잘못된 것으로 보인다(Goldin-Meadow and Mylander 1984; Carrigan and Coppola 2017). 의사소통 문제 해결이 이런 시스템의 문법적 발달의 원동력이었다면 가정 수어를 이용해 정기적인 의사소통을 하는 파트너(예를 들어, 가족 구성원)는 합리적으로 높은 수준의 이해력을 보여야 한다.

우리는 이러한 보다 정교한 형태의 구조가 송신자와 수신자의 공동 적응을 통해 나타난다고 생각한다. 하지만 우리가 결국 발견한 사실은 그것만이 아니다. 실제로 4명의 성인 가정 수어 사용자를 대상으로 한 연구에서 캐리건Carrigan과 코폴라Coppola(2017)는 미국 수화ASL를 사용하는 선천적 청각장애인들이 가정 수어를 사용하는 사람들의 어머니들만큼 또는 그 이상으로 그들의 가정 수어를 (때로는 상당히) 더 잘 이해한다는 사실을 발견했다.

태어난 후 줄곧 ASL을 사용한 사람들은 이런 가정 수어 시스템에 노출된 적이 없는 사람들이었던 반면, 가정 수어 사용자의 어머니들은 가정 수어를 사용하는 자녀들과 20년 이상을 의사소통한 사람들이었다. 일반적으로, 가정 수어 사용자들의 주요 의사소통 파트너들조차 가정 수어 사용자가 전달하려고 하는 내용을 거의 이해하지 못했다. 가정 수어 사용자들은 이러한 사실을 의식하고 민감하게 반응한다(Goldin-Meadow 2015).[5]

의사소통 문제 해결이 정답이 아니라면, 중요한 역할을 하는 것은 무엇일까? 이 질문에 대한 대답 중 가장 그럴듯한 것은 문법 구조가 가정 수어 사용자들의 인지적 요구를 충족시키기 위해 나타난다는 것이다(Goldin-Meadow 2003).

더 구체적으로 말하면, 시스템의 규모가 확장됨에 따라 가정 수어 사용자는 자신들이 사용하는 가정 수어 시스템의 사용자 친화성을 높이기 위해 스스로 시스템에 질서를 부여하게 되고, 그 결과로 단어와 문장 수준에서 모두 구조가 나타난다. 이 생각은 매우 그럴듯해 보인다.

구조가 자동적으로 사용되면 "중립적인 공간에서 명사적 도상을 생성한다." 같은 규칙을 적용하는 것이 과정을 어떻게 간소화하는지 이해하기가 어렵지 않기 때문이다. 또한 이 견해는 문법 구조가 이해력을 향상시키는 데 거의 또는 전혀 도움이 되지 않는 경우에도 나타난다는 연구결과와도 일치한다.

우리는 이 과정이 에렉투스 계열과 같은 고대 호미닌들이 보유하지 않은 언어 또는 그 외의 것에 대한 인지적 적응에 의해 어느 정도 형성되었는지는 전혀 알지 못한다. 따라서 우리는 이 과정이 진화를 개괄한다고 단정해서는 안 된다.

데이비드와 같은 가정 수어 사용자들은 언어 형식을 처리하도록 전체 또는 부분적으로 진화한 인지 메커니즘을 가지고 있기 때문에 기호 체계에 질서를 부여할 수 있다. 만약 그렇지 않더라도, 그들의 삶은 인지적 측면에서 볼 때 초기 호미닌의 삶보다 훨씬 더 풍부할 수 있으며, 따라서 그들의 의사소통 욕구는 비록 거의 충족되지는 않지만 복잡성과 잠재력이 초기 호미닌의 그것보다 더 많은 시스템을 개발하도록 유도했다.

하지만 시스템이 확장되면서 기호 시스템에 대한 송신자의 요구(기억, 주의, 즉석 생성을 해야 할 필요성)가 시스템의 구성을 강화하기 위한 인지적 전략이 출현하도록 선택압을 행사했을 가능성도 매우 높다. 그렇다면 호미닌 기호 체계가 시간이 지남에 따라 확장된 것은 문법 구조 출현이 점점 더 중요한 요인이 되었을 것이다. 하지만 의사소통 문제 해결 상황도 이와 분명히 관련이 있는데 공유되고 안정적인 문법 규칙의 출현과 관련해서는 특히 분명하다. 언어와는 달리 가정 수어의 규칙성은 공유되지 않으며 안정적이지도 않다. 의사소통 시스템으로 계속 유지되지 않고 사용자가 의사소통 문제를 해결할 수 없다면 어떤 기호 시스템도 충실하고 안정적으로 세대를 이어 재생산되지 않았을 것이다. 적어도 공유된 문법적 관습의 경우, 구성주의적 아이디어는 확실히 논의의 일부가 되어야 한다.

하지만 우리는 우리 조상들이 복잡한 의사소통 문제에 직면할 때까지 그러한 관습에 대한 선택압이 있었다고 생각하지 않는다. 우리는 제7장에서 그런 문제가 발생한 상황에 대해 논의할 것이다. 호미닌 진화 과정의 대부분에서는 행위주체나 객체 같은 역할을 언어학적으로 특정화할 필요가 없었을 것이다. 설령 그럴 필요가 있었다고 해도 간단한 수준의 특정화로 충분했을 것이다. 이 문제는 제5장과 제7장에서 더 자세히 다룰 것이다.

우리는 합성기호의 종류가 많아지도록 만드는 것이 언어 진화 과정에서 중요한 단계라고 주장해 왔다. 대형유인원의 가리키기 능력과 의사소통이 실패했을 때 정교화를 시도하는 경향은 가리키기에 동반되는 기호들이 초기에 출현했으며 우리 계통에서 복합적인 신호전달의 보편적인 형태라는 것을 보여준다. 대형유인원들은 대부분 이런 기호 시스템을 사용할 수 있는 능력을 가지고 있다.

또한 이와 관련된 다른 연구들에 따르면 가리키기와 함께 생성된 기호는 본질적으로 상징적일 가능성도 있으며, 이는 우리 계통에서 합성기호의 초기 확장에 대한 합리적으로 명확한 설명과 합성기호의 추가 발전에 대해 부분적으로 설득력 있는 모델을 제공할 수 있다. 다음 장에서는 이런 원시적인 형태의 구조를 사용하는 우리의 능력의 기원에 대해 살펴볼 것이다.

문법 구조

5.1
문제의 형태

제4장에서 우리는 합성기호의 기원에 대해 논의했다. 기호는 다른 기호를 부분으로 가지고 있으며, 여기서 부분은 전체의 의미를 특정하기 위해 어떤 식으로든 함께 작동한다는 내용이었다. 우리는 이 구조가 아마도 진화론적 시간에 걸쳐 나타난 최초의 언어 구조일 것이라고 제안했다.

복합구조는 구문의 출현을 위한 전제 조건이었다. 우리는 가장 단순한 형태의 구문은 의미를 부호화하기 위해 단어의 순서 또는 원형단어의 순서를 사용하는 것이라고 본다. 이 구문은 선형 구문 linear syntax이다. "존은 제인을 보았다."라는 문장은 "존", "제인", "보았다"로 이뤄지는 단어들의 순서가 존이 제인을 보았다는 것을 나타낸다는 사실과 "존"이라는 단어가 "보았다"라는 단어 앞에 온다는 사실 때문에 의미를 가지게 된다.

"제인"이라는 단어가 "존"의 위치에 있었다면 이 문장의 뜻은 완전히 달라졌을 것이다. 가정 수어에 대해 논의할 때 보았듯이, 문장의 의미는 단어들의 시간적인 순서상에서의 위치가 아니라 공간상에서의 상대적 위치에 의해 정해진다.

이 장에서 우리는 구문의 기원에 대한 설명, 더 정확히는 구문이 의존하는 인지능력에 대한 설명을 시도할 것이다. 우리는 선형적 순서의 이용이 현존하는 언어에서 발견되는 보다 복잡한 형태의 구조보다 더 일찍 시작되었다고 본다.

인간의 모든 언어가 의미를 부호화하는 데 어순을 사용하는 것은 아니기 때문에 우리의 이런 생각에 대해서는 회의적인 시각이 존재할 수도 있다.

가장 두드러진 예는 "비형상적 언어^{non-configurational languages}"로 설명되는 호주 원주민 언어들이다(Hale 1983). 이 언어들에서는 행위주체와 객체의 역할은 오로지 접사에 의해서만 정의된다. 이해를 위해 "#"이 행위주체를 나타내는 접사이고, "%"가 객체를 나타내는 접사라고 가정해 보자.

그렇다면 "존이 제인을 보았다."라는 문장은 "보았다 존# 제인%" 또는 "제인% 보았다 존#" 같은 방식으로 표현될 것이다. 따라서 영어를 비롯한 많은 언어들이 어순을 이용해 의미를 표현하는 반면, 순서에서 자유로운 언어들은 단어들의 형태를 이용해 순서를 표현한다고 할 수 있다.

이런 언어들에 대해서는 최소한 두 가지 방식의 생각이 가능하다.

첫째, 어순을 사용하는 언어들은 사용이 다른 언어에서 파생된 특성이 되는 원래 형태의 언어라고 볼 수 있다. 이렇게 생각한다면 의미를 나타내기 위한 어순의 이용은 나중에 시작되었다고 생각할 수 있다. 어순의 사용은 8만 년 전쯤 아프리카를 떠나 오스트레일리아를 식민지로 개척한 사람들이 사용한 언어들의 특징이 아니었을 것이다.

둘째, 어순에서 자유로운 언어들은 시간이 지남에 따라 특정한 어족들에서 구문의 한 측면이 사라진 사실을 보여준다고 생각할 수 있다. 즉, 이 생각은 한때 어순에 의해 수행되었던 작업이 나중에 복잡한 형태학적 구조에 의해 대체되기 시작하면서 이 언어들에서 어순이 부차적인 존재가 되었다는 생각이다. 우리는 두 번째 관점 쪽으로 기울어져 있다.

우리는 언어 진화에 대한 몸짓 주도적 관점을 옹호하기 때문에 부분적으로 이 관점을 지지한다. 몸짓은 의미를 나타내기 위해 자연스럽고 자동적으로 출현한다. 이런 현상은 청각장애인들과 마을 수화 사용자들에게도 나타나지만, 더 중요한 것은 가정 수어의 경우에서도 나타난다는 사실이다.

예를 들어, 우리는 제4장에서 가정 수어 사용자인 데이비드가 의미를 부호화하기 위해 자연스럽게 몸짓 순서를 이용한 사례를 살펴봤다. 이는 놀라운 일이 아니다. 몸짓은 대부분의 경우 도상성을 이용하며 순서는 도상성과 유사한 성질을 가질 수 있기 때문이다.

이 경우 몸짓들의 시간적 순서가 기술되는(또는 요구되는) 사건의 인과적 순서에 대응한다. 일상적인 세계에서 순서는 매우 중요하다. 새가 날아가는 소리가 나기 전에 나뭇가지가 부러지는 소리가 나느냐 그렇지 않느냐가 차이를 만들기 때문이다.

따라서 플라이스토세 호미닌들은 사건의 순차적인 순서를 인지하고 반응하도록 인지적으로 적응되었다. 이와 마찬가지로, 발자국 추적에 관한 쇼-윌리엄스의 추측이 옳다면 추적자가 읽는 흔적의 공간 구조는 그 흔적을 만든 존재의 움직임의 인과적 및 시간적 순서에 대응된다.

이 상황은 음성 채널로의 전환에 의해 더 복잡해진다. 음성 채널은 몸짓과 기호보다 도상성을 훨씬 덜 활용하기 때문이다. 우리는 제6장에서 이 전환에 대해 다시 논의할 것이다. 지금은 몸짓으로 메시지 해석을 돕기 위한 도구로 순서가 확립되었으며 이 순서라는 도구가 적어도 음성 채널 전환 초기에도 활용되었을 가능성이 높다는 정도만 말해두자.

구문의 출현에 대한 불확실성은 매우 크며, 이 장의 접근 방식도 그 불확실성을 적절히 반영하고 있다. 제4장에서 우리는 합성기호의 초기 형태에 대해 몇 가지 아주 구체적인 제안을 했지만, 여기서는 원시문장 자체에 초점을 맞추지 않고, 원시문장을 생성하고 해석하는 데 필요했던 인지능력의 진화에 초점을 맞출 것이다.

우리는 그러한 인지 능력이 석기 제작에 필요한 능력에서 나온 것이라고 생각하기 때문에 경험적 기반은 오히려 더 확고하다. 우리는 기록에서 발견되는 다양한 종류의 도구를 만드는 데 필요한 기술과 그러한 기술에 의해 부과되는 인지적 요구에 대한 합리적인 증거를 가지고 있다.

이런 인지적 요구들은 디트리히 스타우트[Dietrich Stout]와 티에리 샤미나드[Thierry Chaminade]에 의해 확인되었는데(Stout and Chaminade 2009; Stout and Chaminade 2012; Stout 2011), 우리의 주장은 여기에

부분적으로 기초하고 있다.

   석기가 특별한 가치를 가지는 이유는 단지 흔적이 남아 있기 때문만은 아니다. 고대의 호미닌들은 의심할 여지없이 나무 도구를 만들고 사용했으며(Thieme 1997), 현대의 침팬지들에 대한 관찰결과에 따르면, 우리 조상들은 순차적으로 다양한 도구들을 사용했을 것이라고 추측할 수 있다(Boesch, Head, and Robbins 2009).

   하지만 우리는 고대의 나무 도구에 대해 거의 아는 것이 없다. 게다가 나무로는 다른 나무를 변형시키기가 거의 불가능하다. 그러나 석재는 때로는 매우 복잡한 방식으로 석재 및 기타 재료를 형성하는 데 사용할 수 있다.

   장인이 석기 도구를 갖추면 다른 재료를 작업할 수 있지만, 일반적으로는 해당 작업에 사용된 석기 도구의 잔여물 및 마모 패턴에서 다른 재료에 대한 간접적이고 거친 증거만 얻을 수 있을 뿐이다.

   이 주제에 대한 우리의 접근방식은 기술 진화를 중시하는 기존의 접근방식과 두 가지 주요 측면에서 다르다. 첫째, 우리는 우리 조상들이 이미 단순한 구문 구성에 필요한 많은 인지 능력을 가지고 있었다고 본다. 도구 제조 및 사용이 이러한 인지 능력 세트의 초기 모습보다는 기존의 기능 세트가 시간이 지남에 따라 어떻게 업그레이드되었는지 설명해 준다.

   둘째, 우리는 우리의 이런 설명이 다른 형태의 언어 구조를 사용하는 우리 조상의 능력에 대한 설명이 될 것이라고 생각한다.

   아프리카에서 떠나는 마지막 대규모 이동이 일어나기 훨씬 이전에 우리 조상들의 의사소통에 대한 욕구는 의사소통을 돕기 위해 일종의 문법적 장치를 사용하도록 강요했을 것이다.

 이러한 욕구는 인간이 플라이스토세 중기와 후기 경계 지점에서 인간이 참여했던 점점 더 정교한 형태의 협력 및 조정에서 비롯되었다. 마찬가지로, 형태학적으로나 어휘적으로 풍부한 언어와 원시언어는 어떤 형태로든 이중 부호화의 어떤 형태를 활용해야 했을 것이다.

 그러기 위해서는 형태소와 단어 자체가 반복적으로 사용되는 서로 다른 요소들로 구성되어 있었어야 했다. 그렇지 않았다면 뚜렷하고 구별할 수 있는 어휘 항목의 많은 메뉴를 생성하고 인식하기 위한 표준화된 레시피가 설정되기 힘들었을 것이다(Dennett 2016, 9장).

 우리는 제7장에서 이러한 의사소통 욕구의 확장에 대해 자세히 설명할 것이다. 예를 들어, 우리는 역사적으로 알려진 수렵채집인과 마찬가지로 플라이스토세 후기의 수렵채집인은 거주 집단이 명시적으로 인정된 혈연관계와 호혜관계에 의해 다른 사람들과 연결된 사회 세계에 살았다고 주장할 것이다.

 이 세계에서는 좋은 평판의 중요성을 통해 협력 관리가 작동하였고, 따라서 다른 사람들이 다른 곳에 있을 때 무엇을 했는지에 대한 신뢰할 수 있는 정보의 흐름을 통해 그 작동의 요인이 되었을 것이다. 요컨대, 협력은 의사소통을 요구하는 가십에 의존했을 것이다. 가십은 누가 무엇을(누가 무엇을 말했는지 포함) 누구에게, 어디서, 언제, 어떤 상황에서 했는지 지정할 수 있어야 한다.

 중요한 일들이 보이지 않는 곳에서 자주 발생하고 행위주체들 사이의 정보격차가 증가하고, 아주 친밀한 구성원들 사이를 제외하고는 공동체 전체에서 공통의 배경이 줄어들면서 삶은 더 복잡해졌다. 의사소통의 맥락에서 모든 사람이 이미 알고 있어서 암묵적으로 남겨질 수 있었던 많은 것들을 이제는 명시적으로 만들어야 했다. 그에 따라 시간과 행위주체와 같은 것들을 더 명시적으로 표현하는 일이 중요해졌다. 당시에 사용된 문법적 장치는 행태적 장치나 구문적 장치 중 하나였거나 그 둘 다였을 수 있다.

이 장의 목표는 급진적이지 않다. 언어의 구조적 특징이 의존하는 기본적인 인지능력의 일부를 점진적으로 설명하는 것이기 때문이다. 우리가 보기에 이러한 능력은 언어에만 국한된 것이 아니며 언어에만 특화되어 있지도 않다.

이 장은 구문론적으로 풍부했던 원시언어가 현재 수준의 언어에 도달할 때까지 과정 기록을 통한 구문 자체의 출현에 대한 점진적 설명이 아니다(이에 대한 시도는 Progovac 2015 또는 Hurford 2011 참조). 그러한 설명을 하려면 프로고바츠처럼 살아있는 언어들의 구문에 대한 이론에 전적으로 기초해야 한다. 게다가 우리는 단 하나의 경로에 의해 이런 점진적 변화가 일어났다고 생각하지도 않는다.

우리가 할 수 있는 최선의 추측은 서로 다른 호미닌 공동체들이 다소 다른 선택 체제와 다소 다른 출발점에서 서로에 대한 다양한 독립성 유지 및 상호교류를 통해 점점 더 복잡한 형태의 원시언어를 진화시켰다는 것이다(닉 에번스Nick Evans는 이런 종류의 시나리오에 대해 더 자세히 설명했다, Evans 2017 참조).

만약 우리의 추측이 맞는다면 우리는 동시대의 모든 해부학적 현생인류AMH가 사용하는 공통 언어가 있었다거나 모든 살아있는 언어가 단일 공통 조상에 기반한다고 가정할 수 없다. 따라서 우리는 언어 자체의 구문에 대해 유일무이하게 올바른 설명이 있는지 또는 조상의 원시 언어에서 살아있는 언어로의 경로에서 증가하는 조직적 복잡성의 고유한 순서가 있는지에 대해서는 중립적인 입장이다. 대신 우리의 목표는 광범위하게 이해되는 문법 구조를 가능하게 하는 가장 기본적인 인지 능력의 출현에 대한 점진적 설명을 제공하는 것이다.

5.2
기준선 능력

인간의 구문 능력 진화를 이해하기 위한 첫 번째 단계는 기준선에 대해 설명하는 것이다. 가장 초기의 호미닌들이 가졌던 기준선 능력은 어떤 것이었을까?

이 질문에 답하기 위해서는 우리 친척들의 인지 능력을 고려해야 한다. 우리는 이 질문을 생성적 질문과 해석적 질문의 두 가지 간단한 질문으로 나눈 뒤, 해석적 질문에 대해 먼저 생각해 볼 것이다.

5.2.1
해석

제2장에서 우리는 개코원숭이 발성에 관한 체니와 세이파스의 연구를 다뤘다. 우리는 그들의 주장 중 일부에 대해 회의적이지만, 그들의 실험이 개코원숭이가 경고음을 해석하는 방식이 놀라울 정도로 정교하다는 것을 보여준다는 점에는 동의한다.

여기에서 가장 관련성이 높은 실험은 경고음이 들리는 순서에 대한 민감도와 관련이 있다. 다음은 이러한 일련의 실험의 대표적인 사례이다. 체니와 세이파스는 개코원숭이들에게 같은 집단의 개체가 낸 경고음을 녹음하여 확성기를 통해 연속적으로 재생했다. 실험대상 개코원숭이들은 처음에 한 개체가 낸 "끙끙" 소리를 들은 뒤 다른 개체의 "겁에 질린 소리"를 들었다. 개코원숭이 사회에서 높은 서열의 개체는 낮은 서열 개체의 "끙끙" 소리에 반응해 두려움을 느껴 "겁에 질린 소리"를 내지 않기 때문에, 이러한 소리 시퀀스에 대한 반응에서 서열 관계를 읽어낼 수 있다.

체니와 세이파스는 심리학에서 사용되는 기대-위반 패러다임 violation-of-expectation paradigm에 기초해 실험대상 개코원숭이들이 소리 시퀀스가 서열 관계를 위반했을 때 확성기를 더 오래 쳐다볼 것이라고 추측했고, 그 추측은 들어맞았다.

중요한 것은 이 소리 시퀀스의 새로움으로 그 효과를 설명할 수 없다는 사실에 있다. 실험대상 개코원숭이들은 서열 관계를 위반하지 않는 다른 새로운 소리 시퀀스도 들었지만 여기에는 오래 집중하지 않았기 때문이다. 체니와 세이파스는 다른 소리 유형(예를 들어, "위협을 느낄 때 내는 끙끙 소리"와 "비명"으로 이뤄지는 시퀀스)과 관련된 다양한 유사한 실험을 수행했으며 역시 유사한 결과를 발견했다.

이 경우 개코원숭이들은 다른 소리 시퀀스를 구별하는 능력 이상을 보여준다. 이런 능력은 의심할 여지없이 동물계 전체에 널리 존재한다. 우리는 체니와 세이파스의 생각에 동의하며, 소리를 듣는 개코원숭이들이 그 소리를 해석한다고 생각한다.

개코원숭이들은 자신들이 속한 사회적 세계에 대한 지도를 가지고 있으며, 소리 시퀀스를 이용해 그 지도를 업데이트하면서 소리를 내는 개체의 정체성과 현재의 서열을 파악한다. 이 정보는 다양한 추론 그리고/또는 행동 결정에 사용할 수 있다.

더욱이, 소리를 듣는 개체는 완전히 새로운 소리 시퀀스에 대한 반응으로 이러한 방식으로 반응하기 때문에 과거의 이론에서처럼 연상 형성의 관점에서 그들의 해석 능력을 설명할 수는 없다. 그들의 해석은 소리 순서와 함께 각각의 소리에 의해 전달된 정보를 함께 연결하는 것에 기초해야 하기 때문이다.

이 설명은 개코원숭이가 올바르게 해석할 수 있는 소리 순서의 숫자에 의해 더욱 크게 뒷받침된다. 전형적인 개코원숭이 무리는 약 80마리 정도의 개체로 구성된다. 따라서 체니와 세이파스가 지적했듯이, 임의로 선택한 소리 시퀀스를 올바르게 해석하는 능력은 뛰어난 계산 능력을 뜻한다. 또한 우리는 이 개코원숭이들이 그 소리와 관련된 정보를 유연성 있게 사용할 수 있다고 생각한다.

정신적 표상의 구성 체계가 없는 상태에서 이 정도의 계산 능력을 보이기는 매우 힘들다. 80마리로 구성된 개코원숭이 무리에서 4~5개 종류의 소리 유형이 존재한다면 개코원숭이가 해석할 수 있는 소리 시퀀스의 수는 엄청나게 많을 것이다. 또한 각 시퀀스를 전체적인 단위로 저장하려면 엄청난 기억 능력도 필요하다.

하지만 이 모든 것이 호미닌과 어떤 관계를 가질까? 개코원숭이는 구세계 원숭이이며, 구세계 원숭이는 약 3000만 년 전에 마지막으로 유인원들과 공통 조상을 공유한 것으로 추정된다(Perelman,

Johnson, et al. 2011).

앞으로 논의하겠지만, 유인원들도 기호의 순서를 이용해 의미를 해석하는 능력이 있다. 따라서 이 능력을 구세계 원숭이와 유인원의 마지막 공통 조상으로부터 물려받았다고 생각할 수 있다. 그렇다고 해서 이 능력이 개코원숭이나 유인원에서처럼 고도로 발달했을 것이라는 말은 아니지만 우리가 소리나 행동의 순서를 부분으로 분석하고 전체를 부분의 기능과 그 순서와 함께 해석하는 능력을 아주 오래 전에 영장류로부터 물려받았을 가능성이 있음을 뜻한다.

대형유인원의 언어 학습 실험은 더 핵심적인 증거를 제공한다. 여기에서는 로버트 트러스웰Robert Truswell(2017)의 뛰어난 연구에 초점을 맞춰보자. 트러스웰은 수 새비지-럼보Sue Savage-Rumbaugh의 말뭉치corpus(자연언어 연구를 위해 특정한 목적을 가지고 언어의 표본을 추출한 집합) 중 하나를 재분석해 보노보 수컷인 칸지의 의사소통에 대해 연구했다.

트러스웰의 주요 목표는 대형유인원의 언어 학습 실험 데이터를 이용해 다른 대형유인원들의 구문 능력을 확인하는 것이었다. 이 대형유인원들은 인간의 언어에 노출되었고, 따라서 인간의 언어에서 사용되는 구문의 종류에 노출되었다.

이 유인원들이 무엇을 학습할 수 있었고 무엇을 학습할 수 없었는지 살펴보면 언어가 출현하기 시작할 때의 기준선 능력들과 현재 우리가 사용하는 언어 같은 언어의 출현에 무엇이 필요했는지 알 수 있다.

우리는 트러스웰의 연구에서 두 가지 중요한 사실을 발견했다.

첫 번째는 칸지가 해석에서 어순을 분명히 사용한다는 점이다. 이는 칸지가 행위주체의 역할과 객체의 역할을 모두 인식해 문장 해석을 한다는 점에서 분명하게 드러나는 사실이다.

트러스웰은 이렇게 문장을 올바르게 해석을 하기 위해 칸지가 소위 "의미론적 수프sematic soup" 수준을 넘어서는 전략을 구사했다고 주장한다. 이는 칸지가 영어 사용자들처럼 문장을 덩어리째로가 아닌 구조적으로 해석할 수 있는 능력이 있다는 수축적 설명이다.

이에 따르면 문장을 구성하는 다양한 단어나 구에 해당하는 표현을 활성화하는 것만으로도 그 표현을 한 가지 방법만을 통해 일관된 시나리오로 조합할 수 있다면 그 의미를 충분히 이해할 수 있다. 예를 들어, "옷걸이에 외투를 걸어라."라는 문장에 대해 생각해 보자. 외투에 옷걸이를 거는 것은 불가능하기 때문에 "외투", "옷걸이", "걸다"에 해당하는 표상을 활성화하는 것만으로도 문장의 의미를 파악하고 그 의미를 해석해 적절한 행동을 할 수 있다.

트러스웰은 새비지-럼보의 말뭉치에서 의미론적 수프 전략이 작동하지 않는 총 43개의 문장을 찾아냈다. 이 문장들은 구성 부분들의 상대적인 순서 면에서 서로 다른 문장들 21쌍과 반복된 문장 1개였다. 이 중 하나를 예로 들어보자(새비지-럼보 본인의 주석 포함).

(1) 토마토를 기름에 집어 넣어라.(칸지가 그렇게 한다.)
(2) 토마토 안에 약간의 기름을 집어넣어라(칸지는 기름을 집어 든 뒤 토마토가 담긴 그릇에 그 기름을 붓는다.)

트러스웰은 칸지가 이런 문장들 중 33개 문장에 대해, 76.7%의 정확도로 적절한 반응을 보였다는 사실에 주목했다. 이는 전체 말뭉치에 대한 칸지의 정확도인 71.5%와 비슷했다. 따라서 이러한 문장들에 반응한 칸지의 행동이 우연이었을 가능성은 거의 없다.

트러스웰의 연구에서 또 다른 요점은 부정적이다. 칸지의 수행 능력은 더 복잡한 형태의 구문을 다루면 작동이 실패한다. 트러스웰은 명사구NP, noun phrase 조정을 포함하는 말뭉치의 문장으로 이를 설명한다. NP 조정은 임의의 복잡한 NP를 가능하게 하는 구문 장치다. 예를 들어, 영어에서는 "and"를 사용해 복잡한 명사구를 만드는 경우가 많다("tomato and oil"). 그러면 복잡한 명사구는 하나의 주장만을 나타내는 동사를 취할 수도 있다. 따라서 영어에서는 (3)과 같은 문장이 완벽하게 가능하다.

(3) 토마토와 기름을 가져와.

트러스웰은 이 문장을 이해하기 위해서는 "토마토"와 "기름"을 하나의 구성성분으로 표상해야 한다고 강조한다. 그렇게 하지 못한다면 문장에는 역할을 알 수 없는 추가적인 명사구가 남기 때문이다(예를 들어, "토마토를 가져와! 기름!"같은 문장이 생성될 수 있다).

따라서 칸지가 인간 언어의 화자가 하는 것처럼 사물을 표상하지 않는다면 칸지는 "토마토와 기름을 가져와." 같은 문장에 반응할 때 우연한 행동을 보여야 한다. 트러스웰에 의하면 칸지는 전체의 3분의 1의 경우 하나의 명사구를 무시했으며, 다른 3분의 1의 경우는 다른 명사구를 무시했으며, 나머지 3분의 1의 경우 (우연히) 적절한 반응을 보였다.

이 데이터는 이 패턴에 어느 정도 들어맞는다. 수 새비지-럼보의 말뭉치에 있는 문장 중 26개는 NP 조정을 특징으로 한다. 트러스웰은 다양한 혼란으로 인해 이러한 시도 중 8개를 폐기했다. 나머지 18개 문장에 대해 칸지는 9번의 수행에서 첫 번째 명사구를 무시했고, 5번의 수행에서는 두 번째 명사구를 무시했고, 나머지 4개 문장에 대해서는 올바르게 대응했다. 샘플의 크기는 작지만 NP 조정을 특징으로 하는 문장에 대한 칸지의 정확도는 22.2%로 전체 말뭉치에 대한 정확도와 극명한 대조를 이룬다.

이런 일련의 경우와 칸지가 확실하게 응답한 경우의 결정적인 차이점은 칸지가 문장을 이해하기 위해 계층적으로 구조화된 문장을 표상할 수 있는지에 있다. 즉, 칸지가 문장 전체를 이해하기 위해서는 조직화된 단위인 구를 이해해야 하며, 이를 형성하기 위해 함께 그룹화되는 일부 단어와 함께 문장을 내부 구조를 가진 것으로 표상할 수 있어야 한다.

칸지는 "토마토와 기름"을 다른 구성 요소들을 부분으로써 포함하는 하나의 구성 요소로 나타내야 한다(칸지의 결함에 대한 비슷한 분석은 Hurford 2011 참조). 아마도 칸지는 이것을 할 수 없거나 너무 많은 인지적 노력이 필요하기 때문에 꺼려 했을 것이다(단순한 경우에도 칸지의 오류 빈도는 상당히 높았다).

어느 쪽이든, 칸지의 이런 결함은 인간의 구문 능력에 대한 설명에 도움을 줄 것이다. 우리는 해석에서 계층 구조를 자유롭게 사용하는 능력을 어떻게 진화시켰는지 설명할 필요가 있다.

이 문제에 대해서는 곧 다시 다룰 것이다.

5.2.2
생성

앞의 논의는 우리의 가까운 영장류 친척이 단순한 형태의 구문을 이해하는 데 필요한 많은 인지 도구를 가지고 있음을 시사한다. 그렇다면 구문 생성은 어떨까? 대형유인원들은 보통 의사소통 파트너를 위해 일련의 몸짓을 생성한다. 이러한 몸짓 시퀀스는 세인트 앤드류스St. Andrews 연구팀에 의해 면밀히 연구되었다(Genty and Byrne 2010; Byrne, Cartmill, et al. 2017).

인간의 구문 능력이 대형유인원의 몸짓 시퀀스에서 시작되었을지 모른다는 생각은 매우 자연스러운 생각이다. 특히 우리처럼 몸짓 주도 언어 진화 이론을 주장하는 사람들에게는 더욱 그렇다.

하지만 현재의 학계의 중론은 몸짓 시퀀스에 구문 구조가 전혀 포함되어 있지 않다는 것이다. 실제로 개별적인 몸짓들이 합쳐져 합성기호로 작용하고 있다고 확실히 말할 수 있게 해주는 증거는 어디에도 없다. 그 결과, 대부분의 학자들은 몸짓 시퀀스가 인간 언어 구조의 기원과 관련이 없는 것으로 생각하기 시작했다. 하지만 우리는 이 생각이 옳지 않다고 주장한다.

현재까지 가장 많이 그리고 깊이 연구된 대상은 침팬지 속과 고릴라의 몸짓 시퀀스다. 이 두 유인원은 두 가지 유형의 시퀀스를 생성한다. 이 두 가지 유형 중 첫 번째 유형의 시퀀스는 "몸짓 시합gesture bout"이다. 몸짓 시합에서는 상대의 반응을 추적 관찰하기 위해 몸짓과 몸짓 사이에 1초 이상 간격을 두고 몸짓들이 이뤄진다. 이런 몸짓 시퀀스는 특징적으로 동일한 유형의 몸짓들로 구성된다.

두 번째 유형은 "속사 시퀀스rapid-fire sequence"다. 이 시퀀스의 몸짓들은 1초 미만의 간격을 두고 발생하며 일반적으로 다양한 형태의 몸짓들로 이뤄지는 것이 특징이다. 세인트 앤드류스 연구팀은 속사 시퀀스를 "동의어들의 흐름streams of synonyms"으로 생각하지만, 현재의 현장 연구 방법으로 실제로 이런 몸짓들이 이를 수행하는 행위주체에게 비슷한 의미를 가지는지 확인하는 것은 불가능하다.[1]

이는 속사 시퀀스가 어린 유인원들의 학습 과정 일부를 나타내는 데 학습을 하는 개체는 먼저 많은 수의 몸짓들을 생성한 다음 원하는 행동 반응을 유도하는 데 그 중 가장 효과적인 몸짓을 파악하는 방식이라는 생각이다. 이런 학습을 통해 만들어내는 몸짓의 수를 줄여 결국 소수의 또는 하나의 몸짓으로 줄이게 된다.

이 가설은 관찰된 연령 편향을 설명할 수 있을 뿐만 아니라 나이든 원숭이가 새로운 행동 맥락에 놓였을 때(예를 들어, 성체 수컷이 새로운 암컷과 배우자 관계를 맺을 때) 속사 시퀀스로 되돌아간다는 사실에도 들어맞는다.

언뜻 보기에 속사 시퀀스는 그 시퀀스를 이루는 부분들의 순서에 대한 함수가 아니라면 복잡한 메시지를 부호화하는 것처럼 보인다. 하지만 한두 가지 예외를 제외하고는 그렇지 않은 것 같다. 지금까시의 연구결과들이 맞는다면 이런 몸짓 시퀀스에서 순서는 규칙적으로 의미를 전달하지 않는다.

지금까지의 연구결과들이 맞는다고 가정해 보자. 그렇다고 해도 우리는 속사 시퀀스가 중요한 기본 능력을 드러낸다고 본다. 이런 몸짓들이 생성되는 속도는 적어도 일부 몸짓들이 송신자의 행동 계획에서 단일 단위로 묶여 표시됨을 나타내는데, 따라서 몸짓 시퀀스를 시작할 때 유인원은 하나의 시퀀스를 단일 단위로 묶는다고 생각할 수 있다. 이는 여러 단어들을 문장의 일부(예를 들어, 명사구)로 형성하는 것과 유사하다고 볼 수 있다. 또한 송신자는 특정한 의사소통 목표를 달성하기 위해 매우 다양한 수의 몸짓들 중 하나를 선택한다. 이는 몸짓의 수가 줄어들기 시작하면서 점점 더 분명해지는 현상이다. 이 시점에서 송신자는 의도적으로 무작위의 몸짓이 아닌 특정한 몸짓을 선택하기 때문이다.

이 대형유인원들은 잠재적으로 이용 가능한 다양한 시퀀스들 중에서 선택을 통해 특정한 방식으로 구조화된 시퀀스를 생성하는 능력을 가지고 있다. 수신자는 시퀀스의 순서를 인지하도록 적응되어 있기 때문에 이런 시퀀스들이 구조화된 의미를 가지는 데는 송신자의 의도 변경이면 충분하다.

요약하자면, 대형유인원들은 간단한 구문에 필요한 기본 능력을 가지고 있는 것으로 보인다. 이들은 생성 단계에서 기억으로부터 몸짓을 불러오고, 구별되는 몸짓을 선택하고, 일련의 몸짓 시퀀스를 실행할 수 있다.

또한 이들은 일련의 소리들이나 몸짓들에 의해 전달되는 정보가 있으면 그 정보를 인식하고 사용하는 방법을 배울 수 있는, 해석자로서의 능력도 가지고 있다. 대형유인원들은 "행동을 하지 않는 행동"에도 의도가 있으며, 심지어 우연한 정규화를 이끌 수 있는 행동조차 의도적으로 하지 않는 것으로 보인다. 즉 우연으로 정보를 먼저 전달하고 성공을 통해 그 정보를 전달한 행동의 안정화가 이루어지는 기본 패턴을 가지게 된 것으로는 보이지 않는다.

5.3
구문의 쉬운 문제

앞에서 우리는 선형적 구문 구성, 즉 어순의 의미론적 사용이 인간 언어의 초기 특징일 가능성이 있다고 말했다. 만일 언어학적 의사소통이 몸짓을 초기의 광범위하게 사용했다면 더욱 그랬을 것이다. 앞 장의 골자는 우리의 조상이 이런 구문을 사용하는 데 필요한 대부분의 인지 메커니즘을 가지고 있었을 가능성이 크다는 것이었다. 그렇다면 어떤 변화가 일어나야 했을까?

첫 번째 단계는 합성기호가 일상적인 의사소통의 규칙적인 부분이 되는 단계였을 것이다. 제4장에서 우리는 이런 전환이 어떻게 진행되었을지, 그리고 이 전환을 촉발한 인지적 변화에 대해 논의했다. 또한 우리는 도상과 가리키기로 구성되는 간단한 합성기호가 가리키기의 동반 여부와 상관없이 여러 가지 몸짓으로 구성되는 다른 합성기호를 생성할 수 있었던 몇 가지 방식에 대해서도 고려했다.

이런 일이 한 번 시작된 후에는 몸짓 순서가 의미 정보를 부호화하는 역할을 수행하도록 단계가 설정되었을 것이다. 한 쌍의 가리키기-도상 집합은 의미론적 수프이지만, 합성기호가 더 복잡해지면 순서가 해석에 유용한 지침이 될 수 있었을 것이다.

합성기호 생성에 내재된 패턴(예를 들어, 가리키기를 실행하기 전 도상을 명목적인 역할로 사용하는 경향)은 언어 학습자에 의해 채택되고 활용되었을 것이다. 인간, 유인원 및 영장류는 일반적으로 데이터의 패턴을 인식하는 데 뛰어나다(Saffran, Hauser, et al. 2008). 따라서 우리는 복합적인 의사소통으로의 전환이 초기에 이뤄졌고, 그 후에 합성기호의 규칙적인 사용이 간단한 선형 구문의 사용으로 이어졌다고 추측한다.

의미를 부호화하기 위해 몸짓 순서나 기타 문법적 장치(예를 들어, 억양, 약어 등)를 사용하는 것은 우리 조상의 의사소통 요구가 더 복잡해지기 전까지는 불필요했을 것이다. 이 아이디어를 보다 구체적으로 만드는 한 가지 방법은 역할의 명시적 지표가 중요해지는 복잡성 정도의 지표로 칸지 사례에 대한 논의에서 나온 의미론적 수프 전략을 사용하는 것이다.

행위주체와 객체, 기증자와 수혜자가 누구인지 모든 사람에게 명백한 경우 이러한 특징을 명시적으로 표시할 필요는 없다. 하나의 해석만이 타당한 경우 수신자가 적합한 행동, 행위주체 또는 상황을 생각하게 하는 것만으로도 메시지를 충분히 전달할 수 있다. 하지만 메시지가 더 복잡해짐에 따라 여러 행위주체 그리고/또는 일련의 행위를 포함하게 되면 행위와 행위주체를 지정하는 것만으로는 너무 많은 가능성이 열릴 수 있다. 따라서 우리는 구문적 그리고/또는 기타 문법적 장치가 등장한 것은 의미론적 수프 전략이 신뢰도를 잃었을 때라고 생각한다.

중요한 사실은 어느 정도 역할 유연성이 확립된 후에는 다른 개체들이 적절한 행위주체에 주목하게 만드는 것만으로는 사회적 영역에서 메시지를 주고받는데 충분하지 않았다는 것이다. 이와 마찬가지로, 일반적으로 두 명(또는 그 이상)의 행동에 대해 의사소통할 때 모두가 행위주체 또는 객체가 되는 것이 합리적이다.

개별 행동 레퍼토리의 경우 일반적으로 행동들이 실질적으로 겹치기 때문이다. 더욱이, 협력과 공동작업 형성에서의 이런 의사소통의 기본적인 역할을 고려할 때, 이 영역에서 잘못된 의사소통의 비용은 매우 클 수 있다. 예를 들어, 프로도에게 돈을 갚지 않는 것이 보스코인지, 또는 그 반대의 경우인지를 구별하는 것은 매우 중요한 일이다.

방법론적으로 볼 때 이는 매우 고무적인 생각이다. 이는 선형 구문과 같은 문법 장치의 진화를 협력 및 공동작업의 강화된 형태의 고고학적 흔적과 연결할 수 있음을 의미하기 때문이다(제7장 참조). 물론 문법이 훨씬 더 일찍 그리고/또는 우리 조상의 다른 의사소통 요구에 대한 응답으로 등장했을 가능성이 있다.

하지만 우리는 현실적이고 실현가능한 사회적 사건에 대한 의사소통이 핵심 요인이었음에 틀림없다고 생각한다. 협력은 일반적으로 조정을 필요로 하며, 협력이 공간적 그리고 시간적으로 더 확장되거나 협력의 이익이 분할될수록 의사소통에 대한 요구가 커진다. 이에 대한 자세한 논의는 제7장에서 다시 하겠지만, 여기서는 우선 논의를 위해 케셈^{Qesem} 동굴의 후기 아슐리안 유적지에 대해 생각해 볼 것이다(Stiner, Gopher, et al. 2011; Barkai, Rosell, et al. 2017).

연대측정에 따르면 이 유적을 남긴 사람들은 하이델베르겐시스로 추정된다. 이 동굴에 살던 사람들의 기본적인 조달 전략은 채집과 결합된 일종의 매복 사냥이었을 것이다(성인 남성의 역할을 중시하는 편향이 개입된 생각일 수 있다). 이들은 집단적으로 행동했지만 그 집단적 행동으로 인한 이익을 그 자리에서 나누어 소비하지는 않았다.

(이 동굴에 남아있는 뼈들로 판단할 때) 이들이 사냥한 동물들은 해체되었으며 주거지로 가져갈 가치가 없는 부분들(예를 들어, 발굽)은 버려지고 다른 부분들은 옮겨진 것으로 보인다. 살과 뼈는 아마도 매우 큰 공동의 화로에서 요리되었을 것이다. 뼈들은 부러져 있었고 골수는 추출된 상태였으며 (뼈를 갉아 먹은 조각의 흔적으로 볼 때) 고기는 나누어 먹은 것으로 추측된다. 이 동굴은 시간 지연이 있었지만 공동체의 구성원들이 자원을 공유했다는 사실을 드러낸다. 사냥한 동물은 사냥에 참여한 사람들이 그 자리에서 다 먹어버리지 않고 분배되어 주거지로 옮겨졌다. 이는 질서정연하고 지속적인 협력을 보여주는 고고학적 장면이다. 이런 종류의 공동생활을 위한 의사소통 요구는, 그것이 무엇이든 간에, 집단적으로 육식동물을 사냥한 사람들이 그 자리에서 경쟁하면서 고기를 서로 먹는 상황에서 필요했던 의사소통 요구보다 훨씬 컸음이 분명하다.

이런 사냥꾼들의 거칠지만 준비된 협력은 케셈 동굴에서 보이는 것보다 질서 있는 팀워크를 위한 중요한 진화적 전구체였을 가능성이 매우 크지만 동시에 조정을 위한 의사소통 요구도 있었을 가능성이 크다.

우리의 견해로는 선형 구문을 사용하는 능력의 발전이나 우리 계통에서 선형 구문의 실제 생성 모두 깊은 미스터리를 제기하지는 않는다. 대형유인원은 그럴만한 능력이 있거나 거의 있기 때문이다. 주요 변화는 이러한 잠재적 능력의 구현과 향상을 선택한 사회경제적 환경의 변화였다.

우리와 우리의 가까운 영장류 친척들을 포함한 다른 동물들과의 큰 격차는 의사소통에서 계층적 구조를 사용하는 능력이 있다는 사실에 기인한다. 그렇다면 여기서 계층적 구조란 정확하게 어떤 의미일까? 이 질문은 단순한 질문이 아니다.

5.4
계층구조: 언어학적 관점

계층적 구조라는 개념의 핵심은 형식문법과 연결되어 있다. 이 개념은 언어학에서뿐만 아니라 언어 이론을 기반으로 하는 대부분의 진화론적 논의에서도 사용된다. 특정 종류의 문법, 특히 문맥 자유 문법context-free grammar에 의해 해당 언어가 적절하게 지정되면 언어의 문장은 계층 구조를 갖게 된다. 문맥 자유 문법은 가장 단순한 형식의 문법인 정규문법보다 더 강력한 것으로 간주된다(정규문법과 문맥 자유 문법에 대해서는 박스 5.1, 박스 5.2 참조).

직관적으로 생각하면, 문맥 자유 문법만이 (언어학자들에 의하면) 우리가 보통 생각하는 인간 언어의 문장을 구성하는 부분들과 같은 방식으로 "문자열을 생성하여 문장을 구성할 수 있다." 예를 들어 영어 사용자는 "존John"을 다음과 같은 문장(4)의 일부로 인식한다.

(4) 존은 걸었다. (John walked.)

이런 종류의 구조는 정규문법으로는 포착할 수 없다. 문장(4)

를 지정하는 정규문법은 "걸었다(walked)"와 "존이 걸었다(John walked)."라는 두 부분을 반드시 구성성분으로 포함해야 한다. 정규문법의 생성규칙에 따르면 모든 문장의 구성성분은 문자열의 끝까지 확장되어야 하기 때문이다. 따라서 정규문법은 내부 구조의 특수한 유형인 계층적 구조를 갖는 문자열과 다른 구성 요소 내부에 구성 요소가 있는 문자열을 생성할 수 없다(그림 5.1에 표시된 퇴화적인 의미에서의 생성은 예외다) 예를 들어 다음의 문장(5)를 고려해 보자. 영어 사용자는 "개와 함께(with the dog)"라는 구를 문장(5)의 일부로 인식하지만 "개와 함께 있는 남자(the man with the dog)"도 문장(5)의 일부로 인식한다.

(5) 개와 함께 있는 남자가 집에 갔다.
　(The man with the dog went home)

박스 5.1

> **형식문법**
>
> 형식문법은 (형식) 언어를 생성하는 생성 규칙들의 유한 집합이다. 문자열은 종단 기호(terminal symbol)의 일부 알파벳을 기초로 형성된다. 종단 기호는 하나 이상의 다른 상징으로 다시 쓰일 수 있는 비종단 기호(nonterminal symbol)와 대조된다.
> 즉, 종단 기호는 다시 쓸 수 없다. 형식문법이 자연언어의 문법으로 제안되는 경우 종단 기호는 단어 또는 형태소가 된다. 생성 규칙은 우리가 규칙의 왼쪽에 있는 기호를 규칙의 오른쪽에 있는 기호로 다시 쓸 수 있도록 만들어 기호들을 서

로 연결한다.

정규문법

형식문법은 생성 규칙의 형식에 따라 다양한 부류로 나뉜다. 이 중 가장 간단한 문법 부류가 "정규문법"이며 여기에서 모든 규칙은 다음의 형식을 취한다. 규칙의 왼쪽에는 비종단 기호가 있고, 규칙의 오른쪽에는 (a) 비종단 기호 하나와 종단 기호 하나 또는 (b) 종단 기호 하나 또는 (c) 빈 문자열(ε, 또 다른 종단 기호로 생각될 수 있는 모든 의도와 목적이 있다). 각 규칙의 사례는 다음과 같다.

(5.1.1) a. X → aX
b. X → a
c. X → ε

정규문법은 선형 구조만을 가진다고 간주되는 문자열을 생성한다. 정규문법에 의해 생성된 문자열의 모든 구성 요소는 반드시 문자열의 가장자리까지 확장된다. 여기서 구성 요소는 생성 규칙을 사용하는 비종단 기호의 확장에 해당하는 하위 문자열이다.

이 하위 문자열이 어느 쪽 가장자리에 위치할지는 문법이 오른쪽 규칙인지 왼쪽 규칙인지에 달렸다. 오른쪽 정규문법의 경우 규칙(5.1.1a)과 같이 생성규칙 오른쪽의 비종단 기호를 종단 기호의 오른쪽에 쓴다. 그 결과 문자열의 오른쪽 가장자리로 확장되는 구성 요소가 생성된다. 그림 5.1에 표현된 사례인 문자열 "aaa"는 규칙(5.1.1a)와 (5.1.1b)를 적용하여 생성되었다. 이 사례는 오른쪽에서 왼쪽으로 이동하는 3개의 문자열, 즉 "a", "aa", "aaa"을 포함하고 있다(표 5.1). 왼쪽 정규문법의 경우, 생성 규칙의 오른쪽에 있는 비종단 기호는 종단 기호의 왼쪽에 쓴다. 그 결과 문자열의 왼쪽 가장자리로 확장되는 구성 요소가 생성된다.

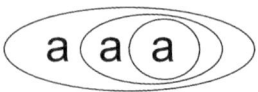

그림 5.1

이 가장자리 관련 제약은 나무 형태로도 나타낼 수 있다(그림 5.2). 그림 5.2에 문자열의 선형 구조는 트리의 오른쪽 선형 성장에 의해 반영된다. (오른쪽) 정규 문법에 의해 생성된 문자열은 가장 오른쪽에 위치한 가지보다 더 긴 가지를 가질 수 없다. 이는 경계가 문자열의 오른쪽 끝까지 확장되지 않는 구성 요소를 의미하기 때문이다.

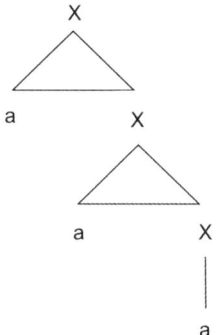

그림 5.2

더 직관적으로 생각하면, 이 제약 조건은 정규문법이 내부 구조를 갖는 문자열을 생성할 수 없거나 퇴화적 의미(즉, 그림 5.1에 표시된 것과 같은 구조의 종류)에서만 내부 구조를 갖는다는 것을 뜻한다.

문장(5)의 직관적인 구조에 해당하는 나무 형태 도표를 그리면 그림 5.3과 같을 것이다. 이 구성 요소는 다음과 같이 더 확장될 수 있다는 직관적인 의미가 있다.

(6) 뒷다리가 검은색인 개와 함께 있던 남자가 집에 갔다(The man with the dog with the black rear leg went home).

문장(6)에서 "뒷다리 검은(with a black rear leg)"이라는 부분은 "개(the dog)"로 시작하는 전체 구성요소에 속해 있는 것으로 보인다. 다음의 문장(7)을 다시 직관적으로 생각해 보자.

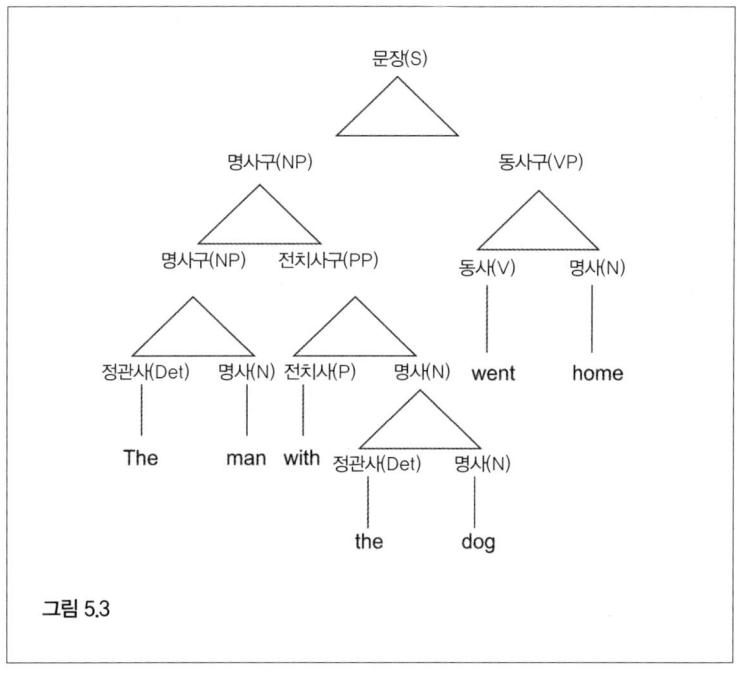

그림 5.3

(7) 위스키 한 병을 들고 개와 함께 있던 남자가 집에 갔다(The man with the dog and the bottle of whisky went home).

이 문장에서 "위스키 한 병(and the bottle of whisky)"은 "개(dog)"로 시작하는 구성부분의 일부가 아니다.

형식문법의 관점에서 본다면 "개와 함께(with the dog)"라는 부분이 전체 문장의 일부라는 직관적 생각은 이 부분을 이루는 모든 단어들이 하나의 비종단 기호, 즉 하나의 PP(전치사구)에 의해 지배된다는 사실을 반영한 생각이다. 또한 "개와 함께 있던 남자(the man with the dog)"도 이 부분을 이루는 모든 단어들이 하나의 비종단 기호, 즉 명사구NP에 의해 지배된다는 사실을 반영한 생각이다. 이 나무 형태에는 가장 오른쪽에 있는 가지보다 더 긴 여러 개의 가지가 있다.

이러한 종류의 구조를 포착하려면 정규문법이 포함할 수 있는 모든 생성 규칙을 포함할 수 있는 문맥 자유 문법으로 이동해야 한다.

하지만 문맥 자유 문법은 우리가 문장 안에 복잡한 구성요소를 구축(또는 인식)할 수 있게 하는 규칙도 포함할 수 있다. 정규문법은 문자열의 한쪽 끝에만 더 복잡한 구조를 구축할 수 있다(전문 용어로 "문자열 확장"이라고 부른다).

우리는 문장이 중첩된 부분-전체 구조를 가질 때, 즉 문장의 부분들이 다시 부분들을 가질 때 문장이 계층적 구조를 가진다는 언어학자의 의견에 동의한다. "개와 함께(with dog)"는 어떤 중요한 의미에서 문장(5)의 일부인 것처럼 보이며, 같은 맥락에서 "개가 갔다(dog went)"는 문장(5)의 일부가 아니라는 직관적이라는 데에도 동의한다. 하지만 여기서 매우 중요한 의문을 제기할 수 있다. "개가 갔다"는 명백한 의미에서 문장 (5)를 물리적으로 구성하는 일부분이기 때문이다. 여기서 우리는 문장의 부분에 대한 개념을 약간 수정해야 할 것 같다.

"개와 함께(with a dog)"는 일부이고 "개는 갔다(dog went)"는 그렇지 않은 이유를 설명해야 한다. 여기서 직관을 재활용할 수는 없다. 언어학자들의 설명은 언어에서 문장들을 생성하고 구축하는 정규문법에 의존하며, 이 설명에 따르면 "개와 함께"는 문장 (5)의 일부다. 문장(5)는 이 모든 단어들이 하나의 비종단 기호(PP)의 가치로 보는 형식문법에 의해 생성되기 때문이다. 이 구조를 나타낼 때는 이 세 단어(with a dog)만이 PP에 대응한다. 또한 "man with the"는 물리적으로는 이 문장의 부분일 수 있으나, 이 이론에 따르면 문장(5)의 부분이 아니다. 문법이 이 문장을 생성하는 과정에서 이 부분들이 하나의 비종단 기호 안에 채워지지 않기 때문이다.

우리는 이 설명이 맞는다고 생각하지 않는다. 첫째, 이 설명은 잘못된 순서에 기초한다. 우리가 언어를 사용하고 이해하는 사실 때문에 특정 부류의 형식문법이 적절한 문법을 제공해 우리가 사용하는 언어를 표현한다. 언뜻 생각하기에는 언어 생성과 해석을 기반으로 "구성요소"에 대한 인지적 측면의 설명이 필요한 것으로 보인다.

이는 "개와 함께"가 문장(5)의 일부분이지만 "개가 갔다"는 문장의 일부분이 아니라는 우리의 직관을 설명할 수 있어야 하며, 문맥

박스 5.2

문맥 자유 문법

정규문법과 달리 문맥 자유 문법은 규칙의 오른쪽에 여러 개의 비종단 기호 그리고/또는 종단 기호가 있는 생성 규칙을 포함할 수 있다(하지만 생성 규칙의 왼쪽은 여전히 하나의 비종단 기호로 제한된다). 이 차이는 매우 중요하다. 이 차이는 문장 내부에 구성 요소가 있는 문자열을 만들 수 있도록 하며, 이러한 구성 요소는 차례로 다른 구성 요소를 포함할 수 있기 때문에 매우 중요하다. 아래는 그림 5.3과 같은 구조로 문자열을 생성하는 문맥 자유 문법의 예다.

5.2.1

a. 문장(S) → 명사구(NP) 동사구(VP)

b. 명사구(NP) → 명사구(NP) 전치사구(PP) / 정관사(Det) 명사(N)

c. 전치사구(PP) → 전치사(P) 명사구(NP)

d. 전치사(P) → with

e. 동사구(VP) → 동사(V) 명사(N)

f. 정관사(Det) → the

g. 동사(V) → went

h. 명사(N) → man/dog/home

"/"는 별도의 규칙을 나타내는 데 사용된다. 따라서 규칙(5.2.1b)은 실제로 두 개의 규칙으로, 하나는 명사구(NP)를 명사구(NP) 전치사구(PP)로, 또 다른 하나는 명사구(NP)를 정관사(Det) 명사(N)로 다시 작성한다. 문맥 자유 문법에 의해 생성된 문자열의 경우 해당 문자열을 생성하는 정규문법이 존재한다.

이는 문자열의 선형적 순서를 생성하는 일련의 생성 규칙을 항상 작성할 수 있다는 단순한 사실에서 비롯된다. 하지만 형식문법이 배제하는 문자열 집합도 똑같이 중요하다. "The man with the dog went home" 문자열을 생성하는 정규문법과 영어 사용자가 영어 문장으로 인식하는 다른 문자열을 명시하는 것은 이런 문자열만 생성하는 문법을 지정하면 되는 간단한 일이다.

영어 문법은 "man with the dog went home the man" 같은 문자열을 생성해서는 안 된다. 이는 오른쪽에 두 개의 비종단 기호가 있는 생성 규칙의 왼쪽에 비종단 기호를 다시 쓸 수 있도록 하는 생성 규칙 없이는 수행될 수 없다. 따라서 영어는 (최소한) 문맥 자유 언어로 간주된다.

재귀(recursion)

재귀는 흔히 문맥 자유 문법에 의해 가능하게 된 것으로 오해되곤 한다. 엄밀히 따지면 재귀는 파생(derivation, 형식문법의 생성 규칙을 순차적으로 적용하여 일부 기호 문자열을 생성하는 것을 말한다)의 속성을 가진다. 파생은 동일한 생성 규칙을 두 번 이상 사용할 때 재귀성을 가진다. 따라서 문법이 이런 종류의 파생 기능을 가질 때 그 문법은 재귀적이라고 말할 수 있다. 유한한 수단으로부터 무한한 종류의 문자열이 생성할 수 있는 것은 재귀를 통해서 가능하다.

정규문법은 재귀적일 수 있다. 실제로 규칙(5.1.1)에 표시된 문법은 재귀적이다. 규칙 "X → aX"가 단일 파생의 맥락에서 계속해서 적용될 수 있기 때문이다.

하지만 일부 학자들은 더 강력한 속성, 즉 구성 요소 내부에 다른 구성 요소를 끼워넣어 문자열을 내부에서 확장하는 기능을 설명할 때 재귀라는 용어를 사용하지 않고 "중앙 내포(center-embedding)"라는 용어를 사용한다.

중앙에 내포된 구성 요소를 지정하려면 문맥 자유 문법이 필요한데, 오른쪽 가장자리에 두 개의 다른 기호(예: X → aXY 또는 X → aXa) 사이에 있는 비종단 기호가 포함된 생성규칙이 필요하다.

따라서 "재귀"라는 개념에서는 실제로 문맥 자유 문법, 재귀, 계층적 구조 사이에 일련의 연결이 존재한다. 이런 방식으로 "재귀"라는 용어를 사용하는 학자들은 일반적으로 정규문법이 "반복(iteration)"으로 지원할 수 있는 재귀 유형을 설명한다(Corballis 2014 참조).

자유 문법이 우리 언어를 설명할 수 있는 올바른 방법인 이유도 설명할 수 있어야 한다. 이와 관련해 현대 언어학에서 형식문법의 심리학적 기반이 불안정하다는 사실도 우려가 된다.

한때는 형식문법이 심리학적으로 실제적인 형태의 구조, 즉 우리 언어 능력의 특별한 특징을 설명하는 형태를 설명한다고 생각하는 것이 일반적이었다. 인간은 무한한 수의 문장을 만들고 이해할 수 있다. 게다가 우리가 문법적으로 판단하는 문장에는 매우 구체적인 제약 조건이 수반된다. 인간은 계산 능력이 유한함에도 불구하고 이 모든 작업을 수행한다. 어떻게 그럴 수 있을까?

인간이 특정 형식문법에 대한 지식을 가짐으로써 이 모든 작업의 수행이 가능해졌다고 한때 생각되었다. 하지만 현재 학자들은 자연언어에 대해 생성하는 형식문법으로부터 우리의 언어 사용 능력을 설명하는 심리학적 과정을 읽을 수 있다고 생각하지 않는다.

우선, 형식문법은 문장을 작성하거나 생성하지만 언어 생성과 언어 이해 사이에서 완전히 중립적이어야 한다. 하지만 문장을 이해하는 과정이 그 문장을 결정하고 만들어내는 과정과 같다고 보기는 어렵다. 구조를 구축하는 것과 그 구조의 조직을 인식하는 것은 별개의 문제이기 때문이다. 그 이유만으로도, 예를 들어 문장(5)를 생성하거나 이해하기 위해 영어 사용자가 취하는 실제 단계는 (5.2.1a-h)에 표시된 종류의 규칙을 사용한 문장(5)의 파생과 유사하지 않을 수 있다.

문법에 필요한 모든 것이 언어학자에게 언어에 대한 우아하고 간결한 설명을 제공하는 데 불과하다면 우리는 실제로 문법이 생성 또는 이해의 과정에서 그 어떤 역할도 하지 않는다고 생각할 수 있다. 이러한 생각은 일부 언어학자들의 견해일 수 있다.

하지만 이 접근방식에서는 계층적 구조에 대한 문법 기반 설명이 구체적으로 어떤 것인지 명확하지 않다. 형식문법이 발화를 구축하거나 이해하는 데 관련된 계산 처리를 지정한다는 생각을 포기하면(아마도 어느 정도 추상적인 수준에서), 일부 문자열이 특정 계층 구조를 갖는다는 주장이 문제인 것처럼 보이기 시작한다.

문자열이 이런 구조를 가지고 있는 이유는 단순히 우리가 학자로서 분석과 표현을 위해 선택한 구조이기 때문이다. 이는 나무의 나이테 단면도를 관찰해 나무의 나이와 성장 상태에 대해 알아내는 일과 어느 정도 비슷하다. 이런 나이테 구조는 과거 환경을 측정하기 위해 연륜 연대학자들이 나무의 연대 정보를 이용할 수 있게 해준다. 하지만 나이테 구조 자체는 나무에 대한 정보를 가지고 있지 않다.

우리가 아는 한, 나무는 자신의 과거 성장 패턴을 참조해 성장하지 않으며, 나무는 건조한 해가 계속될 것을 예상해 대비를 할 능력도 가지고 있지 않다. 이와 관련해 스테판 프랭크Stefan Frank와 동료들은 언어의 계층적 구조에 대한 최근의 회의적인 비평 논문에서 문장을 계층적으로 조직된 구조로 취급하는 것이 언어학자에게 유용하며 특정 언어에서 발견되는 문장의 종류에 대한 간략한 설명을 제공할 수 있지만 말하기와 해석하기에서는 활용되지 않는다고 주장했다(Frank, Bod, and Christiansen 2012).

계층적 구조가 형식문법의 관점에서 정의되고, 형식문법의 인지적 현실에 기여를 하지 않는다면 형식문법이 언어가 사용되는 방식에 대한 설명이 아닌 경우라면 우리는 이 이론에 동의한다. 이에 대한 내용은 제5장 5.7 마지막 부분에서 다룰 것이다.

둘째, 언어의 계층적 구조는 문장 수준에만 국한되지 않는다. 언어의 계층적 구조는 문장 수준 이하에서도 나타나는 것이 확실하다. 단어는 형태소들로 구성되며, 형태소는 음소들로 구성된다. 이 또한 재귀적인 부분-전체 구조의 사례이기도 하다. 문장 수준을 넘어서도 계층적 구조가 나타날 수 있으며, 일부 이론가들은 이러한 유형이 매우 중요한 구조라고 생각한다(Levinson 2013).

대화는 그 자체가 문장으로 구성된 짧은 대화 조각들로 구성된 것으로 볼 수 있다. 따라서 언어는 위에서부터 아래로 계층적으로 구성된다고 볼 수 있다. 언어의 문장들을 설명하는 문법의 형식적 속성에 기초해 문장의 계층적 구조를 정의하는 것은 언어에 대한 이런 생각과 양립하기 힘들다. 이런 생각은 "부분이란 무엇인가?"라는 질문에 대한 일반적인 대답을 할 수 있는 가능성을 포기하는 생각이기 때문이다. 우리는 신경과학의 관점이 도움이 될 것이라고 생각한다.

5.5
계층적 구조: 신경과학적 관점

신경과학자들은 일반적으로 행동이 부분-전체 구조를 가진다고 본다. 예를 들어, 아침 식사를 만드는 행동은 단일 행동이 아니라 복잡한 하위 행동들의 연속으로 간주된다. 이 생각은 19세기의 저명한 심리학자 칼 래슐리Karl Lashley가 처음 한 것으로 알려진다. 래슐리는 이런 구조의 증거로 "누락의 오류error of omission"를 들었다.

예를 들어, 아침식사를 만들 때 냉장고에서 우유를 꺼내는 것을 잊어버릴 수 있다. 우리의 아침식사 만들기 루틴이 단일 탄도 시퀀스single ballistic sequence로 저장된다면 "탄도가 발사될 때" 아침식사를 만드는 전체 행동의 흐름이 약간의 잡음으로서만 변이가 발생하면서 펼쳐지는 것을 볼 수 있을 것이다.

만일 그렇다면 우리는 이 과정에 요소들이 추가되거나 다시 정렬되는 것을 보지 못할 것이다. 래슐리는 우리의 행동 표현이 내부적으로 구조화되고 더 단순한 요소로 구성된다는 것을 보여주기 위해 확장된 행동 시퀀스가 탄도의 성질을 갖고 있지 않다는 사실을 지적했다. 따라서 우리는 하나 이상의 행동 요소의 순서를 생략하거나, 추가하거나, 변화시킬 수 있다는 것이다.

언어 영역에서와 같이, 행동에서의 계층적 구조도 중첩된 부분-전체 구조로 이해된다. 하지만 여기서 우리는 다시 한 번 무엇을 부분으로 간주해야 하는지의 문제에 직면하게 된다. 신경과학자들은 이 질문에 여러 가지 방식으로 대답한다.

한 가지 접근 방식은 언어학 이론에 기초하여 행동을 형식문법, 즉 "행동 문법action grammar"에 의해 생성된 것으로 본다(Jackendoff 2007; Stout 2011; Boeckx and Fujita 2014). 행동 열action string의 구조는 열을 생성하는 형식문법에 의해 정해진다.

우리는 이 접근방식에 동의하지 않는다. 심리학적 현실과 관련해 동일한 문제를 일으킬 수 있기 때문이다. 행위주체가 말 그대로 행동 문법으로부터 행동을 추출하지 않는 한 계층적 구조라는 개념 자체가 불분명해진다. 특히 이런 방식으로는 행동에 대해 효과적이고 체계적으로 설명하기 힘들다.

우리는 언어를 사용하면서 언어를 인식하듯이 행동을 하면서 행동을 인식할 수 있기 때문에 이 "행동 문법"은 생성과 인식 사이에서 중립적이어야 한다. 행동 문법이 중립적이 되는 것은 불가능하다고 단언할 수는 없지만 우리는 이런 생각이 너무 위험하다고 본다.

형식문법과는 관계가 없는 접근방식도 두 가지가 있다. 첫 번째 접근방식은 행동 열과 행동들의 물리적 부분들 사이의 도구적·인과적 관계에 기초해 식별하는 방식이다(신경계에 의해 제어되는 것과는 별개다, Botvinick 2008). 예를 들어, 냉장고를 여는 행동과 우유를 꺼내는 행동은 그 행동들을 포함하는 더 큰 행동 열의 적절한 구성요소인데, 냉장고를 여는 행동은 우유를 꺼내는 행동을 가능하게 하기에 그렇다.

도구적 관계는 그 자체가 복잡한 부분들 사이에서 유지될 수 있고, 이 경우 계층적 구조가 발생한다. 아침식사를 만드는 행동 열에는 많은 행동이 포함되며, 아침식사를 만드는 행동 자체가 아침식사를 하는 행동을 가능하게 하기 때문이다.

뿐만 아니라 이 부분들은 출근 준비 행동이라는 행동 열의 일부가 된다. 일부 신경과학자들은 이런 행동적 접근방식을 선호하는데 행위주체가 행동 열을 머릿속에서 표현하는 방식에 대한 언급이 이뤄지지 않기 때문이다.

다른 상황에서는 이 접근방식이 장점을 가질 수 있을지는 모르겠지만, 부분에 대한 이 행동-인과적 개념behavioral-causal notion은 아마도 문장 문자열의 모든 물리적 부분을 구성 요소로 계산하기에 언어에는 적용되지 않는다. 행동-인과적 개념을 앞선 사례에 적용하면 "개가 갔다(dog went)"고 말하는 것은 "집(home)"이라고 말하는 것에 대한 인과적 전제조건이 되어 버리며 따라서 "개와 함께 집에 갔던 남자(the man with the dog went home)"라는 문장 구조에 대한 오해를 불러일으킬 것이다.

이와는 대조적으로, 행위주체가 행동을 나타내는 방식에 호소함으로써 계층적 구조를 식별하고 그에 따라 부분-전체 관계를 식별하는 접근방식도 있다. 특히 이 접근방식은 행위주체가 목표와 하위 목표 간의 관계를 나타내는 방법을 설명하는 방식이라고 할 수 있다(Badre and D'Esposito 2009; Badre, Hoffman, et al. 2009; Christoff,

Keramatian, et al. 2009).

    대략적으로 말하면, 이 접근방식은 행위주체가 하위 열에 해당하는 목표 표상을 갖는 경우에 그 하위 열이 부분이 된다는 생각에 기초한다. 행동의 구조에 대한 이런 개념은 훨씬 더 풍부한 신경과학 연구와 관련이 있다.

    이 접근방식은 심리학 이론에도 상당 부분 기초하고 있기에 우리는 이 방식을 선호한다. 우리에게 중요한 것은 행동적으로 정의된 개념과 달리 이러한 계층 구조의 의미는 자연스럽게 언어로 확장된다는 사실이다. 문장을 생성하는 것은 복잡하고 구조화된 일련의 행동을 실행하는 것이다. 문장을 해석하려면 수신자가 이렇게 구조화된 시퀀스를 식별해야 한다.

    우리는 목표 표상에 대한 이런 생각들과 이런 표상들이 상호 연관되는 방식이 다소 불투명한 용어로 표현되기는 하지만 매우 설득력이 있다고 본다. 이와 관련된 연구들은 목표 표상을 추상성의 두 가지 의미에서 다소 "추상적으로" 설명한다. 표상은 활성화될 수도 있고 비활성화될 수도 있으며 행동을 시작할 때나 해석할 때 표상은 인과관계 면에서 두드러질 수도 있고 그렇지 않을 수도 있다.

    시간적 추상화temporal abstraction는 활성화 기간을 말하며, 시간적으로 추상적인 목표 표상이 더 오래 활성화된다. 출근 준비를 하는 과정에서 아침식사를 만드는 행동에 대한 표상은 냉장고를 여는 행동에 대한 표상보다 더 오래 활성화 상태를 유지한다. 다른 유형의 추상화는 정책 추상화policy abstraction이며 주어진 표상이 통제하는 목표 표상의 수를 나타난다. 아침식사를 만드는 행동은 냉장고를 여는 행동보다 추상적이다. 높은 수준의 시간적 추상화는 일반적으로 높은 수준의 정책 추상화와 일치하며 그 반대의 경우도 마찬가지다. 하지만 이 둘은 분리가 가능하다.

목표 표상은 많은 수의 하위 목표를 제어할 수 있지만, 하위 목표가 모두 신속하게 실행되는 경우 상대적으로 짧은 기간 동안 활성화된다. 이와는 반대로, 덜 일반적으로 보이지만 어떤 하위 목표는 실행하는 데 시간이 오래 걸리기 때문에 이 경우 해당 목표 표상은 상대적으로 적은 수의 하위 목표를 제어하면서 오랫동안 활성 상태일 수도 있다. 매끄럽고 날카로울 때까지 가장자리를 연마하는 것이 이런 하위 목표의 사례 중 하나일 수 있다.

우리의 논의에서 중요한 것은 정책 추상화다. 정책 추상화는 계층적 구조와 연결되기 때문이다. 지금부터 할 "추상성"에 대한 이야기는 달리 명시되지 않는 한 정책 추상성에 관한 이야기다. 우리는 이와 관련된 연구를 하는 신경과학자들이 다음과 같은 계산 시스템 가설을 기초로 한다고 본다. 여기서는 주로 명확한 설명을 돕기 위한 것이지만, 우리는 시스템을 비교적 상세하게 묘사하였다. 시스템의 정확한 계산 사양은 실제로 우리의 주장에서 별로 중요하지 않다.

(1) 시스템은 작업 공간으로 사용하는 다층 공간 배열을 포함한다. 동일한 수준에서의 표상은 순차적 서열을 갖는다. 더 높은 수준에서의 표상은 하위 수준에 위치한 하나 이상의 표상을 제어한다.

(2) 행동 계획을 세우는 과정에서 목표 G가 선택된다. 이 선택은 다른 목표에 대한 선택을 제약한다. 구체적으로 말하면, 순차적 완료가 G를 만족시키는 목표들이 선택된다고 할 수 있다. 이 과정은 기초 수준의 목표가 선택될 때까지 반복된다. 이러한 표상은 배열에 기록되어 상위 수준 목표가 이를 충족시키는 것을 목표로 하는 하위 수준 목표를 제어한다.

(3) 주어진 표상은 활성화에 의해 한 번에 하나씩 행위주체의 행동에 대한 인과적 효능을 확보한다. 활성화는 배열을 통해 수직 및 수평으로 확산된다. G를 활성화하면 G가 제어하는 첫 번째 목표가 활성화된다. 이 과정은 기초 목표에 도달할 때까지 계속된다.

이 경우 기초 목표가 실행되고 비활성화된다. 그런 다음 활성화는 이전 수준과 동일한 상위 수준 목표에 의해 제어되는 다음 목표를 향해 수평으로 확산된다. 이러한 모든 목표가 실행되면 상위 수준 목표가 비활성화되고 활성화는 이전 수준과 동일한 상위 수준 목표에 의해 제어되는 다음 목표를 향해 수평으로 확산된다. 이 과정이 계속 반복된다(그림 5.4 참조).

(4) 때때로 하위 목표를 실행할 수 없거나 실행이 실패한다. 이 경우 이전 수준에서 이를 제어하는 상위 수준 목표가 활성 상태로 유지되는 반면 시스템은 좌절된 목표를 대체하기 위해 다른 (한 개 이상의) 목표를 검색한다.

이런 목표를 식별할 수 없으면 상위 수준 목표를 대체하는 식으로 계속된다. 여기서 논리는 시스템이 기능적 실행 계획을 생성하기 위해 가능한 가장 적은 구성 요소를 변경한다는 것이다. 문제가 발생해도 이 과

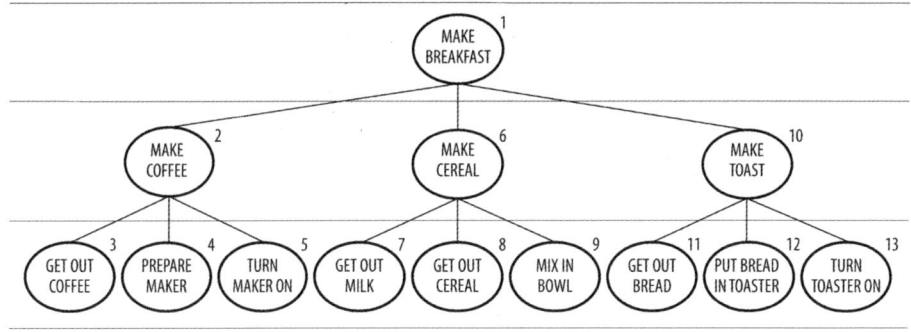

make breakfast(아침식사를 만드는 행동)
make coffee(커피를 끓이는 행동)
make cereal(시리얼을 만드는 행동)
make toast(토스트를 만드는 행동)
get out coffee(커피를 꺼내는 행동)
prepare maker(커피메이커를 준비하는 행동)
turn maker on(커피메이커를 켜는 행동)
get out milk(우유를 꺼내는 행동)
get out cereal(시리얼을 꺼내는 행동)
mixing in bowl(시리얼을 우유에 타는 행동)
get out bread(빵을 꺼내는 행동)
put bread in toaster(토스터에 빵을 집어넣는 행동)
turn toaster on(토스터기를 켜는 행동)

그림 5.4
제어 라인을 따라 목표 표상의 배열을 통해 활성화가 어떻게 확산되는지 보여주는 도표.
여기서 우리는 맨 아래 행의 목표를 기초 목표로 인위적으로 선택한다(간단함을 위해 몇 가지 분명한 목표는 생략한다). 실제로는 이러한 목표 중 대다수가 더 많은 하위 목표를 제어할 수 있다.

정은 처음부터 다시 시작되지 않는다.

이 일반적인 설명에는 신경과학적 신뢰성이 있다. fMRI 및 기타 신경 영상화 기술은 이런 작업을 전전두엽 피질 영역prefrontal cortical areas에 국한시켰다. 이 과정에서 특히 브로카 영역Broca'area(영역 45) 의 중요성이 부각되었다. 이 영역은 상위 및 하위 수준 목표가 완료 되면 활동이 체계적으로 급증하는 것으로 관찰되었으며, 이는 목 표 표상의 활성화와 비활성화의 전환과 관련이 있음을 시사한다 (Koechlin and Jubault 2006).

전전두엽 영역 전체는 단계적 방식으로 구성되어 있으며, 행동 표상은 후면caudal에서 전면rostral 영역으로 이동함에 따라 점점 추상 화된다(Badre and D'Esposito 2009; Dixon, Fox, and Christoff 2014).[2] 이 는 작업 공간의 다양한 공간 수준을 보여주는 신경생물학적 사례로 해석될 수 있다. 계산 모델과 신경생물학 사이의 이런 일치는 애초 에 이 신경생물학적 발견에 부분적으로 기초해 계산 모델을 개발했 기 때문에 우연이 아니라는 점에 유의해야 한다.

이 시스템과 동일한 계산 시스템이 다른 사람의 행동에 대한 표 상을 구성하는 능력의 기초가 되는 것으로 보인다. 이 생각의 주요 근거 역시 신경 영상 연구에서 나온 것이다. 행위주체가 복잡한 의 도적 행위를 수행할 때와 그 행위를 해석할 때 전전두엽 활동 패턴 에서 상당한 중첩이 일어나는 현상이 관찰된다. 불행히도 세부 사 항은 거의 파악되지 않지만, 관찰된 행동 열의 기초 목표에 대한 판 단을 내리기 위해 시스템이 반대로 실행될 수 있는지 상상하는 것은 그리 어렵지 않다.

이 모드에서 실행될 때 시스템은 행동 열의 기초 동작(단순한 신체 움직임)에 해당하는 일련의 표상에 의해 행동을 지시할 수 있다. 그런 다음 시스템은 이러한 하위 수준 목표 그룹이 충족할 수 있는 상위 수준 목표를 검색할 수 있다.

이 과정을 재귀적으로 적용하면 결국 매우 추상적인 목표를 유추할 수 있다. 막다른 골목(그룹 내에서 더 높은 수준의 목표를 식별할 수 없는 상황)에 다다른 경우 시스템은 행동을 통제할 때처럼 관련 수준에서 기초 행동의 다른 그룹에서 대체 목표를 검색한다.

이러한 관점에서, 행동 생성과 해석은 모두 동일한 계산 작업의 많은 부분에 기초한다고 할 수 있다. 만약 그렇다면, 강화된 행동 계획 및 통제를 위한 선택은 해석을 쉽게 만드는 능력의 선택으로 이끌 것이며, 그 반대의 경우도 마찬가지일 것이다. 그리고 이 과정에서 도구가 제조되고 이 컴퓨터 시스템의 강력한 개선이 추진될 것이다.

이런 기술은 수동적으로 구현하기가 매우 힘들며 사회적으로 학습되기 때문에 도구 제작을 배우는 사람의 해석 능력을 요구한다. 이전 내용을 바탕으로 우리는 이러한 요구가 플라이스토세의 석기 제작에 깊숙이 뿌리를 두고 있다고 곧 주장할 것이다.

사실 진정한 기원은 이보다 훨씬 더 오래 전에 시작되었다. 이 컴퓨터 시스템의 진화적 전구체는 일부 다른 영장류에서도 볼 수 있다. 구세계 원숭이의 전운동피질premotor cortex F5는 인간의 브로카 영역과 비슷해 보인다. 짧은꼬리원숭이에서 F5는 찢기, 잡기, 의사소통, 먹기 등과 같은 특정 행동 유형에 맞춰진 뉴런 그룹들을 포함하는 것으로 밝혀졌다(Rizzolatti, Fadiga, et al. 1996; Gallese, Fadiga, et al. 1996, Ferrari, Gallese, et al. 2003).

더욱이, 이러한 뉴런은 운동 행동에 동원되는 것 외에도 시각 및 청각 정보 모두에 의해 활성화된다는 점에서 감각 양상modality을 초월한다고 할 수 있다.[3] 이는 브로카 영역의 다중 모드 특성을 연상시킨다. 브로카 영역은 도구 제작에서부터 언어, 음악, 산수에 이르기까지 모든 것을 처리하는 데 관여하는 것으로 밝혀진 상태다(Fadiga, Craighero and D'Ausilio 2009).

이로 인해 일부 신경과학자들은 브로카 영역을 "초감각 계층적 프로세서supermodal hierarchical processor"라는 용어로 부르기도 한다. 이는 계층적으로 구조화된 행동 열을 그 자체로(즉, 문자열이 원래 파생되었던 감각 양상에 관계없이) 처리하도록 진화했다는 생각에 기초한 이론이다. 우리는 이 시스템이 호미닌 진화 과정에서 확장되어 자극을 계층적으로 표상할 수 있는 엄청난 능력을 생성시켰다고 생각한다. 이제 우리는 이런 변화의 주요 요인이 무엇이었는지 살펴볼 것이다.

5.6

플라이스토세 초·중기의 기술적 진화

우리는 이 책의 여러 곳에서 호미닌 인지 발전의 신뢰할 수 있는 지표라고 생각하는 기술 혁신에 대해 언급한 바 있다. 이 장에서 우리는 계층적 통제의 기원과 확장을 요구하는 발달신경과학의 전문용어를 빌려 말하면 목표 표상의 "정책 추상성" 증가에 초점을 두고 플라이오세 후기와 플라이스토세 중기에 발생한 기술적 복잡성의 변화에 대해 좀 더 자세히 탐구할 것이다. 우리는 주제를 세 단계로 나눈 다음 호미닌의 계층적 인지와 관련해 이러한 변화의 중요성에 대해 논할 것이다.

1단계: 플라이오세 후기와 플라이스토세 초기의 올도완 석기 제작. 오랫동안 석기의 제작과 사용은 호모 하빌리스의 출현과 함께 약 200만 년 전쯤에 시작되었다고 생각되어 왔다(호모 하빌리스라는 이름 자체가 최초의 도구 제작자라는 추정이 반영된 이름이다). 하지만 최근 몇 년 동안 이 견해에 심각한 의문이 제기되었다. 예를 들어, 케냐의 로메퀴

Lomekwi 3번 현장에서 발굴된 유사한 도구의 연령대가 330만 년 전으로 추정되었다(Harmand, Lewis, et al. 2015). 침팬지 도구 사용에 대해 현재 우리가 알고 있는 것을 감안할 때 이는 놀라운 일이 아니다.

침팬지는 다양한 나무 도구(흰개미 낚싯대, 원시적인 창)를 만들 수 있을 뿐만 아니라, 돌을 망치처럼 사용해 견과류를 부수는 모루가 위치한 장소anvil site로 돌을 운반하는 것으로 알려져 있다(Boesch and Boesch 1983; Carvalho, Cunha, et al. 2008). 이 과정의 부산물로 석재 조각이 종종 생성되고 그것들이 쌓여 더미를 이루는 경우도 있다(Mercader, Panger, and Boesch 2002; Mercader, Barton, et al. 2007). 그렇다면 침팬지, 보노보와 우리의 마지막 공통 조상은 돌을 망치로 사용했고, 그렇게 함으로써 부산물로 유용한 조각들을 만들어냈을 수 있다.

우리 조상들은 서식지 이동에 따라 추출 채집(뿌리처럼 식물의 더 강한 부분이나 대형 동물의 뼈와 두개골에 숨겨진 골수의 채집 또는 섭취를 위해 연화 작업을 필요로 하는 날고기)을 필요로 하여 이런 원시적인 조각들을 의도적으로 사용할 수 있게 되었고, 어느 정도 시간이 흐른 뒤에는 이런 조각들을 의도적으로 생산할 수 있게 되었을 것이다. 이 과정에서는 상당한 규모의 인지적 또는 문화적 진보가 필요하지는 않았을 것이다.

따라서 일부 석기 도구는 하빌리스 계열보다 오래되었을 가능성이 매우 높으며, 일부 석재 공예품은 플라이스토세가 아닌 플라이오세에 제작이 시작된 것으로 보인다. 훈련되지 않은 눈으로 보면 "고기칼choppers, chopping tools"이라고 알려진 200만 전 이전에 제작된 인공물("조각내는 도구chopper")을 도구로 전혀 인식하지 못할 것이다.

예를 들어, 이런 도구들에는 나중에 추가적으로 2차 박편을 이용해 수정되거나 다시 다듬어진 흔적이 남지 않았기 때문이다. 이 도구들은 움켜쥘 영역이 있는 날카로운 모서리에 불과한 것처럼 보인다. 이 도구들은 아마도 만들어진 직후에 사용되었다가 폐기되었을 것이다.

이로 인해 일부 고고학자들은 이러한 도구가 설계를 통해 만들어진 것이 아니라고 주장한다. 이 도구들이 일정한 형태학적 특징을 갖고 있다면, 즉 도구의 모양이 예측가능하다면 이 작업은 원재료의 성질과 돌을 깨는 행위에 의해 무작위로 만들어지는 돌들의 선택만으로도 설명이 가능하다는 생각이다.

개략적으로 말하자면, 당시의 우리 조상들은 돌 여러 개를 한꺼번에 깬 다음 그 중에 쓸모 있어 보이는 것들만 골라 사용했다는 뜻이다.

이 과정은 돌망치를 이용해 뼈를 깨거나, 덩이줄기를 부드럽게 만들거나, 돌을 깨다 우연히 날카로운 조각을 얻게 되는 과정을 약간 넘어서는 간단한 과정이었을 것이다. 이 도구의 제작자가 도구 제작을 시작하기 전에 머릿속으로 도구의 모양을 생각하지 않았다는 견해는 약 200만 년 전 기준에서 생각하면 다소 설득력이 없다, 그때부터 우리는 도구 형태가 점점 다양화되는 것을 관찰할 수 있기 때문이다.

반복되는 형태의 긁는 도구, 자르는 도구, 때리는 도구가 이때 등장한다. 이런 형태들은 전체 크기와 기능적 특성에 따라 구별된다.

이런 변화를 표시하기 위해 "선진 올도완 석기developed Oldowan"라는 용어가 사용되기도 한다.

8단계: 플라이토세 중기/후기(170만 년 전): 아슐리안 석기. 선진 올도완 석기는 초기 아슐리안 석기로 전환되었다. 아슐리안 석기를 대표하는 것은 주먹도끼이지만 고기칼이나 곡괭이와 같은 큰 절삭 도구들 또한 유명하다. 170만 년 전에 이르러 이러한 도구들이 별개의 형태로 등장했는데 일반적으로 도구 양면이 모두 날카로우며 그 이전에 만들어진 도구에 비해 길다.

이 시점에서 대부분의 고고학자들은 당시의 도구 제작자가 인공물 형태에 명확한 형태를 부과하였다고 생각하지만, 정작 제작자는 약간의 힘만으로도 도구를 사용할 수 있기 때문에 전체 인공물의 일부, 즉 칼날과 안정적인 손잡이에만 관심을 가졌을 수도 있다(Kuhn 2020). 따라서 아마도 이 초기의 아슐리안 석기는 반쯤 계획되었다고 말할 수 있을 것이다. 그 후 약 50만 년 정도에 걸쳐 우리 조상들은 석기의 형태를 더 완벽하게 제어할 수 있게 되었다. 120만 년 전까지 아슐리안 도구, 특히 주먹도끼는 훨씬 더 정교해졌다.

이즈음부터 석기 제작자들은 (원시적으로) 돌의 핵심부(내려쳐서 조각이 떨어지는 부분)를 준비하기 시작해 조각들이 핵심부에서 분리되었을 때 의도한 최종 형태에 가까워지도록 만들었을 것이다. 이런 도구는 여러 축을 따라 대칭을 보여주는데, 보통 매우 크다(일부는 너무 커서 실제로 사용하기 어렵다고 생각되기도 한다).[4] 그 후 수천, 수만 년 동안 이런 설계 치수는 추가적인 정교화 과정(양면 가공, 핵심부 준비, 대칭

고려 등)을 거쳤으며 이 지점이 3단계와의 경계를 이룬다.

3단계: 플라이스토세 중기, 중기 구석기 시대의 기술. 우리의 세 번째 단계는 약 80만 년 전부터 시작해 플라이스토세 후기까지 이어진다. 이 기간 동안 가장 눈에 띄는 발전 중 하나는 핵심부 및 플랫폼[5] 준비의 정도에 관한 것이다. 이전에는 돌 조각 제거가 다소 단순했는데, 핵심부를 회전시키면서 조각이 연속적으로 제거되었고 결국 원하는 인공물 형태를 만들 수 있게 되었다. 이 기술은 도구의 폭을 크게 줄이지만 두께는 거의 줄이지 않는 "가장자리 다듬기marginal trimming"라고 불린다. 이 변화는 80만 년 전에 일어났다. 이때부터 인공물들은 완전히 양면이 얇아지기 시작하는데 플랫폼 너비의 50% 이상에 걸쳐 박편이 제거되었다. 가늘고 긴 도구를 만들려면 나무, 뿔, 뼈 또는 부드러운 돌망치 같은 다양한 메타 도구meta-tool(도구를 만들기 위한 도구)가 필요하다. 이 기술은 명백하게 인공물을 만들어내었고 그림 5.5의 주먹도끼가 도구라는 것은 의심의 여지가 없다.

하지만 실용성 때문에 도구가 변형되기도 한다. 광범위한 양면 가공은 중량 대비 효용 비율을 높여 휴대에 필요한 힘을 줄인다. 더 두툼한 도구들과 비교할 때 길이와 너비에 비해 이 도구는 매우 가볍다.

이러한 종류의 준비 기술은 소위 라발루아 기술에서 절정에 달했다. 이 기술을 사용하면 거의 모든 석기 제작 작업이 돌 조각을 제거하기 전에 완료될 수 있었다.

게다가 핵심부는 도구가 아니라 자원으로 기능했다. 인공물은 원하는 모든 기능적 특성(날의 형태, 편리한 손잡이, 연마 가능성)을 그대로 유지하면서 최종 망치질로 블랭크blank(포괄적으로 가공 처리된 핵심부)에서 제거되었다. 이로 인해 다양한 크기와 모양의 성형이 가능해져 블랭크 생산 프로세스 자체가 다양화되었다.

블랭크는 한 번에 그리고 시간이 지남에 따라 여러 도구를 이용해 필요에 따라 갱신(즉, 수정)되도록 설정할 수도 있었다. 이러한 도구 제작자가 보여주는 손작업의 정밀도와 예측 능력은 놀라울 정도다.

이 기간 동안 이뤄진 훨씬 더 놀라운 발전은 합성도구composite tools(접합도구)의 등장이다. 합성도구에는 많은 장점이 있다. 일반적으로 합성도구는 기계적으로 우수하여 더 많은 힘을 만들어낼 수

그림 5.5
후기 아슐리안 주먹도끼. The Portable Antiquities Scheme, 사진=앤드류 리처드슨, 2004년(CC BY-SA 4.0)

있다. 또한 손이나 몸과 표적 사이에 거리를 만들고 다중 미늘 등 중복적인 요소가 추가되기 때문에 더 안전하며 수리하기도 쉽다. 하지만 합성도구는 적어도 두 가지 면에서 까다롭다.

첫째, 합성도구의 제작을 위해서는 여러 종류의 원자재를 이용해 가공해야 하므로 시간과 에너지 비용이 증가한다. 게다가 이런 도구의 제조는 인지적으로 더 까다롭다. 각각의 제조 단계와 원재료에 적합한 기술이 필요하기 때문이다. 예를 들어, 도구 제작자는 박편 분리를 위한 적절한 르발루아 블랭크를 만드는 방법을 아는 것 외에도 손잡이haft에 적합한 나무를 찾고 그 나무를 가공하여 돌에 부착하는 방법을 익혀야 한다.

더욱이, 이러한 다양한 지식 체계는 단일 실행 계획을 산출하기 위해 작업 기억에서 함께 모아져야 한다. 이는 "인지 유동성cognitive flexibility" 자체의 발달을 나타내는 신호일 수 있지만(Mithen 1996), 집행 능력 향상의 신호일 수도 있으며, 이 기술의 안정화에 필요한 안정적인 문화적 학습을 지원하기 위해서는 인구집단의 네트워크화도 필요했을 것이라는 추측을 가능하게 한다(Powell, Shennan, et al. 2009; Sterelny 2020).

실제 손잡이가 지금까지 남아있는 경우는 극히 드물기 때문에 고고학자들은 손잡이가 존재했다는 증거를 간접적인 출처에서 찾을 수밖에 없다. 현재, 손잡이의 존재에 대한 최초의 증거는 레반트 Levant 지역(그리스와 이집트 사이에 있는 동지중해 연안 지역)에서 발견된 약 80만 년 전 유물이다(Wilkins, Schoville, et al. 2012).

이곳에서 손으로 잡고 사용하기에는 너무 작아 보이는 박편들로 만들어진 인공물들의 대규모 더미를 발견했다. 이 도구들의 박편 뒷면이 가공된 방식은 손잡이의 존재를 추측하게 하지만 그 외에 다른 간접적인 증거는 발견되지 않았다.

예를 들어, 손잡이가 달린 도구의 특징을 보여주는 충격 및 마모 흔적이 없기 때문에 일부 고고학자들은 손잡이의 존재 여부에 대해 회의적이다. 하지만 약 50만 년 전의 아프리카(나미비아)와 유라시아(독일)의 유물에서는 손잡이의 존재를 확실히 나타내는 증거(인공물)를 찾을 수 있다(Wilkins, Schoville, et al. 2012). 그보다 후인 약 25만 년 전의 유물에서는 매스틱mastic(수지 또는 송진)의 사용에 대한 명확한 증거를 찾을 수 있으며 최초의 매스틱 사용은 석기의 손잡이를 만들 때 이루어진 것으로 보인다(Mazza, Martini, et al. 2006). 많은 사람들은 이 연대가 고고학적으로 알려진 광택제와 접착제가 시간이 지남에 따라 부패하는 속도를 반영한다고 생각한다.

즉, 이 연대는 매스틱 기술의 최초 확립을 보여주는 것이 아니라 이 유물들이 매스틱 기술이 사용된 증거 중에서 가장 오래 된 증거를 보여줄 뿐이라는 생각이다. 따라서 매스틱과 접착제는 적어도 이 유물들이 보여주는 것보다 아마 훨씬 더 전부터 사용되었다고 추측할 수 있다.

어쨌든 매스틱을 사용한 합성도구의 제조는 계획, 행동 조직 및 지식에 대한 이 기술의 요구를 고려할 때 인지적·문화적 정교함 모두에서 의심할 여지없는 발달을 나타낸다. 매스틱 제조 자체가 복잡한 행동 문제이기 때문이다(그림 5.6). 예를 들어, 많은 접착제는 매우 정밀하게 열을 가해야 만들 수 있다.

이제 플라이스토세 후기의 직전으로 가보자. 이 시기에는 고속 발사체 무기를 비롯해 추가적인 기술 혁신이 대규모로 이뤄진 시기다. 제7장에서 다루겠지만, 이런 변화에는 매우 심오한 사회적 합의가 존재한다. 이 변화는 이전 빙하기들에 비해 기후 변동이 심했던 마지막 빙하기 동안 우리 종의 생존에 중요했을 수 있다(Martrat, Grimalt, et al. 2007; Loulergue, Schilt, et al. 2008). 우리는 이러한 발전이 새로운 인지 도구의 추가라기보다는 주로 또는 전적으로 우리 계통의 문화적 변화를 반영한다고 생각한다. 이런 발전은 이 장에서의 분석과 직접적인 관련은 없기 때문에 일부는 다음 장에서 검토될 것이다.

우리의 관점에서 볼 때, 이러한 플라이스토세 중기의 기술 발전은 계층적 통제의 확장과 그에 대한 인식에 의존했으며, 호미닌들이 계층적으로 구조화된 문장을 유창하게 사용하도록 만든 컴퓨터 능력의 출현에 선택압을 행사했다. 호미닌이 계층적으로 구조화된 문장을 유창하게 사용할 수 있도록 하는 컴퓨터 능력을 위해 선택되었다.

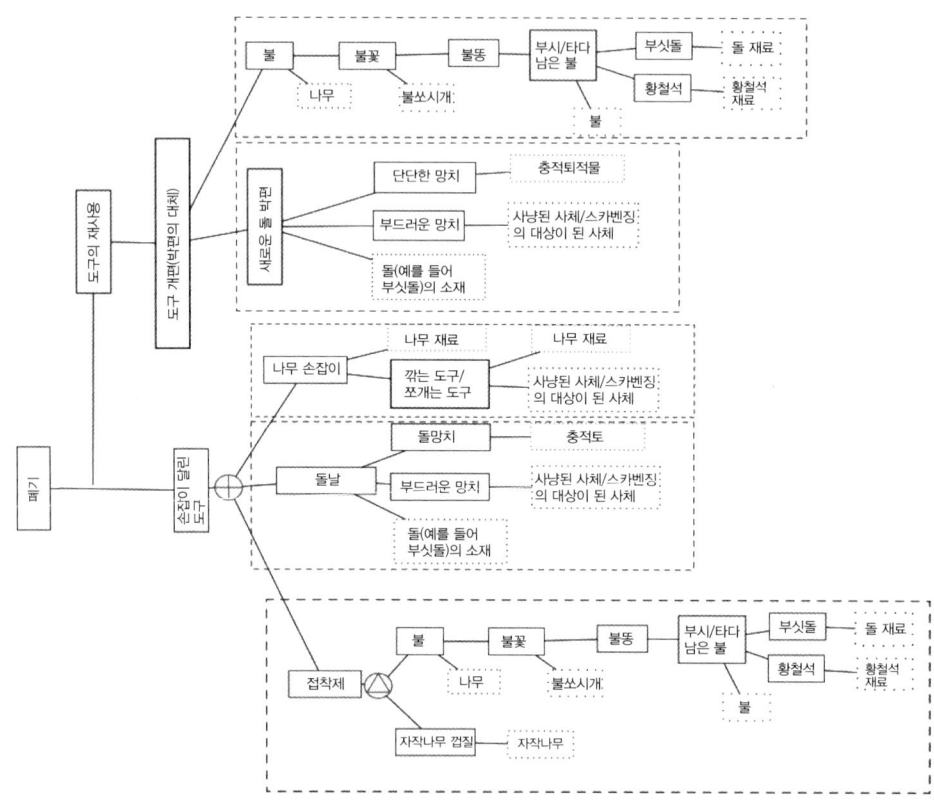

314 〉 신호에서 상징으로

그림 5.6

자작나무 껍질을 이용해 합성도구를 만들기 위해 가능한 작업 체인을 보여주는 사이크스(Sykes)의 다이어그램. 이 다이어그램은 세 가지 작업 과정을 나타낸다. (1) 손잡이가 달린 석기의 새로운 제작 과정 (2) 새로운 박편으로 손잡이가 달린 기존의 도구를 다시 만드는 과정 (3) 도구 폐기 과정이다.

"손잡이가 달린 도구" 가지(node)는 하위 단계의 세 가지 목표인 "접착제", "돌날", "나무 손잡이"를 제어한다. 그리고 이들 각각은 차례로 추가 하위 목표를 제어한다. 이와 마찬가지로 도구의 재사용이라는 상위 목표는 두 개의 하위 목표인 "새로운 돌 박편 생성"과 "불"을 제어하며, 이 하위 목표들은 보다 덜 추상적인 다른 목표들을 제어한다.

점선 상자 안의 재료는 가능한 목표에 상응한다(예를 들어, 도구 제작자는 어느 정도 미리 준비가 된 경우 돌 재료를 새로 구할 필요가 없을 수도 있다). (독자는 이 다이어그램이 우리가 이 책에서 사용한 것과는 다른 행동 계획의 구조를 표현하기 위해 몇 가지 다른 규칙을 사용한다는 것을 알 수 있을 것이다. 하지만 이 다이어그램에 있는 정보들은 우리의 형식에 맞추기 위해 재조직이 가능하다는 점 보는 것으로 충분하다. 출처=Sykes(2015).

5.7
인간의 계층적 인지 진화

다음과 같은 진화 시나리오를 제안하기 위해 우리는 우리 계통의 기술 변화에 대해 이야기하고 있다. 비교 데이터에 따르면 구세계 원숭이와 유인원의 마지막 공통 조상은 행동 조직 및 인식에 특화된 컴퓨터 시스템을 가졌던 것으로 보인다.

이 시스템은 유인원의 채집 기술이 더 복잡해짐에 따라 유인원 계통에서 더 복잡해졌다. 일반적으로 대형유인원은 도구를 만들고 사용하는 데 능숙하며, 따라서 최초의 대형유인원은 이미 이 시스템의 상당히 업그레이드된 버전을 보유하고 있었을 것이다.

우리는 대형유인원들이 최소한 몇 가지 높은 수준의 목표 표상을 사용하고 인식한다고 본다. 그렇다면 대형유인원에게는 행동 열의 계층적 표현을 구성할 수 있는 능력이 있을 것이다. 가장 초기의 호미닌도 마찬가지였을 것이다.

이 시스템은 우리 계통에서 계속 진화했으며, 호미닌의 기술적 복잡성이 증가함에 따라 엄청난 변화를 겪었을 것이다. 돌로 만들어졌기 때문에 우리는 올도완 도구에 대해 잘 알고 있다. 올도완 도구의 제작자들은 아마도 대형유인원보다 훨씬 더 정교한 행동 표상의 인지적 메커니즘을 필요로 하지 않았을 것이다. 하지만 아슐리안 석기 제작자들은 올도완 석기 제작자들과 다르다.

앞에서 언급했듯이 170만 년 전 이후의 연대에서는 광범위한 계획과 제어를 통해서만 만들 수 있는 주먹도끼가 발견된다. 가늘고 긴 고도로 대칭적인 도끼를 제조하려면 계획의 구성 요소 중 하나 이상이 예상치 못한 결과에 직면하거나 실수가 발생했을 경우에 유연하게 확장되고 수정될 수 있는 복잡한 실행 계획이 거의 확실히 요구되었을 것이다.

이러한 요구는 플라이스토세 중기 기술 및 장비로의 전환과 함께 강화된다. 르발루아 기법의 숙련된 사용 또는 신중하게 준비된 매스틱을 사용한 합성 도구의 생산은 완전히 현대인의 능력에 근접하거나 동등한 능력에 의존했을 것이다.

우리의 이론은 언어 진화에 대한 점진적, 신다윈주의적(neo-Darwinian) 접근방식과 궤를 같이 한다. 우리는 인간의 계층적 인지가 일련의 삭고 점진적인 변화들을 통해 어떻게 진화했는지 알고 싶다. 다행스럽게도 이 과정은 제5장 5.5에서 설명한 컴퓨터 시스템에서 비교적 쉽게 볼 수 있다. 다음은 시스템이 점진적으로 개선되었을 수 있는 네 가지 방법이며, 물론 이 네 가지 방법 외에도 다른 방법이 있을 수도 있다.

- **활동 유지**(activity maintenance). 확장된 행동 열의 제어는 목표 활성화 상태 유지에 의존한다. 상위 수준의 목표는 그 목표가 제어하는 하

위 수준의 목표들이 수행되는 동안 활성화된다. 상위 수준의 목표가 활성 상태로 유지될 수 있는 시간은 그 목표가 제어하는 하위 수준의 목표들의 순서의 복잡성에 제약을 가한다.

상위 수준의 목표가 조기에 사라지면 실제로 우리가 때때로 그러하는 것처럼 자신이 하고 있는 일을 잊게 될 수도 있다. 따라서 목표를 활성화 상태로 유지할 수 있는 시간을 늘리(또는/그리고 안정성을 높이는)는 방식으로 시스템이 더 강력해질 수 있다. (아래 명시된 방법들에도 적용된다.)

- **계획 기간**(length of planning). 주어진 작업공간에서의 유지될 수 있는 목표 표상의 수는 시간이 지날수록 늘어날 수 있다. 이 숫자가 늘어나면서 실행 계획은 더 길어질 수 있으며 시간적인 길이뿐만 아니라 실행 계획의 구성요소 수에 있어서도 미래로 확장될 것이다.

- **계획의 깊이**(depth of planning). 계획 기간은 수평적 변화다. 제어 시스템 또한 깊게 확장될 수 있다. 즉 실행 계획에 포함될 수 있는 단계(level)의 수가 증가할 수 있다. 이는 더 깊은 계층 구조를 갖는 실행 계획의 출현을 유도할 것이다.

- **신속한 전환**(rapid transitioning). 행동은 행동 계획 내에서 행동 표상을 수행하거나 수행을 멈추는 것에 의해 제어된다. 이런 전환의 속도는 수행되는 행동의 속도와 유연성을 결정한다. 시스템을 더욱 강력하게 만드는 한 가지 방법은 이러한 전환 속도를 높이는 것이다.

숙련된 행동의 한 가지 두드러진 특징은 속도와 유동성의 증가라고 할 수 있다. 숙련된 행동은 예기치 않은 일이 발생할 때까지 완전히 자동적이고 반사적으로 보일 수 있다. 숙련된 행위주체는 상황에 매우 민감한 방식으로 응답해 능숙한 실행이 반사와 유사하지 않음을 보여준다. 우리는 인간이 연습을 통해 이러한 고도로 전문적인 능력을 발달시킨다는 것을 알고 있다. 대형유인원의 경우 우리만큼 행동의 전문성이 강한 종은 없는 것으로 보인다. 인간은 이런 전문적인 능력을 언어에서도 나타낸다. 예를 들어, 우리는 대화를(특히 농담을) 할 때 뜻밖의 일이 발생하거나 의사가 잘못 전달되는 경우에도 매우 빠르고 안정적으로 상대방의 의도를 다시 파악할 수 있다.

그렇다면 이렇게 생각할 수 있다. 우리 계통의 기술적 진화는 복잡하고 확장되고 정확한 행동 계획의 계층적 제어를 위한 시스템의 진화와 다른 행위주체들의 복잡한 행동의 분석을 위한 사회적 학습의 진화를 주도했다. 이 시스템은 유인원과 호미닌의 조상이 이미 소유하고 있던 능력을 정교화한 것이었다. 이것이 자리를 잡자 우리 조상들은 인지적인 측면에서 언어의 계층 구조를 사용하는 데 필요한 모든 것을 갖추게 되었다.

우리 조상들은 부분-전체 구조가 중첩된 문장을 표현할 수 있었을 것이다. 이것은 의미를 부호화하는 구조에서 역할을 하는 관습의 궁극적인 진화를 가능하게 했을 것이다.[6] 또한 문장 단계 아래에서 (그리고 아마 위에서도) 계층 구조를 사용하여 문장 형태의 원리를 산출해 내기 위한 모든 것도 갖추게 되었다. 컴퓨터적 관점에서 볼 때 언어에서 구조를 사용하는 이러한 방식도 이와 근본적으로 다르지 않다.

간단한 구문과 마찬가지로 이러한 관습의 대부분은 화자의 의도에 대한 정보를 전달하는 기본 패턴에서 비롯된 것으로 우리는 생각한다. 그런 다음 이러한 패턴은 발신자-수신자 공동 적응을 통해 안정화되고 개선되었을 것이다. 특히 우리는 초기에는 이러한 관습을 형성하는 데 있어 (데닛의 이론에 기초하면) 이해력의 역할이 미미했다고 생각한다.

행동을 계획하고 인식하기 위해 설계된 시스템이 언어적 의사소통에 사용되도록 채택되었을 수도 있다. 우리가 행동과 언어적 의사소통을 근본적으로 별개의 것으로 생각하는 데 익숙한 것은 사실이다. 하지만 실제로 그렇지 않다. 언어는 복잡한 의도적 행동의 특별한 경우이기 때문이다.

이 생각은 우리가 이미 논의한 언어에 대한 실용적인 접근방식으로 얻은 통찰력 중 하나다. 화용론의 기초가 된 책 중 하나가 『단어로 어떻게 일을 할 것인가?How to Do Things with Words?』(Austin 1962)라는 사실은 우연에 의한 것이 아니다. 하지만 더 중요한 것은 신경과학이 이 생각과 일치한다는 것이다.

앞에서 언급했듯이 브로카 영역과 기타 인근 영역은 전형적으로 다중 모드multimodal 성질을 가지고 있다. 관련 계산을 수행하는 영역은 그들이 제어하거나 식별하는 도구 제작, 언어 또는 기타 복잡한 의도적 활동 여부에 단순히 "관심을 보이는 것" 같지는 않다. 하지만 그렇다고 해서 언어가 이 계산 시스템의 구조에 진화적인 영향을 미치지 않았다는 것은 아니다. 우리는 그럴 가능성이 분명히 존재한다고 본다.

실제로 언어의 진화가 이러한 제어 및 인식 메커니즘에 차이를 만들지 않았다면 매우 놀라운 일일 것이다. 예를 들어, 대화에는 대화 속도 향상을 위해 선택압이 작용했을 수 있다. 따라서 전문지식에 기초한 숙련된 행동의 노련함은 유창한 의사소통을 위한 선택에서 부분적으로 파생될 수 있다.

또한, 일단 언어가 주로 사용되면 훨씬 더 세분화된 자극을 처리하기 위한 선택이 있을 수 있다. 언어에 가까운 것이 진화하면 잠재적 행위로 사용할 수 있는, 기능적으로 구별되는 엄청난 수의 옵션이 생길 수 있으며, 이런 옵션은 물리적으로 미묘한 방식에서만 서로 다르다.

우리는 이를 실행하고 구별하여 인식함에 있어 정확한 제어와 세밀한 분석이 필수적이며, 이것이 음소의 기원을 설명하는 데 도움이 될 것이라고 생각한다. 하지만 이러한 변화는 기술을 발달시키고 타인에게서 기술을 배우기 위해 이미 존재한 상당히 정교한 시스템에 기초한 변화였을 것이다.

이 장을 마무리하기 전에 강조할 가치가 있는 우리의 계층 구조 설명에 관한 몇 가지가 있다. 첫째, 동일한 (언어 · 행동) 열이 한 행동주체에 대해서는 (특정 유형의) 계층 구조를 가질 수 있지만 다른 행동주체에는 그렇지 않을 수 있다.

따라서 계층 구조는 행위주체 측면에서 상대적이다. 실제로 동일한 행위주체가 시간이 지남에 따라 또는 문맥과 상황에 따라 (언어 · 행동) 열은 다르게 표시될 수 있다. 인지 비용/요구가 계층적 표현의 복잡성에 따라 확장된다면 이는 매우 자연스러운 일이다.

계층 구조를 마치 문자열 자체의 불변 속성인 것처럼 생각하도록 만드는 표준 언어학의 개념들과 대조된다. 이 개념들에 의하면 문자열은 동일한 언어를 말하고 동일한 형식의 문법을 "알고 있는" 것으로 간주되는 두 개인 사이에서 다르게 구조화될 수 없다.

이런 방식으로 "주어진" 계층 구조를 생각하는 것은 심각한 설명 문제를 수반한다. 계층 구조를 포함하는 언어 규칙이 발생하고 안정화되기 위해서는 송신자와 수신자가 문자열을 나타내는 방식이 어느 정도 일치해야 한다. 하지만 일치가 완벽할 필요는 없다.

즉, 문장이 어떻게 계층적으로 구조화되는지에 대한 모든 세부 사항에 동의할 필요는 없다. 하지만 특정한 경우에 화자와 청자가 실제 작업을 수행하기 위해서는 계층 구조에 대한 어느 정도 협의가 필요하다. 이런 관습의 진화에 대해서는 송신자-수신자 관점을 통해 파악할 수 있다.

둘째, 우리의 설명은 형식문법과 실제 화자/행위주체에 의해 문자열에 귀속되는 계층 구조 사이의 단절에 대한 해석 여지를 만든다. 프랭크, 보드, 크리스티안센(Frank, Bod, and Christiansen, 2012)이 지적했듯이, 문장을 계층적으로 분석하는 것은 이론적으로 유용하거나 편리할 수 있지만 행위주체가 인지 과정에서 계층 구조를 실제로 사용하는지 여부는 또 다른 문제다.

따라서 여기에는 (적어도) 두 가지 별개의 사실 집합이 존재한다. 형식문법에 의해 규정된 구조가 있고, 행위주체의 표현에 의해 부과되는 구조가 있다. 이 두 가지 형태의 구조는 일치하거나 상당히 중요한 방식으로 분리될 수 있다. 앞에서 언급했듯이, 우리는 후자가 더 자주 그런 경우라고 생각한다.

셋째, 우리의 설명은 두 가지 이론적 극단 사이에 유용한 중간 지점을 제시한다. 프랭크와 동료들이 언어 처리에서 계층 구조의 역할에 대해 회의적인 주된 이유 중 하나는 유인원을 비롯한 다른 동물이 계층적 인지 능력이 부족하다고 생각하기 때문이다.[7] 이 수축적 생각에 의하면 이 분야에서 우리의 능력과 다른 유인원의 능력 사이에 채워야 할 눈에 띄는 격차는 없기 때문에 진화론적 측면에서 매력적이다. 프랭크와 동료들의 생각에 대한 가장 강력한 비판을 한 사람은 버위크와 촘스키(Berwick and Chomsky, 2016)일 것이다. 이들은 "모든 동물이 할 수 있는 일이 순서대로 일을 처리하는 것뿐이라면 진화 이야기가 단순해지는 것은 사실이지만, 이 생각은 문제가 있다. 이 생각은 틀린 생각이다. 계층적 표현은 인간 언어의 구문에서 보편적으로 나타나기 때문이다."

양측은 계층적 인지가 다른 동물에게 금지되어 있다는 데에는 동의한다. (우리는 받아들이기 어렵지만) 프랭크와 동료들이 계층적 인지가 인간의 언어 처리와 관련되어 있다는 것을 부정하거나 최소한의 역할만 한다고 주장하는 이유가 여기에 있다.

버위크와 촘스키에게는 계층적 표현이 인간과 동물의 핵심적인 차이를 만드는 요인이다. 이들은 인간만이 언어를 가지고 있는 이유가 여기에 있다고 본다.

우리는 양쪽 모두가 틀렸다고 본다. 앞서 말했듯이 다른 유인원들은 최소한의 계층적 인지 능력이 있을 가능성이 매우 높다고 생각한다. 이 가능성은 유인원 행동의 정교함과 (아마도) 그들의 사회적 학습에 의해 강화된다.

단지, 우리는 이 능력이 그들에게서 훨씬 더 기초적인 형태로 존재한다고 생각할 뿐이다. 인간 진화 과정에서 이 능력은 향상된 기술 능력에 대한 선택의 결과로 변형되었다. 이 능력의 순조로운 발달은 우리를 대형유인원에서 일상적으로 언어의 계층 구조를 사용하는 인간을 구분하는 기준선을 넘어가도록 인도한다.

마지막으로, 고고학자들의 많은 관심을 받은 기록과 우리의 설명을 간단히 대조해 볼 필요가 있다. 스탠리 앰브로스Stanley Ambrose(2010)는 인간의 구문 능력이 합성도구 제조 능력에서 진화했다고 주장했다. 그의 생각은 매우 단순하다. 합성도구를 만들려면 다양한 부분을 기능적 전체로 결합하고 그 재결합에 대해 생각할 수 있어야 한다는 것이다.

또한 이러한 부분들은 대부분의 경우 특정한 순서로 생성되고 결합되어야 한다고 생각한다고, 그리고 이러한 동일한 능력들이 언어 영역에서 사용하도록 선택되어 인간이 언어 단위를 결합하고 재결합할 수 있다는 생각이다. 우리는 앰브로스가 인간 구문 능력의 기원을 설명하려는 시도에서 합성 도구 제조의 인지 요구를 강조하는 것이 옳다고 생각한다. 문제는 앰브로스가 똑같이 중요한 다른 기술들의 발전을 무시한다는 데 있다. 그는 두 가지 방식으로 자신의 이론을 전재한다.

첫째, 그는 기술 변화의 초기 형태를 관련이 없는 것으로 취급한다. 우리는 이런 생각이 잘못되었다고 본다. 아슐리안 석기는 다중 성분 도구가 아니었지만 만들기가 어려웠으며, 우리는 이런 도구를 만드는 데 필요한 기능을 선택하면서 구문적으로 구조화된 신호 시스템을 사용할 수 있는 능력이 구축되었다고 보기 때문이다.

둘째, 인공물 구성요소를 결합하는 것과 단어를 결합하는 것을 비슷하게 생각하는 것은 충분히 자연스럽지만 이 유추는 피상적일 수 있다. 인지적으로 중요한 문제는 계획 결과물의 특성이 아니라 행위주체가 형성하고 실행해야 하는(또는 해석자로서 인식해야 하는) 계획의 특성이다.

따라서 우리가 보기에 두 경우의 중요한 특징은 실행 계획과 해석의 복잡성이다. 르발루아 기술을 사용해 얇고 긴 날을 제조하는 것은 확실히 매우 복잡한 일이다. 따라서 앰브로스의 관점은 올바른 방향으로 향하고는 있으나 너무 폭이 좁은 관점으로 보인다.

이 장에서 우리는 많은 내용을 다뤘다. 우리는 가장 가까운 친척 중 일부의 구문 능력을 고려하는 것으로 시작해서 유인원이 단순한 형태의 구문을 사용하는 인지능력이 있거나 거의 그렇게 보인다고 주장했다.

우리의 이 주장이 맞는다면 우리 계통에서 간단한 구문의 진화적 기원을 이해하기 위해서 우리는 먼 길을 가야 한다. 우리는 우리가 직면한 주요 도전 과제가 계층적으로 구조화된 표현을 활용하는 인간의 엄청난 능력에 대한 설명에 있다고 생각하며, 이 능력이 지난 수백만 년 동안 향상된 기술 역량에 대한 선택으로 가장 잘 설명된다고 주장했다. 우리는 인간의 계층적 인지는 이 기간 동안 점진적으로 구축되었으며 나중에 언어에서 사용하기 위해 채택되었다고 생각한다.

6

불 주변 이론: 기호에서 말로의 전환

6.1
몸짓에서 말로의 전환

지금까지 우리는 몸짓 주도 언어 기원에 대한 이론을 옹호했다. 이 이론에 대한 우리의 버전은 우리 계통에서 의사소통이 시작부터 적어도 일부 음성 요소를 통합한 다중 모드 성격을 가졌을 가능성이 매우 높다는 것이다.

이 다중 모드 가설은 한때 생각했던 것보다 다른 대형유인원에서 발성에 대한 하향식 제어가 더 크다는 것을 보여주는 최근의 증거에 비추어 볼 때 더욱 그럴듯하다. 하지만 우리는 여전히 몸짓이 초기에 의사소통의 큰 부분을 차지했다고 생각한다.

제2장 2.3과 2.4의 주장을 간략하게 요약하면, 몸짓-시각 채널은 전일적인 신호 시스템이 아니라 그보다 더 원활하게 구조화된 신호 시스템으로 진화했다는 것이다. 또한, 현재 대형유인원에서 발성에 대한 어느 정도의 하향식 제어의 증거를 찾을 수 있다고 했지만, 손을 움직일 때 그에 대한 하향식 제어는 (거의) 완벽하다. 이런 현상은 다른 대형유인원들과 우리의 마지막 공통 조상에게서 거의 확실하게 나타났다. 게다가, 칸지를 비롯한 실험 대상들은 이해에

도상성이 필수적이지 않았음을 보여주지만, 몸짓-시각 채널은 도상적 의사소통에서 더 큰 역할을 했을 가능성이 있다. 만일 그랬다면, 이 가능성은 다른 유인원들보다 인지적 능력이 약간 정도만 높았던 우리 계통에서 의사소통이 확장될 수 있도록 해주었을 것이다. 이러한 확장으로 협력과 문화적 학습이 강화되었고, 공진화의 역동성이 생겨나 의사소통 능력의 추가적인 확장을 위한 선택이 이루어졌을 것이다.

이와 거의 동시에 우리의 조상들은 추출적 수렵채집과 도구의 제작과 사용을 위한 손의 능력 강화를 위해 강한 선택압을 받았을 것이다. 아마도 대부분의 이러한 기술들은 사회적으로 학습되어야 했을 것이고, 그래서 호미닌은 다른 사람들의 팔과 손의 의도적인 활동에 더 큰 관심을 기울이도록 선택압을 받았을 것이다. 이러한 운동 제어, 계획 및 주의집중의 변화는 몸짓 의사소통의 확장에 필요한 능력을 구축했을 것이다.

다른 장점들도 존재했겠지만, 우리의 관점에서는 위에서 언급한 능력만으로도 이미 몸짓 주도 이론을 상당히 많은 정도로 뒷받침하기에 충분하다. 하지만 우리가 지금 알고 있는 언어는 음성적-청각적이기 때문에 이런 이론은 설명하기에 매우 난해하다.

그렇다면 문제는 몸짓으로 이뤄지던 의사소통이 주로 음성으로 이뤄지는 의사소통으로 어떻게 전환되었는지 설명하는 일이 될 것이다. 그럴듯한 "시나리오 구축scenario-building"(Sterelny 2012a)을 위해서는 이 설명이 독립적인 실증적 뒷받침이 있는 인간의 생물학적, 사회적, 인지적 진화에 대한 더 큰 설명에 포함되어야 한다. 단순히 몸짓 의사소통보다 음성 의사소통이 더 많은 장점을 갖는다고 설명하는 것만으로는 부족하다. 이 설명은 과정이나 상황에 대한 명확한 설명을 제공하지 않기 때문이다.

몸짓 주도 이론이 맞는다면 몸짓과 발성의 중요성과 상대적인 역할에 심오한 변화가 있었을 것이다. 하지만 몸짓은 여전히 중요하다. 우리가 몸짓을 하지 않고 대화를 하는 경우는 매우 드물다. 예를 들어, 우리는 전화하는 동안에 상대방을 보지 못하는데도 몸짓을 하곤 한다. 또한 몸짓이 손에만 국한되지 않는다는 사실을 생각하면 우리는 의사소통을 할 때 어떤 형태로든 몸짓을 한다는 것을 더욱 확실하게 알 수 있다.

실제로 우리는 일상적으로 자세, 눈, 눈썹, 코, 입, 그리고 다른 신체 부분들로 몸짓을 한다. 이러한 몸짓이 일어나는 현상은 부수현상epiphenomenon이 아니다. 말을 하면서 특정한 방향을 주시함으로써 이 몸짓은 "내가 그 사람을 보고 있다."는 것을 분명하게 드러내지만, 몸짓의 효과는 단지 이 정도에 그치지 않는다.

이는 골딘-메도Goldin-Meadow 등 여러 연구자들에 의해 증명된 바 있다(Goldin-Meadow, Wein, and Chang 1992; McNeil, Cassel, and McCullogh 1994; Thompson and Massaro 1997; Alibali, Flevares, and Goldin-Meadow 1997; Kelly and Church 1997; Goldin-Meadow and Sandhoefer 1999).

한 가지 흥미로운 예를 들자면, 골딘-메도 연구팀은 인간의 의사소통에서 "몸짓과 말의 불일치gesture-speech mismatch"의 역할을 광범위하게 연구해 왔다. 몸짓과 말의 불일치는 말 그대로 개인의 몸짓과 말이 상충되는 정보를 구현하는 경우를 말한다. 몸짓과 말의 불일치 사례들은 방법론적인 면에서 매우 큰 역할을 한다.

이 사례들은 몸짓이 그 몸짓을 수반하는 말과 다른 정보를 나타내는 사례들이기 때문에 청자가 실제로 몸짓이 전달하는 정보를 이해하는지 확인하는 일을 쉽게 만들기 때문이다. 예를 들어, 몸짓이 단지 강조나 반복을 위해 사용되는 경우 몸짓이 청자의 이해에 확실한 기여를 했다는 증명하기가 어렵다.

골딘-메도는(1999)는 체커 게임으로 6세 어린이가 수 개념을 어떻게 나타내는지 확인하는 실험을 진행했다. 골딘-메도는 체커 판 위의 두 줄에 각각 같은 수의 체커 말을 놓았고 아이는 각 줄에 놓은 체커 말의 수가 같다고 정확하게 말했다. 하지만 골딘-메도가 두 줄 중 한 줄에 놓인 체커 말들의 간격을 벌리자 아이는 "체커 말의 위치를 옮겼기 때문에" 각 줄에 있는 체커 말의 수가 다르다고 말했다. 하지만 골딘-메도는 이 아이가 (각 줄에 놓은 체커 말을 계속 번갈아 가리켰기에) 자신이 여전히 그 두 줄 사이의 일대일 대응을 감지하고 있다는 것을 드러내는 몸짓을 했다는 사실도 포착했다. 골딘-메도는 연구 전문가가 아닌 일반 성인에게 이 아이가 왜 그런 생각을 했을지 의견을 물었고 그는 아이가 두 줄에 놓인 체커 말들이 여전히 일대일 대응 관계에 있을 수 있다는 생각을 했기 때문이라고 추측했다.[1]

몸짓은 의사소통 영역뿐만 아니라 의사소통이 아닌 영역에서도 다양한 이점을 제공하는 것으로 보인다. 예를 들어, 몸짓은 기억에서 정보를 검색하는 데 도움을 주어 인지 부하를 줄이는 데 도움이 될 수 있다(Alibali and DiRusso 1999; Kirsh 1995). 하지만 우리 논의에

서 중요한 생각은 몸짓이 일상적인 대화에서 여전히 중요한 역할을 한다는 것이다.[2]

하지만 몸짓이 말과 결합되는 경우 몸짓은 말처럼 구조화되지 않는다. 일상적인 말에 수반되는 몸짓에서는 자연어 문장들에서 보이는 형태학적 또는 구문적 구조가 관찰되지 않기 때문이다.

수화로 (그리고 가정 수어로 더욱 극적으로) 증명되었듯이, 몸짓은 필요한 경우에 언어적인 기능을 여전히 수행할 수 있다. 우리는 이 현상이 몸짓 주도 언어 진화 이론을 뒷받침한다고 생각한다.

몸짓의 이런 기능은 몸짓이 언어 또는 원시언어에 기초한 의사소통의 주요 수단이었던 언어 진화 단계가 있었다는 것을 보여줄 수 있기 때문이다.

이와는 대조적으로, 발성 주도 언어 진화 이론은 이 능력을 설명하지 못한다. 호미닌들이 언어 사용을 위해 적절한 물리적 매체를 자발적으로 발명하거나 사용하는 것을 배울 일반적인 능력이 없다고 보기 때문이다.

아이들이 문해력을 가지게 만들려면 반드시 확실한 교육을 해야 한다. 아이들은 심지어 삽화가 그려진 책을 어른들과 같이 읽더라도 일상적으로, 자발적으로 문해력이 생기지는 않으며, 작문의 경우는 더욱 그렇다. 이는 가정 수어 사용자들의 사례에서도 확인된다.

아이들은 배우지 않아도 발성을 하는 법을 배우고 언어와 비슷한 의사소통 방법을 배울 수 있다. 하지만 아이들이 말을 하게 되면 몸짓은 (매우 특별한 예외적 사례를 제외하면) 의사소통에서 보조적인 위치로 강등된다. 따라서 우리는 몸짓이 왜 사라졌는지가 아니라 어떻게 점차 대화에서 뒷전으로 밀려나게 되었는지를 설명해야 한다.

지금까지 우리는 형태학과 생리학에서 시작해, 몸짓 시스템이 음성 시스템으로 어떻게 전환되었는지, 그 과정에서 작용한 선택압이 무엇인지에 설명할 것이다. 말이 중심적인 위치를 차지할 수 있도록 호미닌의 몸에서 어떤 변화가 언제 일어났을까?

우리가 제6장 6.6에서 보게 될 것처럼, 현대의 언어 형태를 가능하게 하는 형태학적, 생리학적 변화는 화석에 흔적을 남긴다. 하지만 이러한 형태학적 변화로 (원시)언어의 기원을 추정하는 것은 경솔한 일이다. 음성을 주로 사용했던 초기 호미닌들은 (특히나 만일 어휘의 양이 상대적으로 부족했다면) 단순하고 소박한 음성 대비를 이용하면서 버텨냈을 것이다. 게다가, 노래는 음성과 유사한 적응을 필요로 하기 때문에, 이러한 변화는 음악성의 중요성 증가를 반영한 것일 수도 있다.

6.2
말의 구조

우리의 언어 능력은 부분적으로 인간 인지 고유의 특징에 의존한다. 특히, 우리는 음성 모방 없이는 음성 언어를 배울 수 없다. 몇몇 새들은 음성 모방을 하지만, 인간을 제외한 영장류들에게서는 발견되지 않는다.[3]

이런 두드러진 차이는 우리 계통에서 음성 모방이 진화한 이유에 대한 의문을 갖게 만든다. 다른 측면들에서 본다면, 우리의 대화 능력은 다른 포유동물에게 존재하는 시스템과 동일한 시스템에 의존하지만 특별히 말의 필요성에 의해 진화한 것으로 보인다.

따라서 테쿰세 피치Tecumseh Fitch(2000; 2010)가 강조하듯이 이런 음성 모방 능력을 논외로 하면 말의 진화를 이해하는 것이 언어의 진화를 이해하는 것보다 훨씬 쉽다. 동물계에서 인간의 언어와 비슷한 것은 존재하지 않지만, 모든 포유류는 본질적으로 같은 방식으로 발성을 생성하고 인지한다. 발성 생성은 공기가 폐에서 뿜어져 나와 후두에 있는 성대를 진동시키며 이루어진다.

이런 진동은 성도vocal tract(일련의 빈 공간들)를 통과하면서 조음기관의 모양과 위치에 따라 다양하게 변형되며 이러한 변형의 결과로 포먼트formant가 형성된다. 포먼트는 공기 진동에 따라 발생하는 촘촘한 음향 에너지 대역을 뜻한다. 이런 진동이 다른 사람에게 전달되면 내이(內耳)의 털 세포의 활동을 통해 신경 신호로 변환된다.

이 관점에서 보면 인간 음성-청각 시스템 고유의 특징을 쉽게 식별할 수 있다. 가장 분명한 차이는 후두의 위치인데, 인간의 후두는 다른 포유동물에 비해 목구멍 안에서 훨씬 더 낮게 자리 잡고 있다.

후두는 3~4세에 처음 하강하기 시작하며 남성의 경우 사춘기 동안 더욱 하강한다. 후두의 이런 하강은 성도를 길게 만들어 더 넓은 음역을 낼 수 있게 만들고 혀와 입술과 같은 발성 기관의 증가된 신경자극과 결합되면 더 넓은 범위의 포먼트가 생성될 수 있다.

또한 인간은 대형유인원을 포함한 다른 포유류에 비해 호흡 조절 능력이 뛰어나다. 해부학적으로 볼 때 이는 횡격막과 늑간근(갈비뼈 사이의 근육)의 신경자극 전달을 증가시킬 수 있다. 말의 발성은 들숨과 날숨의 발생 시점과 지속 시간의 정확한 조절에 의존하기 때문에 이러한 제어는 중요한 역할을 한다.

게다가, 포유류의 특징인 후두 공기주머니는 인간 진화의 어느 시점에 소실되었다. 이러한 공기주머니의 기능에 대해서는 여전히 논쟁의 여지가 있지만, 대부분의 학자들은 발성을 증폭시키거나 심화시키는 역할을 한다고 생각한다. 이러한 공기 주머니의 손실은 우리가 생성할 수 있는 뚜렷한 음성 소리의 범위를 증가시켰다(de Boer 2009).

따라서 현재 우리가 쓰는 말은 성도와 호흡기에 대한 일련의 상호작용적인 변화에 의존한다. 말을 듣는 사람을 기준으로 살펴보자. 우리의 청각 시스템은 특정 주파수 대역 내에서 음높이에 대한 민감도를 높이는 방식으로 변화했다. 특히, 다른 영장류와 비교할 때 인간은 200~600Hz 범위 내의 주파수에 높은 민감도를 나타낸다(Martínez, Rosa, et al. 2004). 하지만 말은 "더 높은 수준의" 신경인지적 변화와도 관련이 있다.

특히, 우리가 이미 언급했듯이, 인간은 발성에 대해 훨씬 더 큰 하향식 제어를 보여준다. 인간의 말은 뇌의 두 가지 상호작용 제어 시스템의 산물이다(Ploog 2002). 이 중 하나는 넓은 범위의 분류군들에서 나타나며 대뇌 변연계 구성 요소로 만들어져 감정을 담은 발성의 기초가 된다. 다른 하나의 시스템은 영장류 특유의 시스템으로 신피질neocortical 영역과 조음기관을 (연수medulla에 위치한) 설하신경핵을 통해 연결한다.

이 신피질 경로는 다른 영장류보다 인간에게 더 발달되어 있다 (즉, 인간의 신피질 경로는 더 길고 두꺼운 섬유질 경로로 구성되어 있다). 인간을 제외한 영장류에서는 신피질 경로가 손상되어도 자발적인 발성에 지장이 생기지 않지만 인간의 경우 언어 능력이 파괴된다.

이는 언어가 수의적 조절을 받지만 (독설이나 고함을 퍼부을 때처럼) 감정을 표현하는 데 자주 사용된다는 사실을 반영하기도 한다. 성대, 혀, 그리고 입에 대한 인간의 뛰어난 통제는 우리 계통에서 이 신피질 경로가 더 크게 발전한 결과다.

우리는 여기서 언어 진화의 모든 복잡한 요소에 대해 완전한 정의를 내릴 수도 없고 그럴 의도도 없다. 우리는 인간이 말하고 들을 수 있는 능력이 형태학적, 신경학적 변화에 달려 있다는 것을 강조하고 싶을 뿐이다. 이런 능력은 아마도 상당한 시간 동안 지속적인 선택압을 받아 발달했을 것이다. 이 장의 나머지 부분에서 우리는 의사소통을 몸짓보다 주로 음성에 의존하게 만든 요인과 그 경로에 대해 개략적으로 설명할 것이다.

우리의 중심 아이디어는 이러한 전환을 인간 삶의 또 다른 혁명인 불 길들이기와 그것이 인간의 영양 상태, 사회적 조직 구성, 시간 관리에 미친 영향과 연결시킨다는 것이다. 우리는 아주 사소한 것부터 시작할 것이다. 우리의 조상들이 실용적인 목적으로 입을 더 많이 사용하게 됨에 따라 소리를 널리 퍼뜨리는 목적으로는 덜 사용되게 되었다. 이는 생각보다 훨씬 중요한 제약이다.

6.3
불, 요리 그리고 입의 해방

말의 진화 이전에 우리의 입은 별로 사용되지 않았고 의사소통 목적을 위해 언제든지 사용될 수 있었다고 생각하기 쉽다. 하지만 다른 대형유인원들이 하루에 씹는 시간의 양에 대해 생각해 본다면 이와는 매우 다른 생각을 하게 된다. 침팬지와 오랑우탄은 먹이를 먹는 데 매일 7시간 정도 사용하는 것으로 추정되며(Ghiglii 1984; Wrangham 1977; Galdikas 1988), 고릴라는 하루에 약 8.8시간을 이 활동에 소비한다(Lehmann, Korstjens, et al. 2008; Ilambu 2001).

    대형유인원들이 일출과 함께 일어나 해질녘에 잠자리에 든다는 것을 고려하면 이 수치는 매우 놀라운 수치이며, 이는 저위도 지역에서 실제로 사용할 수 있는 하루의 길이가 약 12시간이라는 것을 의미한다. 이와는 대조적으로 현대인은 하루에 1시간 조금 넘는 시간을 먹고 마시는데 소비한다(노동통계국 2020). 대형유인원은 머리가 크고 몸집이 커서 열량이 많이 필요하다. 그들이 매일 먹이를 먹는데 소비하는 엄청난 시간은 가공되지 않은 음식을 먹는 것에 대한 요구를 반영한다.

이런 먹이는 더 오래, 더 활기차게 씹어야 하는데, 그럼에도 불구하고 여전히 가공식품만큼 분해되지 않기 때문에 소화하기도 더 어렵다. 전적으로 또는 대부분 가공되지 않은 유인원의 먹이는 강력한 두개 안면 구조와 큰 치아를 위한 강한 선택압을 부과한다(Rangham 2017).

리처드 랭엄Richard Wrangham은 인간이 오랫동안 가공된 음식에 의존해 왔다는 가설을 발전시키면서 인간과 유인원의 먹는 시간 차이를 인용한다.

랭엄에 따르면 인간은 요리된 음식의 의무적인 소비자다. 이 생각은 매우 그럴듯하다.[4] 하지만 랭엄은 이 가설을 확장해 에렉투스 계열이 정기적으로 요리된 음식을 섭취했다고 주장한다. 그 증거로 랭엄은 에렉투스 계열의 더 부드러운 두개 안면 구조, 덜 강력한 턱, 그리고 더 작은 이빨, 더 짧은 내장과 늑골을 예로 들었다. 이 가설은 폰세카-아즈베도Fonseca-Azevedo와 허큘라노-하우젤Herculano-Houzel(2012)에 의해 검증이 시도되었다.

이들은 뇌와 몸의 크기에 기초해 다양한 호미닌 종들이 날것만 먹는다고 고려할 때 음식을 먹는 데 소비해야 하는 시간을 추정했다. 그들은 오스트랄로피테쿠스와 하빌리스 계열의 먹이 섭취 시간이 침팬지 속과 퐁고Pongo(오랑우탄)의 먹이 섭취 시간(하루 약 7시간)과 동등했던 반면, 에렉투스 계열은 하루에 9시간, 후기 호미닌은 10시간을 먹는데 소비했다는 것을 발견했다.

이 저자들이 설명하듯이, 다른 유인원들이 하루에 8시간 동안 먹이를 먹으면서도 여전히 그들의 생활방식[예를 들어, 그루밍grooming(포유류들이 혀 또는 손발 등을 이용해서 자신 또는 다른 개체의 털 등을 다듬고 손질하는 행위), 휴식]에 의해 부과되는 다른 요구들을 충족시키기 위해 고전한다.

예를 들어, 비가 많이 오는 시기에 고릴라는 일시적으로 먹는 것을 중단하지만, 비가 2시간 이상 계속 내리면, 고릴라는 먹이를 다시 먹기 시작하고 휴식을 적게 함으로써 잃어버린 시간을 보충한다 (Wats 1988). 이는 에렉투스 계열의 사회적·경제적 세계가 훨씬 복잡했다는 사실을 감안할 때, 에렉투스 계열이 하루에 9시간을 씹는 데 소비하는 것은 거의 불가능했음을 암시한다.

이런 시간 비용은 칼로리가 높은 음식, 특히 고기를 더 많이 먹음으로써 줄일 수 있다. 하지만 이 자원을 얻는 데 많은 시간과 에너지 투자가 필요하다는 사실을 고려할 때, 육류만으로 영양 공급 시간을 실현 가능한 수준으로 줄일 수 있을 가능성은 매우 낮다 (Rangham 2017).

폰세카-아즈베도와 허큘라노-하우젤은 이 추정치를 이용해 랭엄의 가설을 뒷받침한다. 하지만 랭엄 자신도 지적했듯이, 가공에 항상 요리가 포함되는 것은 아니다. 음식은 으깨거나 갈아서 씹고 소화하기 더 쉽게 만들 수 있기 때문이다(Wrangham 2017).

불행히도 폰세카-아즈베도와 허큘라노-하우젤은 요리하지 않고 가공하는 선택, 예를 들어 골수나 뇌와 같은 지방이 많은 동물성 식품으로 식단을 보충하는 선택과 이런 식단이 영양 공급 시간을 어떻게 적절하게 감소시켰는지를 고려하지 않았다. 이 대체 가설의 타당성은 요리가 칼로리를 생성하는 데 있어 다른 형태의 처리보다 우수한 정도에 달려 있다.

이 가설은 카모디Carmody, 와인트롭Weintraub, 랭엄(2011)에 의해 쥐를 대상으로 실험이 이루어졌다. 이들은 (1) 다지지 않은 날 음식 (2) 다진 날 음식 (3) 다지지 않고 요리한 음식 (4) 다지고 요리한 음식이 순 체질량net body mass에 미치는 영향을 비교하면서 녹말이 풍부한 덩이줄기 식단과 육류 식단 모두를 분석했다.

이들은 요리된 덩이줄기가 가공되지 않은 덩이줄기에 비해 약 4배의 에너지를 내며, 가공된 덩이줄기는 가공되지 않은 덩이줄기에 비해 2배의 에너지를 낸다는 사실을 발견했다.

고기의 경우 요리가 중요했지만 다른 처리 방법은 중요하지 않았다. 요리된 고기를 먹는 것이 그 어떤 다른 고기 섭취 방식보다 약 두 배나 더 에너지가 효율적인 것으로 밝혀졌다.[5] 요리는 씹고 소화하는 데 드는 노력을 줄였고, 면역력 측면에서도 해로운 병원균들을 죽일 수 있기 때문에 도움을 주었을 것으로 보인다.

아마도 이러한 난데없는 선사시대의 요리에 대한 생각은 언어의 진화와 관련이 있을 것이다. 첫째, 질긴 음식을 씹고 삼키는 데 이상적인 형태는 통제된 명료한 말을 하기 위해서는 이상적이지 않으며, 그 반대의 경우도 마찬가지이다. 음식을 더 부드럽고 조각내기 쉽게 만드는 것은 질긴 음식을 씹어야 하는 필요성에 의해 부과되는 입, 턱, 그리고 성대에 대한 제약을 완화시킨다.

일단 음식이 가공되면, 씹고 삼키는 데 최적화된 시스템과 말하는 데 최적화된 시스템 간의 절충이 어느 정도 이루어진다. 특히 우리 후두의 낮은 위치는 질식 위험을 증가시키는 단점이 있다. 리버

먼Lieberman(2012)이 강조한 바와 같이, 이 비용은 과소평가되어서는 안 된다. 2017년 기준으로 미국에서 의도하지 않은 부상으로 인한 사망의 4번째 주요 원인이 질식이다.[6]

질식 위험에 대한 광범위한 문화적 인식과 많은 사람들이 하임리히법Heimlich maneuver(음식이나 이물질로 인하여 기도가 폐쇄되어 질식할 위험이 있을 때 흉부에 강한 압력을 주어 토해내게 하는 방법)에 익숙함에도 불구하고 그렇다. 이런 위험은 어린이의 경우 특히 크다.

요리된 음식은 더 쉽게 더 작게 조각나기 때문에 날음식보다 질식을 유발할 위험이 상당히 낮은 것으로 보인다. 이는 날것이지만 으깬 음식에도 해당된다.

어쨌든, 음식을 먹는 시간이 길어질수록 질식의 위험에 노출되는 시간이 길어지고, 요리는 확실히 이 시간을 상당히 감소시킨다. 둘째, 요리는 불을 어느 정도 통제할 수 있다는 것을 뜻하며, 우리는 제6장 6.5에서 불이 대화에 더 많이 의존하는 방식으로 사회 환경을 변화시킨다고 주장할 것이다(우리의 관점에서는 제일 중요한 포인트이다).

셋째, 요리가 먹는 시간을 크게 줄임으로써 다른 활동을 위해 입 그리고 입과 관련된 기관들을 자유롭게 해준다. 이 활동에는 웃음, 노래, 그리고 심지어 부드러운 재료를 잡고 있기 위해 이를 사용하는 것뿐만 아니라 말이나 말의 전구체의 사용이 포함된다.

그렇다면 요리는 어느 정도의 시간을 해방시켰고, 그 시간의 해방은 어느 정도 중요한 의미를 가지게 되었을까? 이 의문은 대답하기 상당히 어렵다. 시간 해방은 가공된 음식의 종류와 가공의 종류(요리 대 으깨기 그리고/또는 갈기)에 따라 달라지기 때문이다. 초기 호미닌들이 민족지학적으로 알려진 수렵채집인들처럼 대부분 식물을 먹었다는 가정으로 시작해 보자.

카모디 등이 보고한 에너지 비율이 호미닌에게서 대략적으로 유지되었다면, 먹기 전에 음식을 으깨거나 분쇄하는 것은 먹이를 먹는 시간을 대략 절반으로 줄일 수 있다(생식물성 가공 식품은 가공되지 않은 동일 성분의 식품보다 에너지 효율이 두 배 높다).

또한 요리를 하면 시간이 4분의 3으로 단축될 것이다. 따라서 요리하지 않고 식물을 가공함으로써 에렉투스 계열은 하루에 기존의 4.5시간, 후기 호미닌은 하루에 5시간 정도를 음식을 먹는 데 사용하게 되었을 것이다(가공되지 않은 날음식을 섭취할 때 먹는 시간에 대한 폰세카-아즈베도와 허큘라노-하우젤의 추정치는 에렉투스 계열의 경우 하루에 9시간, 뇌가 커진 후기 호미닌의 경우는 하루에 10시간이었다). 이는 이 호미닌들이 여전히 씹는데 많은 시간을 소비했다는 뜻이다.

하지만 만약 이 호미닌들이 일상적으로 음식을 요리했다면 에렉투스 계열과 더 최근의 호미닌들은 하루에 먹는 시간이 3시간미만으로 줄었을 것이다. 만약 고기가 그들의 식단에서 상당한 비율을 차지했다면, 이러한 추정치는 현대인의 먹는 시간과 비슷한 수치를 향해 다시 하락할 것이다(치아에 비해 도구가 주는 엄청난 기계적 이득을 고려할 때).

결론은 모든 체계적인 가공이 상당한 시간을 절약할 수 있다는 것이다. 요리는 특히 주로 식물성 식단을 먹는 호미닌들에게 훨씬 더 많은 시간을 절약해 주었을 것이다.

말의 진화 과정에서 이 추가 시간의 가용성은 얼마나 중요했을까? 이 역시 추정하기 쉽지 않다. 만약 호미닌의 의사소통이 짧고 스타카토식이었다면, 긴 영양 공급 시간은 발성 채널의 사용을 방해하지 않았을 것이다. 의사소통을 하는 데 시간이 많이 필요했다면 이 추가적인 시간이 더 중요했을 것이다.

웃음, 노래, 대화는 말을 짧고 스타카토식으로 사용하는 활동이 아니다. 다음 섹션에서는 이 주제를 중심으로 사회적 결속에서 웃음, 노래, 대화가 하는 역할에 초점을 맞출 것이다. 우리는 이런 웃음, 노래, 대화가 에렉투스 계열에서부터 시작되었다고 본다. 이런 의사소통이 사회적 유대감과 갈등을 해소하는 데 중심적이었다면, 음식을 먹는 시간의 축소는 매우 중요했을 것이다.

6.4
웃음과 노래

제3장에서 우리는 정교한 몸짓을 가능하게 하는 인지능력이 숙련된 행동을 통제하도록 진화했다고 주장했다. 비슷한 방식으로, 우리는 음성을 가능하게 하는 능력, 즉 발성에 대한 정확한 하향식 제어와 다른 사람의 발성에 주의를 기울이고 인식하고 그 발성에 자신의 발성을 일치시키는 능력이 주로 노래 또는 노래의 진화적 전구체를 위해 진화했다고 주장할 것이다.

그 후 이 능력은 음성의 구성 요소가 더 두드러지고 역할이 변화함에 따라 다중 모드 의사소통 진화적 변형에서 선택을 받았다. 이런 관점을 발전시키면서 우리는 로빈 던바(Robin Dunbar, 2014; 2017)의 이론을 다룰 것이다. 우리처럼 던바도 웃음과 노래의 진화가 말의 진화를 위한 토대를 구축했다고 본다. 던바의 이론은 사회적 뇌 이론에 기반을 둔 것이다.

이 가설에 따르면, 우리 계통에서 뇌가 커진 가장 큰 원인은 영장류들의 사회적 집단에 내재된 복잡성에 있다. 던바와 그의 동료들은 신피질 부피와 집단의 크기를 연결하는 방정식을 만들어 다양한 호미닌 종의 집단 크기를 추정했다. 또한 그는 원숭이와 유인원에서 이 두 변수를 연결하는 일반적인 방정식을 이용해 각각의 인간 종들이 사회적 결속을 유지하기 위해 서로 그루밍을 해주어야 했던 시간을 추정했는데 이에 따르면 오스트랄로피테쿠스는 하루에 1~2시간을 서로 그루밍해 주는 데 보내야 했다. 던바는 그들이 다른 활동(먹기, 이동, 휴식)의 시간적 요구를 고려할 때 이보다 훨씬 더 많은 시간을 할애할 수는 없었을 것이라고 추정했다.

여기서 다시 호미닌들의 시간 배분 문제가 제기된다. 신피질 부피의 증가를 기초로 예측되는 호모 속의 집단 크기 증가는 그루밍의 시간 요구의 상응하는 증가를 의미한다.

던바의 논리에 따르면, 하이델베르겐시스와 해부학적 현생인류 AMH에 이르기 전까지는, 어쩌면 그보다 훨씬 이전까지는 이러한 요구들은 충족되기 불가능했을 것이다. 던바는 하이델베르겐시스의 경우 하루 2.3시간, AMH의 경우 하루 3.1시간의 시간 예산 적자를 계산했다. 그는 1996년에 발표한 『그루밍, 가십 그리고 언어의 진화Grooming, Gossip and the Evolution of Language』에서 언어가 그루밍 작업의 많은 부분을 흡수했다고 주장한다. 그루밍은 일대일 활동인 반면, 가십은 다중 대 다중 상호작용이기 때문에 시간 효율성이 더 높다.

던바는 우리가 말하기 전에 노래를 불렀고, 노래하기 전에 웃었으며, 이런 활동들이 사회적 유대감을 형성하는 역할을 했다고 시사한다. 우리는 집단의 크기와 뇌의 대형화를 연결하는 가설 방정식에 대해 매우 회의적이다. 이 방정식은 대형유인원들에게 잘 적용되지 않으며, 우리는 포식 위협보다는 먹이를 찾아야 할 필요성이 주로 집단의 크기를 결정했다고 생각하기 때문이다.

하지만 우리도 사회적 복잡성이 사회적 스트레스의 증가와 함께 증가한다고 생각한다. 인간은 점점 더 상호 의존적이 되면서도 자원의 분할에 대한 긴장감이 존재하는 삶을 살았다. 인간의 삶은 의존과 경쟁 사이에서 어렵게 균형을 맞추는 과정이었다(Kelly 2013). 따라서 시간 예산과 갈등 관리에 관한 던바의 통찰력은 집단 크기에 대한 그의 견해와 분리될 수 있다.

우리는 보다 최근의 호미닌들의 경우 갈등 관리가 더 어려워졌다고 생각하며, 웃음과 노래가 사회적 연대를 뒷받침하는 데 중요한 역할을 했을 가능성이 매우 높다는 던바의 생각에 동의한다. 우리는 가십의 중요성에 대해서는 던바와 다른 생각을 가지고 있지만, 그 생각에 대해서는 다음 장에서 다룰 것이다. 웃음이 의존하는 호흡 조절은 노래(또는 말)를 위해 진화했을 가능성이 있다. 하지만 우리는 웃음이 사회적 유대감 형성 초기의 중요한 메커니즘이라는 제안이 매우 그럴듯하다고 생각한다.

던바가 지적했듯이, 다른 대형유인원들도 우리처럼 웃는다. 하지만 우리의 웃음은 중요한 면에서 그들의 웃음과 다르다. 우리의 웃음은 오로지 숨을 내쉬는 것과 관련이 있는데, 이와는 대조적으로, 대형유인원은 웃으면서 숨을 들이마시고 내쉬기를 반복한다. 이러한 차이는 호흡 조절의 차이 때문이다(Mac Larnon and Hewitt 1999).

던바는 인간의 웃음과 관련된 엔돌핀의 방출이 웃는 동안 우리가 경험하는 신체적 스트레스(특히 일시적인 산소 결핍과 결부된 횡격막과 가슴 근육에 대한 스트레스)에 대한 반응일 가능성이 높다고 제안한다

(Dunbar, Baron, et al., 2012).

엔돌핀 방출을 촉발하는 데 있어서 웃음의 신경내분비 효과는 그루밍의 효과와 유사하며, 따라서 많은 맥락에서 웃음은 그루밍과 같은 효과를 가질 것이고 웃음은 더 효율적이기 때문에 중요하다. 웃음은 웃는 모든 사람에게 엔돌핀을 생성하는 반면, 그루밍의 경우는 그루밍을 받는 개체만 엔돌핀을 생성하는 경향이 있다.

데제카슈Dezecache와 던바(2012)에 따르면, 생태적으로 유효한 환경에서 같이 웃는 그룹은 평균 3명으로 구성되며, 이는 농담으로 인한 웃음이 그루밍과 같은 시간 동안 진행됨에도 불구하고 그 효율은 그루밍보다 3배 높다는 것을 시사한다.

웃음은 그루밍보다 훨씬 결속 효과가 높지만, 웃음보다 훨씬 더 결속 효과가 높은 것은 노래 부르기다. 노래가 인간 언어의 전구체라는 생각은 오랜 역사를 가지고 있다. 다윈도 그렇다고 생각했다.[7] 하지만 이런 생각은 성 자웅 선택sexual selection의 맥락에서 발전되어 왔다. 수컷은 암컷에게 깊은 인상을 주기 위해 노래를 부른다는 생각이다. 던바의 설명은 노래하기가 주로 집단의 결속을 촉진하는 기능을 가지고 있다고 주장한다는 점에서 독특하다.

우리가 아는 한, 이 가능성은 리치먼(Richman, 1993)에 의해 처음 제기되었다. 던바는 노래하기도 엔돌핀의 방출을 유발한다고 본다. 또한 그 외에도, 집단 맥락에서 수행되면 소속감을 생성하는 경향이 있다(Pearce, Launay and Dunbar 2015; Weinstein, Launay, et al. 2016).

또한 민족지학적 기록에 따르면, 사람들은 3명보다 훨씬 더 큰 그룹으로 노래를 자주 부른다. 우리의 생각은 다윈의 생각이나 던바와 생각과 조금 다르다. 우리는 노래가 말의 전구체이지만 언어의 전구체가 아니라고 보기 때문이다. 오히려 우리는 노래가 몸짓 중심 의사소통에서 말 중심 의사소통으로의 변환에서 중요한 역할을 했다고 생각한다.

(말로 구성되지 않는) 노래가 말의 전구체라는 생각은 중요한 설명상의 이점을 가지고 있다.

첫째, 거의 모든 사람들이 지적했듯이, 노래와 말은 우리의 성도와 호흡 조절의 많은 동일한 특징에 의존한다. 따라서 만약 노래하는 것이 호미닌 계통에서 더 일찍 진화했다고 생각할 이유가 있다면, 노래의 진화로 우리 계통의 특징들의 진화를 부분적으로 설명할 수 있다.

둘째, 웃음과는 대조적으로 노래는 원형적으로 자발적인 활동이다. 우리는 노래를 해야겠다는 생각을 한 후에 노래를 부르며, 우리는 항상 우리의 목소리에 대해 어느 정도의 하향식 통제를 행사한다. 따라서 노래에 대한 요구는 인간의 말에 관련된 신피질 경로의 정교함을 설명하는 데 도움이 될 수 있다.

셋째, 집단에 대한 소속감을 표현하기 위해서는 개인이 노래를 조율하는 것이 중요하다. 그것은 공동 활동으로 경험해야 한다. 이것은 서로 다른 파트를 노래하는 형태를 취할 수 있지만, 가장 간단한 형식은 사람들이 단순히 함께 노래하는 것이다. 하지만 이를 위해서는 다른 사람의 발성과 일치시키려는 능력, 즉 음성 모방 능력과 더 일반적으로 다른 사람의 말을 의도적으로 듣는 능력이 필요하다.

단어가 없이 노래를 부를 수 있었고, 음성 요소가 어느 정도 있긴 하지만 상당히 풍부한 몸짓 중심의 원시언어를 사용할 수 있었던 호미닌은 (선택압의 지원을 받았다는 가정 하에) 음성 중심 시스템으로 전환할 준비가 되어 있었을 것이다. 초기 시스템에 다중 모드 특성이 어느 정도 있었다면 이 호미닌들은 이미 소리가 의미를 전달하거나 변조할 수 있다는 것을 알고 합리적으로 정확하고 확장된 시퀀스를 만족시키는 소리 생성에 대한 통제력을 가지고 있었을 것이다. 또한 그들은 다른 사람의 소리 시퀀스를 인식하고, 반응하고, 재생산하는 것을 배울 수 있는 인지적 장치를 가지고 있었을 것이다.

이런 변화가 도상성의 이점을 포기하게 만드는 것은 사실이다. 하지만 일반적으로 사용되는 몸짓은 양식화되고 관습화된다. 심지어 침팬지의 몸짓도 그렇다. 몸짓 중심 원시언어가 확립되면 그 원시언어의 안정성은 도상성에 의존하지 않는다. 하지만 도상성은 계속 존재하며 이 도상성은 새로운 기호를 만들어내는 과정에서 장점으로 작용한다.

6.5
불이 미친 영향[8]

지금까지 우리가 한 주장들을 정리해 보자. 우리는 호미닌의 의사소통 능력이 처음에는 점점 더 정교한 몸짓 사용을 통해 크게 확장되었다고 주장했다. 이 생각이 맞다면 우리의 진화 역사의 어느 단계에서 음성 중심 의사소통으로의 전환이 이뤄졌을 것이다. 그리고 이는 매우 중요한 전환이었을 것이다.

인간의 입, 성대, 그리고 음성통제에 관련된 신경 기관은 다른 대형유인원의 그 기관들과는 상당히 다르다. 이런 차이는 대형유인원들은 말을 하지 않고 우리는 말을 한다는 사실에서 기인하지만 먹는 것이 다르다는 사실도 또한 관련이 있다.

우리는 6.2와 6.3에서 이 변화에 대해 논의했다. 6.4에서는 6.2와 6.3에서 자세히 설명한 것처럼 말의 출현을 위한 중요한 전제조건들이 주로 노래 그리고/또는 그 전구체를 위해 대부분 진화했다고 주장했다. 이 진화는 음식공급으로 인해 부과되는 제약이 완화되었을 때에만 가능했다.

노래의 역할에 대한 우리의 관점을 발전시키기 위해, 우리는 로

빈 던바$^{Robin\ Dunbar}$의 추론 일부를 인용할 것이다. 인간의 삶이 복잡해짐에 따라, 사회적 결속력을 유지하고 갈등을 한계 내에서 유지하는 것은 더 많은 시간을 포함한 더 큰 요구를 부과했다. 호미닌은 친밀한 일대일 접촉인 대형유인원의 그루밍 기술을 계속 사용했다. 하지만 던바는 이 기술이 더 포괄적인 사회적 기술인 웃음과 원시노래$^{proto\text{-}song}$에 의해 강화되었다고 본다. 우리도 던바의 이 생각에 동의한다. 이 장의 마지막 두 장에서는 이 전환에 대한 설명에 최종 요소를 추가할 것이다. 이번 장에서는 이 요소들과 관련해 이뤄진 선택의 특징들을 요약하고, 제6장 6.6에서는 고인류학적 기록에 기초해 그 설명을 정리할 것이다.

말은 신호 전달에 비해 몇 가지 확실한 분명한 이점을 제공한다. 말은 우리가 의사소통을 하면서도 손을 자유롭게 다른 일에 사용할 수 있게 해준다. 말은 우리가 어수선한 환경에서 무겁거나 큰 물체를 옮기는 것과 같은 어떤 집단적인 작업에서 활동을 조정할 때 특히 중요하다.

말은 우리가 더 먼 거리에서도 그리고 어둠 속에서도 소통할 수 있게 해준다. 말은 즉각적인 관심을 끌 수 있다. 말은 물리적으로 덜 힘들고, 듣고 말하는 동안 우리가 환경에 완전히 시각적으로 주의를 기울이고 행동할 수 있게 해준다(Irvine 2016). 따라서 모든 곳에서 인간이 언어적으로 의사소통하기 위해 몸짓보다는 말을 사용하는 것은 예외적인 경우를 제외하면 놀랄 일이 아니다(예를 들어, 사냥을 할 때는 침묵이 중요하다).

하지만 이러한 장점들을 나열하는 것만으로는 충분하지 않다. 이러한 장점들이 전환을 주도할 만큼 두드러졌던 상황을 자세히 설명할 필요가 있다. 앞에서 우리는 이 상황과 관련해 이미 어떤 요소를 언급한 바 있다. 바로 불의 통제다.

불의 통제는 일몰 이후에 광원을 제공했다. 빛은 동물이 일상을 설정하는 일반적인 수단이다. 대형유인원의 수면-각성 주기는 수면을 유도하는 뇌하수체 내 멜라토닌 분비에 의해 조절된다. 빛의 시각적 지각은 뇌하수체에서의 멜라토닌 생성을 억제해 각성을 촉진한다(Brainard, Hanifin, et al. 2001). 현재 인간의 수면 시간을 생각할 때 불의 통제는 평균적으로 열대지방에서 호미닌이 이용할 수 있는 시간을 4시간까지 연장시켰으며, 더 북쪽 지역에서는 이 시간이 더 늘어났다(Dunbar and Gowlett 2014).

하지만 당시의 불빛은 약했고 공간적으로 제한되어 어두운 세상에서 상대적으로 좀 더 밝은 부분을 제공하는 수준이기 때문에 시간을 생산적으로 활용할 수 있는 수준도 제약될 수밖에 없었다. 음식이 요리되고, 몇 가지 도구를 만들거나 수리한 후에는 사교적인 활동 외에는 할 일이 별로 남아 있지 않았을 것이다.

불은 사회적 교류의 기회비용을 줄이는 동시에 사회적 교류의 선택성을 낮춘다. 모든 사람이 자신만의 불을 피울 수 없는 상황에서 한데 모여 빛과 따뜻함을 즐기는 것은 근접성을 강요했을 것이다. 요리는 타다 남은 불씨들로도 할 수 있었겠지만, 빛과 따뜻함을 확보하려면 더 큰 규모의 불이 필요했을 것이다.

우리 조상들은 매우 점진적으로 불을 통제하게 되었을 것이 거의 확실하다(Gowlett 2016). 처음에 불은 호미닌 서식지의 일부에서만 자연적으로 발생되는 형태로 이용되었을 것이다. 아프리카 세네갈 남부 퐁골리 밀림지대에서 서식하는 퐁골리Fongoli 침팬지들은 같은 종에 속한 침팬지들보다 더 건조하고 개방적인 환경에서 산다.

이 침팬지들은 불에 흥미를 느끼고, 지형에 대해 이해하며, 불이 지나간 후 먹이를 찾기 위해 불에 탄 지역을 목표로 삼는다(Pruetz and Herzog 2017). 초기의 호미닌들도 이와 비슷한 행동을 했을 가능성이 있다. 이는 불 사용의 첫 번째 단계가 들(산)불의 기회주의적 사용의 증가였음을 시사한다. 초기 호미닌들은 들(산)불을 이용해 자연적으로 요리된 식물과 동물을 먹었거나(Parker, Keefe, et al. 2016), 맹금류처럼 이미 존재하는 불을 확산시켰을 수도 있다(Bonta, Gosford, et. al. 2017). 이들은 불길에서 도망치는 동물들을 사냥하거나 음식을 요리하기 위해 남아 있는 작은 불씨나 뜨거운 재를 이용했을 수도 있다. 이런 자연에 의존한 요리는 의도적인 요리의 기초가 되었을 가능성이 매우 높다.

불의 기회주의적 사용이 늘어나면서 불에 대한 이해도 높아졌을 것이며 들불을 수확하고 계속 유지하는 것은 자연스러운 다음 단계였을 것이다. 하지만 불의 유지와 보수는 쉬운 일이 아니며, 이 기술을 습득하는 데 오랜 시간이 걸렸을 것이다.

예를 들어, 테렌스 투미(Terrence Twomey, 2013; 2014)의 주장에 따르면 불의 유지는 다양한 협력적, 인지적 및 동기 부여적 과제를 부과한다. 불을 계속 유지하려면 끊임없이 태울 것을 찾아내야 한다.

따라서 연료로 사용될 수 있는 것과 연료 공급원이 될 수 있는 곳에 대한 지식이 필요했을 것이다. 호미닌은 이러한 필요를 충족시키기 위해 현재의 욕망을 보류하면서 현재로부터 분리되어야 했을 것이다. 밤에 연료를 모으는 것은 힘들고 위험하기에, 연료가 필요하기 전에 연료를 미리 모으는 것이 중요했을 것이다. 게다가, 불은 비와 바람으로부터 보호되어야 한다. 불은 한 장소에서 다른 장소로 옮겨질 때 특히 취약했으며 점화 기술이 발견되기 전에는 불에 대한 호미닌들의 욕구는 훨씬 더 강했을 것이다. 필요에 따라 불을 피우거나, 실수로 불이 꺼졌을 때 불을 복구할 수 없었기 때문이다.

하지만 하임 오페크Haim Offek가 지적했듯이, 불은 또한 분업을 위한 자연스러운 기회를 만든다. 기동성이 떨어지거나 숙련되지 않은 사람들도 장작을 찾아서 서식지에 가져오고 불을 관리하는 역할을 할 수 있었다(Offek 2001). 점화 기술이 발견되기 전에 자리잡은 불은 서식지의 구심점 역할을 했을 것이고, 호미닌들이 해가 지기 전에 서식지로 돌아오게 만드는 이유가 되었을 것이고, 그 과정에서 서식지의 위치를 알리는 역할도 했을 것이다.

랭엄Wrangham 같은 학자들의 주장대로 요리가 에렉투스 계열에게 일어난 혁신이었다면 불을 부분적으로 통제하는 것은 번식 협력과 함께 중심지 회귀 수렵채집의 장점을 강화했을 것이다. 또한 불 관리는 잘못되기 쉽기 때문에 만약 호미닌이 이 기간 동안 불에 안정적으로 접근할 수 있지만 점화 능력이 없었다면 서로 불을 교환하고자 하는 욕구가 있었을 것이다(Gowlett 2006; Gowlett and Wangham 2013). 만약 침팬지들처럼 주거 집단들이 서로 의심을 했다면 이런 형태의 협력은 성립하기 힘들었을 것이다.

하지만 여기서 중요한 사실은 이런 협력은 일단 확립되면 근본적으로 안정성을 갖는다는 것이다. 이런 호혜관계는 직접적이다. 도움은 쉽게 줄 수 있지만 그 도움에 대한 보상은 매우 가치가 높으며, 이익의 흐름은 대칭적이다. 주거지 주변을 관리하기 위한 수단으로서의 불의 사용은 인지적으로 더 까다롭다.

호주의 아넘 랜드 원주민들 Arnhem Land Australians에 대해서 연구한 가드의 논문(Garde, 2009)을 참조하면 불의 이용이 얼마나 힘들고 위험한 일이었는지 잘 알 수 있다.

선사시대의 점화 기술은 꽤 복잡했을 것이며, 지역과 시간에 따라 다른 형태를 띠었을 것이며 망각되었다가 나중에 재발견되었을 가능성도 있다. 예를 들어, 리처드 랭엄은 요리 가설의 현재 상태에 대한 최근 논평에서 불 사용의 증거가 전혀 없는 최근(20만 년 전 이내)의 네안데르탈인 유적지가 발견되었다는 사실을 지적했다(Wrangham 2017).

항상 그렇듯이, 우리는 신중해야 한다. 유적지는 완전하게 보존되기 힘들기 때문이다. 하지만 특히 주거 집단들이 정기적인 연결 없이 얇게 흩어져 있을 때, 기술적 손실은 놀랄 일이 아니다. 우리의 선조들이 점화 기술이 널리 소유되기 전에 오랜 시간 동안 불은 손실을 겪으며 불완전하게 통제했을 것이라고 말하는 것으로 충분하다.

일단 점화 기술의 발전이 이뤄진 후의 불의 사용은 아마도 현대 수렵 사회에서의 불의 사용과 비슷한 양상을 띠기 시작했을 것이다. 다음에서는 시간적 맥락에서 불의 통제에 대해 논의할 것이다.

우리는 불의 통제가 몸짓-말 전환의 가장 결정적인 요인은 아니더라도 매우 중요한 요인이라고 본다. 불의 통제와 언어 진화를 연결시킨 것은 우리가 처음이 아니다. 던바와 가울렛(2014)은 인간의 언어가 불의 통제로 인해 불 근처에서 보내는 사회적 시간이 증가한 결과로 만들어졌다고 주장한다.

던바(2017)는 언어를 사회생활의 요구를 충족시키기 위한 호미닌의 전략의 최종적인 발전 형태로 본다. 그에 따르면 불의 통제는 우리가 이야기와 농담을 하면서 유대감을 가질 수 있게 해주었고, 언어는 야간에 노래를 부를 때 "소리에 의미를 대응시키는 매우 짧은 추가 단계에 의해" 진화했다(2017, p 211). 이 생각에 따르면 언어는 매우 짧은 시간에 진화한 것이 되는데 우리는 동의하지 않는다. 우리가 앞에서 주장했듯이, 에렉투스 계열과 하이델베르겐시스의 사회적 세계를 구축하는 데 필요했던 의사소통 능력은 매우 정교한 것이었다. 불빛으로 밝아진 세계도 이 사회적 세계의 일부다. 플라이스토세 중기 경제의 다른 측면에서 생각할 때도 불의 통제는 쉬운 일이 아니었다. 불의 통제는 다양한 조정과 협력 문제를 촉발하기 때문이다. 이런 문제들을 해결하는데 현대의 언어 수준의 언어가 필요하지는 않았을 것이다.

하지만 적어도 다른 대형유인원들의 의사소통 능력보다는 훨씬 더 강력한 수준의 의사소통 능력이 필요했을 것이다. 누가 불을 계속 지켜볼지, 누가 땔감을 구해 올지, 누가 불씨를 관리할지 역할을 정해야 했을 것이고, 지금 땔감을 구할 것인지 나중에 구할 것인지, 어떤 것을 태워야 할지 계획을 세워야 했을 것이고, 불이 타고 있을 때는 불에 어떤 것을 집어넣고 어떤 것을 집어넣지 말아야 할지 실시간으로 결정해야 했을 것이기 때문이다.

이 호미닌들은 아마도 불과 땔감에 대한 필수적인 자연사 지식을 전달하기 위해 의사소통에 의해 지원되는 문화적 학습이 필요했을 것이다. 우리는 우리의 조상들이 언어를 향한 어떤 중요한 발전 없이 불을 통제하거나 그들의 경제생활의 다른 측면을 관리할 수 있었을지 의심스럽다.

우리는 그들이 향상된 의사소통 시스템을 가지고 있었고, 그것은 주로 몸짓이었다고 주장해 왔다. 우리는 몸짓 중심의 원시언어가 불 근처에서의 의사소통보다 먼저 발생했다고 생각한다.

따라서 우리는 첫째, 에렉투스 계열의 사회적·경제적 삶에 대한 정보를 파악하면 그들의 의사소통 능력이 향상된 과정을 알 수 있다고 생각한다. 둘째, 불을 사용한 호미닌이 대형유인원 수준의 의사소통 능력만을 가지고 있었다면 불 주변은 의사소통의 초기 확장을 위한 우호적인 환경이 아니었을 것이다.

불 주변은 해석과 신호 생성을 용이하게 하는 일반적인 소품이 많이 부족하기 때문이다. 개인들이 함께 사냥을 할 때, 사냥감과 그 사냥감의 움직임은 사냥꾼들의 움직임과 함께 가장 중요한 의미를 가졌을 것이므로 이 요소들은 의사소통의 중심을 차지했을 것이다.

공동 행동은 신호 생성을 위한 가장 강력한 메커니즘이다. 하지만 다른 사람들이 어떤 행동을 하는지, 어떤 방향을 쳐다보고 있는지 보는 것만으로도 매우 큰 도움이 된다. 우리는 행동을 통해 마음을 읽는다.

한 개인이 땅속에서 덩이줄기를 파내려고 하는 것을 보는 것은 그 개인의 현재 정신 상태를 통찰하는 데 도움이 된다. 이러한 정신 상태에 대한 지식은 의사소통에 도움이 된다. 특히 행위주체가 어떤 생각을 하는지 파악할 수 있다면 더욱 도움이 된다.

이와는 대조적으로, 불 주변에서의 의사소통 세계는 초기에는 많이 제한되었을 것이다. 불 주변의 시각 세계는 더 작고, 덜 다양하며, 그리 밝지 않기 때문에 공동 행동이 연속적으로 이뤄지기는 힘들었을 것이다. 가까이에 있는 물체(예를 들어, 음식이나 도구)만 의사소통 활동의 명백한 지시대상으로 기능했을 것이다.

다른 곳에 위치한 물체나 사람(예를 들어, 오늘 본 낯선 사람)은 의사소통의 명백한 지시대상이 아니었을 것이다. 하지만 원거리 지칭은 가장 먼저 진화한 언어학적 특징 중 하나가 아니었을 것이며, 원거리 지칭은 불 근처에서 처음 진화했다고 상상하기 힘들다.

불 주변이 언어 발명에 유리한 환경은 아니지만, 이미 다중 모드 특성을 가지지만 몸짓 중심의 원시언어를 유창하게 구사하던 호미닌들에게 불 주변은 말 중심의 의사소통으로의 전환이 일어나기에 유리한 환경이었던 것으로 보인다. 예를 들어, 혼합 양식 시스템에서 음성이 몸짓에 중복성을 추가했다면, 음성의 중요성이 증가해 특정 몸짓에 수반된 특정 음성에 대한 선택이 더 명확하게 이루어졌을 것이다.

마찬가지로, 몸짓의 사용에 있어서 발전된 많은 능력들은 더 많은 발성 체계로 부드럽게 확장되었을 것이다. 예를 들어, 번갈아 말하기는 새롭게 진화할 필요가 없었다. 향상된 작업 및 의미 기억력과 마음이론 능력, 원거리 지칭을 이해하는 능력이 몸짓을 뒷받침하기 위해 이미 진화했다는 가정 하에서 이런 능력들은 음성 중심 의사소통을 더 강화했을 것이다.

그렇다면 불의 통제는 언어 자체의 진화에 대한 설명을 제공하는 것이 아니라 몸짓-말 전환을 설명한다고 할 수 있다. 던바는 "몸짓은 그리 밝지 않은 불 주변에서는 이해하기가 힘들지만, 음성언어는 불 주변에서 다른 불 주변으로까지 전달된다."라고 지적한 바 있다(2017, p 11). 그리 밝지 않은 불 주변에서 발성은 확실히 몸짓보다 의사소통 기능이 뛰어나다.

불의 규모가 작고 불이 야외에 있을 때는 특히 더 그렇다. 점화 기술이 없는 경우 불의 유지보수는 작은 불에만 국한되었을 것이다. 불의 규모가 작아야 땔감을 아끼면서 오랫동안 불을 유지할 수 있었기 때문이었다. 이런 상황에서 "몸짓을 이해하기 어렵다."라는 던바의 주장은 옳다. 몸짓으로 다른 사람의 관심을 끌면서 자신의 생각을 표현하기 힘들기 때문에 음성 요소가 의사소통에서 점점 더 중요한 역할을 맡을 것으로 예상할 수 있게 만들 만큼 어려운 일이었을 것이다.

불 바로 옆에 앉아 있는 사람들은 몸짓을 이용해 대화할 수 있지만, 특히 시각 세계가 더 작을 뿐만 아니라 더 붐비는 경우 더 멀리 있는 개인들이 더 가까이 있는 사람들에 의해 가려진다면, 멀리 있는 이들은 몸짓을 이해하기가 매우 어려웠기 때문에 발성을 더 많이 사용하게 되었을 수 있다. 던바가 지적하듯이, 발성이 서로 다른 불 주변에 있는 호미닌 간의 의사소통을 가능하게 했을 것이다.

틀릴 수도 있지만, 우리는 여러 개의 불을 유지하는 일이 비교적 최근에서야 점화 기술 발견에 의해 정착되었을 수도 있다고 생각한다. 점화 기술이 없었을 때는 불을 최대한 오래 유지해야 했고, 그에 따라 연료가 계속 필요했을 것이기 때문이다.

어떤 경우든, 발성은 여전히 불로부터 일시적으로 멀리 떨어진 사람과 소통하거나, 더 많은 연료를 구하거나, 자신을 진정시키기 위해 사용될 수 있었을 것이다. 기호와 비교할 때 말이 갖는 일반적인 장점은 불 주변에서 더 두드러졌을 것이다. 호미닌들은 손으로 다른 일을 하면서 말을 하거나 타인의 말을 들을 수 있었기 때문이다.

지금까지 살펴봤듯이, 몸짓은 불 주변에서 의미를 파악하기가 쉽지 않다. 하지만 아주 불가능한 것은 아니다. 몸짓을 하는 행위주체가 전달하고자 하는 신호의 진폭을 증가시키거나, 반복하거나, 천천히 보여줄 수 있기 때문이다. 행위주체의 이런 행동은 음성 모드로의 전환이 점진적이고 연속적일 수 있다는 것을 보여주기 때문에 중요하다.

몸짓 중심의 원시언어는 확립이 된 후에는 불 주변에서도 사용될 수 있다. 다만 효율성이 떨어질 뿐이다. 불 주변의 환경은 몸짓 의사소통에 최적이지는 않지만, 불 주변에서 하는 몸짓이 효용이 없다고 할 수는 없다. 실제로 우리는 지금도 밤에 캠프파이어 주변에서 몸짓을 한다. 이런 몸짓은 몸짓과 음향적 요소 모두가 음성 모드로의 전환에서 함께 기능을 할 수 있게 만들었을 것이다.

자의적인 소리가 그 소리를 내는 것과 같이 이뤄지는 몸짓의 의미 전달 기능을 이어받으려면 이 몸짓도 계속 시야에 남아있어야 한다. 일단 불 주위에서 발성하는 경향이 증가했다면, 아마도 초기에는 발성이 기호와 결합하여 명확한 의미전달에 도움을 주었을 것이다. 그리고 발성은 낮 시간까지 이어져 몸짓-발성 결합을 더욱 강화하는 동시에 더 순수한 발성 체계로 연결하는 다리 역할을 할 수 있었을 것이다.

요약하자면, 우리는 던바와 가울렛이 불 주변과 그 중요성에 집중하는 것이 확실히 옳다고 생각한다. 불의 통제가 인간의 신체, 뇌, 그리고 사회생활에 미친 영향은 엄청나게 컸다. 하지만 던바와 가울렛과는 달리 우리는 언어의 초기 출현이 아니라 몸짓-말 전환을 설명하기 위해 불의 통제라는 개념을 이용한다.

6.6
누가, 어디서, 언제?

우리는 우리 조상들이 불 주변에서 몸짓보다는 주로 말을 이용해 의사소통을 하기 시작했다고 본다. 그렇다면 우리 조상 중 어떤 조상이 언제부터 말을 하기 시작했을까? 마지막에서 우리는 몸짓-말 전환에 대한 우리의 설명을 언어 진화에 대한 고고학적 및 유전적 증거와 통합할 것이다.

이 통합 시도는 우리의 이론을 검증하는 데 핵심적인 역할을 할 것이다. 만약 불의 통제를 보여주는 고고학적 증거와 언어 능력에 대한 고인류학적 연대가 들어맞지 않는다면 우리 이론은 설득력을 잃을 것이다. 하지만 다행히도 이 둘은 아주 잘 들어맞는다.

하지만 불의 통제가 언제 시작되었는지 파악하기는 쉬운 일이 아니다. 야외 환경에서 자연적으로 발생하는 불과 인간이 만든 불 anthropomorphic fire(호미닌에 의해 생성되거나 유지되는 불)을 구별하기가 매우 어렵기 때문이다. 이 두 종류의 불을 구별하려면 더 넓은 고고학적 맥락에 주목해야 한다(Gowlett 2016).

불에 탄 물질과 같은 지층에 있는 인공물이나 절단된 뼈는 인간이 만든 불을 시사할 수 있다. 이런 물체 중 하나라도 불에 탔다면 그 물체는 불과 동시에 존재했다. 하지만 이 물체들은 먼저 인간에 의해 버려지고 나중에야 산불에 의해 타버렸을 가능성도 있다. 따라서 해당 장소 부근에서 탄 물체와 타지 않은 물체의 비율을 확인하는 것이 필수적이다.

예를 들어, 현장의 뼈나 박편의 매우 적은 부분에서만 탄 흔적이 관찰된다면 이는 불의 규모가 작고 제한적이었다는 뜻이므로 인간이 만든 불의 존재를 추론할 수 있다.

연소된 퇴적물의 자기적 특성과 같은 미세 형태학적 단서도 불의 온도와 지속 시간에 대한 정보를 제공할 수 있다. 인간이 만든 불은 한 곳에서 더 오래 더 뜨겁게 타오르는 경향이 있기 때문에 이는 매우 중요하다. 이러한 상황 단서들의 해석은 복잡하며 이견의 여지가 있을 수 있다.

따라서 인간이 만든 불이 존재했다고 추정되는 현장에 실제로 인간이 만든 불이 있었는지는 여전히 논쟁의 여지를 제공할 수밖에 없다. 인간이 만든 불의 존재를 추측할 수 있게 해주는 더 확실한 단서들이 있다.

예를 들어, 기능이 손잡이에 의존하는 부싯돌은 인간이 만든 불의 존재를 보여주는 강력한 증거다. 일반적으로 부싯돌을 만들려면 열을 제어해 만든 접착제가 필요하기 때문이다. 이러한 접착제의 직접적인 증거가 발견된다면 훨씬 더 강력한 증거가 된다.

하지만 접착제를 사용하는 기술은 불의 통제가 가능해진 후에 많은 시간이 지난 다음에야 개발되었기 때문에 길들여진 불이 있었던 최초의 현장에서는 이런 부싯돌이 당연히 존재하지 않는다. 따라서 인간이 최초로 만든 불에 대한 주장은 여전히 매우 논쟁적일 수밖에 없다.

게다가 가울렛(2016)이 강조한 바와 같이 직접 연소된 흔적은 적고 취약하기 때문에 상당한 보존 편향conservation bias이 발생한다. 이와는 대조적으로 석기는 대부분의 환경에서 숯보다 훨씬 오래 모습을 보존한다.

또한 인간이 만든 불의 증거는 도구 제작의 증거보다 훨씬 적게 발견되기 때문에 표본 추출 편향sampling bias도 발생시켰을 것이다. 초기의 불의 통제와 관련해서는 증거의 부재가 부재의 증거가 아닌 것이 확실하다. 이를 감안할 때 불의 기록은 어떤 모습을 하고 있을지 의문이 생긴다.

간단히 정리해 보자. 아프리카에는 150만~100만 년 전의 연대에 걸쳐 불에 탄 퇴적물, 도구 그리고 불에 구워진 진흙이 있는 야외 유적지가 몇 군데 존재한다. 하지만 이 장소들은 인간이 만든 불이 있던 장소 또는 심지어 호미닌에 의한 기회주의적인 불 사용이 있었던 장소로 보기에는 여전히 논쟁의 여지가 많다.

인간이 만든 불의 존재를 보여주는 증거가 훨씬 더 강력해지는 것은 100만~50만 년 전의 연대에 들어서다. 이 시기는 인간이 만든 불이 확실히 사용된 최초의 증거를 포함하며, 해당 장소는 아프리카, 중동, 유럽, 아시아 전역에 흩어져 있다. 특히 중요한 이스라엘의 게셔 베노트 야코브Gesher Benot Ya'aqov 야외 유적지에서는 숯, 불탄 나무 및 인공물 등이 다수의 층을 이루고 있다(Goren-Inbar,

Alperson, et al. 2004; Alperson-Afil 2008; Alperson-Afil and Goren-Inbar 2010). 여기서 이런 항목들을 포함하고 있는 가장 오래된 층은 78만 년 전에 형성되었다. 화로의 존재는 공간상에서 특정한 부분에 불에 탄 인공물이 집중적으로 발견될 때 유추된다. 50만 년 전에서 15만 년 전의 연대에 이르면 당시의 불의 통제가 세계 전체에서 이뤄졌다는 증거가 (상대적으로) 매우 많이 발견된다. 특히 40만 년 전 이후의 유적지에서는 더 많은 증거가 발견된다.

이는 그 기간에 불을 만들고 유지하는 기술에 변화가 있었다는 것을 알려주는 신호일 수 있다. 특히 이 기간에는 사용된 화로의 크기가 매우 커진 것으로 보인다.

이스라엘의 한 유적지(케셈 동굴)는 약 30만 년 전의 호미닌들에 의해 반복적으로 사용된 대형석곽 화로의 증거를 보여준다(Shahack-Gross, Berna, et al. 2014). (하지만 이 기간에 해당하는 유적지 중에서도 기대와 달리 불의 사용 징후를 관찰할 수 없는 유적지가 존재한다. Sandgathe, Dibble, et al. 2011).

인간이 만든 불이 현대의 수렵채집 사회에서의 불과 비슷한 역할을 했다는 것을 보여주는 증거는 플라이스토세 후기의 증거들에서 처음 발견된다.

몸짓-말 전환에 대한 우리의 이론을 설명하기 위해 우리는 특히 호미닌이 불을 점화시키는 능력이 없었지만 불을 안정적으로 사용할 수는 있었던 시기에 주목할 필요가 있다. 이런 기록은 어떤 의미가 있을까? 이런 기록에 대한 일반적인 해석은 다음과 같다.

불 사용이 추측되는 최초의 유적지(100만 년 전 이전)가 호미닌의 불 사용을 보여주는 경우라면 이는 기회주의적이었을 것이다. 이 호미닌들은 자연적으로 발생한 불을 이용했을 수도 있고, 심지어 정기적으로 불을 사용했을 수도 있지만 아마도 자연적으로 발생한 불을 여기저기 옮기면서 무한정 지속시킬 수 있는 능력은 없었을 것이다.

기록에서 나타나는 100만~50만 년 전 사이의 변화는 불의 통제가 시작되었다는 것을 보여주는 신호일 수 있다. 이 시기 초기의 호미닌들은 불을 능숙하게 통제하지는 못했을 것이다. 따라서 우리는 플라이스토세 중기 호미닌의 생활방식에서 불의 역할이 점진적으로 강화되었을 것이라고 추측한다.

게셔 베노트 야코브의 불 사용 증거는 당시의 호미닌들이 적어도 불을 관리하는 데 있어서는 능숙했다는 것을 드러낸다. 마지막으로, 40만 년 전 이후의 불 사용 기록에서 우리가 추측할 수 있는 것은 점화 기술이 그때 이후로 망각되지 않고 지속되었다는 것이다 (강화된 불 관리 능력 덕분에 가능했을지도 모른다).

이런 시기별 변화를 염두에 두고 몸짓-말 전환에 대한 우리의 설명에 대해 생각한다면 플라이스토세 중기의 호미닌이 강화된 음성 의사소통을 위한 선택을 경험했다는 것을 추측할 수 있다. 특히 우리는 인간과 네안데르탈인의 마지막 공통 조상인 호모 하이델베르겐시스의 변화가 80만~70만 년 전에 일어났다고 예측한다.

이 예측이 맞을까? 이 예측을 평가하기 위해 우리는 두 가지 주요한 증거를 제시할 것이다. 화석과 유전자다. 우리에게 언어의 진화에 대해 말해 줄 화석 증거의 가능성에 대해서는 의견이 엇갈린다. 역사적으로 제안된 지표들은 두개골의 모양과 치수, 설하신경관의 크기, 두개골 밑부분의 각도, 설골^{hyoid}(말굽 모양의 뼈로, 턱과 갑상연골 사이의 목의 앞부분 중간쯤에 위치한다)의 형태, 흉부 척추관의 폭 등이 있다(Fitch 2000). 사실상 현재의 논의는 마지막 두 가지를 중심으로 진행되며, 그 외의 것들은 너무 신뢰할 수 없다고 일축되었다.

무엇보다도, 설골은 후두를 지탱한다. 네안데르탈인의 설골은 본질적으로 인간과 비슷하다는 것이 널리 받아들여지고 있다. 이는 설골이 하이델베르겐시스에서 이미 현대 인간의 설골 형태로 진화했다는 것을 보여준다. 스페인의 시마 데 로스 우에소스$^{Sima\ de\ los\ Huesos}$ 유적지의 화석 유적은 이 생각과 일치한다(Martínez, Arsuaga, et al. 2008). 이곳에서 하이델베르겐시스의 설골이 2개가 발견되었으며, 둘 다 본질적으로 현대인의 설골 형태를 보여준다.

설골이 언어 능력에 대한 많은 정보를 제공할 수 없다고 생각하는 사람들도 있다. 특히, 설골은 성도에서 후두의 위치를 나타내는 지표가 아닐 수도 있다고 생각한 사람들도 있었다. 이런 회의론자들(특히 피치)은 인간의 발달 과정에 걸쳐 (확연히 보이는 설골의 하강 추세에도 불구하고) 설골 형태에 변화가 없었다고 주장한다.

하지만 모든 네안데르탈인과 하이델베르겐시스의 설골 구조는 초기 호미닌과 침팬지 속에 존재하는 공기주머니가 진화 과정에서 없어졌다는 것을 드러낸다. 이는 설골의 구조가 현대인이 말을 의존하는 구조 쪽으로 변화를 거쳤다는 것을 확실하게 보여주는 증거다.

현대인과 설골과 모양이 비슷한 하이델베르겐시스의 설골을 에렉투스 계열의 설골과 비교하면 흥미로운 사실을 알 수 있다. 에렉투스 계열의 설골 형태에서는 현대와 고대의 특징이 모두 나타난다. 카파소Capasso, 미셰티Michetti, 다나스타시오D'Aanastasio(2008)에 따르면 에렉투스 계열의 설골은 침팬지 속과 고릴라 속의 설골의 특징인 둥글게 튀어나온 모양과는 대조적으로 막대 모양의 특징을 가지고 있다.

막대 모양이 아닌 둥글게 튀어나온 모양은 설골에 공기주머니가 붙어 있었기 때문으로 추정되며, 이는 이 고대의 특징이 이미 에렉투스 계열에서 사라졌음을 뜻한다. 반면에 많은 측면에서, 에렉투스 계열의 형태는 후기 호모보다 침팬지의 형태와 더 유사하며, 따라서 이 저자들은 에렉투스 계열이 현대의 언어 능력을 가지고 있지 않았을 것이라고 결론 내렸다.

특히, 설골의 경우 인간 성도의 높은 쪽 끝(상부)을 조절하는 기능을 하는 중요한 설골상근suprahyoid muscle에 붙어 있었다는 증거를 보이지 않는다.

말을 할 수 있는 능력을 보여준다고 추정되는 다른 화석 지표도 있다. 흉부 척추관의 폭은 호흡 조절의 정도를 나타낸다. 복부와 늑간 근육은 흉부 척추관에 있는 운동신경 세포에 의해 조절된다. 따라서 흉부 척추관이 두꺼울수록 이 근육들에 대한 통제력이 강해진다. 현재의 증거에 따르면, 에렉투스 계열의 흉부 척추관은 현대 인간의 범위에 속하는 것으로 보인다(Villamil 2014).

하지만 피치(2010)가 다시 지적한 바와 같이, 호흡 제어의 향상은 달리기나 수영 능력이 진화하면서 이뤄졌을 가능성도 있다. 제6장

6.4에서 언급한 웃음과 노래도 이 능력 향상에 기여했을 수 있다.

말하는 능력의 향상은 그에 상응하는 청각 기관의 변화를 일으킬 수 있다. 소리가 듣는 사람에 의해 구별되지 못한다면 화자가 아무리 많은 새로운 발성을 하게 된다고 해도 의미가 없다. 이 분야에서 증거는 제한적이지만, 우리가 가지고 있는 증거로 명확한 그림을 그릴 수 있다.

스페인의 시마 데 로스 우에소스 유적에서 발견된 호모 하이델베르겐시스의 외이와 중이의 화석을 재구성한 결과 본질적으로 현대인의 능력과 동일한 청각 능력이 호모 하이델베르겐시스에게 있었다는 것을 추론할 수 있었다.

연구자들(Martinez, Rosa, et al. 2004; Martinez, Quam, and Rosa 2008)에 의해 재구성된 청각 기관의 해부학적 구조를 보면 호모 하이델베르겐시스의 청각 기관 구조가 침팬지를 비롯한 다른 대형유인원에 비해 약 400Hz 정도 민감도가 높았다는 것을 보여주었다.

이런 추론은 중기 구석기 시대의 증거를 이용해 네안데르탈인과 현생인류의 이소골ossicle(귓속 중이에 위치해 있는 뼈로, 이소골이 고막으로부터 음파의 진동을 받아서 내이로 전달하면 이 진동이 내이에서 림프액의 파동으로 바뀐다)을 비교함으로써 더 강화되었다(Stoesel, David, et al. 2016).

이 증거는 네안데르탈인의 형태학적 특징이 현대 인간의 범위에 포함되었음을 보여준다. 따라서 네안데르탈인과 인간 사이의 분리 이전에 현대인의 언어를 기록할 수 있는 청각적 능력이 있었고, 두 계통이 모두 더 오래된 조상으로부터 이 능력을 물려받은 것으로 보인다.

유전적 증거를 살펴보자. 네안데르탈인과 현생인류의 DNA는 놀라울 정도로 유사하다. 현재까지 총 96개의 아미노산 치환amino acid substitution이 87개의 단백질에서 확인되었다(Prüfer, Racimo, et al. 2014). 이 두 종의 사이에서 현재 약 3천 종류의 비암호화 DNAnondecoding DNA(단백질을 만들어내지 않는 DNA)의 차이가 확인되는데, 이러한 큰 차이는 아직 정밀하게 규명되지 않았다. 하지만 이 차이는 적어도 상향 또는 하향 조절 유전자 발현에서 중요한 역할을 하는 것으로 추정된다.

암호화 DNA의 차이 또는 암호화 DNA에 인접한 비암호화 DNA의 차이를 나타내는 유전자 중 일부는 뇌에서 발현되기 때문에 언어 능력과 말을 하는 능력에 중요한 영향을 미칠 가능성이 있다.

하지만 다른 유전자들은 피부, 머리카락, 뼈, 면역, 그리고 생식 등에 영향을 미치며 언어와 무관한 것으로 보인다.

레빈슨Levinson과 데디우Dediu는 인간 게놈(유전체)의 크기를 고려할 때, 호모 사피엔스, 네안데르탈인, 데니소바인 그리고 그들의 공통 조상인 하이델베르겐시스 사이에는 차이점이 거의 없다고 주장했다(Dediu and Levinson 2013; Levinson and Dediu 2018). 우리는 유전적인 측면에서 네안데르탈인과 데니소바인과 매우 비슷하다. 따라서 우리는 하이델베르겐시스와도 유전적으로 비슷할 것이라는 추론이 가능하다.

FOXP2라는 유전자에 많은 관심이 쏠린 적이 있다. 한때 FOXP2는 인간의 구문 능력에 매우 중요하다고 여겨져 "언어 유전자language gene"로 불리기도 했다. 하지만 최근 연구결과에 따르면 이 유전자는 정확한 발성 조절을 가능하게 하는 유전자다.

인간과 네안데르탈인의 암호화 영역은 서로 동일하다. 하지만 전사 인자 POU3F2에 대한 상향 결합 위치 중 하나에서 차이가 있으며 이 차이가 말과 관련이 있다고 생각하기 쉽다.

하지만 현대 아프리카인의 10%가 이 위치에서 이런 고대의 대립형질을 나타낸다는 사실을 고려하면 이 변이는 현대인의 말하는 능역에서 필수적인 위치를 차지하고 있다고 하기 힘들다(Maric, Günther, et al. 2013).

언어 구사 능력과 말하는 능력에 관계된 다른 조절 DNA의 차이 (예를 들어, ROBO1, ROBO2, CNTNAP2를 제어하는 조절 DNA의 차이)가 확인되긴 했다. 하지만 이러한 변화가 표현형에 미치는 영향은 아직 확실하게 확인되지 않았다. 또한 이러한 문제와 관련이 있을 수 있는 현생인류의 유전적 변이와 발달 가소성에 대해서는 아직도 많은 연구가 필요하다(Dediu and Levinson 2013).

요약해 보자. 현생인류와 네안데르탈인의 게놈은 놀라울 정도로 유사하지만, 우리가 네안데르탈인과 갈라진 이후, 즉 70만~50만 년 전 사이에 우리 계통에서 많은 변화가 일어났다. 이러한 변화들 중 인간의 말하는 능력의 발달과 관련된 변화는 매우 적다.

이런 생각은 현생인류와 네안데르탈인의 게놈 사이의 후성유전학적 차이를 보여주는 최근 연구에 의해 더욱 강화된다(Gokhman, Nissim-Rafinia, et al. 2019). 구체적으로 살펴보면, 우리 계통에서 새로운 메틸화 패턴이 얼굴 및 성도 형태(SOX9, ACAN, COL2A1, NFIX 및 XYLT1)와 관련된 유전자 집합에서 진화한 것으로 밝혀졌다. 하지만 전반적으로 인간과 네안데르탈인의 성도 또는 언어와 관련된 신경 해부학적 구조 사이의 중대한 설계적 차이를 보여주는 것은 거의 없다.

오히려 이러한 차이는 앞에서 언급한 화석 증거에 의해 더욱 뒷받침되는 결론인 정교한 음성 생성 능력과 지각 능력을 "완성하는 화룡점정"에 더 가까워 보인다.

게다가, 네안데르탈인의 말과 사피엔스의 말의 차이가 네안데르탈인의 말하는 능력이 사피엔스에 비해 제한적이라는 것을 의미하지는 않는다. 모든 것을 고려해 볼 때, 이 증거는 말하는 능력이 플라이스토세 중기에 인간과 네안데르탈의 조상에게 있었다는 것을 시사한다. 이 호미닌들, 즉 하이델베르겐시스는 불 주변에 정착하기 시작하면서 말하는 능력이 생겼을 것이다.

따라서 고고학적 증거와 유전적 증거는 모두 몸짓-말 전환에 대한 우리의 설명과 일치하지만, 증거가 파편적이고 다양한 해석이 가능하기 때문에 연대는 확실하다고 할 수 없다. 우리는 이 상황에서 네안데르탈인과 하이델베르겐시스가 본질적으로 현대적인 형태의 구어를 가지고 있었다는 결론을 내려야 할까? 그래서는 안 될 것 같다.

오히려 이 상황은 네안데르탈인과 하이델베르겐시스가 의사소통 시스템을 뒷받침하는 데 필요한 음성 및 청각 메커니즘을 가지고 있었을 가능성이 매우 높다는 것을 보여준다. 또한 그들은 의사소통에 필요한 인지능력도 가지고 있었을 것이며 언어와 말을 구사할 준비가 되어 있었을 것이다. 하지만 원시언어에 비교할 때 현대 언어가 의사소통 시스템으로서의 모든 특징을 가지게 된 것은 20만 년 전 이후였을 것으로 추측된다. 우리는 이런 특징들이 현생인류의 삶의 복잡성이 증가하면서 나타났다고 본다.

구체적으로 말하면, 우리는 현재 우리가 알고 있는 언어가 우리의 협력 혁명의 두 번째, 즉 상호 작용 혁명과 동시에 출현했다고 본다. 우리는 이 혁명 이전에는 현대 언어에 의해 가능하게 된 모든 범위의 의사소통 자원이 진정으로 필요가 없었을 것이라고 생각한다.

현대 언어는 개인의 인지적 또는 구조적 메커니즘뿐만 아니라 사회적 환경의 특징에도 의존한다. 우리는 다음 장에서 이 주장에 대해 자세히 설명할 것이다. 다음 장에서는 이 책을 관통하는 추론 전략이 마지막으로 반복될 것이다. 즉, 우리는 우리의 조상들이 향상된 형태의 의사소통을 뒷받침하는 인지적, 사회적 자원을 가지고 있었다는 것을 보여주는 사례와 그들의 사회적, 경제적 삶이 그 형태의 의사소통에 의해 훨씬 향상되었을 것이라는 견해에 대한 사례를 결합할 것이다.

20만 년 전, 아니 어쩌면 그 훨씬 이전에 고대의 인류는 완전한 언어에 필요한 본질적인 인지적 자원을 가지고 있었을 것이다. 하지만 그들은 이 시점에 아직 완전한 언어의 유지와 전달을 뒷받침하는 사회적 삶을 살지는 못했을 것이다. 게다가, 우리는 20만 년 전의 그들의 삶이 이러한 풍부한 의사소통 도구를 필요로 할 만큼 경제적, 사회적 또는 기술적으로 복잡했다고 생각하지 않는다. 제7장에서 다루겠지만, 대략적으로 이 시기부터 상황이 변화하기 시작한다.

7

원시언어에서 언어로

7.1
협력의 변화

우리는 언어 진화 과정이 길고 점진적인 과정이었다고 주장해 왔다. 그 과정은 대형유인원 의사소통의 정교화, 특히 대형유인원의 몸짓 의사소통의 정교화로 시작되었다. 에렉투스 시대에 이르러서는 우리 계열의 협력이 상당히 확대되었다. 에렉투스는 번식 협동, 수렵채집, 도구 제작, 정보 공유를 실천했을 것이다. 이러한 발전은 호미닌의 의사소통 시스템을 진보시켰을 것이고, 진보된 호미닌의 의사소통 시스템은 협력을 더욱 강화하면서 긍정적인 공진화를 촉진했을 것이다.

우리는 초기 호미닌의 협력 형태가 대부분 즉각적인 상리공생의 형태를 띠었다고 본다. 이러한 형태의 협력에서 행위주체는 바람직한 결과, 즉 협력 이익을 얻기 위해 함께 행동한다. 그 이익은 그 자리에서 분배된다(또는 분배될 수 있다). 포식자에 대한 집단적 방어는 이런 종류의 즉각적인 상리공생이다. 집단적인 방어가 성공한다면 그를 위해 함께 노력한 모든 행위주체는 피해를 입지 않고 위험한 상황을 통과하는 것이 된다.

또한 이 행위주체들은 집단적으로 포식자를 그 포식자가 노리는 먹이로부터 몰아냄으로써 그 먹이를 공유할 수도 있다. 마이클 토마셀로는 이런 집단적 협력이 인간 협력의 기본적인 형태라고 주장한다(Tomasello, Melis, et al. 2012; Tomasello 2014). 우리는 토마셀로의 이 생각에 동의한다.

즉각적인 보상이 따르는 상리공생은 다른 형태의 협력에 비해 인지 측면과 동기부여 측면에서 단순하다. 상리공생이 아닌 다른 형태의 협력으로 인한 이익은 미래에 대한 계획과 도움을 받은 개체가 도움을 준 개체에게 미래에 보답할 것이라는 믿음에 의존한다. 즉각적인 보상이 따르는 상리공생이 부정행위를 불가능하게 만들지는 않지만, 이 형태의 상리공생은 속임수가 시도된다면 언제 시도될지 분명하게 드러낸다.

다른 개체들이 포식자를 동물 시체에서 쫓아내는 동안 어떤 개체가 뒤로 물러서 방관한다면 다른 사람들은 이 개체의 의무 불이행을 확실하게 볼 수 있다. 협력 행동을 하는 무리의 일원이 되기 위해 미래에 받을 더 큰 보상을 기대하면서 현재의 이익을 포기할 필요는 없다. 예를 들어, 이러한 관계에서 개체들은 미래에 도움을 받을 수 있다는 기대를 하면서 지금 먹이를 다른 개체들과 나누는 것이 아니기 때문이다. 이와 비슷한 맥락에서, 부정행위를 하는 개체들을 처벌하기 위해 필요한 인지 측면과 동기부여 측면의 메커니즘도 매우 간단하다.

극단적이지 않은 경우, 처벌은 무임승차를 한 개체를 협력의 결실에 접근하지 못하도록 만드는 정도에 그칠 수 있다. 예를 들어, 다른 개체들이 모두 협력해 포식자를 쫓아낼 때 뒤에 물러나 있던 개체는 동물 사체의 좋은 부분을 다른 사람들이 가져갈 때까지 사체로부터 차단될 수 있다.

만약 그렇다면 무임승차를 할 이유가 전혀 또는 거의 없어진다. 포식자를 쫓는 데 아무 협력도 하지 않은 개체가 사체 전체를 혼자 가져가려 할 때는 더 적극적인 조치가 필요할 것이고, 협력을 한 개체들은 방관하던 개체가 사체를 독식하지 못하도록 즉각적이고 감정적인 개입을 해야 한다는 생각을 하게 될 것이다(이런 생각에 대해서는 Sterelny 2021 참조).

우리는 협력의 초기 형태가 주로 즉각적인 상리공생의 형태였다고 생각하지만, 아마 예외도 있었을 것이다. 우리는 가장 중요한 협력 형태 중 하나가 번식 협력이었다고 본다. 번식 협력은 가까운 친척 사이에 이뤄지는 협력 그리고/또는 직접적인 호혜적 관계의 형태를 띠며 다른 개체의 아기를 보살피면서 가까운 미래에 자신의 아기를 다른 사람이 보살펴주기를 기대하게 된다.

이러한 형태의 즉각적인 상리공생은 인지 측면과 동기부여 측면에서 더 어려운 형태의 협력의 진화를 촉발했다. 이에 대한 증거는 갬블Gamble(2013), 핀레이슨Finlayson(2014), 로버츠Roberts와 스튜어트Stewart(2018) 등이 제시했는데 "사바나스탄Savannastan"[1]에서 나온 호미닌들이 지난 몇 백만 년 동안 점진적으로 확장하면서 더 넓은 범위의 서식지에서 점점 더 번성할 수 있게 되었다는 것을 보여준다. 협력이 생활방식에서 점점 더 중요해짐에 따라 사리에 합당한 협력을 강화하는 특성에 대한 선택이 있었을 것이다.

확실한 것은 약자들을 위협하고 갈취하는 개체들에 맞선 대항과 사회적 관용 둘 다를 포함하는 적극적인 협력을 위한 친사회적 경향이 점점 더 커졌다는 점이다.

플라이스토세 중기와 후기에 걸쳐, 우리 계통의 협력은 계속해서 확장되었다. 우리는 협력이 세 가지 측면에서 변화했다고 본다.

첫째, 협력의 범위가 확장되었다. 일상생활의 점점 더 많은 부분이 다른 개체들과의 협력적인 상호작용을 필요로 하게 되었다는 뜻이다. 우리는 이런 사례 중 하나가 불의 사용과 관계된 협력이라고 본다. 제6장에서 설명했듯이, 불을 이용하기 위해 호미닌들은 다양한 종류의 협력과 조정을 해야 했다.

둘째, 협력의 사회적, 물리적 규모가 변화했다. 대형유인원의 사회적 세계는 대부분 거주 집단에 국한되어 있다. 우리 조상인 호미닌들의 사회적 세계도 그랬을 가능성이 높다. 하지만 민족지학적으로 알려진 수렵채집인들의 패턴은 대형유인원의 패턴과 매우 다르다. 다른 유형의 인간 집단들은 더더욱 다른 패턴을 보인다(Seabright 2010). 수렵채집 집단은 다른 수렵채집 집단과의 접촉에 개방적인데 보통 이 집단들 사이에는 관계성이 존재하고, 같은 부족이나 씨족에 속한 수렵채집 집단 사이의 교류는 매우 자유롭다 (Lee 1979; Marlowe 2010).

이런 변화가 언제 일어났는지 정확한 연대를 추정하기는 어렵지만,[2] 호미닌 진화의 어떤 시점부터 호미닌들의 주거 집단은 개인과 집단의 협력이 확장되며 점점 더 개방적이 되었을 것이다.

홀로세에 이르면 대규모 어살fish weir(개울이나 강, 바다 등에 나무 울타리를 치거나 돌을 쌓은 다음 그 가운데에 그물을 달아 고기가 들어가서 잡히도록 하는 장치) 및 대규모 통발 등이 출현했다. 이런 구조물들은 하나의 주거 집단이 만들 수 있는 수준을 크게 뛰어넘는 것들이다(북아메리카의 사례는 Frison 2004 참조). 사회적 규모의 이런 증가(수렵채집 집단들이 사회적인 측면 또는 정보적인 측면에서 고립에서 벗어난 현상)는 누적적인 사회적 학습을 훨씬 더 안정적으로 만들었다(소규모 집단에서는 개체의 불행한 사망에 의해 혁신 결과가 손실될 수 있다).

또한 좋은 아이디어들이 집단 간에서 공유되었을 것이다. 우리가 자주 언급했듯이, 언어는 도전적인 사회적 학습 대상이며, 언어가 풍부하고 복잡할수록 도전은 더 커진다. 이러한 사회적 규모의 증가는 완전한 언어의 출현에 필수적이었을 수 있다(Planer 2020a).

셋째, 협력의 경제적 구성이 변화했다(우리가 가장 중요하게 생각하는 측면이다). 우리 조상들은 점점 호혜적이거나 지연 보상 형태의 협력을 강화하게 되었다는 뜻이다. 이러한 협력의 점진적인 변화는 호미닌 생활의 사회경제학적 기초를 매우 크게 변화시켰다. 이 변화는 모두에게 순이익을 제공했지만 새로운 형태의 갈등도 발생했다. 다양한 협력 형태가 생기고 복잡해질수록 일이 잘못될 가능성도 높아지기 때문이다.

협력의 형태와 범위의 이러한 변화는 언어의 진화와 관련이 있다. 우리의 관점에서 볼 때 새로운 갈등 위험을 통제하고 비용을 낮출 필요성이 완전한 언어의 진화의 중요한 요인이었기 때문이다. 이 관점을 발전시키면서 우리가 제일 먼저 고려한 것은 잠재적인 문제들과 갈등의 발화점을 식별하게 만든 복잡한 형태의 협력이며,

이런 문제들을 해결하는 데 필요한 일련의 사회적 도구들에 주목했다. 이런 문제들을 해결할 수 있는 완벽한 방법은 없지만, 우리는 이 사회적 도구들을 이용한 혁신은 갈등 비용을 인내할 수 있을 정도로 줄였다고 본다.

이런 해결방법에는 정교한 형태의 언어가 개입되어 있다. 네안데르탈인, 심지어는 호모의 초기 종들도 이런 형태의 협력을 전적으로 또는 부분적으로 실천했을 가능성이 있다. 만약 그렇다면, 호미닌들이 완전한 언어의 특징들이라고 우리가 생각하는 특징들의 전부 또는 일부를 이용했을 수 있다.

하지만 현재의 연구결과에 기초해 조심스럽게 예측한다면, 우리는 다른 호모 종들이 플라이스토세 후기 인간들이 했던 방식으로 협력했다고 생각할 이유가 없다고 생각한다. 따라서 이 장의 마지막 부분에서 우리는 무엇이 이러한 독특한 사피엔스 형태의 협력을 촉발시켰는지에 대한 질문을 제기할 것이다. 왜 우리 종만 이렇게 독특한 형태의 협력을 했을까? 플라이스토세 후기의 해부학적 현생인류AMH만이 완전한 언어를 가지고 있었다면, 우리는 적어도 그 이유에 대해 설명할 수 있어야 한다.

우리는 우리 종만이 광범위하게 협력했기 때문이라고 생각한다. 우리는 특정한 가설에만 의존하지 않으면서, 가장 광범위한 형태의 협력이 플레이스토세 후기 AMH에 국한된 이유를 설명하기 위해 몇 가지 가능성을 다룰 것이다.

7.2
새로운 협력 방식으로 인한 사회적 비용

생태학적, 기술적, 사회적 영역에서 인간의 가장 큰 성취는 협력의 구축에 의존한다. 인간의 특징 중 하나는 친척이 아닌 사람들과도 협력하며, 때로는 완전히 낯선 사람들과 협력한다는 것이다(Seabright 2010). 하지만 이렇게 협력을 하기 위해서는 갈등과 위험 같은 상당히 현실적인 사회적 비용을 감수해야 한다. 이 장에서는 이런 비용들에 대해 다루고, 그럼에도 불구하고 순이익을 낼 수 있는 협력 형태에서 이런 비용들이 어떻게 발생하는지 다룰 것이다.

7.2.1
분업

분업은 수렵채집인의 삶에서 나타나는 보편적인 특징이다. 가장 일반적인 분업은 성별을 기준으로 한 분업이다(Kelly 2013)이다. 성인 남성과 성인 여성은 하루 동안 서로 다른 자원을 목표로 삼는다. 남성은 일반적으로 사냥을 하고 때로는 낚시를 하는 반면, 여성은 식물 기반 자원이나 곤충, 도마뱀 같은 작은 사냥감들을 채집한다.

사냥이 성공하면 고기는 무리 전체에 걸쳐 자유롭게 공유된다. 여성은 자신의 남성 파트너를 포함한 가족들에게 주로 도움을 준다(모든 음식을 공유하는 사회도 존재하기는 한다). 이런 사회에서 여성의 지원이 없다면 사냥은 성공하기 힘들다.

일부 수렵채집 집단에서는 나이가 부분적으로 분업의 기준이 되기도 한다. 나이가 많은 남성들이 의식을 주관하고 이야기꾼을 자처하며 사회적인 선을 권장하는 데에 더 많은 에너지를 집중하는 사회가 그 사례다(Hart and Pilling 1960; Lewis 2015).

이런 분업은 위험을 줄여준다. 수렵채집 집단이 하나의 단위로, 하나의 목표를 대상으로 하지 않게 되면 그 집단의 구성원들은 모두 함께 성공하거나 모두 함께 실패하는 일이 줄어들기 때문이다(Cashdan 1980). 수렵채집 집단은 자연에서 얻을 수 있는 자원의 우연한 증감에 매우 취약하다. 분업은 이런 상황에서 전문화를 통해 그 취약성을 극복할 수 있게 해준다. 예를 들어, 남성과 여성은 다양한 도구들을 만들고 사용하고 수리하는 데 필요한 신체적 기술을 습득할 수 있다.

일부 도구의 경우 이러한 능력을 습득하는 데 상당한 시간과 노력이 필요하다. 활을 만들고 사용하는 것은 결코 쉬운 일이 아니다. 또한 전문화는 어망이나 통발과 같은 전문 장비를 만드는 데 시간과 노력을 투자하는 일을 가치 있는 일로 만든다. 수렵채집인들에게 그물과 덫은 만드는 데 많은 노력이 드는 도구다(Kelly 1984;

Satterthwait 1986; Satterthwait 1987). 이 도구들은 정기적으로 사용될 때만 만들 때 투자한 노력의 값을 한다.

인지적 전문화cognitive specialization가 일어나기도 한다. 사냥 기술은 채집 기술과는 매우 다른 지식 기반을 필요로 한다. 사냥된 자원과 채집된 자원은 서로 다르게 배포되고, 서로 다른 시간 일정을 따른다. 또한 두 자원은 단서를 읽는 방법도 서로 다르다. 이런 영역에서 전문 지식의 개발은 문화적 학습뿐만 아니라 시행착오를 통한 개인의 장기적 학습에도 크게 의존한다.

우리는 전문가들이 우리를 위해 구축한 물리적·인지적 환경 안에서 이런 시행착오를 겪으면서 학습을 한다(Sterelny 2012a). 분업은 개인이 자신의 공동체가 전체적으로 소유한 정보의 전체를 숙달하지 않고도 성공적으로 먹이를 찾는 것을 가능하게 한다. 동시에, 분업을 통해 집단 전체는 (심지어 광범위한 문화적 학습에 의해 지원을 받는) 어떤 개인도, 한평생 동안 얻을 수 없을 것이라고 생각한 노하우를 가지게 된다.

따라서 전문화된 분업은 여러 가지 중요한 측면에서 수렵채집의 효율을 높인다. 전문화된 분업은 집단이 이용할 수 있는 자원의 폭을 넓힘으로써 위험을 줄일 수 있다. 자원의 폭이 넓어지면 모든 자원이 한꺼번에 이용 불가능해지는 일이 발생하기 힘들기 때문이다.

거주 집단이 작은 소집단들로 나눠져 식량을 찾게 되면 집단 구성원들은 베이스캠프 주변의 서식지를 더 효율적으로 탐색할 수 있다(이에 대한 자세한 내용은 나중에 설명한다). 잠재적인 자원의 더 많은 부분이 이용될 수 있게 되는 것이다. 하지만 이렇게 효율성이 높아지는 것과 함께 새로운 사회적 갈등이 발생할 가능성도 높아진다.

위험이 분배로 인해 관리되는 경우, 즉 오늘 성공한 사람이 자신의 성과를 실패한 사람과 분배하는 경우 성공한 사람은 분배에 대한 보답을 미래에 공정하게 돌려받을 수 있을 것이라고 믿어야 하는데, 어떤 것이 공정한 보답인지에 대해서는 의견 차이가 있을 수 있다. 이는 우리가 개인의 기여를 평가하는 데 있어 각자의 자연스러운 편견을 고려할 때 특히 그렇다. 이런 갈등은 기술과 헌신의 차이 때문에 자신의 성과물보다는 남의 성과물의 공유를 더 많이 필요로 하는 경우 더 커질 수 있으며, 이러한 차이가 발생할 가능성은 매우 높다.

또한 이런 갈등은 동일척도로의 환산 문제에 의해서도 증폭될 수 있다. 식량을 조달할 때의 분업의 효율성은 부분적으로 자원 기반의 확장에 의존하지만, 자원 기반의 확장은 교환 비율의 문제를 일으킬 수 있기 때문이다. 한 개인이 정기적으로 물고기를 기부한다면, 이 물고기에 대한 공정한 보답은 어떻게 다른 자원으로 이뤄져야 할까?(Sterelny 2014).

예를 들어, 자원 교환을 할 때 어떤 사람은 물고기 한 마리를 받으면 물새 한 마리와 조개 한 바구니를 주면 된다고 생각하겠지만, 물새와 조개를 보답으로 받는 사람은 자신이 손해를 본다고 생각할 수도 있다. 좀 더 일반적으로 표현하면 집단 안에서 유통되는 재화의 종류가 증가함에 따라, 무엇이 허용 가능한 교환을 구성하는지에 대한 갈등이 발생할 가능성도 증가한다.

이는 음식뿐만 아니라 도구 등 다양한 형태의 교환(예를 들어, 순록 다리 같은 먹을 것을 주고 창을 받는 교환)에도 해당된다. 갈등은 심지어 정보 교환 영역으로까지 확대될 수 있다. 이런 집단 구성원들 간의 갈등은 지속적인 협력을 위협하거나 악화시킬 수 있다.

더 넓은 범위의 자원을 수확하는 것은 다른 방식으로도 사회적 삶에 부담을 줄 수 있다. 다양한 자원들이 서로 다른 시간과 장소에서, 그리고 매우 다른 정도의 확실성으로 이용 가능하게 되기 때문이다. 하나의 자원을 목표로 하는 사람들의 관점에서 볼 때, 주거지를 더 내륙으로 이전하는 것이 최적일 수 있다.

저평가된 가치 자원들은 장거리 운반의 가치가 없기 때문에, 이러한 자원들을 전문적으로 다루는 사람들(주로 여성들)은 가치가 높은 자원들을 목표로 하는 사람들보다 더 자주 주거지를 옮기고 싶을 것이다. 더 풍부하지만 가치가 낮은 자원을 사용하면 집단을 자원 쪽으로 이동하는 것이 효율적이며, 덜 풍부하고 덜 예측 가능한, 가치가 높은 자원을 사용하면 자원을 집단 쪽으로 이동하는 것이 더 효율적이다(Binford1980).

게다가 이런 이동에 필요한 비용(노력)은 집단 전체에 걸쳐 불균일하게 분배될 수 있다. 만약 여성이 유아와 어린아이들을 돌보는 것을 책임지고 있다면, 이동 비용은 남성보다 여성에게서 훨씬 더 클 수 있다.

만약 크고 무거운 것들을 옮겨야 한다면 이 또한 다양한 이해 충돌 상황을 유발할 수 있다. 이 외에도 동기부여와 관련한 스트레스도 존재할 수 있다. 따라서 집단 구성원들은 다른 자원들을 전문화함에 따라 더 광범위하게 시간과 공간에 걸쳐 인원이 분산되는 경향이 있다. 특정한 자원이 있는 위치로 며칠에 걸쳐 이동해야 하는 전문가 집단 또한 (분업이 없다면 효용성이 없는) 이런 경향이 나타난다.

예를 들어, 해안에서 가까운 섬에 잠시 머물러 자원을 수집하는 사람들에게도 신선한 물의 부족으로 인해 이해 충돌 상황이 발생할 수 있다.

일상적인 접촉이 적어지면 신뢰와 협력적 동기도 적어진다. 특히 남성은 다른 남성으로부터 짝을 감시하고 신체적으로 보호하는 능력이 크게 저하되기 때문에 남녀 파트너의 분리는 성적 갈등을 심화시킬 가능성이 있다(Sterehny 2019a). 따라서 언제 어디로 이동할지에 관한 결정은 더 복잡해지고 가장으로서의 불확실성은 더 커진다.

7.2.2
호혜관계

"지금 그리고 여기"에서만 협력이 이뤄진다면 협력의 동기부여와 인지적 요구는 최소한으로 유지된다. 이와는 반대로, 시간이 지남에 따라 협력이 확산되면 이런 요구는 증가한다. 한 개체가 특정한 시점에 다른 개체를 도우면서 나중에 보상을 받을 것을 기대하는 직접적인 호혜관계라는 가장 간단한 형태의 관계에도 적용된다.

도움을 줄 때 개인은 현재로부터 자신을 분리하고 미래에 맞춰 행동한다. 우리 모두가 알다시피, 미래의 이익이 현재 우리가 취할 수 있는 이익보다 더 클 것으로 예상하더라도 현재의 이익을 포기하는 것은 힘든 일이다. 마찬가지로, 도움을 받는 사람은 미래가 어떻게 되든 자신의 현재 이익을 지키고 싶은 욕구에도 불구하고 자신을 도와준 사람에게 자신이 받은 도움에 대한 보답을 해야 한다는 생각을 해야 한다.

게다가 개인들은 자신이 제공한 호의와 그 호의에 대한 보답을 받은 것을 기억해야 하며, 이는 긴 시간 범위에서 어려울 수 있다. 이러한 인지적 차원과 동기부여 차원의 어려움은 협력이 간접적인 보답에 의존할 때 훨씬 더 어려워진다. 제공된 도움이 제3자에 의해 다른 형태로 보답이 되는 경우가 간접적인 보답의 전형적인 사례다. 이 경우 공정성(준 것과 받은 것 사이의 균형) 확보는 도움 교환이 직접적으로 일어나는 당사자들만이 아닌 집단 전체에 걸친 상호작용 추적에 의존하기 때문이다.

예를 들어, A가 (사냥 등에서) 빈손으로 돌아왔을 때 A를 도와주어야 한다는 것을 B가 알기 위해서는 B는 자신이 가진 것이 많지 않음에도 불구하고 A가 C를 지난주에 도와줬다는 것을 알아야 한다. 간접적인 호혜관계에서 무임승차자(자신이 받는 것보다 더 적은 것을 기여하는 사람)를 알아내는 것이 매우 힘든 이유가 여기에 있다.

또한 한 개인이 이런 관계에서 항상 손해를 보는 경우에도 그 책임을 누구에게 돌릴지 알아내는 것이 매우 힘들다. 예를 들어, 정기적으로 기여하는 사람이 적절한 보상을 받지 못하는 경우다. 이 경우 정확하게 누가 더 많은 것을 주었어야 하는 것일까? 마찬가지로,

만약 무임승차가 발견된다면, 누가 처벌의 위험을 감수할 책임이 있는지는 불분명해진다.

하지만 공유에 의한 위험 감소는 간접적인 호혜관계에서 가장 효과가 크다. 간접적인 호혜관계는 오늘 누가 성공했든 상관없이 그 성공한 사람이 실패한 사람과 성공의 결과를 공유하는 관계다. 간접적인 호혜관계는 이런 특징 때문에 즉각적인 보상이 수반되는 상리공생보다 훨씬 더 취약하다. 호혜관계에는 갈등과 스트레스 요소들이 수없이 수반되기 때문이다.

플라이스토세 후기에 인간의 삶은 다양한 형태의 호혜관계를 특징으로 하게 되었다. 롭 보이드Rob Boyd는 민족지학적으로 알려진 수렵채집인들이 물질적인 것들뿐만 아니라 다양한 서비스(용역)를 교환하고 있으며, 이는 (특히 번식 협력에 대한) 서비스 교환이 아주 먼 옛날에 시작되었을 가능성을 높인다(Boyd 2016).

우리 생각은 조금 다른데 호혜관계의 일부 형태가 호미닌 역사에서 깊은 뿌리를 두고 있을 가능성이 크지만, 발사 무기 기술의 진화와 함께 그 역할이 호미닌의 삶에서 훨씬 더 커졌을 것이라고 생각한다.

에렉투스는 강력한 찌르는 창 또는 근거리 창을 사용해 중대형 사냥감을 죽였을 가능성이 높다. 에렉투스 어깨 형태의 증거는 에렉투스가 유연하고 강력한 던지기 동작을 실행할 수 있었음을 시사한다(Roach and Richmond 2015). 따라서 에렉투스 계열은 근거리 투척용 창이든 돌이든 일종의 발사 기술을 사용했을 가능성이 있다.[3]

독일 쇠닝겐Schoningen에서 발견된 투척용 창의 연대는 약 40만 년 전이다. 이 창들의 공기역학적 특성을 살펴보면 유럽의 하이델베르겐시스가 근거리 무기(아마도 20m에서)로 사용했을 것이라는 추정을 가능하게 한다. 현재, 우리가 복합 발사체 무기에 대해 가지고 있는 최초의 증거는 에티오피아에서 발견된 돌촉 나무창들이다.

이 창들의 연대는 최소 27.9만 년 전이다(Sahle, Hutchings, et al. 2013). 이 창들의 돌촉에서 보이는 미세한 홈집 패턴은 이 창들이 찌르기를 통해 달성할 수 있는 것보다 더 높은 충격력을 가지고 있었음을 시사한다. 이 창들 이후에는 적어도 15만 년 동안 복합 발사체 기술에 대한 명확한 증거가 없기 때문에 이 발견은 매우 흥미로운 발견이다(Churchill and Rhodes 2009). 돌촉이 달린 창 이후에는 아틀라틀atlatl[고대 멕시코의 창(화살)발사기], 그리고 활과 화살의 발명이 이어진다. 이렇게 더 정교한 발사체 기술은 10만 년 전 이후의 아프리카 고고학 기록에 더 명확하게 나타난다(Shea 2006, Shea and Sisk 2010; O'Driscoll and Thompson 2018은 조금 더 이른 연대를 제시한다).

우리는 고속 발사체 무기가 사용 가능해지면서 사냥집단의 규모가 줄어들었을 것으로 생각한다. 한 명 또는 소수의 사냥꾼이 사냥감을 직접 죽일 수 있는 충분한 화력이 확보되었고, 집단의 규모가 작아질수록 훨씬 더 효율적으로 사냥감을 추격하거나 은폐할 수 있기 때문이다.[4] 실제로 사냥꾼들은 일반적으로 혼자 또는 작은 무리를 지어 사냥한다.

은폐는 큰 사냥감을 사냥하는 데도 도움이 되지만, 특히 (경계심이 많은) 작은 사냥감을 사냥하는 데 도움이 된다. 결과적으로, 만약 남자들이 혼자 또는 두세 명씩 무리를 지어 사냥을 한다면, 일반적으로 한 집단에는 여러 사냥꾼 그룹이 존재할 수 있다. 제7장 7.2.1에서 언급했듯이, 이는 탐색의 전반적인 효율성을 높이고 위험을 줄인다. 사냥꾼 중 적어도 한 명이 먹이를 만날 가능성을 크게 증가시키기 때문이다.

하지만 이런 상황에서 사냥은 즉각적인 상리공생에서 집단을 멀어지게 하면서 호혜관계에 더 가깝게 만든다. 발사체 무기가 출현하기 전에는 사냥 그룹의 크기가 더 커야 했다. 큰 동물들은 찌르는 창으로만 무장한 사냥꾼들은 심각한 위협이 될 수 있었기 때문에 숫자로 밀어붙여야 했기 때문이다. 최소한의 위험을 감수하면서 큰 동물들을 쓰러뜨리기 위해서는 여러 차례의 협동 공격이 필요했을 가능성이 매우 높다.

따라서 발사체 무기로 사냥하는 것은 사냥의 효율성을 높였지만 새로운 갈등을 유발하기도 했다. 사냥꾼들이 작고 분산된 집단을 형성하면, 집단별 사냥 성공 확률은 시간이 지남에 따라 천차만별로 나타났을 것이다. 호혜관계는 안정화된다면 확실히 장점을 가진다. 언제나 사냥이 성공할 것이라고 확신하기 어렵기 때문이다.

민족지학 연구에 따르면 사냥은 보통 실패했다. 그렇다면 사냥에 성공하지 못하거나 사냥의 결과가 만족스럽지 않을 때 호혜관계에 기초해 사냥에 성공한 사람들의 고기를 나눈 것은 확실히 도움이 되었을 것이다. 하지만 이런 호혜관계에는 누가 무엇을 기여하는지에 대한 패턴이 있었을 것이다.

사냥의 성공은 행운에도 의존하지만, 지식과 기술에도 의존하기 때문이다. 모든 사람이 똑같이 재능 있는 사냥꾼은 아니며, 더 재능 있는 사람들은 더 많은 고기 확보에 기여했을 것이다. 그들은 더 가치 있는 집단 자산이고, 그들 자신도 그 사실을 잘 알고 있었을 것이고, 그들의 성공을 다른 자산, 예를 들어 성적인 접근을 할 수 있는 권리 같은 것을 얻기 위해 활용하려고 시도했을 것이다.

실제로 민족지학 분야에서는 남성의 사냥에 대한 설명과 관련해 이런 레버리지의 중요성에 대한 활발한 논쟁이 있다(Jaeggi and Gurven2017). 이런 능력은 사회적 악의를 출현시킬 수 있다. 위협적인 수준의 성적 접근을 확보하지 못하더라도, 더 성공적인 사람들은 우월감을 느끼기 시작할 수 있고, 만약 이 상태가 방치되었다면, 이들은 다른 집단구성원들에 대한 통제력을 행사하려고 했을 것이다. 집단의 결속이 유지되려면 이러한 경향이 어떤 식으로든 통제되어야 했을 것이다.

요약해 보자. 우리는 작은 사냥꾼 그룹의 차별적인 성공이 호혜관계를 인간 생활 방식의 중심 특징으로 만드는 데 결정적인 역할을 했다고 본다. 호혜관계는 매우 많은 이익을 제공하는 협력 형태이지만 즉각적인 상리공생보다 인지적 측면과 동기부여적 측면에서 훨씬 더 복잡하다. 한 영역에서 상호작용 스트레스를 관리하는 데 있어 이러한 문제가 성공적으로 해결되었다면, 다른 영역에서도 호혜관계가 강화되었을 것이다.

7.2.3
밴드(집단) 사이의 협력

수렵채집 사회는 다양한 하위 그룹을 포함하는 복잡한 사회다. 기본적으로 다수의 수렵채집 밴드band(집단의 가장 작은 규모)들이 결합해 결속력 있는 (일반적 민족지학적 단위인) 메타집단metapopulation, 또는 메타밴드metaband를 형성한다. 일반적으로 밴드는 특정한 영역과 관련이 있다. 하지만 밴드 구성은 유동적이다(Hill, Walker, et al. 2011).

예를 들어, 할머니는 손자가 태어난 후 딸이 속한 밴드에서 살려고 갈 수도 있다. 또는 성인 남성은 핵가족 전체와 함께 다른 밴드로 이동할 수 있다. 이는 갈등과 의견 불일치에 대한 하나의 반응이다(Marlowe 2010). 또한 밴드에서의 사회적 삶은 한 밴드에 속한 개인들이 다른 밴드에 속한 친척이나 친구를 비롯한 사회적 동지들을 가지는 외부 확산적인 삶이다(Wiessner 2014).

수렵채집 사회는 이 점에서 침팬지 속의 사회와 매우 큰 대조를 이룬다. 혼자 사는 침팬지는 다른 거주 집단의 수컷 무리와 마주치면 죽임을 당할 가능성이 매우 높다. 암컷 침팬지와 새끼들도 마찬가지다(Stanford 2018). 집단 간의 관계는 침팬지보다 보노보에서 덜 적대적이다.

암컷 보노보는 종종 다른 밴드에 속한 암컷을 껴안고 그들과 생식기를 맞대고 문지르거나 다른 밴드에 속한 수컷과 교미하기도 한다. 수컷과 수컷 사이의 관계는 긴장 상태를 유지하지만, 일반적으로 서로를 공격하지 않는다(Fruichi 2011). 이러한 차이에도 불구하고, 보노보 사회는 중요한 의미에서 여전히 폐쇄적이다. 수컷과 암컷 모두 마음대로 주거 집단을 바꿀 수 없기 때문이다. 침팬지 수컷과 마찬가지로 보노보 수컷은 자신이 출생한 밴드에서 수명을 다하도록 제한되는 반면, 암컷의 주거 집단 이동은 일반적으로 초기의 밴드 확산 시기에만 제한적으로 이루어진다.

인간은 다양한 방식으로 밴드 사이에서 협력을 한다. 인간 개체들은 더 큰 메타밴드 안에서 밴드 간 이동을 하면서 서로 음식, 도구, 그리고 원재료를 교환한다. 환경 자원에 대한 정보가 교환되었다고 할 수 있다(Whallon 2011). 사람들 자체도 교환되거나 이동한다.

여자들은 대개 결혼을 통해 교환된다. 만약 한 밴드가 현재 자원 부족을 겪고 있다면, 그 밴드의 구성원들은 종종 다른 밴드의 영역에 들어가는 것이 허용된다(Kelly 2013). 계절적으로 풍요로운 시기에는 여러 밴드가 며칠 또는 몇 주 동안 함께 모일 수 있다. 호주 원주민들의 삶에서, 이런 교환은 매우 강력한 의식 활동으로 표현된다(의식의 참가자들의 매우 정교하고 복잡한 의상들과 긴 지속시간을 보여주는 생생한 묘사와 놀라운 사진들은 Spence 1928 참조).

이런 교환은 기존의 협력 관계를 갱신하고 새로운 협력 관계를 구축할 수 있는 중요한 기회다. 이 모든 것들은 여러 밴드에 걸쳐 위험을 분산시킴으로써 수렵채집자들에게 추가적인 사회적 보험을 제공하는 데 효과적이다. 앞에서 살펴보았듯이, 혁신은 밴드 간의 강력한 정보 흐름이 존재할 때 더 쉽게 안정화되기 때문에 누적적 문화 진화에도 중요한 결과를 초래한다(Powell, Shinnan et al. 2009).

사회적 조직이 대형유인원들의 폐쇄적인 사회적 세계에서 사냥꾼들의 더 개방적인 사회적 세계로 진화했다는 설명에는 심각한 문제가 있다. 개방적인 사회적 삶의 기본 틀이 마련된 후에도 메타밴드의 조직은 다양한 갈등과 사회적 긴장에서 자유롭지 못했다. 더 많은 사람들이 존재할수록, 더 많은 상호작용이 있을수록, 사회적 갈등의 가능성은 더 커진다. 개인들은 서로를 싫어하고, 오래된 원한이 다시 표면화되고, 새로운 성욕의 유혹에 직면해 새로운 원한이 생겨나고, 음식을 두고 다툼이 일어난다(Boehm 1999 and Wessner 2014에 따르면 이런 일은 매우 자주 일어났다).

공식적인 리더십이 없는 이런 문화에서는 분노가 폭력으로 번지는 것을 막을 제도적 장치가 없다. 수렵채집 사회에서는 살인 발생률이 높다.[5] 폭력이 발생하면, 다투는 당사자들이 사회적 지지를 구하기 때문에, 밴드 내에서 그리고 밴드 간에 더 많은 스트레스를 유발할 수 있다. 밴드 내에서 (어느 정도 중복은 있지만) 모든 사람의 친척과 동지가 같을 수는 없기 때문에 사람마다 다른 사람들에 대한 충성도가 다를 수밖에 없고, 그로 인해 갈등이 발생할 수밖에 없다.

자원이 부족해도 충성도가 나뉠 수 있다. 한 밴드의 구성원은 가족이 있는 다른 밴드 구성원에게 자원을 제공하기를 원할 수 있다. 하지만 이 구성원이 속한 밴드의 구성원들은 이런 자원 제공에 동의하지 않을 수 있다. 특히 가뭄과 같은 일반적인 환경 스트레스 기간 동안 이런 일이 일어날 가능성이 높다. 이러한 다양한 이해관계는 밴드 내의 관계와 밴드 결속에 명백한 위협이 된다.

공동체 규모의 조직은 정보 교환과 인구통계학적 교환이라는 이

점 외에도 (대규모 집단행동에 의해 이루어지는 소수의 프로젝트로 인해) 호혜관계와 분업의 범위 확장되는 이점도 가진다. 구성원의 수가 늘어남에 따라 추가 분업과 전문화의 기회도 추가적으로 생긴다.

오페크^{Ofek}(2001)가 지적한 바와 같이, 전문화는 시장 규모에 의존한다. 교환이 밴드 내에서 국한되면 전문적인 도구 제작자를 지원할 수 있는 범위는 제한적일 수밖에 없다. 화살 생산을 전문으로 하는 개인은 그가 속한 밴드의 화살에 대한 필요를 빠르게 소진시킬 것이다.

수렵채집 사회가 개방되고 무역의 기회가 생기면 이런 소진 현상이 일어나지 않을 것이다(Marwick 2003). 이런 무역에는 물질적인 상품뿐만 아니라 문화적인 상품도 포함될 수 있다(Lewis 2015). 이 경우 협력의 가치는 높아지지만 갈등 발생의 위험도 늘어난다. 이는 일반적으로 동일 집단 내의 상호관계보다 다른 밴드 소속인 개인들과의 상호관계가 더 긴 시간적 지평을 가지기 때문에 특히 그렇다. 따라서 호혜관계로 인한 사회적 부담은 더 악화된다.

7.3
사회적 스트레스 해소

우리는 이러한 새로운 형태의 의사소통이 등장하고 확장됨에 따라 인간의 사회생활은 점점 더 복잡해지고 갈등이 잦아졌다고 주장해 왔다. 우리는 인간이 이런 갈등을 피하고 통제하기 위한 다양한 전략을 개발했다고 본다. 이 장에서는 세 가지 대응 메커니즘을 고려하며 각각의 메커니즘은 언어적 의사소통에 대한 강한 요구를 제기한다. 우리는 이러한 메커니즘에 대한 설명을 통해 인간이 어떻게 그리고 왜 완전한 언어를 진화시켰는지에 대한 설명을 할 수 있다고 생각한다.

7.3.1
규범

규범은 감정에 기초한 기대다. 피터 레일튼Peter Railton에 따르면, 우리는 다른 사람들이 이러한 기대 중 하나를 위반하는 것을 볼 때 비록 우리 자신의 이익이 영향을 받지 않더라도, 그리고 우리가 때때로 그러한 충동에 따라 행동하지 않더라도, 우리는 항의하거나 반대하고 싶은 충동을 가지고 있다.

우리 자신이 규범 중 하나를 위반했다는 것을 알아차렸을 때, 우리는 비록 다른 어떤 사람이 눈치 채지 못했더라도, 심지어 다른 누구도 영향을 받지 않았다고 해도, 약간의 감정적인 불편함을 느낀다(Railton 2006). 이러한 부정적인 감정들은 우리가 위반에 대한 정정을 하고 다시는 규범을 위반하지 않도록 동기를 부여하는 경향이 있다.

이런 경향(또는 적어도 그 경향들의 명확한 전조들)은 꽤 어린 나이부터 분명하게 나타나며, 이는 규범이라는 영역에 특정한 형태의 생물학적 특성이 있음을 시사한다.[6] 어떤 규범들은 너무 깊이 자리 잡고 있어서 다른 사람들이 그 규범들을 위반할 때 우리는 강한 분노를 느끼며, 가해자를 처벌하는 것을 지지하도록 이끈다.

그 특정한 규범이 명백하게 중요하지 않은 경우에도 그럴 수 있다. 예를 들어, 스터렐니가 어렸을 때 대다수의 성인 남성들은 머리를 길게 기른 젊은 남성들의 모습에 분노했다. 이런 규범도 매우 강력한 규범 중 하나라고 볼 수 있다. "규범 심리학norm psychology"이라는 용어는 인간에 관한 심리학적 사실들의 집합을 설명하는 데 사용되기도 한다.

규범 지침은 대개 무의식적이고 자동적이다. 우리를 지배하는 규범 중 일부는 암묵적이고, 결코 명확하지 않지만 그럼에도 불구하고 강력하다. 음량, 거리, 차례에 대한 대화 규범은 차이가 있는 다른 문화권을 방문할 때만 비로소 그 존재에 대해 확실히 알 수 있다.

명시적인 규범도 있다. 이런 규범의 대부분은 그 규범을 명시적으로 만들 능력이 없다면 발생하거나 안정화될 가능성이 매우 낮다. 예를 들어, 일부 수렵채집인들은 사냥한 큰 동물을 나누는 데 매우 복잡한 규범을 적용한다. 굴드Gould가 제시한 웨스트 데저트West Desert의 캥거루 관련 사례와 올버드Alvard와 놀린Nolin이 제시한 고래 사체에 대한 사례가 대표적이다. 사회적 상호작용과 관련된 규범 사례도 존재한다.

호주 원주민 사회 대부분에서 시어머니(또는 시어머니였을지도 모르는 사람)와 단둘이 있어서는 안 된다는 규범이 있다. 또한 대다수의 이런 문화권에서 최근에 사망한 이의 이름을 사용하는 것을 금지한다. 언어가 없다면 학습자는 이런 규범들을 배우기 힘들 것이다. 이런 규범들은 일반적으로 존중되어 행동의 규칙성을 초래하지만, 이 규칙성은 친족을 나타내는 복잡한 용어들을 사용함으로써 행위주체가 확실하게 식별될 때만 뚜렷하게 나타난다.

우리는 보다 정교한 규범의 개발이 인간이 직면한 새로운 사회적 도전을 충족시키는 중요한 메커니즘이었다고 생각한다(Zawidzki 2013). 로버트 보이드Robert Boyd(2016)가 지적한 바와 같이, 인간은 공동체의 기대를 명시화함으로써 모호한 사회적 상황, 즉 행위주체들이 협력했는지에 대한 견해 차이가 있을 수 있는 상황을 식별하는 데 도움을 받는다.

이런 방식으로 인간은 다양한 행위주체의 기대를 일치시키는 데 도움을 얻는다. 예를 들어, 오리 한 마리가 비둘기 두 마리와 교환되는 것이 일반적인 관행이었다면, 오리 한 마리를 공급한 행위주체는 비둘기 두 마리를 기대하고, 오리 한 마리를 받은 행위주체는 다른 행위주체 또한 비둘기 두 마리를 기대한다고 생각할 것이다. 상호 기대를 보다 명확하게 하기 위해, 인간은 모니터링 문제를 단순화하기도 한다.

오리가 어떻게 상환되어야 하는지 명시하는 규범이 없다면, 보답하려는 선의의 시도는 사기를 치려는 시도로 오인될 수 있다. 메기 두 마리로 오리 한 마리를 갚으려는 시도는 어느 한 쪽 당사자가 공정하고 협력적인 제안이라고 해도 다른 당사자에 의해 불공평하게 인식될 수 있다. 의도적인 의무 불이행과 실수를 구별하지 못하면 갈등이 발생할 수도 있다.

진정으로 협력적인 행위주체는 이런 구분 실수로 인해 처벌을 받으면 매우 분노할 수밖에 없다. 행동경제학 실험에 따르면 이는 보복적인 연쇄적 처벌을 촉발할 수 있다. 또한 규범은 개인이 제3자의 도움을 받기 쉽게 만든다. 피해를 호소하는 사람은 분업 또는 파트너를 결정하기 위한 결혼 적령 규범 등 특정 행위주체에 영향을 받지 않는 중립적인 기준에 호소한다.

예를 들어, 호주 원주민 공동체는 여러 반족moiety, 半族이 존재하는데, 어떤 반족의 행위주체도 동일한 반족 내에서 결혼할 수 없다. 이 결혼 금지 규범은 특정 행위주체에 영향을 받지 않는 중립적 규범이다. 규범에 대한 생각이 강화됨에 따라 이런 호소는 점점 더 효과적이었을 것이다. 마지막으로, 규범은 처벌에 대한 집단 합의를 촉진하는 경향이 있을 것이다.

규범이 규범 위반에 대한 처벌을 명시하거나 처벌에 대한 결정이 어떻게 내려지고 누가 결정을 내리는지를 명시한다면 특히 그렇다. 이 정도의 복잡성과 완전성의 규범은 규범 위반에 대한 올바른 대응에 대한 고차적 충돌을 피하는 데 도움이 되지만, 그 복잡성과 완전성은 언어의 완전한 자원을 필요로 한다.

언어에 대한 이러한 의존은 특히 로버트 보이드의 주로 소 약탈을 일삼는 아프리카 투르카나Turkana 지역 원주민들의 규범 집행에 대한 설명에서 명확하게 드러난다. 약탈 행위는 심각한 위험을 초래할 가능성이 있으며 약탈부대의 의무이행 실패의 요인이 될 수 있다. 이러한 실패는 각기 다른 정도의 처벌로 다스려진다.

보이드는 이에 대해 "공동체의 합의는 누구에게 제재를 가할 것인지 결정한다. 공동체 구성원들, 특히 동년배들이 규범 위반자의 행동에 대해 토론한다. 합의가 이루어지면 규범 위반자와 비슷한 연령의 구성원들이 처벌을 집행하는데 약탈행위에 직접 참여해 피해를 받지 않은 사람임에도 불구하고 처벌에 참여한다."(Boyd 2016, p. 96)라고 말한다. 우리가 여기서 볼 수 있듯이, 제재가 가해지는 사회적 과정은 문화적으로나 언어적으로 매우 풍부하다.

일부 규범은 상호 의무를 창출함으로써 협력을 직접적으로 권장한다. 대표적인 사례는 비스너Wiessner(2002)가 설명한 선물 교환이다. 하지만 규범이 평화를 유지하는 데 도움이 되기 위해 협력을 직접 의무화할 필요는 없다. 규범은 결속력을 높이고 간접적으로 갈등을 줄이는 사회적 상호작용 방식을 장려할 수 있다. 비스너(2014)가 좋은 사례를 제시했다.

그녀는 !쿵족!Kung San(아프리카 남부의 칼라하리 사막 일대 및 그 주변에 넓게 분포하는 원주민 부족)의 경우 낮 시간과 밤 시간의 대화 주제가 극적일 정도로 다르다고 기록했다. 구체적으로 살펴보면 낮 시간 대화의 34%는 행위주체들이 서로에 (보통 인색함과 관련) 대해 불평하는 것으로 구성되는 반면, 밤 시간의 대화에서는 서로에 대한 불평이 7%밖에는 되지 않았고, 재미있는 이야기를 들려주는 시간이 81%에 달했다. 밤 시간 동안 비판을 자제하고 대신 서로 이야기를 나누는 것을 즐기는 이러한 경향은 하루 동안 쌓인 사회적 긴장을 완화하는 데 도움이 된다.

우리는 인간의 사회적 삶이 규범, 특히 명시적이고 복잡한 규범으로 가득 참에 따라 언어가 정교해졌다고 생각한다. 규범은 일반적으로 추상적인 방식으로 명시되는데, 특정한 종류의 행위주체들의 행동(예를 들어, 아내의 부모에 대한 남편의 행동)을 지배하기 때문이다.

또한 규범은 언어와 같은 것으로만 배울 수 있는 것들(예를 들어, 고종/이종 사촌 또는 숭배의 대상이 되는 토템 동물)과 관련되는 경우가 많다.

규범은 의무를 강제하는 힘을 가지고 있다. 규범은 우리가 무엇을 할 수 있는지, 무엇을 해야 하는지를 말해주기 때문이다. 따라서 규범은 의사소통이 단순한 지시적 의사소통과 명령적 의사소통 수준을 뛰어넘을 수 있도록 만든다.

규범을 표현하려면, 우리는 서법mood(동작 또는 상태에 대한 말하는 사람의 심적 태도를 나타내는 동사의 어형 변화)을 구사할 수 있어야 한다. 어떤 일은 반드시 해야 하고(ought, must), 어떤 일은 하는 것이 허용되고(permissible), 어떤 일은 하는 것이 금지되는지(forbidden) 나타낼 수 있어야 한다는 뜻이다. 또한 "만약 X가 p라는 행동을 하면서 q라는 행동을 하지 않는다면, Z라고 해석할 수 있다."와 같은 복잡한 조건이 포함된 문장을 구사할 수 있어야 하며 규범 적용을 위해 인과적 책임을 부과하기 위해서는 사실과 반대되는 것들을 표현할 수 있어야 한다. "만약 A가 불을 꺼뜨리지 않았다면 B는 길을 잃지 않았을 것이다." 같은 문장을 구사할 수 있어야 한다는 뜻이다. 복잡한 구문 없이 복잡한 규범을 표현하고 전달하는 것은 쉬운 일이 아니다.

"다른 사람이 같이 있지 않는 한 시어머니와 단 둘이 있을 수는 없다."라는 문장을 예로 들 수 있다. 마찬가지로 사냥꾼의 외삼촌들은 캥거루의 어깨 부분을 가져갈 수 있다는 구조화된 표현과 같은 내용이 포함된 규범이 사냥 결과물을 구체적으로 어떻게 분배할지 정할 때 필요하다.

또한 사회적 삶이 점점 더 시간적, 공간적으로 분산됨에 따라 행위주체의 직접적인 관점으로부터 점점 더 많은 것들이 멀어진다. 이렇게 되면서 집단의 구성원들은 "지금 그리고 여기"가 아닌 다른 시점 그리고 다른 곳에서 벌어지는 다른 사람들의 행동을 파악하기 위해서는 사람들의 말에 의존해야 했을 것이다. 가십이 중요성이 발생하는 지점이다. 이에 대해서는 제7장 7.3.3에서 자세히 설명할 것이다. 마지막으로, 규범은 사회적 상호작용의 투명성을 높이지만 규범을 적용하기 애매한 경우와 예외적인 경우도 여전히 존재할 것이다.

또한 규범 위반의 심각성과 합리적인 변명의 가용성에 대한 문제도 남아있을 것이다. 여기에는 규범을 위반했는지, 적절한 대응은 무엇이어야 하는지에 대한 서로 다른 제안이 있는 등 이견이 있을 수밖에 없다.

머시어Mercier와 스퍼버Sperber(2017)는 이러한 맥락에서 자신의 견해를 옹호하고 다른 사람의 견해를 비판하는 공적 추론이 중요해지게 했다. 우리는 그들의 제안이 설득력이 있다고 생각하지만, 이 제안 역시 풍부한 언어 능력을 전제로 한 제안이다. 여기서 풍부한 언어 능력이란 다른 사람들이 말한 것(그리고 우리가 과거에 말한 것)을 표현하고 평가할 수 있는 메타표현metarepresentational 도구를 말한다.

7.3.2
친족관계

인간의 친족관계는 생물학적 친족관계가 아니다. 이는 인척affinal kin, 즉 남편이나 아내 또는 남편이나 아내의 친척을 친족으로 인식하는 행동에서 명백하게 드러난다. 하지만 혈연관계조차도 생물학적 친족관계와 정확하게 일치하지 않으며, 동시에 생물학적 요소들과 무관하지도 않다. 혈연관계는 수정, 임신, 양육, 출생의 과정과 관련이 있기 때문이다.

하지만 이 과정들에 대한 생물학적 생각이 서양인의 생각과 다른 사회들도 존재한다. 대부분의 사회들은 평행사촌parallel cousin(부모와 성별이 같은 형제자매의 자녀인 친사촌과 이종사촌)과 교차사촌(부모와 성별이 다른 형제자매의 자녀인 고종/이종사촌)을 구별해 그 둘은 다른 범주로 취급한다. 일부 호주 원주민 문화는 한 사람의 아버지와 그 아버지의 형제를 지칭하는 단일 용어를 가지고 있다.

우리의 관점에서 본다면 아버지와 삼촌을 같은 종으로 묶는 것이다. 이는 일부 문화에 의해 인정된 혈연관계와 생물학적 친족 관계 사이에 뚜렷한 대조를 일으킬 수 있다. 예를 들어, 나야르Nayar 족의 친족 제도에서는 한 개인의 생물학적 아버지는 그 개인의 혈연관계에 속하지 않을 수 있다(Gough 1959).

그 반대의 경향을 보여주는 것은 남미의 많은 부족들의 보여주는 친부 분리 경향이다(Beckermannand Valentine 2002). 이 시스템에서는 여성이 임신 중에 취하는 각각의 남자 연인들은 그녀의 자식들의 아버지로 생각된다. 이 사람들은 모두 그들이 기여하는 정자를 통해 자손을 생성하는 데 도움을 주는 것으로 이해되는 것이다 (Walker, Flinn, et al. 2010).

친족관계는 인간의 사회적 행동을 조직하는 데 근본적인 역할을 한다. 개인 차원에서 보면, 우리가 아끼고, 함께 살고, 결혼하는 사람들은 친족관계에 의해 형성된다. 친족관계는 규범적인 면에서도 중요하다. 어머니는 어머니라는 이유로 자신의 아이들을 양육하는 특정한 의무를 가지는 것으로 생각된다.

대부분의 수렵채집 사회에는 복잡한 결혼 관련 규범이 있으며, 대부분의 경우 (가끔 매우 복잡한) 친족관계에 의해 정의된다. 예를 들어, "두 갈래 통합 시스템"이라는 이름의 친족 시스템에서는 평행사촌과는 결혼할 수 없지만 교차사촌과의 결혼은 이상적으로 간주된다. 이러한 친족 제도와 이와 관련된 사촌간의 결혼 규칙은 여러 문화를 걸쳐 상당히 공통적이다.

생물학적 관점에서 보면 이 상황은 다소 곤혹스럽다. 교차사촌과 평행사촌은 그 관계 설정의 중심이 되는 개인과의 관계는 동일한 수준이기 때문이다. 친족은 또한 정치적으로 강력한 모계 또는 부계 혈통 그룹을 뒷받침함으로써 더 넓은 규모로 인간의 사회적 행동을 형성한다. 많은 선사 사회들은 씨족을 중심으로 조직되어 있으며, 이들은 보통 공통 조상(보통 남성)의 후손으로 생각되지만, 그 공통 조상이 항상 실제 조상은 아니다.

인간의 친족관계는 개인들을 묶고 연결하기 때문에 현재의 목적을 위해 중요하다. 또한 친족관계는 심리적 측면과 동기부여 측면에서도 강력한데 특히 친족은 규범적인 측면에서 같이 묶여 있기 때문이다. 이 경우 친족 관계의 유사 생물학적 Quasi-biological 특성이 매우 중요하다.

가까운 생물학적 친족의 공통된 진화적 관심사로 인해 진화한 소속과 상호 지원의 동기는 문화적으로 동일한 친족으로 확장된다. 친족의 유대감은 청소년기와 성인기에만 가끔 교류할 수 있는 개인들에 대한 협력적 동기와 헌신을 보존하는 데 도움이 된다.

다른 모든 조건이 동일하다면 형제간의 유대감은 친구간의 유대감보다 덜 빠르게 쇠퇴한다. 구성원들의 충성심에 의존하는 조직들이 한 가족이라는 은유를 계속 이용하는 것은 우연한 일이 아니다. 따라서 친족제도는 인간의 사회경제적 삶의 시간적 지평이 확대됨에 따라 상호주의를 유지하는 데 결정적인 역할을 했을 것이 유력하며, 아마도 인간 사회가 현대 수렵채집인의 특징인 개방성의 수준에 도달하기 위해 필요했을 것이다. 이 연관성은 버나드 차페이스Bernard Chapais 의해 강조되었다. 실제로 차페이스는 폐쇄적인 대형유인원의 사회를 개방적인 수렵채집 사회로 바꾼 필요조건은 친족 인식의 확장이었으며, 친족 의식의 확장은 남녀 쌍의 결합을 부계 친족으로 인식하게 됨에 따라 가속되었다고 주장했다(Chapais 2008; Chapais 2013).

우리는 차페이스의 이런 생각이 좀 단순하다고 보지만, 확장되고 더 지속적인 친족 관계가 한 요인이었다는 것에는 동의한다. 인간은 대형유인원보다 더 많은 수의 친족을 가지며, 인간의 친족관계는 동거를 필요로 하지 않는다. 즉 자매들은 필요할 때 서로를 돕기 위해 같은 주거 밴드에서 살 필요가 없다.

이러한 두 가지 요소는 거주 밴드 간의 연결을 만들고 유지하는 데 도움이 된다. 족외혼(다른 집단의 구성원과의 결혼)의 체계적인 패턴을 규정하는 결혼 규칙은 밴드 간의 친족 관계의 중첩된 사슬을 만들고, 이는 다시 밴드 간 평화와 동맹을 촉진한다.

게다가, 일단 친족관계가 확립되고 대화의 주제가 되면, 언어는 친족이 없을 때에도 친족관계를 강화하고, 기억을 상기시킬 수 있으며 교류의 횟수가 적더라도 밴드 간의 평화로운 관계를 안정시키는 데 도움이 된다.

이는 10만 년~8만 년 전 사이에 인류가 아프리카에서 대규모로 이동하기 위한 전제조건이었을 것이다(Gamble 2008; Planer 2020b). 밴드와 밴드 사이에서 형성된 친족들의 지원 네트워크가 점점 안정되면서 인간은 훨씬 더 이동이 자유로워졌을 것이기 때문이다.

이러한 밴드 간의 상호 지원 관계는 사피엔스가 먹을 것이 매우 부족한 척박한 환경, 소규모의 거주 밴드만이 살 수 있는 환경을 식민지화하는 것을 가능하게 했을 것이다. 한두 가족으로 구성되는 밴드는 넓은 네트워크의 도움 없이는 시간이 흘러도 안정성을 유지하기 힘들다.

소규모 밴드는 더 가혹한 환경에 침투할 수 있지만, 그러려면 사회적 위험 관리가 필요하다. 따라서 소규모 밴드들은 필요할 때마다 서로 다시 연결되어야 했다(Gamble 2013).

민족지학 연구에 따르면 정교한 친족 제도 확립에는 언어가 필수적이다. 친족 제도에는 "어머니"와 "아버지", "남편"과 "아내" 같은 소수의 기본적인 친족 용어들이 필요하다. "어머니"와 "아버지" 같은 용어의 의미는 사람이 어떻게 생겨나고 발달하는지에 대한 지역 특유의 이해에 의해 직접적으로 고정된다.

인척에 관한 기본적인 개념들의 정의는 결혼의 속성에 대한 지역 특유의 이해에 의해 고정된다. 최소한, 결혼은 가정의 권리와 의무와 관련이 있다. 앞에서 살펴보았듯이 상당히 많은 규범들은 친족과 친족의 적절한 행동에 관한 내용이다.

나머지 친족 용어들은 구성적으로 만들어지며 따라서 암묵적인 계층적 구조가 존재한다. 암묵적인 계층적 구조는 복잡한 친족 용어의 필요충분조건이다. 이런 친족 용어들이 매우 흔하게 사용된다는 점을 고려할 때 복잡한 계층 구조를 가지는 것은 의미론적 관점에서 매우 이례적인 일이다.

예를 들어, 당신의 여동생은 당신의 어머니와 당신의 아버지 사이의 여자 아이다. 조카는 형제자매 또는 배우자의 형제자매가 낳은 아이다. 실제로 친족 용어는 일반적으로 여러 번(회귀적으로 또는 다른 방식으로) 임의로 구성될 수 있다(영어는 다른 언어에 비해 이런 친족 용어가 빈약하여 이런 특성이 숨겨지는 편이다). 또한 친족 용어는 두 명 이상의 사이에서 추상적으로 여겨지는 관계를 명명해 준다는 점에서 규범의 명시와 유사하다.

예를 들어 사촌이 자신의 부모 중 한 명의 형제자매의 자녀라는 정의는 자신이 누구인지와 상관없다. 친족 범주는 규범과 마찬가지로 특정 개인과는 상관없이 정의되기 때문이다.

이 장의 주장은 친족제도의 확대가 더 큰 시간적, 사회적 규모의 협력을 안정시키고, 간접적 호혜관계를 중심으로 구성된 공유 관계에서 필연적으로 발생하는 긴장을 완화하는 데 중요한 역할을 했다는 것이다. 친족 제도의 확장은 언어 또는 언어와 비슷한 것에 의존하며 거의 모든 기본적 친족 용어들의 회귀적인 특정화를 통해 이뤄졌다. 다른 주거 집단에 속한 대부분의 친족들을 인식하는 일은 언어를 통해 부호화되고 표현되어야 하는 계보학적 정보에 의존해야 했기 때문이다. 다른 거주지에 사는 친척들이 누구인지 아는 것은 1인칭 관찰이 아니라 증언에 달려 있다.

대부분의 경우, 행위주체는 직접적인 상호 작용에 의한 개인적인 기억에 의존해 주요 친족을 인식할 수 있다. 다른 사람들의 증언은 필요하지 않다. 이러한 상황은 친족 네트워크가 물리적, 사회적 공간에서 확산되면 변화한다. 그 후에는 자아가 이 네트워크를 식별하고 자신과의 연결 관계를 범주화하려면 다른 사람들의 증언이 필요하다.

7.3.3
이야기와 가십

이야기는 우리를 즐겁게 한다. 부시맨의 삶에 대한 비스너의 설명에 따르면, 이야기를 나누면서 함께 즐거워하는 것은 사회적 긴장을 완화하고 사람들을 결속시키는 기능이 있다는 점에서 중요한 의미를 지닌다(Wisener 2014). 하지만 이 외에도 이야기에는 매우 많은 기능이 있다.

이야기는 집단 규범을 포함한 문화적 관행과 믿음에 대한 매우 핵심적인 정보를 담고 있으며(Salali, Mace, et al. 2017) 일상생활에 대한 다른 정보도 많이 전달한다(Sugiyama 2001; Smith, Schlafer, et al. 2017). 이야기는 결혼, 교환 제도, 통과의례와 같은 문화적 제도들의 내부적 작동 메커니즘과도 관련이 있다.

신화는 초자연적인 것에 관한 이야기이다. 기원 신화는 집단의 궁극적인 근원과 그 집단이 우주에서 차지하는 위치를 설명하며, 쉽게 기억할 수 있는 형태로 유용한 정보를 저장하는 기능을 가진다(Kelly 2015).

또한 기원 신화는 집단 특유의 규범을 드러내고 설명하고 정당화하는 기능도 가진다. 전설은 인간 행위주체들의 놀라운 업적을 설명하는 이야기이며, 일반적으로 교훈이나 도덕적 원리를 설명하는 기능을 가진다. 젊은 사람들은 집단의 전설로부터 사회적 세계를 탐색하는 데 필요한 일반적인 정보의 상당 부분을 얻을 수 있다.

한 집단의 신화와 전설은 그 집단을 독특한 문화 단위로 표시하는 더 큰 패키지의 일부를 형성한다. 이 패키지는 밴드 수준이 아니라 씨족 또는 메타밴드 수준에서 공유되어 서로 다른 밴드에 속한 개인들 간의 사회적 유대감을 형성하고 유지하는 데 도움이 된다. 이 패키지의 다른 요소들로는 의식, 예술, 노래를 들 수 있다.

이런 문화적 요소들이 결합되어 그 집단의 의식적인 삶을 구성하며 일반적으로 복잡한 방식으로 상호작용하고 서로 맞물린다. 하워드 모피Howard Morphy는 특히 신화와 예술에 중점을 두고 호주 아넘랜드Arnhem Land 동북부의 욜른구Yolngu 지역 원주민들의 이런 상호작용을 매우 상세하게 설명하고 분석했다.

이 지역의 씨족 집단들은 각각 서로 다른 이미지 또는 문양을 사용한다. 이런 문양과 그 구성요소들은 씨족이 연결된 (초자연적인) 조상 존재Ancestral Being들의 행동에서 기원한 것으로 이해된다.

예를 들어, 구트마츠Gutmatj 씨족의 문양은 특정한 형태의 연결된 다이아몬드 모양을 주요 특징으로 한다. 구트마츠 신화에 따르면, 이 문양은 조상 존재들이 의식을 진행하던 지역에 산불이 덮쳐 이 씨족 구성원들이 사용하던 의식용 딱다기 막대clapstick(호주의 일부 원주민들이 사용하는 리듬 악기) 중 하나를 태웠을 때 처음 만들어졌다. 그 문양은 그 후 이 조상 존재들의 가슴에 새겨졌고, 나중에는 구트마츠 족의 인간 조상들에게 전해졌다.

따라서 이 문양은 현대의 구트마트 씨족과 그들의 나라를 창조하고 남긴 조상 존재들의 활동을 연결하는 동시에 과거의 특정한 사건을 언급하는 역할을 한다. 이 문양은 사람들의 몸, 의식용 물건들(예를 들어, 의식용 장대) 또는 모래에 그려져 신화적인 사건의 의식적인 재현에서 중심적인 역할을 한다.

이런 종류의 의식은 그 의식의 특징 중 하나인 문양과 함께 씨족의 신성한 믿음이 다음 세대에 전해지는 주요한 방법 중 하나다. 문양을 정확하게 해석하거나 특정한 방식으로 해석하는 데 필요한 지식은 삶의 과정을 거치면서, 즉 특정한 의식, 노래, 이야기에 노출되면서 개인에 의해 점진적으로 학습된다. 이 정보가 젊은 사람들과 어떻게 그리고 언제 공유되어야 하는지는 정교한 집단 규범에 의해 명시된다[7](Meggitt, 1965).

가십도 보통 "A가 어제 무슨 일을 했는지 말해줄게."와 같은 이야기의 형식을 띤다. 가십은 간접적인 호혜관계의 안정화 과정에서 핵심적인 역할을 한다. 이런 형태의 협력은 특히 시야 밖에서 이루어지는 다른 사람들의 사회적 행동에 대한 정확한 정보에 의존하기 때문이다. 가십에서는 행위주체의 평판이 중요하며, 그 평판은 정확해야 한다.

이 지점에서 언어적 요구는 매우 중요해진다. 가십은 공동체가 가진 모든 레퍼토리 중에서 그 어떤 것에 관한 것이라도 상관없지만, 맥락, 동기, 시간, 장소, 결과를 설명할 수 있어야 한다. 원시언어만으로도 이야기를 하는 것이 가능하다. 가정 수어 사용자들이 이 주장의 확실한 증거이다.

그들은 언어 자원이 빈약함에도 불구하고 이야기를 하고 남의 이야기를 이해할 수 있다(Green 2017). 화자와 청자 사이의 공통적인 지식이 많이 존재하기 때문에 가능할 수도 있다. 하지만 완전한 언어가 없는 상황에서, 집단이 먼 과거에 일어났다고 여겨지는 초자연적이거나 특별한 사건들에 대한 일련의 이야기들을 발명하는 일, 더 일반적으로는, 공유되는 경험 세계에서 설정된 이야기들을 상상하는 일은 매우 어렵다.

협력의 범위가 공간과 시간에 걸쳐 확장되면, 이야기를 공유하는 사람들의 공통적인 경험 세계를 초월하는 사건들에 대한 평판을 추적해야 한다. 민족지학적으로 알려진 수렵채집인 세계에서는 협력과 협력 실패를 포함한 사회생활이 이처럼 확대된 규모로 이루어진다. 규범, 친족관계, 의식, 예술이 사회적 유대감을 증진하고 유지하는 데 중요한 역할을 하듯이, 이야기도 그들에게 말하는 기술과 함께 중요해졌다.

우리는 상황을 이렇게 본다. 플라이스토세 후기에 인간 협력의 성격은 중요한 방향으로 바뀌었다. 이러한 변화는 협력을 더욱 강력하게 만들었고 이로 인해 플라이스토세 후기의 인간들은 더 많은 자원을 더 안정적으로 확보하면서 위험을 더 잘 관리하게 되었다. 하지만 이런 변화는 사회적 마찰의 발생 가능성을 높였고, 협력 여부에 대한 관찰과 무임승차자를 억제하는 일을 더 어렵게 만들었다. 이런 문제는 새로운 사회적 기술(또는 기존 기술의 업그레이드)에 의해 해결되었다. 하지만 이 해결 방법은 완전한 언어 또는 완전한 언어에 가까운 어떤 것의 의사소통 자원을 필요로 했다.

7.4
후기 인류가 협력을 잘하게 된 이유

우리와 네안데르탈안의 마지막 공통 조상은 40만~70만 년 전의 호미닌이다. 우리(그리고 아마도 네안데르탈인)를 그 이전의 호미닌보다 훨씬 더 협력에 의존하게 만드는 과정에서 어떤 일이 발생했다. 우리는 우리 계통의 협력 강화로 인해 발생한 새로운 형태의 사회적 스트레스를 완화시키기 위해 완전한 언어가 진화했다고 본다.

만약 그렇다면, 그리고 협동적인 삶에 대한 이러한 변화들이 정말로 인간 특유의 것이거나 적어도 네안데르탈인에서보다 인간에게서 훨씬 더 두드러지게 나타났다면 우리의 이론은 오직 인간만이 완전한 언어를 진화시켰다는 것을 암시할 것이다.

우리는 이제 우리 계통의 협력 확장에 눈을 돌려야 한다. 우리는 기적이 수반되지 않은 언어의 진화에 대한 설명이나, 있을 수 없는 우연이나 설명할 수 없는 도약에 의존하지 않는 이론을 제시하기로 약속했었기 때문이다. 언어 진화에 대한 우리의 이론이 해부학적 현생인류^{AMH} 계통의 협력에서 설명할 수 없는 확장에 의존한다면, 우리에게는 기적이나 이론 속에 파묻힌 미스터리만 남을 것이다.

안타깝게도 우리는 이 질문에 대한 완전하고 최종적인 답을 가지고 있지 않다. 그래서 대신 우리는 최대한 서로를 보완하는 합리적인 가능성들을 탐색하고, 조사하고, 설명할 것이다. 이러한 가능성 중 어느 것도 독립적인 설명으로는 적합하지 않기 때문이다.

우리는 가장 일반적으로 가장 발전된 첫번째 아이디어에 대해 간략하게 논의한 후 다른 두 가지 아이디어를 더 자세히 논의할 것이다. 이 두 가지 아이디어 중 하나는 AMH가 덜 반응적이고 덜 충동적이고 폭력적이기 때문에 더 협력했다는 것이다. 다른 하나는 AMH의 협력이 특별한 환경적 스트레스에 대한 대응이었다는 것이다.

우리는 이 후자의 아이디어들이 더 유망하다고 생각하지만 아직 불완전하다. 따라서 이 마지막 섹션의 목표는 매우 소박하다. 우리는 AMH의 협력이 획기적으로 진화한 현상에 대해 잠재적인 이론이 존재하며 그 이론이 더 발달될 수 있다는 것을 보여주는 것으로 만족할 것이다.

7.4.1
본질적인 인지적 차이

가장 일반적이지만 우리가 가장 무게를 덜 두는 이론부터 먼저 설명해 보자. 오랫동안 AMH와 네안데르탈인과의 행동 차이는 두 종

사이의 본질적인 인지적 차이 때문이라는 생각이 지배적이었다. 사피엔스가 네안데르탈인에 비해 근본적으로 더 "똑똑했다"라는 생각이다.

이 이론은 고고학의 문화적 적응이라는 사회적 맥락의 중요성을 강조하는 "인구학적 전환demographic turn" 이론의 등장에 따라 설득력을 잃기 시작했다(Powell,Shennan et al 2009). 지금도 사피엔스가 네안데르탈인에 비해 인지적으로 우수했다고 생각하는 학자들이 많지만 이 생각은 매우 심각한 도전에 직면해 있다.

첫째, 이 이론을 주장하는 일부 학자들은 "왜 우리만?"이라는 질문에 "우리가 운이 좋았다."라는 대답을 내놓는다. AMH 계통에는 인지능력을 향상시키는 돌연변이가 있었지만 네안데르탈인 계통에는 없었다는 뜻이다. 우연성이 진화 역사에 영향을 미치는 것은 확실하지만 단순히 돌연변이로 인해 AMH에서 인지능력이 극적으로 급격하게 향상되었다고 보기는 힘들다. 우리는 AMH와 네안데르탈인 능력 사이의 중요한 차이가 점진적인 차이의 축적으로 인한 결과라고 생각하며, 자연선택을 통해 지속적인 변화를 겪었을 것이라고 본다.

둘째, AMH와 네안데르탈인 사이의 인지적 차이에 대한 실증적 근거에 기초한 주장은 두개골 모양의 미묘한 차이에 의존한다(미묘한 유전적 차이도 또한 고려된다). 두개골 모양의 차이가 뇌 크기와 조직의 차이에 영향을 미치더라도 AMH 집단 내에서조차 뇌 크기에 상당한 차이가 있고, 신경 영역과 인지 기능 사이에 상당히 가변적인 관계가 있다는 증거가 늘어나고 있기 때문에 이를 과대 해석하지 않도록 주의해야 한다.

우리의 뇌는 놀라울 정도로 적응력이 있는 것으로 보인다. 이 모든 것을 고려할 때 AMH와 네안데르탈인 사이에 본질적인 인지적 차이가 있었을지도 모른다는 생각에는 어느 정도 타당성이 있어 보인다. AMH와 네안데르탈인은 유전적으로 매우 유사하지만 동일하지는 않다.

또한 우리와 네안데르탈인의 유전적 차이 중 적어도 일부는 뇌에서 발현되는 유전자와 관련이 있는 것으로 알려져 있다. 따라서 AMH가 보이는 사회적 복잡성은 부분적으로 본질적인(즉, 유전적으로 야기된) 인지적 차이 때문이라고 생각할 수 있다.

그렇다면 이 인지적 차이는 어떤 종류의 인지적 차이일까? 또한 이 인지적 능력은 왜 네안데르탈인이 아니라 우리 계통에서 진화했을까? 이 의문에 대해 제시된 답 중 하나는 사피엔스가 네안데르탈인에 비해 향상된 계획 능력 그리고/또는 추론 능력을 발전시켰다는 것이다(Coolidge and Wynn 2005; Coolidge and Wynn 2018).

또 다른 답은 우리가 네안데르탈인에 비해 우월한 사회적 인지 능력을 진화시켰다는 것이다(Dunbar 2009; Pearce, Stringer, and Dunbar 2013; Gamble, Gowlett, and Dunbar 2014). 이러한 인지적 개선은 더 정교한 형태의 협력과 조정을 가능하게 했을 것이며, 최근의 신경해부학 연구결과에서 이런 생각들이 부분적으로 뒷받침되고 있다.

네안데르탈인은 물리적으로 사피엔스보다 컸지만, 그 둘의 뇌 크기는 거의 같았다. 일반적으로 몸집이 클수록 작은 몸에 비해 신체 제어와 유지에 더 많은 신경세포가 필요하다. 따라서 사피엔스는 인지 기능에 이용할 수 있는 더 많은 수의 뉴런을 가지고 있는 것으로 보인다(두 종의 신경 밀도가 동일하다는 전제 하에서 그렇다는 뜻이다).

게다가 네안데르탈인은 사피엔스보다 더 많은 뉴런을 시각적 지각과 처리에 사용했을 것이다. 이들의 눈은 물리적으로 더 컸다(네안데르탈인은 안와가 사피엔스보다 더 크기 때문이다). 이는 위도가 높은 환경에서는 광도가 더 낮다는 사실이 반영된 것이다(Pearce, Stringer, and Dunbar 2013). 역사적으로 위도가 높은 곳에 살았던 사람들의 후손들은 더 큰 눈과 더 큰 시각 피질을 가지고 있는 것으로 알려져 있다.

진화론적으로 말하자면, 그들이 그러한 조건하에서 비교적 짧은 기간 동안만 살아왔다는 사실에도 불구하고 그렇다. 네안데르탈인은 이런 환경에 적응하는데 수십 만 년이 걸렸다. 만약 네안데르탈인이 시각적 처리에 더 많은 신경 자원을 사용해야 했다면, 이는 우리 계통이 인지 기능에 더 많은 뉴런을 사용할 수 있었다는 것을 시사한다.

또한 내분비학적 증거는 네안데르탈인이 사피엔스보다 두정 부위parietal region가 작고 평평했다는 것을 보여준다. 두정 부위는 작업 기억에 관여하는 것으로 알려져 있다. 관련 연구에 따르면 사피엔스에서는 이 두정 부위와 전두엽 사이의 연결성이 증가했으며, 이는 집행 능력의 강화를 시사한다(Bruner 2010).

네안데르탈인이 사피엔스보다 더 많은 뉴런을 시각적 지각과 시각적 처리에 사용했다는 주장은 사피엔스가 왜 더 발달된 작업 기억력을 가졌는지를 설명할 수 있는 이점이 있다. 단지 운에 의해 그렇게 된 것이 아니다. 네안데르탈인은 고위도 지역에 살았기 때문에 작업 기억 능력의 일부를 시각 처리 능력과 바꿔야 했다. 사피엔스의 경우는 그럴 필요가 없었다. 그럼에도 불구하고, 신경해부학적 구조가 개인에 따라 다를 수 있다는 것을 고려하면 이 이론은 설득력이 떨어질 수밖에 없다.

이런 미세한 차이로는 이 두 종의 인지 능력 차이를 설명하기 어렵다. 또한 뇌 발달의 가소성에 대한 증거가 늘어나고 있는 점을 고려할 때, 이런 생각이 검증되기는 매우 힘들다고 할 수 있다. 세실리아 헤이스Cecilia Hayes가 인간 인지에 대한 문화적 진화 모델을 주장하면서 지적했듯이, 특정한 사회적, 물리적, 학습 환경은 신경해부학적 구조에 영향을 미친다(Heyes 2012; Heyes and Frith 2014; Heyes 2018). 따라서 우리는 이 가능성을 배제하지도 않지만 이 가능성에 의존하지도 않는다.

7.4.2
반응적 공격성의 감소

또 다른 중요한 생각은 사피엔스가 반응적 공격성을 훨씬 덜 갖게 되었다는 것이다(Wrangham 2018). 반응적 공격성은 "즉각적이고 감정이 실린, 충동적인 공격성"을 뜻한다. 반응적 공격성은 목표를 염두에 둔 "계산되고 통제되는" 주도적 공격성과 대조되는 개념이다.

놀랍게도 반응적 공격성은 화석에 흔적을 남길 가능성이 높으며 반응적 공격성과 주도적 공격성은 서로 다른 신경회로에 의해 근거하기에 서로 다른 메커니즘에 의해 통제되며 서로 독립적으로 진화했을 가능성이 높다.

반응적 공격을 지원하는 시스템은 변연계 시스템 구조를 중심적으로 사용하는 반면, 주도적 공격성을 지원하는 시스템은 전두엽 구조를 더 중심적으로 사용한다(Flynn 1967; Meloy 2006).

이 사실은 두 가지 형태의 공격성이 진화를 거쳐 발달하면서 독립적으로 조정되었음을 뜻하기 때문에 중요하다. 즉, 주도적 공격성과 반응적 공격성은 같이 묶여서 작동하지 않는다는 뜻이다. 최근의 행동유전학 연구결과에 따르면 유전자는 주도적 공격성과 반응적 공격성의 수준에 상당히 많은 영향을 미친다(Segal 2012; Veroude, Zhang-James, et al. 2016). 따라서 이러한 특성들은 자연선택의 대상이 되었을 가능성이 높다.

반응적 공격성의 감소는 사회적 관용을 증가시키고, 이는 결국 협력과 문화 학습에 긍정적인 영향을 미친다. 반응적 공격성이 낮은 개체들은 서로에게 더 가깝게 더 오래 머물 수 있다. 이는 함께 일할 수 있는 기회를 증가시키고, 공동 활동을 더 오래 유지시키며, 관찰과 가르침을 통한 학습에 확실히 도움이 된다. 또한 반응적 공격성이 낮아지면 집단 내 갈등도 줄어든다.

반응적 공격성이 낮아진다고 해서 갈등이 완전히 없어지지는 않는다. 집단 내의 의도된 폭력 발생 가능성은 어떤 경우에나 존재하기 때문이다. 하지만 반응적 공격성이 줄어들면 충동적인 남성이 방금 동료들과 함께 죽인 동물을 나누는 것을 두고 동료들과 다투는 것과 같은 특정한 형태의 갈등은 확실히 줄어든다.

반응적 공격성의 감소는 더 평화로운 집단 간 관계 형성의 가능성을 높인다. 앞서 언급했듯이, 보노보 집단 간의 만남은 침팬지 집단 간의 만남만큼 폭력적이지 않다. 이는 수컷 보노보가 수컷 침팬지보다 사회적으로 훨씬 더 관대하다는 사실에 의해 적어도 부분적으로 설명될 가능성이 매우 높다.

더 평화로운 밴드 간 만남은 밴드 간 협력과 문화 학습의 기회를 구축한다. 플라이스토세 후기 AMH에서 반응적 공격성이 감소했다면 이는 플라이스토세 중기 호미닌들이 불 주변에서의 만남에서 촉발된 사회적 관용에 의존하는 방식으로 광범위하게 협력했기 때문이었을 것이다(Planer 2020b).

분명한 질문은 무엇이 우리의 종들, 그리고 우리의 종들만이 반응적인 공격을 덜 하게 만들었는지에 대한 것이다. 이에 관한 지배적인 이론은 우리가 반응적 공격성이 높은 사람들을 피하는 방법으로 스스로 이러한 변화를 일으켰다는 것이다.

이 이론은 AMH의 기원에 관한 "자기 길들이기" 이론으로 불리며 후기 사피엔스의 다양한 형태학적 변화를 동시에 설명할 수 있다는 데 매력이 있다. 길들여진 동물들은 일련의 특징들을 나타내며, 특히 조상의 유년기와 연계되어 성체가 되어서도 유지된다[이런 현상을 소아형 보유pedomorphism(고등진화된 동물이 성숙기에서 소아에서만 볼 수 있는 특징을 갖는 현상)라고 한다]. 예를 들어, 길들여진 포유류는 (야생종에 비해) 두개골(따라서 뇌), 턱, 이빨이 작고, 체형 자체도 작으며, 이

마와 발에 흰 털이 나고, 귀가 부드러워지고 꼬리가 감기며, 성적이형성이 감소한다.

그동안 지배적인 견해는 이러한 조상으로부터 물려받는 특징들이 서로 모두 독립적으로 변해 길들여진 동물의 특성이 되었다는 것이었다. 하지만 우리는 이 특징들이 독립적이 아니라 한꺼번에 나타났다고 본다.

알렉산더 벨랴예프Alexander Belyaev와 동료들은 은빛여우silver fox를 대상으로 한 연구에서 길들여진 동물들에서 나타나는 현상 전체가 반응적 공격성 감소를 위해 선택이 일어난 결과라는 것을 증명했다 (Belyaev, Ruvinsky, and Trut 1981). 최근에는 신경능선세포neural crest cell 시스템의 변화에 의해 이런 현상이 나타난다는 것을 강력하게 시사하는 연구결과가 발표된 바 있다(Trut et al. 2009; Simões-Costa and Bronner 2015).

자기 길들이기 이론에 따르면, 후기 사피엔스는 (종을 구분하는 적절한) 길들이기의 특징을 가지고 있다. 이 아이디어를 평가할 때, 우리는 AMH를 우리의 조상으로 여기는 아프리카 하이델베르겐시스와 비교해야 한다(하이델베르겐시스가 실제로 네안데르탈인과 우리의 마지막 공통 조상이라는 전제하에).

하지만 플라이스토세 중기의 화석 기록은 부실하기 때문에 네안데르탈인 화석과 비교하는 것이 더 일반적이다. 여기서의 가정은 사피엔스가 해부학적으로 현대화되면서 우리 공통 조상과 비교했을 때 상대적으로 네안데르탈인이 파생 수준이 낮다는 것이다. 이 가정은 극단적일 수 있지만, 만약 네안데르탈인이 사피엔스의 직접적인 조상이라고 생각한다면 우리는 소아형 보유 특징을 보이고 있다고 할 수 있다. 특히, 인간의 두개안면과 치아의 특징은 우리가 지난 수십만 년 동안 청소년화 과정을 겪었음을 강하게 시사한다.

이 결론은 개, 고양이, 말, 소의 가축화와 관련되는 것으로 추정되는 여러 유전자에 대해 네안데르탈인(또는 데니소바인)이 아닌 사피엔스에서 강력한 선택을 보여주는 최근 유전자 데이터에 의해 더욱 뒷받침된다(Theofanopoulou, Gastaldon, et al. 2017).

사피엔스의 두개안면과 치아의 구조가 어떻게 변화했는지 명확하게 보여주는 최초의 화석은 모로코의 제벨 이루드Jebel Irhoud에서 발견되었다. 이 화석들의 연대는 약 30만 년 전이다. 제벨 이루드에서 발견된 인간들은 눈썹 뼈가 눈에 띄게 낮고, 얼굴이 짧으며, AMH와 어느 정도 비슷한 치아 구조를 가지고 있다(Hublin, Ben-Ncer, et al. 2017).

또한 이들의 두개골은 AMH의 특징적인 구형 모양을 나타내지 않으며, 얼굴과 치아는 아직도 매우 크다. AMH의 두개안면과 치아의 특징들이 완전하게 나타나는 것은 약 20만 년 전부터다. 자기 길들이기 이론의 지지자들은 이 화석들을 15만 년 이상에 걸친 점진적인 자기 길들이기의 과정에 대한 증거로 해석한다. 현대인의 두개안면과 치아의 구조가 20만 년 전보다 훨씬 더 이전에 나타났다면 자기 길들이기 이론은 곤경에 처했을 것으로 예상되는데, 이런 해부학적 특징들이 보여주는 현대 수준의 유순함의 출현과 사회적 관용의 증가에 의해 나타난 문화적 특징들 사이에는 수수께끼 같은 시차가 발생하기 때문이다.

이러한 고고학적 특징은 "행동 현대성behavioral modernity"이라 불리며 도구 사용의 확장, 더 넓은 범위의 (특히 해양) 자원 활용, 역사적 기록에서 보이는 (황토의 사용으로 처음 시작된) 물질적 상징의 탄생과 확장 등이 포함된다(McBrearty and Brooks 2000, Henshilwood and Marean 2003; Sterelny 2011).

문화적 복잡성의 증가를 나타내는 이런 현상은 약 15만 년 전 아프리카 남부에 시작된 것으로 보이며, 해양 자원의 체계적인 사용은 16.4만 년에 나타난다(Marean, Bar-Matthews, et al. 2007).

하지만 사피엔스가 스스로를 길들임으로써 더 협력적이고 복잡한 문화가 출현했다고 해도 우리는 왜 사피엔스만 스스로 길들이기를 했는지 설명해야 한다. 자기 길들이기 이론에는 여러 가지 버전이 있다. 학자들마다 인간이 부과한 다양한 선택압에 대한 설명이 다르다.

한 버전은 반응적 공격에 대항하는 선택은 주로 여성의 짝 선택에 의해 주도되었다고 본다(Gleeson and Kushnick 2018). 이는 보노보의 자기 길들이기를 설명하기 위해 제안된 메커니즘이기도 하다. 협력 파트너 선택을 주요 요인으로 생각하는 버전도 있다(Tomasello 2016).

앞선 두 버전과 다른 두 버전은 선택압 부과의 요인으로서의 인간의 더 적극적인 역할을 강조한다. 이 두 가지 버전 모두 다윈(1871)이 처음 제시한 "처형 가설execution hypothesis"에 기초를 두며, 크리스 보엠(Boehm 1999; Boehm 2012)은 다른 방식으로 이 두 버전을 지지하기도 했다.

이 가설은 폭력적인 개인을 협력적인 남성 집단의 손으로 조직적으로 처형함으로써 인간의 반응적 공격성이 감소되었다고 주장한다. 빙엄Bingham(1999)은 집단 내 남성이 관리 가능한 위험 수준에서 치명적인 처벌을 가능하게 하는 무기의 역할을 강조하는 반면, 랭엄(2018; 2019)은 언어의 발달이 음모론의 모의를 가능하게 했을 것이라고 주장한다.

이런 이론들은 모두 문제가 있는데 어떤 것도 사피엔스와 네안데르탈인 사이의 차이를 실제로 다루지 않기 때문이다.[8] 어떤 이론도 왜 이러한 선택적 과정이 네안데르탈인 혈통이 아닌 사피엔스에서 발생했는지 설명하지 않는다.

이 차이를 설명할 수 있는 환경적 가설이 있다. 이 접근법은 반응적 공격성의 감소를 인구 규모의 증가와 연결시킨다(Cieri, Churchill, et al. 2014).[9] 인구 밀도가 증가함에 따라 사회적 관용에 대한 선택도 증가했다는 생각이다. 다른 사람들이 이미 이용하고 있는 자원을 이용하기 위해서는 더 큰 관용이 필요했기 때문이다.

사회적 근접성이 높아짐에 따른 끊임없는 갈등을 해결하는 일은 결코 쉬운 일이 아니었을 것이다. 이 가설은 섬에 사는 종들에 대한 연구에 의해 뒷받침된다. 섬에서 사는 종들은 일반적으로 내륙에 사는 같은 종들에 비해 서식밀도가 높으며, 반응적 공격성이 낮은 경향이 있다. 이 현상을 "섬 효과island effect"라고 부른다(Stamps and Buechner 1985).

잔지바르섬에 사는 붉은콜로부스원숭이Zanzibar red colobus monkey가 대표적인 예다. 이 원숭이들은 내륙에 사는 같은 종의 원숭이들에 비해 소아형 보유 특성이 강하며 더 관용적이다(Rowson, Warren, Ngereza 2010; Wrangham 2018).

이 이론은 인간의 특정 기간 동안의 인구 규모 증가를 전제로 하는데 이에 따르면 인구 규모는 30만 년 전 이전에 증가하고 있었고, 적어도 20만 년 전까지는 증가 추세가 이어졌다(앞에서 언급한 두개안면과 치아 구조의 점진적 변화를 떠올려보자).

하지만 불행히도 이 주장은 검증하기가 매우 힘들다. 현생인류의 게놈 비교 연구에 따르면 당시의 인구 규모와 인구 규모의 변화 추세는 이 이론이 추정하는 것과 달랐기 때문이다.[10] 우리가 확실히 알고 있는 것은 약 80만 년 전부터 지구가 극적인 기후 변동의 시기에 접어들었다는 것이다.

이 시기는 19개의 해양 동위원소 단계MIS, marine isotope stage로 나뉜다. 지구의 냉각은 아프리카의 기후를 건조하게 만들었을 것이다. 기후가 건조하고 추워지면 기준선 일차 생산성baseline primary productivity이 떨어질 수밖에 없기 때문에 당시 아프리카의 육상 포유류들은 다른 조건들이 동일하다는 전제하에 지구의 냉각기간 동안 개체수가 줄어들었을 것이다.[11]

지구 기온이 높았던 33.6만~30만 년 전 사이의 MIS9 기간에는 아프리카의 인구가 늘어났겠지만, 그 후 10만 년 동안(MIS8 기간과 MIS7 기간의 전반기)에는 지구가 상당히 추워졌고 인구밀도는 상당히 많이 낮아졌을 것으로 추정된다.

이는 30만 년~20만 년 전 사이에 유순성과 소아형 보유 경향(실제로 이런 경향이 나타났다면)이 인구밀도 증가가 아닌 다른 원인에 의해 이뤄졌을 것이라는 추측을 가능케 한다.

요약해 보자. 특정한 형태의 자기 길들이기는 플라이스토세 후기에 협력의 범위와 복잡성이 증가한 이유를 부분적으로 설명할 수 있고 실제로 자기 길들이기는 확실한 화석 증거 또한 남기고 있는 것으로 보인다. 하지만 이것만으로는 모든 것을 설명할 수는 없다.

플라이스토세에 살았던 다른 호미닌들에게는 영향을 미치지 않고 사피엔스에게만 영향을 미친 (사회) 환경적 요소에 대한 합리적인 설명이 필요하다. 또한 관용만으로는 적극적인 협력이 이뤄질 수 없다. 길들여진 동물(예를 들어, 소나 양)에서 확인할 수 있듯이 동물은 적극적으로 협력하지 않고도 매우 유순해질 수 있다.

유순함은 협력의 요인이 아니라 협력의 정도를 강화시킬 뿐이다. 만약 자기 길들이기가 우리가 뛰어난 협력자가 되는 데 중요했다면, 그것은 단지 그 과정이 이미 매우 진보된 형태의 인지와 의사소통이라는 배경에서 일어났기 때문이다.

7.4.3
환경적 스트레스

지금까지 우리는 기질의 변화와 본질적인 인지능력의 변화가 우리 계통의 협력 강화를 촉발한 계기일 가능성을 고려했다. 그 과정에서 우리는 환경보다는 행위주체에 주목했다. 지금부터는 커티스 머린Curtis Marean(2010; 2011; 2014; 2015)의 최근 연구결과를 인용해 환경에 관한 설명을 시도할 것이다.

우리는 머린의 이론이 흥미롭고 어떤 면에서는 매우 그럴듯하다고 생각하지만 그의 이론을 전적으로 지지하지는 않는다. 머린의 이론은 플라이스토세 후기의 빙하기/간빙기 주기가 심화됨에 따라 인간의 삶에 대한 외부 스트레스가 증가했음을 지적하는 이론의 한 사례라고 할 수 있다.

플라이스토세 후기의 호미닌들은 매우 흥미로운 시기에 삶을 살았던 것으로 보인다. 따라서 우리의 논의는 제2장 2.4에서 우리가 한 논의, 즉 계통의 진화를 주도하는 내부적 요인과 외부적 요인 사이의 상호작용에 관한 논의로 다시 연결된다.

앞에서 언급했듯이, 지구 냉각은 아프리카의 건조화와 관련이 있다. 19만~12.8만 년 전 사이의 MIS6 기간은 이례적으로 빙하기가 길게 유지되어 자원을 확보할 수 있는 지역이 줄어들고 더 분산되었다(Mirazón Lahr and Foley 1998).

특히 아프리카 남부에서는 이런 현상이 특히 두드러졌다(Marean 2011). 인류는 이 시기 동안 아프리카 전역에 살고 있었지만, 머린은 MIS6 기간 동안 아프리카 남부에 살던 인간들은 해안 자원, 특히 조간대 조개류tidal shellfish[조간대는 해안에서 해수면이 가장 높아졌을 때(만조, 밀물)의 해면과 육지의 경계선인 만조선과, 해수면이 가장 낮아졌을 때(간조, 썰물)의 해면과 육지의 경계선인 간조선 사이의 부분을 말한다]를 더 많이 활용할 수밖에 없다고 주장했다.

머린은 이런 해안 자원 활용이 인간의 협력과 문화를 다양한 방식으로 변화시켰다고 주장하며, 우리는 그의 주장이 그럴듯하다고 생각한다. 조간대 분류군에 속하는 생물은 분포 밀도가 높고, 예측이 가능하며, 질이 좋고, 1년 내내 이용이 가능하다. 하지만 머린도 주장하듯이 해안가의 삶의 방식에 적응하는 것은 쉬운 일이 아니었다.

하루의 수렵채집 반경은 개인이 하루에 수렵채집을 나갔다 캠프로 돌아올 수 있는 거리에 의해 정해진다. 이 거리는 대략 10킬로미터다(Kelly 2013). 한 집단이 해양 자원을 효율적으로 수집하지 못하는 상태에서 해안가에 캠프를 위치시키면 수렵채집의 결과물이 크게 줄어든다.

수렵채집의 일일 반경이 반으로 줄어들기 때문이다(사람은 내륙에서는 하루에 10킬로미터를 걸으면서 수렵채집을 할 수 있지만 해안가에서는 바다를 향해 10킬로미터를 나갈 수 없다). 조개류 같은 조간대 생물을 효율적으로 수확하기 위해서는 조간대 자원의 가용성이 일일 및 월간 조석 패턴에 따라 어떻게 달라지는지 이해해야 한다.

조간대 자원을 수집하는 일은 일반적으로 하루 중 낮 시간에 간조가 발생하는 시기에만 가능하다. 대조와 소조 spring and neap tides(조수간만의 차가 제일 높고 낮을 때) 시기는 달의 주기에 따라 변화한다. 대조는 달이 꽉 차거나 새로 시작할 때 발생하며, 이때는 달, 지구, 태양이 일직선상에 놓여 달과 태양이 해수에 미치는 인력을 함께 하기 때문에 조수간만의 차가 커진다. 소조는 대조 발생 7일 후에 발생하는데, 이때 해와 달이 최대 격차로 어긋난다.

일반적으로 대조 시기에는 다른 때에는 숨겨져 있는 자원을 이용할 수 있기 때문에 인간에게 매우 중요하다. 이와는 대조적으로, 소조 때는 다른 때는 안전하던 지역이 위험해질 수 있다. 해안이 점점 더 물에 잠기면서(아프리카 남부에서도 그랬을 것이다) 조간대 수렵채집에서 대조와 소조의 차이는 상당히 중요하다.

따라서 해양 기반의 수렵 경제를 실천하는 민족지학적으로 알려진 수렵채집인들이 대조 시기와 소조 시기를 꼼꼼하게 확인하는 것은 놀라운 일이 아니다(Cordell 1974; Nishida, Nordi, and Alves 2006a; Nishida, Nordi, and Alves 2006b). 낚시와 작살 사냥이 발명되기 전의 사람들은 소조 때는 더 내륙으로 캠프를 차리는 것이 더 유리했을 것이다.

조개류의 가용성과 조수의 변화 사이의 관계를 아는 것은 사소하지만 조류를 예측하고, 특히 조수의 변화와 달의 변화 사이의 관계를 아는 것은 중요하다. 조간대 수렵채집인들은 달의 위상으로부터 대조와 소조를 예측할 수 있어야 했다.

이런 예측을 할 수 있는 능력은 누적적인 문화적 학습뿐만 아니라 복잡한 의사소통 시스템에 의존했을 것이다. 머린은 조간대 수렵채집인들의 이 능력이 "완전히 현대적인 작업 기억과 집행 능력을 특징으로 하는 복잡한 인지"가 이뤄졌음을 나타낸다고 주장했다(2011, p. 434).

또한 그는 네안데르탈인의 인지능력 버전이 AMH의 인지능력보다 열등했기 때문에 네안데르탈인이 바다 주변에서 조직된 삶의 방식을 실천하기 힘들었다는 가설을 세웠다(Marean 2014). 우리는 인지적 요구가 큰 조간대 수렵채집이 생존을 위한 핵심적인 수단이 되면서 인간의 생활방식을 재조직했다는 주장을 위해 머린의 생각에 동의할 필요는 없다고 생각한다.

머린은 해안 지역을 체계적으로 이용하게 된 일이 AMH의 사회적, 기술적, 상징적 삶에 깊은 영향을 미쳤다고 주장한다. 특히 조간대 자원은 질이 좋고 1년 내내 이용할 수 있기 때문에 방어할 가치가 있었고 실제로 방어 또한 가능했다.

머린은 이런 방어는 소규모의 주거 집단들이 힘을 합쳐 외부인들을 차단하는 형태로 이뤄졌을 것이고 인간의 역사상 거의 최초로 AMH에서 영역성territoriality 개념을 확립했을 것이라고 주장한다. 여기서 우리는 "상호보완적 경쟁" 유지의 원칙과 같은 것을 상상할 수 있다(Evans-Pritchard, 1940). 이 원칙은 아프리카의 수렵채집인들에게서 발견되는 광범위한 형태의 사회정치적 조직을 설명한다.

간단히 말해서, 상호보완적 경쟁이란 때때로 서로 싸우지만, 외부인들과 싸울 때 단결하는 중첩된 정치적 단위를 말한다. 머린의 이론에 따르면, 집단 간 갈등이 증가하면서 집단 선택이 중요해졌다. 자신의 집단에는 협력하지만 외부인으로 지목된 이들에게는 폭력적인 심리가 자리 잡았다.

또한 집단 간 신호 전달이 더욱 중요해지면서 현대의 수렵채집인들이 보이는 상징적 과시행위들이 확립되었고, 의식은 수렵채집 집단의 수준을 넘어서 유대 관계를 유지하기 위해 권장되는 중요한 수단으로 자리를 잡았다.

우리는 이 가설의 많은 부분에 대해 심각한 의구심을 가지고 있지만, 해안가 적응이 지난 20만 년 동안 AMH에서 발달된 사회적, 문화적 복잡성의 주요 요인이었다고 생각하는 머린의 주장 자체는 옳다고 본다. 해안가 적응은 우리 조상들에게 잠재적으로 풍부하고 (상당히) 예측 가능한 공간과 시간에 위치한 새로운 종류의 자원에 접근할 수 있게 해주었기 때문이다.

따라서 해안가 적응은 새로운 생태 지역에서의 기술적, 사회적 실험을 촉진했다. 특히 머린의 이론은 상징적 행동을 보여주는 최초의 확실한 증거들(추상 예술 작품으로 추정되는 인공물들)이 해안가 유적지에서 발견된다는 사실을 깔끔하게 설명한다.

또한 해안가 적응은 인구 규모를 증가시키는 경향이 있기 때문에 이 이론은 문화적 복잡성에 대한 인구통계학적 이론과도 일치한다(Marean 2014).

숨 돌릴 시간이다. 이 장에서는 점점 더 풍부해진 원시언어의 진화를 주도한 선택적 힘을 식별하는 데 초점을 맞추었다. 우리가 보기에, 언어적 복잡성 증가로의 전환은 인간 협력의 변화하는 특성에 대한 반응이었고, 따라서 그 협력을 관리하는 데 필요한 문화적 도구의 변화에 대한 반응이었다.

이런 반응이 일어나기 위해서는 스토리텔링, 풍부한 의식 생활의 공유, 가십, 명시적인 규범이 필요했다. 이를 위해서는 더 풍부한 표현력을 필요로 하는데, 여기에는 언어 행위의 확장된 레퍼토리, 서법의 확장, 상상과 초자연적인 대상을 묘사하는 훨씬 더 풍부한 어휘, 그리고 가십과 논쟁의 여지가 있는 규범 위반의 경우 모두에서 다른 행위주체들의 행동과 동기를 정확하게 명시하는 능력이 포함된다.

또한 이런 다면적인 표현력의 확장은 상식에 덜 의존할 수 있는 사회적 맥락에서 이뤄졌다. 표현력 확장을 위해 선택압이 행사된 이유 중 하나가 여기에 있다. 표현력은 다양한 요소들로 구성되며 우리는 이 구성요소들이 동시에 어느 정도 확장되었을지, 또는 각 구성요소의 점진적 확장이 구체적으로 어떤 양상을 띠었을지는 설명하지 않았다.

예를 들어, 우리는 스토리텔링이 더 정교해지고 일상적인 것에 덜 제한되는 단계를 식별하려고 시도하지 않았다. 우리가 지금 가지고 있는 증거가 이러한 표현 능력의 확장에 대한 보다 세분화된 시나리오를 뒷받침할 것인지 의심스럽기 때문이다.

이 점을 고려할 때, 사실 꽤 풍부하지만 일상적이고 실용적인 원시언어에서 완전한 언어로의 전환에 대한 우리의 계통 설명은 개략적인 방향에 가깝다.

이러한 사회적, 언어적 복잡성의 공진화는 인간 협력의 성격이 중요한 방식으로 변화했다는 생각에 기초한다. 이러한 이유로 이 장에서 우리는 사피엔스가 친사회성이 매우 높아지는 과정, 즉 완전한 언어를 향한 궤도에 있었다는 사실을 설명할 수 있는 몇 가지 요소들을 고려했다.

우리의 목표는 이 요소들에 대한 철저한 분석이 아니며, 그 요소들에 대한 인정은 더욱 아니다. 실제로 우리는 AMH로의 형태학적 변환과 사회학적 "행동 현대성"을 이끈 사피엔스의 확장과 협력의 변환이 수많은 요소들이 동시에 작용한 결과에 의한 것이라고 생각하며, 그 요소들이 사피엔스에게만 특별하게 어느 정도로 작용했는지는 지금도 연구대상이 되고 있다고 본다.

하지만 우리는 플라이스토세 후기에 이뤄진 협력의 변화와 확장이 언어에 중요한 영향을 미쳤다는 것을 증명하기 위해, 그리고 사회적 복잡성이 기적, 즉 설명할 수 없는 도약에 의존했다는 것을 인정하기 않기 위해서도 충분히 노력했다고 생각한다.

| 8

기적은 없었다

8

기적은 없었다[1]

제1장 1.1에서 우리는 언어의 진화에 대한 신뢰할 수 있는 설명이 충족시켜야 하는 기준을 설정했다. 이를 다시 요약하자면, 우리는 (Kevin Laland, 특히 Laland 2017에 기초해) 다음과 같은 기준들을 제안했다.

1. 언어의 진화에 대한 신뢰할 수 있는 이론은 점진적이어야 하며 기준선 행위주체가 현생인류의 능력과 거의 동일한 능력을 가지게 되는 과정을 설명할 수 있어야 한다.
2. 기준선 능력의 선택은 원칙에 기초해야 하며, 독립적인 증거에 의해 뒷받침되어야 한다.
3. 변화의 순서에서 각각의 단계는 상당히 작아야 하며, 근사 메커니즘proximate mechanism(마오리족의 호전성이나 의식주에 대한 집착처럼 과거의 진화과정에서는 효과적이었지만 상황의 변화에 다라 그 효율성을 상실한 메커니즘을 뜻한다. 이에 반해 그 효율성을 유지하고 있는 메커니즘은 궁극 메커니즘ultimate mechanism이라고 부른다) 그리고/또는 행위주체의 사회적 환경의 변화로 설명할 수 있어야 하며, 이 호미닌들

의 선택적인 환경을 감안할 때 타당성 있는 이득을 창출해야 한다. 이 설명은 일어날 가능성이 매우 낮은 사건들, 즉 자연선택의 대상이 되기 힘든 사건들에 의존해서는 안 된다.

4. 이 이론은 시간에 걸쳐 나타난 호미닌들의 역동성과 가변성을 설명할 수 있어야 한다.

5. 추측에 기초해 필요한 요소들을 재구성하는 일이 불가피할 수도 있지만, 이 이론은 역사적 기록에 의해 검증이 가능해야 한다. 이런 검증이 많이 이뤄질수록 이 이론은 더 진지한 관심을 받게 될 것이다.

이런 기준들을 충족하는 모든 이론은 이해하기 쉽고, 기적이 개입되지 않는 진화 메커니즘에 의존한다면, 이 이론은 다음과 같은 개념들을 설명해야 한다.

6. 언어의 정직성. 따라서 송신자가 왜 계속 신호를 보내고 수신자가 왜 계속 신호에 주의를 기울이는지 설명해야 한다.

7. 인간 언어의 독특한 범위와 표현력.

8. 인간 언어의 고유성. 왜 언어가 호미닌 계통에서만 진화했는지, 특히 왜 사피엔스 계통에서만 완전한 언어가 진화했는지 설명할 수 있어야 한다.

자기 평가를 할 시간이다. 우리는 이 책에서 우리가 한 언어의 출현에 대한 설명이 이러한 기준들을 완전히 충족한다고 주장하지 않는다. 우리가 거의 말하지 않은 언어의 중요한 측면들이 있기 때문이다. 우리는 이중 코딩에 대한 자세한 설명, 즉 어휘 면에서의 음운적, 음절적 구조의 출현에 대한 설명을 하지 않았다.

우리는 구문 능력이 의존하는 중요한 인지능력의 진화에 대해서는 점진적인 측면을 강조한 설명을 했지만, 현존하는 언어의 계층적 조직에서 활용되는 많은 구문 장치의 진화와 정교함이 가진 점진적인 측면에 대해서는 설명하지 않았다.

호미닌 의사소통의 인지적 토대에 대해 논의할 때(제5장을 제외하면) 우리는 주로 특정한 인지 구조보다는 능력, 즉 데닛이 제시한 호미닌의 "성능 사양performance specs"에 집중해 설명했다. 또한 어휘의 확장에 대한 우리의 설명은 매우 기본적인 수준에 머물렀는데 부사와 같은 수식어의 획득, 질량과 수 또는 속성과 양을 나타내는 명사의 구분에 대해 논하지 않았다. 현재 살아있는 언어의 많은 정교한 특징들은 우리의 손이 닿지 않는 곳에 있다. 따라서 제시하는 해법은 부분적일 수밖에 없지만 우리가 개발하고 있는 모델은 중요한 방식으로 앞에서 언급한 기준들을 충족한다.

기준선. 우리는 초기 호미닌의 기본적인 능력에 대한 원칙적인 설명을 제공하며 이는 대부분 영장류의 능력에 대한 비교적 고찰과 플라이오세 후기 호미닌의 생활방식에 대한 연구에 기초한다.

최근 데이터의 복잡성에도 불구하고, 우리는 그러한 비교적 고찰이 상당히 작은 사회적, 인지적 변화가 훨씬 더 풍부한 몸짓 시스템 발달을 유도하는 데 충분했을 것이라는 생각을 뒷받침한다고 보지만, 플라이오세와 플라이스토세 초기 호미닌들이 발성을 더 풍부한 의사소통 수단으로 활용하기 위해서는 훨씬 더 극적인 변화가 필요했을 것이라고 생각한다.

의사소통 능력의 초기 확장. 기준선 능력에서 벗어나 표현 능력의 초기 확장에까지 이르는 과정에 대한 우리의 설명은 점진적이고 실증적 원칙에 기반한다. 이 설명이 전제하는 인지능력과 사회적 능력은 실제로 대형유인원이 처리하는 능력보다 약간 더 정교하기 때문에 점진적인 측면에서 생각할 때 합리적으로 보인다.

플라이오세 후기와 플라이스토세 초기 인간의 생활방식과 관련한 역사적 기록은 그들의 인과적, 사회적 추론 능력이 현존하는 대형유인원의 능력을 능가한다는 것을 시사하기 때문에 실증적 원칙에 기반한다.

점진주의. 더 일반적으로 볼 때, 언어와 언어의 전구체를 구사하는 능력의 진화에 대한 우리의 설명은 완전히 새로운 인지능력의 출현에 의존하지 않기 때문에 점진적인 측면에서 합리적이다. 우리는 언어가 의존하는 대부분의 (그리고 아마도 모든) 인지능력은 대형유인원에서 더 기본적인 형태로 존재하는 능력의 정교함이며, 따라서 우리는 초기 호미닌들도 이런 능력을 가졌을 것이라고 생각한다.

우리의 이런 생각은 검증이 가능할 것으로 보인다. 언어를 지원하는 인지능력이 다른 형태의 행동도 지원한다면, 직접적인 역사적 흔적을 남겼을 것이라고 기대하기 때문이다.

원거리 지칭. 마찬가지로 가장 두드러진 특징 중 하나인 원거리 지칭의 출현에 대한 우리의 설명 또한 점진적이고 실증적 원칙에 기반한다.

우리는 원거리 지칭에 필요한 능력이 (1) 일반적인 환경적 요인들과 상관없이 정확한 움직임 순서를 계획하고 실행할 수 있는 능력(인식이 아니라 회상에 의한 제어 능력) (2) 개선된 사회적 추론 능력, 즉 신호 순서에 대한 다른 사람의 가능한 반응에 대해 추론하는 능력 (3) "지금 그리고 여기"를 넘어서는 더 정교한 의사소통 의도 (4) 예상되는 미래의 요구를 인식하고 계획하는 능력으로 구성된다고 본다.

우리는 에렉투스 계열의 생활방식에 대한 연구결과가 그들이 이런 능력을 보유했다는 생각을 뒷받침한다고 본다. 원거리 지칭을 이용해 의사소통할 수 있는 능력을 가지는 것과 그 능력을 구현하는 것은 별개의 문제다.

하지만 미래의 요구에 대한 반응과 계획이 때로는 개인적인 차원이 아니라 집단적인 차원에서 이루어졌다면 원거리 지칭을 이용한 의사소통은 적응적인 성격을 가질 수 있다. 우리는 에렉투스 계열과 하이델베르겐시스의 생활방식에 대한 연구결과가 (단언할 수 없지만) 우리의 이 생각을 뒷받침한다고 본다.

어휘의 확장. 언어의 표현력은 부분적으로 어휘의 확장 가능성에 의존한다. 어휘에 대한 우리의 이론은 두 가지 측면에서 점진적이다. 현대 언어에서 어휘 확장은 언어 자체에 내장된 메타언어 장치에 의해 쉽게 이루어지고, 다양한 종류의 단어에 대한 표현을 가지고 있다(Sterelny 2012a; Sterelny 2021).

게다가 현재의 인간은 매우 정교한 사회적 추론 능력을 가지고 있으며, 이 능력은 새로운 기호를 접했을 때 바로 그 자리에서 해석할 수 있게 만든다. 우리는 이런 능력이 우리 계통의 언어생활과 정신생활에서 늦게 나타난 능력이라는 지배적인 생각에 동의한다.

하지만 우리는 (1) 호미닌들이 기호 시스템을 실험할 의지가 있었다면(그리고 다른 호미닌들의 실험을 해석할 의지가 있었다면) (2) 호미닌들이 대형유인원보다 인과적 추론 능력과 사회적 추론 능력이 더 뛰어났다면 (3) 호미닌들의 추론 능력이 현재의 인간의 추론 능력보다 훨씬 열등했다고 하더라도 기호 시스템은 매우 확장 가능성이 높았을 것이라고 본다.

플라이스토세 호미닌들의 생활방식에 대한 연구들은 그들의 인과적 추론 능력과 사회적 추론 능력이 대형유인원보다 뛰어났다는 생각과 어휘 확장이 당시 호미닌들의 생존 능력 형성, 특히 활동 지역에서 사회적 학습을 하는 능력 형성에 도움을 주었다는 생각을 뒷받침한다.

우리는 도상성이 호미닌의 기호 시스템의 초기 확장에서, 그리고 플라이스토세 많은 부분 동안 어린 호미닌들의 발달 과정에서 중요한 역할을 했을 것이라고 본다.

하지만 단어와 유사성이 있는 모든 기호가 도상이었다면 도상성은 어휘 확장에 상당한 제약을 가했을 것이다. 플라이스토세 중기의 수렵채집이 현재의 수렵채집인들의 자연사적 능력과 비슷한 능력에 의존했다면, 플라이스토세 중기의 수렵채집인들은 적절한 도상이 없는 수많은 사물들, 장소들, 속성들에 대해 인식하고 그것들을 가리킬 수 있었을 것이다.

만약 그랬다면 플라이스토세 중기의 호미닌들은 자신들의 인지 능력과 사회적 능력을 이용해 자의적인 기호들을 자신들의 어휘 집합에 추가할 수 있어야 했을 것이다. 지표, 도상, 상징 순으로 발달이 이뤄졌다는 생각에 우리가 반대하는 이유가 여기에 있다.

우리는 도상적인 기호가 소위 "진정한 상징"으로 전환되는 과정에서 인지적 능력이 중요하지 않았다고 본다. 도상성은 단계적으로 나타나며, 일부 침팬지의 몸짓은 도상성을 잃을 정도로 축약된다. 예를 들어, 칸지는 자의적인 기호들을 익히는 능력을 보였다.

이 과정에서 필요한 것은 의미기억과 사회적 지능이다. 따라서 우리는 도상성이 플라이스토세 호미닌들의 사회적 삶의 중요한 특징으로서 상호 신호전달 시스템을 확립하고 안정화시키는 데 도움이 되었다고 보지만, 도상성이 약하거나 비도상적인 기호들을 점진적으로 그들의 의사소통 시스템에 추가하는 데에는 새로운 능력이 필요했다고 보지 않는다.

구조화된 기호. 언어와 언어의 전구체들의 표현력은 구조화된 기호에도 부분적으로 의존하며, 궁극적으로는 계층적으로 구조화된 기호에 의존하는 것이 확실하다. 구조의 출현과 정교화에 대한 우리의 점진적인 설명은 다음과 같은 네 가지 아이디어에 의존한다.

(1) 몸짓 주도 언어 진화 이론은 전일적인 기호로부터 구조화된 기호가 어떻게 진화했는지에 대한 설명을 능숙하게 처리한다. 몸짓 기호는 원시적으로 구조화된 기호라고 할 수 있다. 가장 간단한 몸짓들(가리키기, 주의 끌기)은 구조화되어 있지 않지만 이 몸짓들을 조

금만 정교하게 해도 구조가 부여될 수 있다. (2) (특히) 개코원숭이 같은 다른 영장류에 대한 연구결과는 수신자가 기호 시퀀스에서 정보를 추출하는 데 미리 적응되어 있다는 것을 보여준다.

기호 시퀀스가 정보를 전달하면 수신자가 정보를 추출할 수 있다. 좀 더 타당한 추측을 가미해 표현하자면, 우리는 길에서 발자국을 분석할 수 있었던 플라이스토세 호미닌들이 기호 시퀀스를 인식할 수 있었고 기호 시퀀스에서 비명시적인 정보를 추출할 수 있는 능력을 추가적으로 발달시켰을 것이라고 생각한다.

(3) 우리 이론은 구조화된 기호들이 기준선 능력에 의해 구축되었다는 가설에 의존한다. 구조화된 기호는 가리키기와 가리키기를 더 정교하게 만들거나 명확하게 만드는 추가적인 몸짓(들)으로 구성된다. 증명이 되지는 않았지만 우리는 이 가설이 실증적 합리성을 가진다고 본다.

대형유인원들의 몸짓 시스템은 이렇게 단순하게 구조화된 몸짓들을 결합할 수 있는 수준에 거의 다다랐기 때문이다. (4) 마지막으로, 우리는 계층적으로 구조화된 복잡한 기호를 사용할 수 있는 능력이 플라이스토세 중기의 석기 제작 기술에서 확실하게 나타나는 인지능력과 동일한 능력에 의존한다고 본다.

특히, 아슐리안 석기와 그 이후의 석기에서는 복잡한 운동 시퀀스의 계층적 제어를 위한 능력을 확실하게 관찰할 수 있다. 이런 순서를 읽어내고 분석하는 능력은 이런 석기 제작 기술의 사회적 학습 과정에서 **나타난다**(적어도 이 사회적 학습이 모방에 의존한다면 그렇다고 볼 수 있다).

이런 인지능력은 계층적으로 구조화된 기호의 사용을 가능하게 했다. 우리는 플라이스토세 후기의 사회적 세계에 변화가 일어남에 따라 같이 살고 같이 행동하는 사람들의 대화를 통해 자연스럽게 공유되는 정보, 즉 공유 정보의 양을 줄였기 때문에 이런 계층적 구조의 사용이 그들에게 유리했을 것이라고 본다.

이런 공유 정보는 암묵적인 정보로 계속 남았을 것이다. 공유 정보가 줄어들고 정보 격차가 커지면서 더 많은 것들이 명시적으로 변해야 했고, 이 과정에서 구문 능력이 효과적인 수단으로 부상했을 것이다.

언어 행동의 풍부성. 원시언어의 기능적 확장에 대한 우리의 설명은 플라이스토세 호미닌들의 본질적인 인지능력의 변화보다는 플라이스토세 후기의 사회적 삶의 변화에 대한 우리의 생각과 관련이 있다. 물론 이런 본질적인 인지능력의 변화가 중요하지 않다는 뜻은 아니다.

규범과 관련된 생각의 진화, 이야기를 이야기로 이해하고 즐길 수 있는 상상력의 진화는 이런 본질적인 인지능력의 변화와 관련이 있을 것이다. 그렇다면 더 풍부한 언어 행동의 출현에 대한 우리의 설명은 부분적일 수밖에 없다. 현재 상태에서 우리의 설명은 플라이스토세 후기의 협력의 성격과 규모의 변화에 초점을 맞추고 있다.

이러한 변화는 초창기의 더 단순하고 제한된 형태의 협력을 기반으로 구축되었으며, 협력을 더 널리 퍼지게 만들고 유익하게 만들었지만 새로운 갈등 요소를 만들어내기도 했다. 우리는 이런 갈등을 줄이고 그 갈등에 따른 비용을 절감할 수 있는 일련의 문화적 혁신에 대해서도 개략적으로 설명했다. 이러한 문화적 혁신(명시적 규범, 공유된 의식과 서사적 생활, 풍부하고 정확한 가십)은 모두 초보적이거나 더 발전된 형태로 존재할 수 있다.

현대 생활에서도 많은 규범들이 비명시적이다. 하지만 발달된 형태의 모든 혁신은 현대인과 비슷한 수준의 언어 능력, 즉 농담, 놀림, 책망, 훈계, 칭찬, 장난, 영감 부여, 도발, 공포 조성 등을 할 수 있는 언어 능력을 전제로 한다.

몸짓에서 대화로. 몸짓 주도 언어 진화 이론이 안고 있는 추가적인 부담이 있다. 몸짓 중심 의사소통 시스템에서 음성 중심 의사소통 시스템으로의 점진적인 전환을 설명하기 위한 실증적 증거를 확보해야 한다는 부담이다. 우리는 고대의 불 주변 상황에 대한 분석을 통해 이 문제를 해결하려고 한다.

우리는 불 주변이 100만~80만 년 전 사이에 인간에게 중요해졌다고 본다. 우리는 인간이 불 주변에 모임으로써 하루 중 사용 가능한 시간의 길이가 늘어났고, 집단 구성원들이 (심지어 아마 강제적으로도) 서로 매우 밀접하게 연결되는 시간이 더 늘어났다고 생각한다.

우리는 이런 변화들이 음성 중심 의사소통 시스템으로의 전환을 이끌었다고 보며 이런 변화들에 대한 우리의 설명은 세 가지 연결된 아이디어에 의존한다.

(1) 우리는 의사소통 시스템을 음성 중심으로 점진적으로 진화

시킨 주요 요인이 원시노래proto-song를 위한 선택압 작용이었다고 본다(물론 동물의 소리를 모방하기 위한 선택압도 수렵채집인 집단에서 매우 중요했을 수 있다).

여기서 우리는 로빈 던바의 이론에 의존한다. 던바는 사회생활이 복잡해짐에 따라 시간 사용과 관련한 스트레스가 증가했으며, 스트레스와 갈등을 해소하기 위한 (그루밍과는 대조적인 성격을 띠는) 노래와 웃음의 효율성이 증가했다고 지적했다.

특히 불 주변에서는 호미닌들이 서로 가깝게 붙어 있을 수밖에 없었으며 공간적 분리에 의한 위험 때문에 갈등의 통제는 필수적이었다(A가 B에게 짜증이 나서 어둠 속을 헤매는 것은 안전하지 않다).

(2) 음성 채널이 사용 가능해지면 음성 채널은 몸짓에 비해 다양한 효율성을 제공한다.

(3) 불빛은 흐릿하기 때문에 불 주변은 몸짓 의사소통을 위한 최선의 장소는 아니었다. 하지만 호미닌들이 불 주위에 빽빽하게 몰려 있었다면(또는 현재의 호주 원주민들 일부처럼 호미닌들이 두 곳의 불 주변 사이에서 잠을 잤다면) 음성 의사소통이 더 효율적이었을 것이다. 이런 상황에서는 다중 모드 시스템에서 음성 채널이 주가 되는 시스템으로의 전환이 손쉽게 이루어질 수 있다.

문화적 학습. 풍부한 원시언어와 언어의 진화는 다양한 요소에 의존하지만, 그 중 무엇보다도 사회적 학습과 문화적 학습 능력의 평행적 향상이 중요하다고 할 수 있다. 제1장 1.5에서 설명했듯이, 원시언어는 문화적 학습이 매우 어려운 대상이다. 어휘가 늘어나면 정보를 담아야 하는 대상도 늘어나기 때문이다.

어휘는 오류에 매우 민감하다. 기호 형태가 조금만 변해도 의미가 크게 달라지기 때문이다. 언어 사용은 매우 빠르게 이뤄지기 때문에 에뮬레이션으로 언어를 학습하기는 매우 어렵다. 또한 다수의 발화는 비명시적이고 의미가 모호할 때가 많기 때문에 학습 데이터를 깔끔하게 수집하기도 어렵다.

의사소통 능력이 호미닌의 삶에서 중요해짐에 따라, 호미닌들에게는 사회적 학습을 위한 선택압이 작용했을 것이다. 하지만 우리는 이러한 선택압 작용 과정에서 가장 중요한 초기 요인은 호미닌들의 수렵채집 활동에서 정보의 필요성이 증가했다는 사실이라고 본다.

플라이스토세 석기 제작의 초기 단계에서 사회적 학습의 중요성에 대해서는 논쟁의 여지가 있는데, 일부 학자들은 르발루아 박편과 잔석기microlith 생성시기에 이르러서야 사회적 학습이 이뤄졌다는 명확한 증거가 된다고 주장한다(Tennie, Call, et al. 2009; Corbey, Jagich, et al. 2016; Tennie, Braun, et al. 2016).

제5장에서 설명한 바와 같이, 우리는 이런 관점이 아슐리안 석기 제작에 필요한 인지능력을 과소평가한다고 본다. 석기 제작 전문가의 지도를 받는다고 해도 현대인들이 이러한 기술을 숙달하는 데 적어도 몇 년이 걸리기 때문이다.

하지만 우리의 생각이 틀리더라도, 만약 플라이스토세 초기와 중기의 수렵채집에 대한 우리의 생각이 옳다면, 당시의 수렵채집 활동 자체가 사회적 학습의 특성을 확실하게 나타난다고 볼 수 있다.

수렵채집을 위해서는 자신의 활동하는 지역에 대한 풍부하고 정확한 자연사 정보에 의존해야 했을 것이며, 이 정보를 확보하지 못한 호미닌은 굶어죽었을 것이다.

피터 리처슨Peter Richerson과 롭 보이드가 지적했듯이, 18~19세기에 활동한 탐험가들은 지역 자원에 대한 중요한 정보를 스스로 학습하지 못했기 때문에 탐험 도중에 굶어죽는 일이 많았다(Richerson and Boys, Murgatroyd 2002).

대형유인원은 사회적 학습 능력이 뛰어나다. 대형유인원은 일반적으로 학습 능력이 뛰어나기 때문에 사회적 학습을 잘 할 수밖에 없다. 우리는 플라이스토세 초기와 중기의 호미닌의 사회적 학습 능력이 대형유인원보다 더 뛰어났다고 확신한다.

플라이오세와 플라이스토세의 고고학적 기록은 편향되어 있기 때문에 신중하게 읽을 필요가 있다. 모든 유적은 퇴화하고 사라지는데, 시간이 오래될수록 유적이 그렇게 사라질 가능성은 더 커진다. 마찬가지로 집단의 물질적 문화는 거의 보존되지 못한다.

다른 모든 조건이 같다면 가장 자주 만들어지는 물건들이 흔적을 남길 가능성이 가장 높다. 단순한 도구들은 만드는 데 노력이 적게 들기 때문에 복잡한 도구보다 훨씬 더 자주 만들어진다. 이 두 가지 편향을 결합하면, 고대 호미닌의 물질적 흔적은 특히 그들 문화의 더 복잡한 요소들에 비해 물질적 문화를 과소 표현할 가능성이 있다.

더 오래된 호미닌 집단일수록 이 과소 표현은 정도는 더 커진다. 하지만 그럼에도 불구하고 우리는 고고학적 기록이 50만 년 전 이

후, 특히 2만 년 전 이후부터 안정적이고 효율적인 사회적 학습이 이뤄졌다는 생각을 뒷받침한다고 본다.

우리는 이 시기에 기술적 혁신과 생태적 혁신이 가속화되었고, 도구가 더 풍부해졌으며, 지역적 특수성이 더 커졌다고 생각한다. 이는 약 20만 년 전부터 사회적 학습 능력이 충분히 향상되어 매우 풍부한 원시언어와 언어의 문화적 전파를 지원했다는 생각을 뒷받침한다.

우리는 언어 진화에 대한 설명을 하면서 우리의 관점에서 안정적이고 효율적인 사회 학습을 지원하는 개인의 인지능력은 (훨씬 더 원시적인 형태이긴 하지만) 대부분의 대형 유인원과 매우 초기의 호미닌들에도 존재했다고 주장했다.

이 인지능력에는 적절한 의미 기억, (비록 일상적으로 사용되지는 않지만) 모방 학습, 에뮬레이션 학습, (아마도 대형유인원에서는 매우 원시적인) 인과 추론, 일부 마음이론 능력이 포함된다. 음성 모방 능력, 일화 기억 능력, 능동적으로 가르칠 수 있는 능력은 포함되지 않는다.

사회적 학습을 통해 음성 언어를 배우는 것은 음성 모방 없이는 불가능하며, 초기 호미닌들은 음성 모방을 할 수 없었을 것이다. 우리는 음성 모방이 일단 정교한 집행 제어 능력을 활용하면 가능하다고 생각하지만, 이를 증명할 수는 없다(원시언어를 소리 내 말하기 시작하면 교정 피드백은 집단에 의해 이뤄지기 때문이다).

체니와 세이파스의 개코원숭이 연구는 초기 호미닌들이 다른 행위주체들의 음성을 처리하고 순서를 기억할 수 있었다는 것을 시사한다.

일화 기억은 어땠을까? 인간은 일화 기억 능력으로 특정한 사건(언제, 어디서, 언제, 누구를)을 기억할 뿐만 아니라, 그 정보를 얻었던 과정도 기억한다.

일화 기억은 보통 자서전적이며, 한 사람의 삶의 "머릿속 시간여행"을 통해 생생한 순간들로 다시 살아난다. 예를 들어, 존 F 케네디 암살사건에 대한 스터렐니의 기억은 일화 기억이다. 스터렐니는 그 소식을 수학여행 가서 뉴스로 들었던 것을 기억하기 때문이다. 하지만 (스터렐니보다 젊은) 플레이너에게 케네디 암살 사건은 일화 기억이 아니다. 대형유인원(또는 다른 동물)이 이런 형태의 기억을 가지고 있는지는 매우 불분명하다. 하지만 일화 기억이 사회적 학습에 필수적인지도 확실하지 않다.

이와는 대조적으로, 가르치는 것은 인간의 사회적 학습에 매우 중요하다(이는 한때 논란의 여지가 있었지만, 지금은 널리 받아들여지고 있다). 우리가 모두 알다시피, 가르침의 출현은 (1) 동기부여의 변화, 즉 친사회성의 일반적인 증가 (2) 마음이론 능력의 증가, 특히 정보의 가치에 대한 민감성의 증가(다른 대형유인원들은 정보 가치에 인간과 같은 방식으로 민감하지 않다)에 의존한다.

우리는 고고학적 기록이 플라이스토세 중기의 호미닌들이 기준선 호미닌들에 비해 더 친사회적이 되었으며 마음이론 능력이 향상되었다는 견해를 뒷받침한다고 주장해 왔다. 이러한 변화들은 가르침을 가능하게 만들었고, 우리는 석기 기술에 대한 학습이 가르침을 위한 선택압을 강하게 부과했다는 피터 히스콕의 주장에 동의한다.

요약해 보자. 우리는 높은 수준의 사회적 학습을 가능하게 만든 사회적 학습 능력 구축에 대한 우리의 점진적 이론을 고고학에 기반하여 제시했다(더 자세한 내용은 Sterelny 2012a 참조). 또한 우리는 사회적 환경이 더 안정적인 사회적 학습을 지원하는 방식으로 변화했다고 생각한다.

이런 변화에는 (1) 사회적 관용이 증가한 환경, (2) 번식 협력의 출현(어린아이들이 더 다양한 모델에 접근할 수 있게 한다), (3) 거주 집단 간의 더 개방적이고 관대한 관계 형성(전문성이 우연히 상실되었을 때 그로 인해 부정적인 영향을 줄이며, 다른 사람들로부터 혁신적인 아이디어를 빌릴 수 있게 하며, 전문가에 접근한 이들이 더 광범위한 숙련된 모델들에게 접근할 수 있게 만든다).

정직함과 독특함. 대화는 단순한 정보 전달이 아니다. 대화는 항상 정직하게 이뤄지지는 않으며, 정직하게 이뤄진다고 해도 항상 정확한 정보를 포함하는 것도 아니다. 샘 클레멘스(마크 트웨인의 본명)의 말처럼 다른 사람들이 알고 있는 많은 것들은 사실은 잘못된 것들이 많다.

하지만 대화는 개인들의 이익이 각각 다름에도 불구하고 대부분의 경우 정직하게 이뤄지고 대화 내용이 정확한 사실인 경우도 많다는 사실은 미스터리다. 실제로 데살Dessalles의 언어 이론은 이 미스터리를 중심으로 구성된다(Dessalles 2007).

우리는 대화의 정직성이 다소 과장되었다고 본다. 이를 중시하는 이론들은 개인 간의 일대일 대화를 중심으로 구성되었으며, 우리는 정직한 대화를 특별한 경우로 취급하기 때문이다. 실제로 어떤 측면에서 볼 때 대화는 물질적 자원을 둘러싼 협력보다 미스터리의 성질이 약하다.

대화에서 공유되는 정보는 소실되는 정보가 아니기 때문이다(이 정보의 실질적인 가치가 줄어드는 경우는 있을 수 있다). 아마도 이러한 이유로, 인간은 물질적 자원을 대할 때처럼 정보자원에 대한 비이성적인 형태의 탐욕을 가지고 있는 것처럼 보이지 않는데, 물질적 자원의 경우 장기적인 이득을 위해 즉각적인 이득을 희생하는 일은 대부분의 경우 노력이 필요하고, 의지가 약할 경우 그런 선택을 지킬 수 없기 때문이다.

따라서 우리는 정직함과 독특함의 문제에 대해 다음과 같은 의문을 갖는다. 왜 호미닌들은 협력에 의존하는 생활방식을 진화시켰을까? 왜 호미닌들만 그런 협력 의존적인 생활 방식을 발달시켰을까? 왜 (아마도) 사피엔스만이 완전한 언어의 자원을 필요로 하는 복잡한 형태의 협력을 발달시켰을까?

우리는 이 책에서 세 번째 질문에 대해서는 조금 언급했지만, 이 질문들에 대답하지는 않았다. 오히려 우리는 언어 진화에 대한 우리의 설명을 호미닌 협력의 진화라는 더 넓은 그림의 틀 안에 포함시켰다. 우리는 그 틀을 정교하게 평가하고 방어했지만 관련된 자세한 내용은 이 책의 범위를 벗어나기 때문에 여기서는 생략할 것이다(Sterelny 2012a; Sterelny 2021). 호미닌 협력의 출현과 변화에 대한 우리의 이론이 심각하게 잘못되었다면 언어에 대한 설명은 또한 마찬가지다. 반면에, 우리의 설명이 옳다면 대화의 정직함과 독특함에 대한 질문에 대한 답이 될 것이다.

  이제 모든 이야기를 종합해 보자. 우리는 최초의 호미닌들의 의사소통 능력이 완전한 언어 능력을 갖춘 현대인으로 진화한 과정을 보여주는 적절한 계통 설명에 충분히 가깝게 접근했다고 주장하지 않는다. 하지만 우리는 이 계통 설명을 구성하는 중요한 요소들, 즉 어휘 확장, 원거리 지칭, 구문 능력이 의존하는 핵심적 인지능력, (실제로 존재했다는 전제하에) 몸짓 주도 언어 진화 이론, 언어의 기능성 확장 등에 대해 개략적인 수준을 넘는 설명을 했다고 생각한다.

용어 해설

가정 수어(homesign). 기존 언어에 노출되지 않은 청각 장애인이 만들어내 사용하는 몸짓 의사소통 시스템.

계통 설명(lineage explanation). 기준선 조건(예를 들어, 두 종의 마지막 공통조상의 조건)에서 이론적 관심의 대상이 되는 그 이후의 조건까지의 일련의 작고 점진적인 단계들에 대한 설명. 이 단계들은 각각의 단계가 제공하는 특정 형질을 가지는 개체들에게 유리하고, 적어도 불리하지 않으며, 각각의 단계는 적어도 하나의 진화적 변화를 일으키는 것으로 추정된다.

구문(syntax). 단어들이 결합해 문장 성분과 문장을 형성하는 방식을 지배하는 원칙.

구석기(paleolithic). 호모속의 종들이 돌을 깨뜨려 도구를 만들어 사용하던 시기. 전기 구석기(약 300만 년~30만 년 전), 중기 구석기(30만 년~5만 년 전), 후기 구석기(5만 년~1.2만 년 전)로 구분된다.

규범(norms). (자신을 포함한) 개체가 어떻게 행동할지에 대한 감정적 기대.

네안데르탈인(Neanderthals). 플라이스토세 중기와 후기에 존재했던 사람속의 한 종. 네안데르탈인은 한때 호모 사피엔스의 아종으로 분류되기도 했다. 호모 사피엔스의 자매 분류군 (최소) 2개 중 하나로, 나머지 하나는 데니소바인이다. 현생인류와 네안데르탈인의 마지막 공통조상은 40만~70만 년 전에 존재했던 호모 하이델베르겐시스로 추정된다.

단서와 신호의 차이(cue/signal distinction). 단서는 대화의 상대방 또는 제3자가 정보를 얻을 수 있도록 만들지만 그 정보 자체는 제공하지는 않는 특징(trait) 또는 행동인 반면, 신호는 대화의 상대방에게 의사소통 면에서 영향을 미치지만 상대방이 그 신호로부터 언제나 정보를 얻을 수 있는 것은 아니다.

대형유인원류(great apes). 오랑우탄, 고릴라, 사람, 침팬지, 보노보를 포함하는 계통군(clade, 공통의 선조로부터 진화한 생물군).

데니소바인(denisovans). 네안데르탈인의 자매 종. 현재 데니소바인의 화석 증거는 매우 적은 상태다(한 개체의 새끼손가락 뼈와 치아 3개 그리고 다른 한 개체의 하악골밖에는 발견되지 않았다.)

르발루아(Levallois). 포괄적인 플래폼 준비에 기초한 석기 제작 기법으로 전체적인 계획을 세운 뒤 돌망치로 마무리하여 원하는 크기와 형태로 석기를 만드는 방법. 아슐리안 기법에 비해 물리적·인지적 노력이 더 많이 요구된다.

마음이론/마음읽기(theory of mind/mindreading). (일반적으로 같은 종에 속한) 다른 행위주체들이 마음을 가지고 있다는 것을 인식하는 능력. 대부분의 상황에서 우리가 다른 사람들의 생각과 느낌을 상당히 잘 인식하는 이유는 우리에게 마음이론이 있기 때문이다. 대형유인원과 우리가 어느 정도 이 능력이 비슷한지는 확실하지 않으며 논쟁의 대상이 되고 있다.

마이오세(Miocene). 약 2303만 년 전부터 533만 년 전까지의 지질 시대.

메타밴드(metaband). 복수의 집단들로 구성되는 상위 단위 수렵채집 사회집단. 메타군단은 대개 민족언어학 단위(공통의 언어를 사용하는 집단)를 구성한다.

명시적–추론적 의사소통(ostensive-inferential communication). 의사소통 의도를 표현하거나 인식하려는 시도가 포함되는 의사소통. 의사소통 의도는 특정한 주장을 믿게 만들려는 말하는 사람의 의도 또는 말하는 사람이 어떤 의도를 가지고 있다는 것을 듣는 사람이 인식하려는 의도를 말한다.

모방(imitation). 운동 행동, 특히 운동 과정의 재현 그리고 (일부 학자들에 따르면) 운동 행동의 목표에 대한 인식을 포함하는 사회적 학습의 한 형태.

목소리 모방(vocal imitation). 다른 개체들의 목소리 내기를 (대개는 자의적으로) 흉내 내는 행위

문맥 자유 문법(context-free grammar). 정규문법보다 더 복잡한 생성 규칙(production rule)을 가지는 형식문법. 문맥 자유 문법에서는 하나의 구성성분(constituent)이 다른 구성성분 안으로 내포(embedding)될 수 있다[중앙내포(center-embedding) 가능].

문법(grammar). 의사소통 시스템의 형태와 구문 구조에 대한 설명.

문화적 진화(cultural evolution). 사회적 학습 과정을 통해 시간에 걸쳐 (넓은 의미의) 문화적인 요소들이 축적되는 과정.

반응적 공격(reactive aggression). 미리 계획된 공격이 아니라 당면한 상황에 의해 촉발되고 감정에 의해 증폭되는 공격.

밴드(band). 수렵채집 사회를 구성하는 안정적이지만 유동적인 집단 단위. 일반적으로 핵가족 몇 개로 구성되지만 다른 친척들이 포함되기도 한다. 집단의 구성원들은 대부분 함께 야영을 하면서 일상적인 상호작용을 한다.

번식 협력(reproductive cooperation). (특히 어린) 친척에 대한 공동체 구성원들의 보살핌 그리고/또는 투자. 호혜관계의 한 형태로 주로 나타나며, 이 경우 얼마나 가까운 친척인지도 큰 영향을 미친다.

비실시간 처리(offline processing). 과거에 일어난 일 또는 가상의 일의 상태에 대한 표상을 가지거나 처리하는 일. 후속 행동을 반드시 필요로 하지 않는다.

사회적 학습(social learning) : 다른 개체의 관찰 또는 다른 개체와의 소통을 통한 학습.

상리공생(mutualism). 어느 한쪽이 앞서 대가를 치르지 않고 쌍방이 모두 이익을 얻는 협력 형태.

생활사(life history). 특정한 종에 속한 개체들의 전 생애 발달과정. 생활사를 가장 잘 보여주는 화석 증거는 치아의 발달과정에서 나타난다.

설골(hyoid bone). 후두와 성대를 지지하는 뼈. 설골의 구조를 보면 후두와 성대의 상태를 알 수 있다.

성적이형성(sexual dimorphism). 같은 종의 남녀(암수)가 성에 따라 형질이 다르게 나타나는 정도.

손잡이 붙이기(hafting). 도구에 손잡이 또는 자루를 붙이는 일.

시스템 1 인지와 시스템 2 인지(system 1 and system 2 cognition). 얼굴 인식 같은 시스템 1 인지 과정은 빠르고, 노력이 거의 필요하지 않으며, 다른 일들과 동시에 쉽게 이뤄질 수 있으며, 행위주체가 얼굴 인식을 위해 판단을 할 필요가 없다는 점에서 대개 자동적이며, 자기성찰(introspection, 자신의 심리 상태나 정신의 움직임을 내면적으로 관찰하는 행동)이 보통 불가능하다. 반면, 논리 문제 풀이, 세금 환급 해결 같은 시스템 2 인지 과정은 느리고, 노력이 필요하고, 의식적으로 촉발되며, 자기성찰이 어렵지 않고, 다른 일들과 동시에 하기가 대부분 힘들다.

실시간 처리(online processing). 현재 일어나고 있는 일의 상태에 대한 표상을 가지거나 처리하는 일. 일반적으로 행동에 중점을 둔다.

아슐리안(Acheulian). 호모 에렉투스와 가장 밀접한 관련이 있는 석기 제작 기술. 아슐리안 석기 제작 기술은 주먹도끼를 비롯한 대형 절삭 도구를 제작하는 기술로 대표된다. (특히 후기의) 아슐리안 석기는 올도완(Oldowan) 석기에 비해 훨씬 정교하다.

어휘(lexicon). 의사소통 시스템을 구성하는 유의미한 기본 요소들의 집합. 인간 언어의 단어와 의존형태소(bound morpheme)를 말한다.

에뮬레이션(emulation). 행동 자체 또는 행동의 목표가 아닌 행동의 효과에 대한 주의 집중 같은 일종의 사회적 학습.

오스트랄로피테쿠스(australopithecine). 현생인류의 조상이 침팬지속(Pan)과 분리된 후 호모속으로 진화하기 전까지 나타났던(또는 나타났을 것으로 추정되는) 호미닌 종. 그 이후의 호미닌에 비해 뇌와 몸이 훨씬 작다. (오스트랄로피테쿠스로 간주되는 일부 개체들은 호모속에 속하는 최초의 화석 종이 출현한 이후에도 존재했다. 따라서 호모속은 오스트랄로피테쿠스로부터 진화했지만 오스트랄로피테쿠스를 완전히 대체하지는 않았다는 것이 표준적인 학설이다.)

올도완(Oldowan). 호모 하빌리스와 밀접한 관계가 있는 석기 제작 기법. 자갈을 깨서 얻은 날카로운 조각이 대표적인 올도완 석기다. 자갈은 망치 역할도 했을 것으로 추정된다. 아슐리안 석기에 비해 정교성이 떨어진다. 올도완 석기들의 모양이 대개 비슷해 보이는 것은 자갈이 깨져 생기는 조각들의 모양이 비슷했기 때문으로 생각된다.

원거리 지칭(displaced reference). ("지금 그리고 여기"가 아닌) 다른 시간 그리고/또는 공간에서의 대상 또는 사건에 대한 지시[reference, 언어가 일반적으로 또는 특정하게 어떤 실체(referent)와 연결되는 것].

원시언어(protolanguage). 언어의 특징을 일부만 가진 언어의 전구체로 일반적인 언어의 구문 구조나 형태를 띠지 않는다. 이 책에서 원시언어라는 의미는 더 진보한 형태로 대규모 어휘 확장과 원거리 지칭은 가능하지만 문법적인 구조는 제한적인 조상언어라는 의미로 사용되었다.

유전적 조절(genetic accommodation). 사는 동안 개체가 학습하거나 획득한 유리한 형질(trait)을 발전시킬 수 있도록 유전자가 자연선택에 의해 변화하는 현상.

유전형(genotype). 유기체가 가진 유전자들의 집합. 이 유전자 집합은 유기체의 물리적·행동적 특징, 즉 표현형(phenotype)을 발현시키는 발달 과정에서 핵심적인 역할을 한다. 하지만 유전자 집합이 정확하게 어떻게 그 역할을 수행하는지에 대해서는 논란이 많다.

음운론(phonology). 소리들을 조합해 어휘를 만드는 규칙

의도적 의사소통(intentional communication). 의도(믿음-욕구 조합)에 의한 의사소통. 영장류학 연구에 따르면 의도적 의사소통은 사회적 이용, 청자의 주의집중 정도에 대한 민감도 등에 의해 구현된다.

인간이 만든 불(anthropomorphic fire). 자연발생적인 불이 아닌 호미닌이 만들어 내고 유지한 불.

1차 지향체계와 고차 지향체계(first-and high-order intentional system). 1차 지향체계는 믿음과 선호를 포함하지만, 믿음과 선호에 대한 믿음과 선호(또는 이와 비슷한 인지적 상태)를 포함하지는 않는다. 2차 지향체계는 믿음과 선호에 대한 믿음 그리고/또는 선호를 포함한다. 3차 지향체계는 믿음과 선호에 대한 믿음 또는 선호가 믿음과 선호에 대한 것일 때 믿음과 선호에 대한 믿음 그리고/또는 선호는 믿음 또는 선호에 대한 믿음 그리고/또는 선호를 포함한다. 따라서 B가 A가 죽길 원한다고 생각하는 것을 A가 인식한다면 A는 3차 지향체계에 속한다.

자기 길들이기(self-domestication). 어떤 종의 생물이 자신에게 선택압(selection pressure)을 부여해 스스로 길들여지는 현상. 자기 길들여지기의 가장 큰 특징은 반응적 공격의 감소이며 해부학적인 변화를 유발한다. 이와 관련된 화석 증거도 존재한다.

재귀(recursion). 엄밀한 의미에서의 회귀는 형식문법을 이용한 파생(derivation)을 뜻한다. 파생은 동일한 생성 규칙을 두 번 이상 사용할 때 회귀적이 된다. 유한한 수단들로 무한한 상징들을 생성할 수 있는 이유가 여기에 있다. 하지만 "재귀"라는 말은 중앙 내포를 뜻하는 말로 사용될 때가 대부분이다.

정교화(elaboration). 어떤 몸짓으로 의사소통이 완전히 또는 부분적으로 실패한 후에 생성하는 다른 몸짓을 가리키는 영장류학 용어.

정규문법(regular grammar). 가장 간단한 형태의 형식문법. 정규문법에서는 문자 열이

문장의 끝에서 바깥 방향으로만 확장될 수 있으며 중앙 내포를 허용하지 않는다.

조감도 형식 표현("bird's-eye view" representation). 행위주체들 각각의 특정한 정체성이 아닌 행위주체들의 추상적인 역할 차원에서의 사회적 상호작용에 대한 표현. 조감도 형식 표현은 역할 바꾸기를 통한 사회적 학습을 쉽게 만든다.

지속(persistence). 어떤 몸짓으로 의사소통이 완전히 또는 부분적으로 실패한 후에 그 몸짓을 계속 반복하는 행동을 이르는 영장류학 용어.

지향성(intentionality). 지향성이란 "향해 있음", "어떤 것에 관함(aboutness)"을 뜻한다. 예를 들어, "금성"이라는 이름은 특정한 행성에 관한 것이고, "호랑이는 사납다."라는 문장은 호랑이가 사납다는 사실에 관한 것이다. 지향성은 심적 표상을 포함한 다양한 표상들의 핵심적인 특징이다.

집행 제어 기능(executive control). 심적 표상(mental representation)을 선택하고, 유지하고, 조직하는 (넓은 의미에서의) 영역 일반적인 인지 기능.

침팬지속(Pan). 침팬지와 보노보의 두 종을 포함하는 속.

표현형(phenotype). 유전형 참조

표현형의 유연성(phenotypic plasticity). 유기체가 사는 동안 자신의 표현형을 환경에 적응시키는 능력. 표현형의 유연성은 정도가 다양하다.

플라이스토세(Pleistocene). 약 258만 년 전부터 1.2만 년 전까지의 지질 시대. 플라이스토세 후기에 뇌가 큰 호미닌이 진화했다. 언어 진화에서 가장 중요한 단계들 대부분이 플라이스토세에 집중되어 있다는 것이 지배적인 견해다.

플라이오세(Pliocene). 약 533만 년 전부터 258만 년 전까지의 지질 시대. 플라이오세 후기에 석기가 만들어지기 시작했으며, (아마 그전부터일 수도 있지만) 일부 호미닌들이 본격적으로 이족보행을 시작했다.

피진(Pidgin). 공통의 자연언어를 가지지 않는 두 문화 사이의 의사소통 간극을 메우기 위해 임시로 만들어진 의사소통 시스템. 피진은 각 문화의 자연언어 요소들을 혼합하며, 의미 표현을 위한 어순의 역할이 제한적이며, 어휘 중첩이 많이 일어나는 것이 특징이다.

합성기호(composite sign). 신호의 의미가 그 신호를 구성하는 부분들의 함수이지만, 그 의미는 그 부분들 각각이 가지는 의미들의 단순한 합으로 환원할 수 없는 신호.

합성 도구(composite tools). 다양한 소재(예를 들면, 돌과 나무)를 합쳐 만든 도구.

플라이스토세 중기 말과 후기의 합성 도구는 열처리를 통해 손잡이를 붙인 도구가 많았다.

해부학적 현생인류(anatomically modern humans, AMH). 해부학적으로 현생인류의 정상적인 변이 범위 안에 속하는 호모 사피엔스. 어떤 호미닌이 호모 사피엔스에 속한다고 해서 그 호미닌이 해부학적으로 현생인류와 같다고 할 수는 없다. 현생인류의 조상이 네안데르탈인과 분리된 이후 등장한 모든 호미닌은 호모 사피엔스에 속하지만 이 호미닌들이 모두 해부학적 현생인류에 속하지는 않는다(이 구분은 제7장 7.4.2, 7.4.3에서 특히 중요하다).

해안가 적응(coastal adaptation). 해양자원 근처에서 생존을 이어가는 방식. 일별/월별 밀물과 썰물 패턴을 알고 있는 것이 중요하다.

행동 현대성을 확보한 현생인류(behaviorally modern human). 사회적 조직과 생존 조직을 형성했을 것으로 고고학적으로 추정되는 수렵채집 공동체로 민족지학적인 수렵채집 공동체의 부분집합으로 보인다. 10만 년 전 이전의 공동체들에서는 행동 현대성이 없었던 것으로 추정된다.

형식문법(formal grammar). 특정한 문자열 집합을 생성하는 규칙과 문자열로 구성되는 유한한 시스템. 이 문자열 집합의 크기는 무한할 수 있다.

형태학(morphology). 유의미한 기본 요소들(형태소들)이 결합해 단어를 형성하는 방식을 지배하는 원칙.

호모(Homo). 호모 하빌리스(Homo habilis)와 호모 하빌리스의 후손으로 추정되는 모든 호미닌 종들을 포함하는 속.

호모 사피엔스(Homo sapiens). 플라이스토세 중기 아프리카에서 나타난 사람 속의 한 종. 현생인류는 모두 호모 사피엔스다.

호모 에렉투스(Homo erectus). 플라이스토세 초기와 중기에 살았던 호모속의 한 종. 초기 호미닌에 비해 뇌와 몸이 크며, 더 정교한 기술과 사냥 방법이 특징이다.

호모 하빌리스(Homo habilis). 초기 호모속의 한 종. 과거에는 최초로 도구를 만든 호미닌으로 생각되었다. 호모 에렉투스의 직계 조상으로 추정된다.

호모 하이델베르겐시스(Homo heidelbergensis). 호모 에렉투스의 후손으로 추정되는 종. 호모 에렉투스보다 뇌가 크고 더 복잡한 기술 및 사냥 방법을 구사했으며, 더 복잡한 형태의 사회생활을 영위했다. 호모 사피엔스, 네안데르탈인, 데니소바인의 마지막 공통조상으로 추정된다.

호미닌(hominin). 침팬지 속(침팬지와 보노보)과 사람 속의 공통조상으로부터 갈라져 나온 현생 인류를 포함하는 계통.

호혜관계(reciprocity). 공여자가 미래에 보상을 받을 것이라고 기대하면서 현재의 비용을 치르는 협력 형태. 상호이타주의(reciprocal altruism)라는 말로도 표현된다.

홀로세(holocene). 1만2000년 전부터 현재까지의 지질시대

FOXP2. 인간 발성기관의 미세조절과 관련된 유전자.

kya. 1000년 전

Mya. 100만 년 전

주

■ 1장 불가능한 도전일까?

1   모튼 크리스티안센(Morten Christiansen)과 닉 체이터(Nick Chater)는 언어 진화에서의 이 과정의 중요성을 강조했다[Christiansen and Chater (2016a), Christiansen and Chater (2016b)]. 스티븐 레빈슨(Stephen Levinson)은 다양한 동료 연구자들과 함께 행위주체들 사이의 상호작용이 어느 정도 시간의 압력을 받으면서 미세하게 조정되는지 보여줬다(Levinson 2016 참조).
2   Tomasello (2008); Tomasello (2014); Scott-Phillips (2015); Sperber and Wilson (1986) 참조.
3   이 말은 추가 설명이 좀 필요할 수 있다. 대니얼 에버렛에 따르면 피라항어(Pirahã, 아마존의 피라항족이 쓰는 언어. 가장 음운의 개수가 적은 언어 가운데 하나로 여겨진다)의 화자들은 원거리 지칭을 거의 또는 전혀 이용하지 않는다. 에버렛은 이런 현상이 인지능력의 부족보다는 문화적인 규범에 의한 것이라고 본다. 에버렛의 이 분석은 지금도 논란의 대상이 되고 있다. Everett (2005); Everett (2009); Nevins, Pesetsky, et al. (2009) 참조.
4   오스틴(1962)은 언어행위가 특정한 문화적 제도에 의존한다고 지적했다. 실제로 언어행위의 종류는 언어에 따라 다르다. 예를 들어, 어떤 남성이 어떤 여성을 "아내로 맞이해 행복한 가정을 이룰 것을 맹세합니까?"라는 질문에 "예."라고 대답해 결혼이 성립되는 것은 이런 문화적 제도가 있는 문화권에서만 가능하다.
5   "atemalpo"라는 소리를 포함하는 부름이 있다고 가정해 보자. 이 부름에

는 "ma"라는 요소가 포함되어 있지만, 이 "atemalpo"라는 소리는 "atem"과 "alpo"로도 분리될 가능성이 있다. 알기 쉽고 일관성 있는 음절 구조와 같은 것이 없는 이상 이 "atemalpo"라는 삽입사(infix)는 이해하기 쉬운 설명이 불가능할 것이다.

6 예를 들어, 보통 고인류학자들은 상징적인 의식으로 추정되는 행위가 불확실성이 뚜렷함에도 불구하고 매장의식에서 사용된 물질적 상징들(칼자국을 낸 황토, 사자의례, 보석 장신구 등)의 출현이 상당한 수준의 인지적 진전을 나타낸다고 본다. Pettit (1993); Pettit (2011); Berwick and Chomsky (2016); Gamble, Gowlett, and Dunbar (2014) 참조.

7 퍼스와 그의 추종자들은 이 상황을 훨씬 더 복잡한 방식으로 설명한다. 가장 사용하기 쉬운 기호가 도상이라는 생각은 퍼스의 계층적 지시 이론(hierarchical theory of reference)에 기초한다. 이 이론에 따르면 우리는 (어떤 기호에 대한) 현재 경험이 (그 기호가 가리키는 내용에 대한) 과거의 경험과 비슷하다는 것을 인식할 때 그 내용을 나타내는 도상을 이해하게 된다. 따라서 개를 그린 그림은 어떤 행위주체에게는 개의 도상이다. 그 행위주체가 그 그림에 대한 지각적 경험이 개에 대한 자신의 과거 경험과 비슷하다고 생각하기 때문이다. 반면, 어떤 내용을 가리키는 지표를 이해하게 되는 것은 두 개의 객체(잠재적인 기호와 내용)에 대한 우리의 현재 경험이 그 두 개의 객체가 연결되었던 우리의 과거 경험과 비슷할 때다. 따라서 이 이론에 따르면 지표를 이해하는 과정은 도상을 이해하는 과정보다 복잡한 과정이며, 기호와 그 기호가 가리키는 내용 사이의 지표적 관계를 인식하는 일은 특정한 종류의 경험들의 도상적 관계를 인식하는 일에 기초한다. 계층적 지시 이론에 대한 더 자세한 내용은 Deacon (1997) 참조(디콘은 이 논문에서 퍼스의 이 이론을 방어하기 위해 엄청난 노력을 했다.)

8 Hiscock (2014) 참조.

9 이 신호의 수신자는 공격할 준비가 된 개와 위협하는 개 사이의 유사성이 기능적인 반응을 이끌어내는 데 인과관계적인 역할을 한다는 것을 미리 알 필요가 없다. 위협과 실제 공격 준비 상태 사이의 부분적인 중첩이 수신자에게 경고를 하는 기능을 하는 것이다.

10 단서(cue)란 다른 행위주체들이 이용할 수 있는 유용한 정보를 제공하는 행

위주체의 행동 또는 특징을 뜻한다. 하지만 단서는 정보를 보내기 위한 목적으로 만들어지지는 않는다. 포식자로부터 도망치는 것은 다른 행위주체들에게 위험에 대해 알려줄 수 있지만, 도망 자체는 신호가 아니라 탈출을 위한 행동이다.
11 어떤 사진들은 예외가 되기도 한다. 디지털 처리가 점점 더 중요해지고 있기는 하지만, 읽는 법을 배워야 하는 사진들도 있다. 허블 우주망원경이 찍은 멋진 우주 사진이 대표적인 예라고 할 수 있다.
12 1970년대 이전의 행동생물학 연구는 공통의 이해관계에 기초한다고 추정되는 협력적인 의사소통에 대한 연구에 집중되어 있었다. 예를 들어, 당시의 행동생물학자들은 병아리들이 자신의 어머니나 아버지에게 보내는 신호에 대해 연구했다. 공통의 이해관계가 있을 경우 정직한 의사소통이 가능해진다는 생각은 크렙스(Krebs)와 도킨스(Dawkins)(1984)에 의해 공격을 받았다.
13 이는 마치 "연인간의 갈등(Battle of the Sexes)"이라는 유명한 게임을 하는 상황과 비슷하다. 이 게임에는 두 연인이 등장하는데, 여성은 남성과 함께 오페라에 가고 싶어 하고, 남성은 여성과 함께 권투 경기에 가고 싶어 한다. 이 두 사람은 모두 혼자 가는 것보다 같이 가는 것을 선호한다. 이 게임은 행동(오페라에 갈지, 권투 경기에 갈지)을 조율하는 게임이지 외부 요인에 의해 선택된 세계의 상태에 행동을 적응시키는 게임이 아니다.
14 현장 모델과 더 넓은 의미의 송신자-수신자 이론의 차이에 대해서는 Planer and Godfrey-Smith(곧 발표 예정) 참조.
15 이 시기를 포함한 구석기시대의 석기 제작 기록과 그 기록에 대한 연구는 쿤(Kuhn, 2020) 참조. 약 50만 년 전에 시작된 날과 손잡이 만들기에 대해서는 Wilkins and Chazan (2012); Wilkins, Schoville, et al. (2012) 참조.

■ **2장 원시언어를 향해**

1 세이파스와 체니는 이런 사회적 지능이 개념화되었다고 본다. 개코원숭이는 제3자들 사이의 관계를 파악함으로써 자신이 속한 사회적 세계를 자기중심적이 아니라 객관적으로 본다는 뜻이다. 또한 이들은 개코원숭이가 확실하

게 순응적으로 민감한 사회적 사실들(혈연관계와 서열)은 감각 측면에서는 설명할 수 없다고 생각한다. (이들의 주장에 따르면) 같은 모계 혈통을 가진 개코원숭이들이라도 그들만의 감각적 특성을 공유하지는 않는다. 또한 제3자들과의 서열 관계에도 감각과 관련된 특징은 전혀 존재하지 않는다. 사회적 이해가 개념화된다는 견해는 개코원숭이들이 개체의 정체성과 사회적 서열을 중시한다는 점에서 그럴듯해 보인다. 개코원숭이들은 얼굴 인식과 음성 인식 둘 다를 통해 개체의 정체성을 파악한다. 사회적 서열은 하위 서열 개체에 대한 상위 서열의 개체의 공격성, 상위 서열 개체에 대한 하위 서열 개체의 복종 정도로 유추할 수 있다.

2   개코원숭이들의 경우 서열은 모계 혈통 단위로 정해진다. 즉, 같은 모계 혈통을 가진 개코원숭이들은 모두 서열이 같으며 개체간 상호작용은 모계 혈통 자체의 서열에 의해 구조화된다.

3   Cheney and Seyfarth (2018b)에 대한 Godfrey-Smith의 논평(111쪽)에서도 이와 비슷한 주장이 제기되었다.

4   이 생각에 대한 비판적 논의에 대해서는 바-온과 무어(Bar-On and Moore)(2017) 참조. 이 연구자들은 루돌프 카르나프(Rudolp Carnap)의 화용론과 폴 그라이스(Paul Grice)의 화용론을 구분한다. 카르나프의 화용론은 신호의 해석에 있어 문맥을 중시하며, 그라이스의 화용론은 고차원의 의도 시스템이 가진 의사소통 의도를 중시한다. 바-온과 무어는 개코원숭이들이 카르나프의 화용론에서 말하는 능력을 나타낸다고 보기 때문에 그 능력이 언어 진화와 기껏해야 "간접적으로만" 관련되어 있다고 생각한다. 우리는 카르나프의 화용론에 기초한 개코원숭이들의 의사소통 능력이 바-온과 무어가 주장한 개코원숭이들의 의사소통 능력보다 언어진화와 훨씬 더 관계가 깊다고 생각한다. 개코원숭이들은 경고음 해석을 할 때 사회적 지식을 자유자재로 사용하는 데다, 해석되는 (구조적, 변별적, 비도상적) 경고음의 형태도 매우 다양하기 때문이다. 또한 우리는 그라이스의 의사소통 이론과 다른 학자들의 의사소통 이론을 구분하는 것이 별 의미가 없다고 생각한다. 그 이유에 대해서는 제1장 1.4에서 설명했다. 이 구분은 통속 심리학의 뼈대 안에서 이뤄진 것이다.

5   문법은 화자들이 자신이 사용하는 언어의 일부로 받아들이지 않는 언어들의

일부를 예측할 때 과도하게 생성된다.

6   예를 들어 보자. A라는 수컷은 C라는 자신보다 서열이 위인 수컷의 존재하에 B라는 암컷에게 접근하는 것을 시각적으로 상상할 수 있다. 이 때 C는 A와 B를 모두 확실히 볼 수 있는 상황이다. 이 상황은 A가 B에 접근할 때 C가 볼 것이라고 그리고 아마도 A가 B와 짝짓기를 하고 싶어 한다고 C가 예측하게 만들 수 있다. A가 B에게 접근한다면 C의 공격을 받을 것이라는 예측을 A가 하도록 만들어 B에 접근하지 않기로 A가 결정하게 만들 수 있다.

7   자세한 내용은 Planer (2021) 참조.

8   우리는 우리 계통의 마음이론 능력의 강화가 마음이론 메커니즘의 유전적 강화를 이끌었다는 주장에 대해서는 관심이 없다. 이 주장은 한때 확실한 경험적 증거, 즉 인간의 어린이들만 묵시적인 거짓 믿음 테스트를 통과했다는 실험결과에 의존한다고 생각되었다. 하지만 대형유인원이면 모두 마음이론 능력을 가진다는 최근의 연구결과(Krupenye, Kano, et al. 2016; Buttelmann, Buttelmann, et al. 2017)에 의해 이 주장은 설득력을 잃었다.

9   잘못 돌을 깨면 날카로운 파편이 예상치 못한 방향으로 빠르게 튈 수 있기 때문이다.

10 Tennie, Premo, et al. (2017) 참조.

11 우리가 이런 추임새를 상당히 적절하게 넣을 수 있다는 사실은 번갈아 말하기가 능숙한 언어 사용자들에게 어느 정도 자동화되어 있는지 보여주는 증거다.

12 벌의 춤이 벌의 환경에 대해 다른 벌들에게 알리는 신호라고 생각한다면, 벌의 춤은 멀리 있는 먹이의 위치를 알리는 행동이라고 할 수 있다. 벌의 춤이 일종의 지시(특정한 시간에 특정한 방향으로 날아 이동하라는 지시)라고 생각한다면 벌의 춤은 지금 그리고 여기에 관한 것이라고 할 수 있다.

13 이 주장에는 논란의 여지가 있다. 대형유인원은 팬터마임(pantomime) 형태로 몸짓을 더 창의적으로 사용한다는 주장도 있기 때문이다. 이 주장에 따르면 침팬지 암컷은 새끼에게 견과류를 깨는 방법을 알려줄 때 팬터마임 형태의 몸짓을 한다(Russon and Andrews 2011; Russon and Andrews 2015). 따라서 즉각적인 신호 확장에 대한 연구들에 따르면 처음 신호가 원하는 반응을 이끌어내는 데 실패할 경우 그 신호는 (증폭되어) 반복적으로 전송되

는 대신 확장되고 정교해졌다. 예를 들어, 요청의 대상이 되는 개체에게는 사용할 수 있는 다른 형태의 더 좋은 도구(예를 들면, 등을 더 잘 긁을 수 있는 도구)가 제공된다. 하지만 이 연구들에서 관찰된 대형유인원들은 대부분 인간에 의해 잡힌 사육된 경우이고, 1회성 사건에 대한 관찰에 기초하고 있다. 따라서 이 연구결과들을 액면 그대로 받아들이는 것은 무리가 있다. 또한 이 연구들은 기껏해야 팬터마임의 매우 예외적인 경우밖에는 다루지 않고 있다. 예를 들어, 이 연구들 중 하나는 "오랑우탄은 자신의 털을 다른 오랑우탄이 골라주기를 바라기 때문에 다른 오랑우탄의 털을 골라준다. 침팬지와 고릴라도 마찬가지다."라는 결론을 내리고 있다(Russon and Andrews 2011, p. 315). 따라서 우리는 대형유인원의 통시적 유연성이 매우 제한적이라고 본다.

14 어떤 개체가 원하는 반응이 어떤 반응인지 알아내는 것은 쉬운 일이 아니다. 몸짓의 대상이 몸짓을 하는 행위주체가 그것을 멈추게 만드는 방식으로 반응하고 그 행위주체가 좌절이나 분노를 나타내는 신호를 보이지 않는다면, 그 반응은 몸짓에 의해 의도된 결과라고 생각할 수 있다.

15 행위주체가 의사소통 수단을 확실하게 가지고 있지 않은 경우 도상성이 중요한 역할을 한다는 것을 보여주는 실험이 있긴 하다. 하지만 의사소통이 조직화되면 관습적인 기호로의 빠른 전환이 일어난다(Garrod, Fay, et al. 2007; Fay, Garrod, et al. 2010).

16 이 보노보들은 렉시그램(lexigram, 글자를 대신하는 일종의 그림문자)을 이용해 간단하고 상황적으로 적절한 상징들을 만들어냈지만, 상징 생성 능력이 상징 이해 능력보다 떨어지긴 했다. 또한 이 보노보들은 키보드를 사용했기 때문에 이 보노보들이 자신들이 알고 있는 단어들 중에서 자유롭게 연상해 냈는지는 확실하지 않다. 그럼에도 불구하고 이 보노보들은 상징을 만들어내고 그 상징에 반응할 수 있었다. 체이서(Chaser)는 능력이 뛰어난 개였지만 상징 생성 능력은 확인하지 못했다(Pilley 2013).

17 관련된 최근 연구결과는 매슬린(Maslin)(2017)이 쓴 책 첫 장 참조.

18 이 발자국들은 약 570만 년 전의 것으로 확인된다. 이 발자국을 남긴 개체가 호미닌이었는지는 확실하지 않다. 하지만 그 개체가 고릴라 계통에 속한다고 해도 이족보행이 대형유인원 계열에서 다양한 선택압에 의해 출현했다는

것을 보여주는 증거는 될 수 있다(Crompton 2017; Gierliński, Niedźwiedzki, et al. 2017).
19 현재 존재하는 수렵채집 사회의 예를 보면, 아이들을 동반하면 속도가 늦어지기 때문인 것으로 추정된다. 민족지학적인 의미의 현재 수렵채집인들은 플라이오세 수렵채집인들에 비해 포식자에 대한 공포를 훨씬 덜 느끼기 때문이다.
20 이족보행을 하면 네 발보행을 할 때에 비해 발 하나에 실리는 압력이 2배가 되고 진흙이나 모래에서 걷기가 더 힘들어진다는 지적이 있기는 하다.
21 이 발자국을 자세히 살펴보면 발자국을 만든 행위주체의 정체뿐만 아니라 그 행위주체의 물리적·심리적 상태도 알 수 있다. 흥분하거나 겁을 먹은 동물이 남기는 발자국은 안정적인 상태의 동물과는 다른 발자국을 남긴다.
22 플라이스토세의 환경에 대해서는 Richerson and Boyd (2013) 참조. 백악기를 아우르는 환경의 시간적 변화에 대해서는 Zachos, Pagani, et al. (2001) 참조. 플라이스토세의 가변성 증가에 초점을 맞춘 호미닌 진화 연구는 Potts (1996); Potts (1998); Potts and Faith (2015) 참조.
23 외재론자였던 월러스는 성 선택에 대해 회의적이었으며, 그 때문에 자연선택의 작용에 기초한 인간의 지능에 대한 설명이 불가능하다고 생각한 것 같다. 월러스는 인간이 외부 환경을 성공적으로 탐색하는 데 필요한 지능보다 더 높은 지능을 가지고 있다고 생각했다(Wallace 1891, chapter 9). 비커튼(2014)은 언어가 진화론에서 특별한 문제가 된다고 생각했다는 점에서 월러스의 생각을 따랐다고 할 수 있다. 월러스는 우리의 언어학적 능력이 생존과 기술적 활동에 필요한 능력보다 더 뛰어난 능력이라고 생각했다. 아마 그런지도 모른다. 하지만 호미닌들은 사회적 세계에서도 성장하고 번식해야 했다. 제7장에는 정교한 언어 발달에 선택압으로 작용한 사회적 요소들에 대해 다룰 것이다.

■ 3장 이족보행 인류의 기호와 말

1 에렉투스 계열의 진화가 이루어진 후 더 많은 고기를 먹게 되었다는 방사성

동위원소 증거가 최근 발견되었다. 하지만 이 증거는 사냥으로 인한 고기 획득과 스카벤징으로 인한 고기 획득을 구분하지 못한다. Patterson, Braun, et al. (2019) 참조.
2. 플라이오세 호미닌들이 자연상태의 자갈을 이용해 큰 뼈들을 깼다고 가정한다고 해도 그와 관련한 고고학 증거는 찾을 수 없다. 스카벤징이 육식에서 잡식 생활방식으로의 진화에 훨씬 더 핵심적인 역할을 했다는 이론에 대해서는 Thompson, Carvalho, et al. (2019) 참조. 우리는 이 문제에 대해서는 특별한 입장이 없다.
3. "파워 스카벤징"이라는 용어는 적극적으로 다른 포식자들을 몰아내 사체를 확보하는 행위를 뜻한다. 포식자들이 방금 죽인 유제류(소·말처럼 발굽이 있는 동물)의 사체를 뜯어먹고 있을 때 호미닌들이 소리를 지르고 돌을 던지면서 포식자들을 사체로부터 쫓아내는 광경을 상상해 보자.
4. 캐런 루포(Karen Lupo, 2012)는 누가 먼저 동물을 먹었는지 추측할 때 상처 패턴과 이빨 패턴 사이의 관계를 너무 중시해선 안 된다고 경고한다. 접근 패턴이 다르더라도 뼈에는 비슷한 패턴이 생길 수 있기 때문이다.
5. 빈포드는 호주 원주민들의 캥거루 사냥을 예로 든다. 호주 원주민은 캥거루가 포식자를 정면에서는 잘 탐지하지 못하는 특성을 이용해 정면에서 은밀하게 접근하는 방법으로 캥거루를 사냥한다. 또 다른 예로는 말의 탈출 행동의 특성을 이용하는 법을 들 수 있다.
6. 피커링과 번은 지구력 사냥이 매우 좁은 범위의 환경에서만 선택할 수 있는 방법이라고 주장한다(Pickering and Bunn 2007). 우리는 이 연구자들의 주장이 논란의 여지가 있음에도 불구하고 옳다고 생각한다(Lieberman, Bramble, et al. 2007).
7. 내장은 뇌만큼 중요한 부분이다. 따라서 내장을 희생하면 식생활의 형태는 바뀌지만 뇌를 더 많이 이용할 수 있다(Aiello and Wheeler 1995).
8. 랭엄은 호미닌이 초기부터 불을 길들였지만 찧기(pounding)와 물에 담그기(soaking)도 지하저장기관을 더 먹기 좋게 만드는 방법이었다고 주장한다.
9. 이 사례는 Sterelny (2012a) 참조.
10. 호미닌의 생활사에 대한 논의에서는 성인기에 진입한 호미닌의 기대수명과 출생 시 기대수명을 구분하는 것이 중요한 의미를 지닌다. 이 기대수명은 유

년기의 사망률에 의해 상당히 크게 줄어드는 경우가 많기 때문이다.
11 거스리(2007, p. 140)는 코끼리의 한 세대가 17년, 플라이스토세 호미닌의 한 세대가 14년, 흰코뿔소의 한 세대가 7년, 기린과 물소의 한 세대가 6년이라고 보며, 코끼리는 포식에 의해 약 1%, 기린은 약 4%, 물소는 약 5%의 성체가 사라진다고 생각한다. 또한 그(p. 141)는 플라이스토세 호미닌의 생활사 존속을 위해 감당할 수 있는 연 손실율이 3%를 넘지 않았을 것이라고 본다. 물론 이 숫자들은 모두 추정치이지만 거스리의 추정은 확실히 옳아 보인다. 생활사가 느리게 진행되면 수명이 길어지며, 그렇게 되기 위해서는 포식 위험을 매우 효과적으로 줄일 수 있는 방법이 필요하다.
12 북아프리카와 유럽의 초기 에렉투스 계열의 유물에서 새로운 기술의 증거가 발견되지는 않았다. 모든 초기 에렉투스 계열의 유물에서 새로운 기술의 증거가 발견되는 것은 아니다(Finlayson 2014).
13 이 주장은 논란의 여지가 있다. 코비(Corbey)와 그의 동료들은 아슐리안 주먹도끼 제작법이 유전적으로 전해진 것이라고 주장한다. 테니(Tennie)와 그의 동료들은 특정한 형태의 사회적 학습이 개입되었다고 보지만, 그 개입의 정도는 매우 적다고 생각한다. 이런 생각들과는 일치하지 않는 고고학적 연구도 존재한다. 예를 들어, 테니의 논문에 대한 논평들과 아슐리안 석기 제작법에 관한 쉽튼(Shipton)의 논문을 들 수 있다. Corbey, Jagich, et al. (2016); Tennie, Premo, et al. (2017); Shipton (2019) 참조.
14 또는 명령적인 신호 전달을 위해 권장되는 행동의 측면.
15 하지만 혀의 움직임을 제어하는 신경이 통과하는 후두의 모양, 척추관과 설하신경관(hypoglossal canal)의 크기에 대한 화석 증거로부터 발성 조절에 대한 추론은 어렵고 오류가 발생하기 쉽다(6장에서 더 자세히 설명). 간결하고 명확하며 매우 신중한 논의의 내용은 Hurford(2014) 참조.
16 우리는 초기 호미닌과 다른 동물들이 미래의 선택과 필요를 표현하지 못한다고 주장하는 것이 아니라 이러한 특징이 에렉투스 계열의 인지의 훨씬 더 중심적인 특징이었다고 주장할 뿐이다.
17 Devitt(1981), Devitt(1996)과 Jackson(1997), Jackson(2010) 참조.
18 이는 단어의 의미를 배우는 것을 포함할 수 있다. 자세한 내용은 "자연 교육학(natural pedagogy)" 분야 연구 그룹들이 연구 참조(Csibra and Gergely

2009; Csibra and Gergely 2011).

19 AMH, 네안데르탈인, 데니소바인의 유전적 유사성이 크다는 것은 이 세 가지 종 모두 공통 조상인 하이델베르겐시스와도 유전적 유사성이 크다는 것을 시사한다. 언어의 초기 진화에 대한 그들의 주장에서 이 추론에 큰 비중을 두는 Dediu와 Levinson(2013), Levinson과 Dediu(2018)를 참조.

- **4장 합성기호**

1 시간, 장소, 발신자가 신호 자체의 일부로 간주되지 않는 한 이런 경우는 거의 없다. 우리는 일반적인 경우에도 그렇지 않다고 생각한다(제1장 1.4 참조). 송신자가 의도적으로 특정 장소와 시간에 자신을 배치하지 않는 한, 위치는 신호의 일부가 아니라 단서다. 예상치 못한 만남에 대한 응답으로 전송되는 일반적인 신호와 집단 내에서 정치 지도자가 높은 장소에서 내려다보며 연설하는 모습을 대조해 보자. 정치 지도자의 경우 위치는 신호의 한 측면이다. 또한, 우리의 독자 중 한 명이 지적했듯이, 구조화된 신호가 일반적인지 여부는 단일 신호로 간주되는 것이 무엇인지에 따라 달라진다. 개가 고개를 끄덕이고 짖음으로써 놀자는 표시를 하는 것은 합성기호일까 아니면 물리적으로 복잡한 하나의 기호일까? 표현의 요소들이 서로 독립적으로 사용되지 않기 때문에 우리는 이 기호를 물리적으로 복잡한 하나의 기호로 본다. 스콧-필립스(Scott-Phillips)와 블라이드(Blythe) (2013) 참조. 이 연구자들은 우리가 합성기호라고 부르는 신호를 "조합신호(combinational signal)"라고 부른다.
2 유인원의 가리키기 레퍼토리의 다양성을 보여주는 발달 가소성의 증거가 있다. 리븐스(Leavens), 홉킨스(Hopkins) 등 참조(2005).
3 여기에서도 우리는 수신자의 정신 상태에 대해 반복적으로 생각하는 능력, 즉 수신자가 송신자의 생각에 대해 생각하는 능력을 송신자에게 귀속시키지 않는다는 것을 주목하라.
4 골딘-메도는 기존의 구어를 습득하는 아이들이 일반적으로 비슷한 단계를 거치며, 심지어 그들이 습득하는 언어가 명사, 동사, 형용사 사이의 어휘적인 구별을 특징으로 하지 않을 때에도 마찬가지라고 지적한다.

5 골딘-메도와 동료들은 실험 환경에서 의사소통 파트너의 이해 부족으로 인해 시간이 지남에 따라 몸짓 형태의 일관성이 어떻게 감소하는지 보여준다.

■ 5장 문법 구조

1 세인트 앤드류스 팀의 방법론은 소위 "확실히 만족스러운 결과(apparently satisfactory outcome, ASO)"를 기초로 의미를 부여한다. 원칙적으로 송신자는 의도된 의미가 시퀀스의 일부 기능으로 역할하도록 생성할 수 있지만, 수신자는 시퀀스의 첫 번째 또는 마지막 기호의 의미에 주목할 수 있다. 만약 송신자들이 이 결과에 만족한다면, 우리는 원래 시퀀스에 내재된 풍부함을 놓칠 것이다.
2 신경과학 용어에서 "caudal"은 신체의 뒷부분을 향한 것을 의미하는 반면, "rostral"은 신체의 앞부분을 향한 것을 의미한다. 인간의 직립 자세 때문에 이 용어들은 뇌의 앞과 뒤를 나타낼 수 있다.
3 "표준 F5 뉴런(canonical F5 neuron)"이라고 불리는 이 뉴런들 중 일부는 손으로 물체를 잡는 등의 특정한 행동에 반응하지만, 다른 뉴런들은 표준적인 거울 뉴런 형태를 띤다.
4 이러한 특징이 없는 인공물들도 실용적인 도움을 제공하였을 것이다(오히려 크고 다루기 힘든 도구들보다 더 실용적이다). 따라서 유물 형태의 이런 변화는 이런 도구들이 고도로 숙련되고 지식이 풍부한 사람들에 의해서만 만들어질 수 있었기 때문에 사회적 신호가 되었다는 생각을 뒷받침하는 것으로 보인다. 이런 도구의 제조는 쉽게 따라 가질 수 없는 전문성을 나타낸다(Hiscock 2014). 일부 학자들은 이런 도구를 제조하는 능력이 짝짓기 대상의 질을 판단하는 기준이 된다고 보기도 한다. 콘(Kohn)과 미슨의 "섹시한 주먹도끼 이론(sexy handaxe theory)" 참조.
5 "플랫폼"이라는 용어는 타격했을 때 돌의 핵심 중 박편이 갈라져 나오는 특정 부분을 뜻한다.
6 이러한 관습의 간단한 사례는 "Intuitively, birds that fly swim."라는 (촘스키가 사용한) 문장을 들 수 있다. 영어 사용자는 "Intuitively"가 직선 거리

로 볼 때 "fly"와 더 가깝게 있음에도 불구하고 "Intuitively"가 "fly"가 아니라 "swim"을 수식한다고 해석한다. 이 패턴을 설명하기 위해서는 영어 사용자가 문장을 계층적으로 표상하는 것으로 이해할 필요가 있다. 구체적으로 말하자면, 영어 사용자는 "Intuitively"가 계층적 구조면에서 "fly"가 아니라 "swim"에 가깝다고 생각한다고 할 수 있다. 해석에서 계층적 구조를 사용하는 이러한 방식은 계층 구문 규칙의 한 사례가 될 것이다.

7 Frank, Bod, Christiansen (2012) 참조.

6장 불 주변 이론: 기호에서 말로의 전환

1 몸짓에 대한 청자의 민감성이 어떻게 교육학적 맥락에서 매우 유용할 수 있는지 상상하는 것은 어렵지 않다.
2 일부 이론가들(예를 들어, McNeill 2008)은 여기서 훨씬 더 나아가 말과 몸짓을 더 크고 통합된 의사소통 시스템의 분리할 수 없는 구성 요소로 취급한다.
3 긴팔원숭이는 인상적인 노래 능력으로 잘 알려져 있지만, 모방을 통해 노래나 노래의 일부를 습득한다는 징후는 없다.
4 랭엄이 친절하게 설명하듯이, "생식(날 음식 섭취)"은 일반적으로 상당히 몸에 나쁘다. 예를 들어, 여성 생식주의자 중에는 월경이 중단되는 경우가 많다.
5 이미 요리된 음식을 으깨는 것은 별 의미가 없었다.
6 https://www.nsc.org/home-safety/safety-topics/choking-suffocation 참조.
7 자세한 설명은 Fitch(2010) 참조. 피치는 이 견해의 가장 저명한 옹호자들 중 한 명이다. 음악과 언어의 연결에 대한 더 정교하고 미묘한 시각은 킬린(Killin)(2017a), 킬린(2017b) 참조.
8 "불 주변"이라는 용어는 인류학자 폴리 비스너(Polly Wiessner)가 2014년 논문에서 남아프리카 공화국의 !쿵족 부시맨들의 불 주변 대화를 분석하는 데 사용한 문구에서 유래되었다.
9 이 유전자에도 단백질 변화가 있지만 이 변화가 기능적으로 유의미한지는

불분명하다.

■ 7장 원시언어에서 언어로

1 아프리카에서 중국에 이르는 플라이오세와 플라이스토세 동안 주로 풀과 나무가 우거진 삼림 환경을 나타내는 용어.
2 제7장 7.3에서 다루겠지만, 연대 관련 설명은 Chapais (2008); Layton and O'Hara (2010); Layton, O'Hara, and Bilsborough (2012); Chapais (2013); Sterelny (2019b) 참조.
3 무기기술로서의 후자의 효과를 과소평가해서는 안 된다. 민족지학적으로 알려진 수렵채집인으로 사람들에게 이 기술이 어떤 역할을 했는지에 대해서는 Isaac(1987) 참조.
4 베팅어(Bettinger)는 투척용 창이 단체용 무기이며, 소규모 집단과 단독 사냥은 활과 화살에 의존했다고 주장하지만, 호주 원주민에 대한 연구에 따르면 이들은 투척용 창으로 캥거루와 에뮤(emu)를 사냥한다. Meggitt (1965); Bettinger (2013) 참조.
5 핑커(2011) 참조. 하지만 이 논문의 수치들은 위험을 과장할 수 있는데, 식민주의자들의 폭력에 의해 상당 부분 와해된 원주민 사회들에서 얻는 수치이기 때문이다.
6 관련 실험에 대한 논의 및 개요는 Tomasello(2016) 참조.
7 굴드(Gould, 1969)는 폐쇄적 의식이 이뤄지는 장면을 사진으로 찍어 공개함으로써 그 의식이 이뤄진 공동체의 규범을 위반했다. 따라서 공동체 구성원들의 감정을 깊이 상하게 했으며, 다시는 웨스턴 데저트에서 연구를 할 수 없었다(Griffiths 2018).
8 랭엄(2019) 참조.
9 세부 사항을 어떻게 설명하느냐에 따라, 이 이론은 인간의 기원에 대한 자기 길들이기 이론으로 간주되지 않을 수도 있다. 인간의 상호작용이 선택을 주도하지 않는 한 그 이론은 실제로 자연적인 길들이기 이론의 한 버전일 뿐이다.

10 리(Li)와 더빈(Durbin)(2011), 쉬펠스(Schifels)와 더빈(2014) 참조.
11 항상 그렇듯이 복잡한 문제들이 존재한다. 비가 거의 오지 않는 지역에서 자라는 식물은 크기 성장이 아니라 영양분 저장과 생식기관 발달에 더 집중되어 있기 때문에 인간에게는 자원으로서 더 가치가 있다. 또한 추운 건조기는 숲의 성장보다 초원의 성장에 유리하다. 숲과는 달리 대초원 지역에는 생물 체량이 높은 동물들이 많다. 기후와 인구 규모를 연관시켜 추론하는 일은 매우 복잡한 일이다(Guthrie 2001).

■ 8장 기적은 없었다

1 러셀 그레이(Russell Gray)도 언어의 점진적 이론을 제시하면서 이와 같은 제목을 사용했다. 그에게 양해를 구하는 바이다.

참고문헌

Aiello, L. C., and P. Wheeler (1995). "The Expensive-Tissue Hypothesis: The Brain and the Digestive System in Human and Primate Evolution." Current Anthropology 36 (2).

Alibali, M. W., L. M. Flevares, and S. Goldin-Meadow (1997). "Assessing Knowledge Conveyed in Gesture: Do Teachers Have the Upper Hand?" Journal of Educational Psychology 89 (1): 183.

Alperson-Afil, N. (2008). "Continual Fire-Making by Hominins at Gesher Benot Ya'aqov, Israel." Quaternary Science Reviews 27 (September): 1733–1739.

Alperson-Afil, N., and N. Goren-Inbar (2010). The Acheulian Site of Gesher Benot Ya'aqov. Vol. II: Ancient Flames and Controlled Use of Fire. New York: Springer.

Alperson-Afil, N., D. Richter, et al. (2007). "Phantom Hearths and the Use of Fire at Gesher Benot Ya'Aqov, Israel (2007)." PaleoAnthropology 3: 1–15.

Alvard, M., and D. Nolin (2002). "Rousseau's Whale Hunt? Coordination among Big Game Hunters." Current Anthropology 43 (4): 533–559.

Ambrose, S. (2001). "Paleolithic Technology and Human Evolution." Science 291 (March 2): 1748–1753.

Ambrose, S. H. (2010). "Coevolution of Composite-Tool Technology, Constructive Memory, and Language: Implications for the Evolution of Modern Human Behavior." Current Anthropology 51 (S1): S135–S147.

Arbib, M. A., K. Liebal, and S. Pika (2008). "Primate Vocalization, Gesture, and the Evolution of Human Language." Current Anthropology 49 (6): 1053–1076.

Austin, J. (1962). How to Do Things with Words. Oxford: Oxford University Press.

Baars, B. J. (1997). "In the Theatre of Consciousness: Global Workspace Theory, a Rigorous Scientific Theory of Consciousness." Journal of Consciousness Studies 4 (4): 292–309.

Baars, B. J. (2005). "Global Workspace Theory of Consciousness: Toward a Cognitive Neuroscience of Human Experience." Progress in Brain Research 150: 45–53.

Badre, D., and M. D'Esposito (2009). "Is the Rostro-caudal Axis of the Frontal Lobe Hierarchical?" Nature Reviews Neuroscience 10 (9): 659.

Badre, D., J. Hoffman, et al. (2009). "Hierarchical Cognitive Control Deficits Following Damage to the Human Frontal Lobe." Nature Neuroscience 12 (4): 515.

Barkai, R., J. Rosell, et al. (2017). "Fire for a Reason: Barbecue at Middle Pleistocene Qesem Cave, Israel." Current Anthropology 58 (S16).

Bar-On, D., and R. Moore (2017). "Pragmatic Interpretation and Signaler-Receiver Asymmetries in Animal Communication." In The Routledge Handbook of Philosophy of Animal Minds, ed. K. Andrews and J. Beck, 291–300. New York: Routledge.

Bates, E., and B. McWhinney (1982). "Functionalist Approaches to Grammar." In Language Acquisition: The State of the Art, ed. E. Wanne and L. Gleitman, 173–218. Cambridge: Cambridge University Press.

Beckerman, S., and P. Valentine, eds. (2002). Cultures of Multiple Fathers: The Theory and Practice of Partible Paternity in Lowland South America. Gainesville: University Press of Florida.

Belyaev, D. K., A. O. Ruvinsky, and L. N. Trut (1981). "Inherited Activation-Inactivation of the Star Gene in Foxes: Its Bearing on the Problem of Domestication." Journal of Heredity 72 (4): 267–274.

Ben-Dor, M., A. Gopher, et al. (2011). "Man the Fat Hunter: The Demise of Homo erectus and the Emergence of a New Hominin Lineage in the Middle Pleistocene (ca. 400 kyr) Levant." PLoS One 6 (12): e28689.

Berwick, R. C., and N. Chomsky (2016). Why Only Us: Language and Its Evolution. Cambridge, MA: MIT Press.

Bettinger, R. (2013). "Effects of the Bow on Social Organization in Western North America." Evolutionary Anthropology: Issues, News, and Reviews 22 (3): 118–123.

Bickerton, D. (2002). "From Protolanguage to Language." In The Speciation of Modern Homo sapiens, ed. T. J. Crow, 193–120. Oxford: Oxford University Press.

Bickerton, D. (2009). Adam's Tongue: How Humans Made Language, How Language Made Humans. New York: Hill and Wang.

Bickerton, D. (2014). More Than Nature Needs: Language, Mind and Evolution. Cambridge, MA: Harvard University Press.

Binford, L. (1980). "Willow Smoke and Dogs' Tails: Hunter-Gatherer Settlement Systems and Archaeological Site Formation." American Antiquity 45 (1): 4–20.

Binford, L. (2007). "The Diet of Early Hominins: Some Things We Need to Know Before 'Reading' the Menu from the Archaeological Record." In Guts and Brains, ed. W. Roebroeks, 185–222. Leiden: Leiden University Press.

Bingham, P. (1999). "Human Uniqueness: A General Theory." Quarterly Review of Biology 74 (2): 133–169.

Bingham, P. (2000). "Human Evolution and Human History: A Complete Theory." Evolutionary Anthropology 9 (6): 248–257.

Boeckx, C. A., and K. Fujita (2014). "Syntax, Action, Comparative Cognitive Science, and Darwinian Thinking." Frontiers in Psychology 5: 627.

Boehm, C. (1999). Hierarchy in the Forest. Cambridge, MA: Harvard University Press.

Boehm, C. (2012). Moral Origins: The Evolution of Virtue, Altruism, and Shame. New York: Basic Books.

Boesch, C., and H. Boesch (1983). "Optimisation of Nut-Cracking with Natural Hammers by Wild Chimpanzees." Behaviour 83 (3–4): 265–286.

Boesch, C., J. Head, and M. M. Robbins (2009). "Complex Tool Sets for Honey Extraction among Chimpanzees in Loango National Park, Gabon." Journal of Human Evolution 56 (6): 560–569.

Bohn, M., J. Call, et al. (2015). "Communication about Absent Entities in Great Apes and Human Infants." Cognition 145: 63–72.

Bohn, M., J. Call, et al. (2016). "The Role of Past Interactions in Great Apes' Communication about Absent Entities." Journal of Comparative Psychology 130 (4): 351–357.

Bonta, M., R. Gosford, et al. (2017). "Intentional Fire-Spreading by 'Firehawk'

Raptors in Northern Australia." Journal of Ethnobiology 37 (4): 700–718.

Botvinick, M. M. (2008). "Hierarchical Models of Behavior and Prefrontal Function." Trends in Cognitive Sciences 12 (5): 201–208.

Boyd, R. (2016). A Different Kind of Animal: How Culture Made Humans Exceptionally Adaptable and Cooperative. Princeton: Princeton University Press.

Brainard, G. C., J. P. Hanifin, et al. (2001). "Action Spectrum for Melatonin Regulation in Humans: Evidence for a Novel Circadian Photoreceptor." Journal of Neuroscience 21 (16): 6405–6412.

Bruner, E. (2010). "Morphological Differences in the Parietal Lobes within the Human Genus: A Neurofunctional Perspective." Current Anthropology 51 (S1): S77–S88.

Bullinger, A. F., F. Zimmerman, et al. (2011). "Different Social Motives in the Gestural Communication of Chimpanzees and Human Children." Developmental Science 14 (1): 58–68.

Bunn, H. (2007). "Meat Made Us Human." In Evolution of the Human Diet: The Known, the Unknown, and the Unknowable, ed. P. Ungar, 191–211. Oxford: Oxford University Press.

Bunn, H., and A. Gurtov (2014). "Prey Mortality Profiles Indicate that Early Pleistocene Homo at Olduvai Was an Ambush Predator." Quaternary International 322: 44–53.

Bunn, H., and T. R. Pickering (2010). "Bovid Mortality Profiles in Paleoecological Context Falsify Hypotheses of Endurance Running–Hunting and Passive Scavenging by Early Pleistocene Hominins." Quaternary Research 74 (3): 395–404.

Bureau of Labor Statistics (2020). "American Time Use Survey—Results 2019." US Department of Labor. https://www.bls.gov/news.release/pdf/atus.pdf.

Buttelmann, D., F. Buttelmann, et al. (2017). "Great Apes Distinguish True from False Beliefs in an Interactive Helping Task." PLoS One 12 (4).

Byrne, R. W., E. Cartmill, et al. (2017). "Great Ape Gestures: Intentional Communication with a Rich Set of Innate Signals." Animal Cognition 20 (4): 755–769.

Calcott, B. (2008). "Lineage Explanations: Explaining How Biological Mechanisms

Change." British Journal for the Philosophy of Science 60: 51–78.

Capasso, L., E. Michetti, and R. D'Anastasio (2008). "A Homo erectus Hyoid Bone: Possible Implications for the Origin of the Human Capability for Speech." Collegium Antropologicum 32 (4): 1007–1011.

Carmody, R. N., G. S. Weintraub, and R. W. Wrangham (2011). "Energetic Consequences of Thermal and Nonthermal Food Processing." Proceedings of the National Academy of Sciences 108 (48): 19199–19203.

Carrigan, E. M., and A. M. Coppola (2017). "Successful Communication Does Not Drive Language Development: Evidence from Adult Homesign." Cognition 158: 10–27.

Carruthers, P. (2015). The Centered Mind: What the Science of Working Memory Shows Us about the Nature of Human Thought. Oxford: Oxford University Press.

Carvalho, S., E. Cunha, et al. (2008). "Chaînes Opératoires and Resource-Exploitation Strategies in Chimpanzee (Pan troglodytes) Nut Cracking." Journal of Human Evolution 55 (1): 148–163.

Cashdan, E. (1980). "Egalitarianism among Hunters and Gatherers." American Anthropologist 82: 116–120.

Chapais, B. (2008). Primeval Kinship. Cambridge, MA: Harvard University Press.

Chapais, B. (2013). "Monogamy, Strongly Bonded Groups and the Evolution of Human Social Structure." Evolutionary Anthropology 22: 52–65.

Christensen, W., and J. Michael (2015). "From Two Systems to a Multi-systems Architecture for Mindreading." New Ideas in Psychology 40: 48–64.

Christiansen, M., and N. Chater (2016a). Creating Language: Integrating Evolution, Acquisition, and Processing. Cambridge, MA: MIT Press 2016.

Christiansen, M. H., and N. Chater (2016b). "The Now-or-Never bottleneck: A Fundamental Constraint on Language." Behavioral and Brain Sciences 39.

Christoff, K., K. Keramatian, et al. (2009). "Prefrontal Organization of Cognitive Control According to Levels of Abstraction." Brain Research 1286: 94–105.

Churchill, S., and J. Rhodes (2009). "The Evolution of the Human Capacity for 'Killing at a Distance': The Human Fossil Evidence for the Evolution of Projectile Weaponry." In The Evolution of Hominin Diets: Integrating Approaches to the Study of Palaeolithic Subsistence, ed. J.-J. Hublin and M.

Richards, 201–210. Dordrecht: Springer.

Cieri, R. L., S. E. Churchill, et al. (2014). "Craniofacial Feminization, Social Tolerance, and the Origins of Behavioral Modernity." Current Anthropology 55 (4): 419–443.

Claidiere, N., K. Smith, et al. (2014). "Cultural Evolution of Systematically Structured Behaviour in a Non-human Primate." Proceedings of the Royal Society 281.

Coolidge, F. L., and T. Wynn (2005). "Working Memory, Its Executive Functions, and the Emergence of Modern Thinking." Cambridge Archaeological Journal 15 (1): 5–26.

Coolidge, F. L., and T. G. Wynn (2018). The Rise of Homo sapiens: The Evolution of Modern Thinking. Oxford: Oxford University Press.

Corballis, M. (2009). "The Evolution of Language." Annals of the New York Academy of Sciences 1156 (March): 19–43.

Corballis, M. C. (2011). The Recursive Mind: The Origins of Human Language, Thought, and Civilization. Princeton: Princeton University Press.

Corballis, M. C. (2014). The Recursive Mind: The Origins of Human Language, Thought, and Civilization. Updated ed. Princeton: Princeton University Press.

Corbey, R., A. Jagich, et al. (2016). "The Acheulean Handaxe: More Like a Bird's Song Than a Beatles' Tune?" Evolutionary Archaeology 25: 6–19.

Cordell, J. (1974). "The Lunar-Tide Fishing Cycle in Northeastern Brazil." Ethnology 13 (4): 379–392.

Crockford, C. (2019). "Why Does the Chimpanzee Vocal Repertoire Remain Poorly Understood? And What Can Be Done about It." In The Tai Chimpanzees: 40 Years of Research, ed. C. Boesch and R. Wittig. Cambridge: Cambridge University Press.

Crockford, C., R. M. Wittig, et al. (2012). "Wild Chimpanzees Inform Ignorant Group Members of Danger." Current Biology 22 (January 24): 142–146.

Crockford, C., R. Wittig, et al. (2017). "Vocalizing in Chimpanzees Is Influenced by Social-Cognitive Processes." Science Advances 3 (11).

Crompton, R. H. (2017). "Making the Case for Possible Hominin Footprints from the Late Miocene (c. 5.7 Ma) of Crete?" Proceedings of the Geologists' Association 128 (5–6): 692–693.

Csibra, G., and G. Gergely (2009). "Natural Pedagogy." Trends in Cognitive Science 13 (4): 148–153.

Csibra, G., and G. Gergely (2011). "Natural Pedagogy as Evolutionary Adaptation." Philosophical Transactions of the Royal Society B 366 (1567): 1149–1157.

Deacon, T. (1997). The Symbolic Species: The Co-evolution of Language and the Brain. New York: W. W. Norton.

de Boer, B. (2009). "Acoustic Analysis of Primate Air Sacs and Their Effect on Vocalization." Journal of the Acoustical Society of America 126 (6): 3329–3343.

Dediu, D., and S. Levinson (2013). "On the Antiquity of Language: The Reinterpretation of Neandertal Linguistic Capacities and Its Consequences." Frontiers of Psychology 4 (397).

Dennett, D. C. (1975). "Three Kinds of Intentional Psychology." In Reduction, Time, and Reality: Studies in the Philosophy of the Natural Sciences, ed. R. Healy. Cambridge: Cambridge University Press.

Dennett, D. C. (1991). "Real Patterns." Journal of Philosophy 87: 27–51.

Dennett, D. (2017). From Bacteria to Bach and Back. New York: W. W. Norton.

Dessalles, J.-L. (2007). Why We Talk: The Evolutionary Origins of Language. Oxford: Oxford University Press.

Devitt, M. (1981). Designation. New York: Columbia University Press.

Devitt, M. (1996). Coming to Our Senses: A Naturalistic Program for Semantic Localism. Cambridge: Cambridge University Press.

Dezecache, G., and R. I. Dunbar (2012). "Sharing the Joke: The Size of Natural Laughter Groups." Evolution and Human Behavior 33 (6): 775–779.

Dixon, M. L., K. C. Fox, and K. Christoff (2014). "Evidence for Rostro-caudal Functional Organization in Multiple Brain Areas Related to Goal-Directed Behavior." Brain Research 1572: 26–39.

Domínguez-Rodrigo, M., and T. R. Pickering (2017). "The Meat of the Matter: An Evolutionary Perspective on Human Carnivory." Azania: Archaeological Research in Africa 52 (1): 4–32.

Donald, M. (1991). Origins of the Modern Mind: Three Stages in the Evolution of Culture and Cognition. Cambridge, MA: Harvard University Press.

Donald, M. (2001). A Mind So Rare: The Evolution of Human Consciousness. New

York: W. W. Norton.

Dunbar, R. (1996). Grooming, Gossip and the Evolution of Language. London: Faber and Faber.

Dunbar, R. (2009). "Why Only Humans Have Language." In The Prehistory of Language, ed. R. Botha and C. Knight, 12–35. Oxford: Oxford University Press.

Dunbar, R. (2014). "Why Only Humans Have Language." In Lucy to Language: The Benchmark Papers, ed. R. Dunbar, C. Gamble, and J. Gowlett, 426–445. Oxford: Oxford University Press.

Dunbar, R. I. M. (2017). "Group Size, Vocal Grooming and the Origins of Language." Psychonomic Bulletin and Review 24 (1): 209–212.

Dunbar, R. I., R. Baron, et al. (2012). "Social Laughter Is Correlated with an Elevated Pain Threshold." Proceedings of the Royal Society B: Biological Sciences 279 (1731): 1161–1167.

Dunbar, R., and J. Gowlett (2014). "Fireside Chat: The Impact of Fire on Hominin Socioecology." In Lucy to Language: The Benchmark Papers, ed. R. Dunbar, C. Gamble, and J. Gowlett, 277–296. Oxford: Oxford University Press.

Evans, N. (2017). "Did Language Evolve in Multilingual Settings?" Biology and Philosophy 32 (5): 905–933.

Evans-Pritchard, E. E. (1940). The Nuer: A Description of the Modes of Livelihood and Political Institutions of a Nilotic People. Oxford: Clarendon Press.

Everett, D. L. (2005). "Cultural Constraints on Grammar and Cognition in Pirahã: Another Look at the Design Features of Human Language." Current Anthropology 46 (4): 621–646.

Everett, D. (2009). "Pirahã Culture and Grammar: A Response to Some Criticisms." Language 85 (2): 405–442.

Everett, D. (2017). How Language Began. London: Profile Books.

Fadiga, L., L. Craighero, and A. D'Ausilio (2009). "Broca's Area in Language, Action, and Music." Annals of the New York Academy of Sciences 1169 (1): 448–458.

Fay, N., M. Ellison, et al. (2015). "Iconicity: From Sign to System in Human Communication and Language." Pragmatics and Cognition 22 (2): 244–263.

Fay, N., S. Garrod, et al. (2010). "The Interactive Evolution of Human Communication Systems." Cognitive Science 34 (3): 351–386.

Ferrari, P. F., V. Gallese, et al. (2003). "Mirror Neurons Responding to the Observation of Ingestive and Communicative Mouth Actions in the Monkey Ventral Premotor Cortex." European Journal of Neuroscience 17 (8): 1703–1714.

Finlayson, C. (2014). The Improbable Primate: How Water Shaped Human Evolution. New York: Oxford University Press.

Fitch, W. T. (2000). "The Evolution of Speech: A Comparative Review." Trends in Cognitive Sciences 4 (7): 258–267.

Fitch, W. T. (2010). The Evolution of Language. Cambridge: Cambridge University Press.

Flynn, J. P. (1967). "The Neural Basis of Aggression in Cats." In Neurophysiology and Emotion, ed. David C. Glass, 40–60. New York: Rockefeller University Press.

Fodor, J. A. (1975). The Language of Thought. New York: Thomas Y. Crowell.

Fodor, J. A. (1983). The Modularity of Mind. Cambridge, MA: MIT Press.

Fonseca-Azevedo, K., and S. Herculano-Houzel (2012). "Metabolic Constraint Imposes Tradeoff between Body Size and Number of Brain Neurons in Human Evolution." Proceedings of the National Academy of Sciences 109 (45): 18571–18576.

Frank, S. L., R. Bod, and M. H. Christiansen (2012). "How Hierarchical Is Language Use?" Proceedings of the Royal Society B: Biological Sciences 279 (1747): 4522–4531.

Frison, G. C. (2004). Survival by Hunting: Prehistoric Human Predators and Animal Prey. Berkeley: University of California Press.

Fröhlich, M., R. M. Wittig, and S. Pika (2016). "Should I Stay or Should I Go? Initiation of Joint Travel in Mother–Infant Dyads of Two Chimpanzee Communities in the Wild." Animal Cognition 19 (3): 483–500.

Furuichi, T. (2011). "Female Contributions to the Peaceful Nature of Bonobo Society." Evolutionary Anthropology: Issues, News, and Reviews 20 (4): 131–142.

Galdikas, B. M. (1988). "Orangutan Diet, Range, and Activity at Tanjung Puting, Central Borneo." International Journal of Primatology 9 (1): 1–35.

Gallese, V., L. Fadiga, et al. (1996). "Action Recognition in the Premotor Cortex."

Brain 119 (2): 593–609.

Gamble, C. (1998). "Palaeolithic Society and the Release from Proximity: A Network Approach to Intimate Relations." World Archaeology 29: 426–449.

Gamble, C. (2008). "Kinship and Material Culture: Archaeological Implications of the Human Global Diaspora." In Early Human Kinship: From Sex to Social Reproduction, ed. N. Allen et al., 27–40. Oxford: Blackwell.

Gamble, C. (2013). Settling the Earth: The Archaeology of Deep Human History. Cambridge: Cambridge University Press.

Gamble, C., J. Gowlett, and R. Dunbar (2014). Thinking Big: How the Evolution of Social Life Shaped the Human Mind. London: Thames and Hudson.

Garde, M. (2009). "The Language of Fire: Seasonality, Resources and Landscape Burning on the Arnhem Land Plateau." In Culture, Ecology and Economy of Fire Management in North Australian Savannas, ed. J. Russell-Smith, P. Whitehead, and P. Cooke, 85–164. Collingwood: CSIRO Publishing.

Garrod, S., N. Fay, et al. (2007). "Foundations of Representation: Where Might Graphical Symbol Systems Come From?" Cognitive Science 31 (6): 961–987.

Genty, E., T. Breuer, et al. (2009). "Gestural Communication of the Gorilla (Gorilla gorilla): Repertoire, Intentionality and Possible Origins." Animal Cognition 12 (3): 527–546.

Genty, E., and R. W. Byrne (2010). "Why Do Gorillas Make Sequences of Gestures?" Animal Cognition 13 (2): 287–301.

Gergely, G., and G. Csibra (2006). "Sylvia's Recipe: The Role of Imitation and Pedagogy in the Transmission of Cultural Knowledge." In Roots of Human Society: Culture, Cognition and Human Interaction, ed. N. J. Enfield and S. C. Levenson, 229–255. Oxford: Berg.

Gergely, G., K. Egyed, et al. (2007). "On Pedagogy." Developmental Science 10 (1): 139–146.

Ghiglieri, M. P. (1984). The Chimpanzees of Kibale Forest: A Field Study of Ecology and Social Structure. New York: Columbia University Press.

Gierliński, G. D., G. Niedźwiedzki, et al. (2017). "Possible Hominin Footprints from the Late Miocene (c. 5.7 Ma) of Crete?" Proceedings of the Geologists' Association 128 (5–6): 697–710.

Gleeson, B. T., and G. Kushnick (2018). "Female Status, Food Security, and Stature

Sexual Dimorphism: Testing Mate Choice as a Mechanism in Human Self-Domestication." American Journal of Physical Anthropology 167 (3): 458–469.

Godfrey-Smith, P. (1996). Complexity and the Function of Mind in Nature. Cambridge: Cambridge University Press.

Godfrey-Smith, P. (2017). "Senders, Receivers, and Symbolic Artifacts." Biological Theory 12 (4): 275–286.

Gokhman, D., M. Nissim-Rafinia, et al. (2019). "Genes Affecting Vocal and Facial Anatomy Went through Extensive Regulatory Divergence in Modern Humans." bioRxiv, 106955.

Goldin-Meadow, S. (1999). "The Role of Gesture in Communication and Thinking." Trends in Cognitive Sciences 3 (11): 419–429.

Goldin-Meadow, S. (2002). "Getting a Handle on Language Creation." Typological Studies in Language 53: 343–374.

Goldin-Meadow, S. (2003). The Resilience of Language. Essays in Developmental Psychology. New York: Psychology Press.

Goldin-Meadow, S. (2015). "Watching Language Grow in the Manual Modality: Nominals, Predicates, and Handshapes." Cognition 136: 381–395.

Goldin-Meadow, S., and C. Mylander (1984). "Gestural Communication in Deaf Children and the Effects and Noneffects of Parental Input." Monographs of the Society for Research in Child Development 49 (3–4): 1–151.

Goldin-Meadow, S., and C. M. Sandhofer (1999). "Gestures Convey Substantive Information about a Child's Thoughts to Ordinary Listeners." Developmental Science 2 (1): 67–74.

Goldin-Meadow, S., D. Wein, and C. Chang (1992). "Assessing Knowledge through Gesture: Using Children's Hands to Read Their Minds." Cognition and Instruction 9 (3): 201–219.

Goren-Inbar, N., N. Alperson, et al. (2004). "Evidence of Hominin Control of Fire at Gesher Benot Ya'aqov, Israel." Science 304 (5671): 725–727.

Gough, E. K. (1959). "The Nayars and the Definition of Marriage." Journal of the Royal Anthropological Institute of Great Britain and Ireland 89 (1): 23–34.

Gould, R. A. (1969). Yiwara: Foragers of the Australian Desert. London: Collins.

Gowlett, J. A. J. (2006). "The Early Settlement of Northern Europe: Fire History in the Context of Climate Change and the Social Brain." Comptes Rendus Palevol

5: 299–310.

Gowlett, J. (2016). "The Discovery of Fire by Humans: A Long and Convoluted Process." Philosophical Transactions of the Royal Society B 371 (1696).

Gowlett, J., and R. Wrangham (2013). "Earliest Fire in Africa: Towards the Convergence of Archaeological Evidence and the Cooking Hypothesis." Azania: Archaeological Research in Africa 48 (1): 5–30.

Green, E. M. (2017). "Performing Gesture: The Pragmatic Functions of Pantomimic and Lexical Repertoires in a Natural Sign Narrative." Gesture 16 (2): 329–363.

Green, J. (2016). Drawn from the Ground: Sound, Sign and Inscription in Central Australian Sand Stories. Cambridge: Cambridge University Press.

Griffiths, B. (2018). Deep Time Dreaming: Uncovering Ancient Australia. Melbourne: Black Ink.

Guthrie, R. D. (2001). "Origin and Causes of the Mammoth Steppe: A Story of Cloud Cover, Woolly Mammoth Tooth Pits, Buckles, and Inside-Out Beringia." Quaternary Science Reviews 20: 549–574.

Guthrie, R. D. (2007). "Haak en Steek—The Tool that Allowed Hominins to Colonize the African Savanna and Flourish There." In Guts and Brains, ed. W. Roebroeks, 133–164. Leiden: Leiden University Press.

Hale, K. (1983). "Warlpiri and the Grammar of Non-configurational Languages." Natural Language and Linguistic Theory 1 (1): 5–47.

Harmand, S., J. E. Lewis, et al. (2015). "3.3-Million-Year-Old Stone Tools from Lomekwi 3, West Turkana, Kenya." Nature 521 (7552): 310–315.

Hart, C., and H. Pilling (1960). The Tiwi of North Australia. New York: Holt Rinehart Winston.

Hart, D., and R. W. Sussman (2005). Man the Hunted: Primates, Predators, and Human Evolution. New York: Westview Press.

Hauser, M. (1996). The Evolution of Communication. Cambridge, MA: MIT Press.

Hauser, M., N. Chomsky, et al. (2002). "The Faculty of Language: What Is It, Who Has It, and How Does It Evolve?" Science 298: 1569–1579.

Hawkes, K. (1994). "The Grandmother Effect." Nature 428 (11 March): 128–129.

Hawkes, K. (2003). "Grandmothers and the Evolution of Human Longevity." American Journal of Human Biology 15 (3): 380—400.

Hawkes, K., and R. Bird (2002). "Showing Off, Handicap Signaling and the

Evolution of Men's Work." Evolutionary Anthropology 11 (1): 58–67.

Hawkes, K., J. F. O'Connell, et al. (1998). "Grandmothering, Menopause and the Evolution of Human Life Histories." Proceedings of the National Academy of Sciences 95: 1336–1339.

Hawkes, K., J. F. O'Connell, et al. (2010). "Family Provisioning Is Not the Only Reason Men Hunt." Current Anthropology 51 (2): 259–264.

Henrich, J. (2004). "Demography and Cultural Evolution: Why Adaptive Cultural Processes Produced Maladaptive Losses in Tasmania." American Antiquity 69 (2): 197–221.

Henrich, J. (2016). The Secret of Our Success: How Culture Is Driving Human Evolution, Domesticating Our Species and Making Us Smarter. Princeton: Princeton University Press.

Henshilwood, C., and C. Marean (2003). "The Origin of Modern Human Behavior." Current Anthropology 44: 627–651.

Herculano-Houzel, S. (2016). The Human Advantage: A New Understanding of How Our Brain Became Remarkable. Cambridge, MA: MIT Press.

Heyes, C. (2011). "Automatic Imitation." Psychological Bulletin 137 (3): 463–483.

Heyes, C. (2012). "Grist and Mills: On the Cultural Origins of Cultural Learning." Philosophical Transactions of the Royal Society B 367: 2181–2191.

Heyes, C. (2018). Cognitive Gadgets: The Cultural Evolution of Thinking. Cambridge, MA: Harvard University Press.

Heyes, C., and C. Frith (2014). "The Cultural Evolution of Mind Reading." Science 344 (6190).

Hill, K., M. Barton, et al. (2009). "The Emergence of Human Uniqueness: Characters Underlying Behavioral Modernity." Evolutionary Anthropology 18: 174–187.

Hill, K., R. S. Walker, et al. (2011). "Co-residence Patterns in Hunter-Gatherer Societies Show Unique Human Social Structure." Science 331 (6022): 1286.

Hiscock, P. (2014). "Learning in Lithic Landscapes: A Reconsideration of the Hominid 'Toolusing' Niche." Biological Theory 9 (1): 27–41.

Hobaiter, C., and R. Byrne (2014). "The Meanings of Chimpanzee Gestures." Current Biology 24 (July 21): 1596–1600.

Hostetter, A. B., and M. W. Alibali (2008). "Visible Embodiment: Gestures as

Simulated Action." Psychonomic Bulletin and Review 15 (3): 495–514.

Hrdy, S. B. (2009). Mothers and Others: The Evolutionary Origins of Mutual Understanding. Cambridge, MA: Harvard University Press.

Hublin, J. J., A. Ben-Ncer, et al. (2017). "New Fossils from Jebel Irhoud, Morocco and the Pan-African Origin of Homo sapiens." Nature 546 (7657): 289–292.

Hurford, J. (2007). The Origins of Meaning. New York: Oxford University Press.

Hurford, J. (2011). The Origins of Grammar: Language in the Light of Evolution II. Oxford: Oxford University Press.

Hurford, J. (2014). The Origins of Language: A Slim Guide. Oxford: Oxford University Press.

Ilambu, O. (2001). "Ecology of Eastern Lowland Gorilla: Is There Enough Scientific Knowledge to Mitigate Conservation Threats Associated with Extreme Disturbances in Its Distribution Range?" In The Apes: Challenges for the 21st Century, 307–312. Conference proceedings. Brookfield, IL: Brookfield Zoo.

Irvine, E. (2016). "Method and Evidence: Gesture and Iconicity in the Evolution of Language." Mind and Language 31 (2): 221–247.

Isaac, B. (1987). "Throwing and Human Evolution." African Archaeological Review 5 (1): 3–17.

Jackendoff, R. (1999). "Possible Stages in the Evolution of the Language Capacity." Trends in Cognitive Science 3 (7): 272–279.

Jackendoff, R. (2007). Language, Consciousness, Culture: Essays on Mental Structure. Cambridge, MA: MIT Press.

Jackson, F. (1997). From Metaphysics to Ethics. Oxford: Oxford University Press.

Jackson, F. (2010). Language, Names and Information. Oxford: Wiley.

Jaeggi, A. V., and M. Gurven (2017). "Food-Sharing Models." In The International Encyclopedia of Anthropology, ed. H. Callan. New York: John Wiley.

Jeffares, B. (2014). "Back to Australopithecus: Utilizing New Theories of Cognition to Understand the Pliocene Hominins." Biological Theory 9 (1): 4–15.

Kahneman, D. (2011). Thinking, Fast and Slow. London: Macmillan.

Kaplan, H., S. Gangestad, et al. (2007). "The Evolution of Diet, Brain and Life History among Primates and Humans." In Guts and Brains, ed. W. Roebroeks, 47–90. Leiden: Leiden University Press.

Kaplan, H., K. Hill, et al. (2000). "A Theory of Human Life History Evolution: Diet, Intelligence and Longevity." Evolutionary Anthropology 9 (4): 156–185.

Kelly, D. (1984). "Archaeology of Aboriginal Fish Traps in the Murray-Darling Basin, Australia." Sydney: Charles Sturt University.

Kelly, L. (2015). Knowledge and Power in Prehistoric Societies: Orality, Memory, and the Transmission of Culture. Cambridge: Cambridge University Press.

Kelly, R. L. (2013). The Lifeways of Hunter-Gatherers: The Foraging Spectrum. Cambridge: Cambridge University Press.

Kelly, S. D., and R. B. Church (1997). "Can Children Detect Conceptual Information Conveyed through Other Children's Nonverbal Behaviors?" Cognition and Instruction 15 (1): 107–134.

Killin, A. (2017a). "Plio-Pleistocene Foundations of Musicality: The Co-Evolution of Hominin Cognition, Sociality and Music." Biological Theory 12 (4): 222–235.

Killin, A. (2017b). "Where Did Language Come From? Connecting Sign, Song, and Speech in Hominin Evolution." Biology and Philosophy 32 (6): 759–778.

Kirsh, D. (1995). "Complementary Strategies: Why We Use Our Hands When We Think." In Proceedings of the Seventeenth Annual Conference of the Cognitive Science Society, 212–217. Hillsdale, NJ: Lawrence Erlbaum.

Koechlin, E., and T. Jubault (2006). "Broca's Area and the Hierarchical Organization of Human Behavior." Neuron 50 (6): 963–974.

Kohn, M., and S. Mithen (1999). "Handaxes: Products of Sexual Selection?" Antiquity 73 (281): 518–526.

Krebs, J., and R. Dawkins (1984). "Animal Signals, Mind-Reading and Manipulation." In Behavioural Ecology: An Evolutionary Approach, ed. J. R. Krebs and N. B. Davies, 380–402. Oxford: Blackwell Scientific.

Krupenye, C., F. Kano, et al. (2016). "Great Apes Anticipate That Other Individuals Will Act According to False Beliefs." Science 354 (6308): 110–114.

Kuhn, S. (2020). The Evolution of Paleolithic Technologies. London: Routledge.

Laland, K. (2017). "The Origins of Language in Teaching." Psychonomic Bulletin and Review 24 (1): 225–231.

Layton, R., and S. O'Hara (2010). "Human Social Evolution: A Comparison of Hunter-Gatherer and Chimpanzee Social Organization." In Social Brain,

Distributed Mind, ed. R. Dunbar, C. Gamble, and J. Gowlett, 83–113. Oxford: Oxford University Press.

Layton, R., S. O'Hara, and A. Bilsborough (2012). "Antiquity and Social Functions of Multilevel Social Organization among Human Hunter-Gatherers." International Journal of Primatology 33: 1215–1245.

Leavens, D., W. Hopkins, et al. (2005). "Understanding the Point of Chimpanzee Pointing: Epigenesis and Ecological Validity." Current Directions in Psychological Science 14 (4): 185–189.

Lee, R. B. (1979). The !Kung San: Men, Women and Work in a Foraging Society. Cambridge: Cambridge University Press.

Lehmann, J., A. H. Korstjens, et al. (2008). "Time Management in Great Apes: Implications for Gorilla Biogeography." Evolutionary Ecology Research 10 (4).

Levinson, S. C. (2013). "Recursion in Pragmatics." Language 89 (1): 149–162.

Levinson, S. (2016). "Turn-Taking in Human Communication: Origins and Implications for Language Processing." Trends in Cognitive Sciences 20 (1): 6–14.

Levinson, S., and D. Dediu (2018). "Neanderthal Language Revisited: Not Only Us." Current Opinion in Behavioral Sciences 21: 49–56.

Lewis, D. K. (1969). Convention. Cambridge, MA: Harvard University Press.

Lewis, J. (2009). "As Well as Words: Congo Pygmy Hunting, Mimicry, and Play." In The Cradle of Language, ed. R. Botha and C. Knight, 236–256. Oxford: Oxford University Press.

Lewis, J. (2015). "Where Goods Are Free but Knowledge Costs: Hunter-Gatherer Ritual Economics in Western Central Africa." Hunter Gatherer Research 1 (1).

Li, H., and R. Durbin (2011). "Inference of Human Population History from Individual Whole-Genome Sequences." Nature 475 (7357): 493.

Liebenberg, L. (1990). The Art of Tracking and the Origin of Science. Claremount, South Africa: David Philip.

Liebenberg, L. (2013). The Origin of Science: On the Evolutionary Roots of Science and Its Implications for Self-Education and Citizen Science. Cape Town: CyberTracker.

Lieberman, D., D. Bramble, et al. (2007). "The Evolution of Endurance Running and the Tyranny of Ethnography: A Reply to Pickering and Bunn." Journal of

Human Evolution 53: 434–437.

Lieberman, P. (1998). Eve Spoke: Human Language and Human Evolution. New York: W. W. Norton.

Lieberman, P. (2012). "Vocal Tract Anatomy and the Neural Bases of Talking." Journal of Phonetics 40 (4): 608–622.

Lloyd, E. (2004). "Kanzi, Evolution, and Language." Biology and Philosophy 19: 577–588.

Lorenz, K. (1981). The Foundations of Ethology. New York: Springer.

Loulergue, L., A. Schilt, et al. (2008). "Orbital and Millennial-Scale Features of Atmospheric CH4 over the Past 800,000 Years." Nature 453 (7193): 383–386.

Lupo, K. (2012). "On Early Hominin Meat Eating and Carcass Acquisition Strategies: Still Relevant after All These Years?" In Stone Tools and Fossil Bones, ed. M. Domínguez-Rodrigo, 115–151. New York: Cambridge University Press.

MacLarnon, A. M., and G. P. Hewitt (1999). "The Evolution of Human Speech: The Role of Enhanced Breathing Control." American Journal of Physical Anthropology 109 (3): 341–363.

Marean, C. W. (2010). "Pinnacle Point Cave 13B (Western Cape Province, South Africa) in Context: The Cape Floral Kingdom, Shellfish, and Modern Human Origins." Journal of Human Evolution 59 (3–4): 425–443.

Marean, C. W. (2011). "Coastal South Africa and the Coevolution of the Modern Human Lineage and the Coastal Adaptation." In Trekking the Shore, 421–440. New York: Springer.

Marean, C. W. (2014). "The Origins and Significance of Coastal Resource Use in Africa and Western Eurasia." Journal of Human Evolution 77: 17–40.

Marean, C. W. (2015). "An Evolutionary Anthropological Perspective on Modern Human Origins." Annual Review of Anthropology 44: 533–556.

Marean, C. W., M. Bar-Matthews, et al. (2007). "Early Human Use of Marine Resources and Pigment in South Africa during the Middle Pleistocene." Nature 449 (7164): 905–908.

Maricic, T., V. Günther, et al. (2013). "A Recent Evolutionary Change Affects a Regulatory Element in the Human FOXP2 Gene." Molecular Biology and Evolution 30 (4): 844–852.

Marlowe, F. W. (2010). The Hadza: Hunter-Gatherers of Tanzania. Berkeley: University of California Press.

Martínez, I., J. L. Arsuaga, et al. (2008). "Human Hyoid Bones from the Middle Pleistocene Site of the Sima de los Huesos (Sierra de Atapuerca, Spain)." Journal of Human Evolution 54 (1): 118–124.

Martínez, I., R. M. Quam, and M. Rosa, M. (2008). "Auditory Capacities of Human Fossils: A New Approach to the Origin of Speech." In Proceedings of the 2nd ASA-EAA Joint Conference Acoustics, 4177–4182.

Martínez, I., M. Rosa, et al. (2004). "Auditory Capacities in Middle Pleistocene Humans from the Sierra de Atapuerca in Spain." Proceedings of the National Academy of Sciences 101 (27): 9976–9981.

Martrat, B., O. Grimalt, et al. (2007). "Four Climate Cycles of Recurring Deep and Surface Water Destabilizations on the Iberian Margin." Science 317 (5837): 502–507.

Marwick, B. (2003). "Pleistocene Exchange Networks as Evidence for the Evolution of Language." Cambridge Archaeological Journal 13 (1): 67–81.

Maslin, M. (2017). The Cradle of Humanity. Oxford: Oxford University Press.

Maynard Smith, J., and D. Harper (2003). Animal Signals. Oxford: Oxford University Press.

Mazza, P. P. A., F. Martini, et al. (2006). "A New Palaeolithic Discovery: Tar-Hafted Stone Tools in a European Mid-Pleistocene Bone-Bearing Bed." Journal of Archaeological Science 33 (9): 1310–1318.

McBrearty, S., and A. Brooks (2000). "The Revolution That Wasn't: A New Interpretation of the Origin of Modern Human Behavior." Journal of Human Evolution 39 (5): 453–563.

McNeill, D. (2008). Gesture and Thought. Chicago: University of Chicago Press.

McNeill, D., J. Cassell, and K. E. McCullough (1994). "Communicative Effects of Speech-Mismatched Gestures." Research on Language and Social Interaction 27 (3): 223–237.

McPherron, S. P., Z. Alemseged, et al. (2010). "Evidence for Stone-Tool-Assisted Consumption of Animal Tissues before 3.39 Million Years Ago at Dikika, Ethiopia." Nature 466: 857–860.

Meggitt, M. (1965). Desert People: A Study of the Walbiri Aborigines of Central

Australia. Sydney: Angus and Robinson.

Meir, I., W. Sandler, et al. (2010). "Emerging Sign Languages." In Oxford Handbook of Deaf Studies, Language, and Education, ed. M. Marschark, 267–280. Oxford: Oxford University Press.

Meloy, J. R. (2006). "Empirical Basis and Forensic Application of Affective and Predatory Violence." Australian and New Zealand Journal of Psychiatry 40 (6–7): 539–547.

Mercader, J., H. Barton, et al. (2007). "4,300-Year-Old Chimpanzee Sites and the Origins of Percussive Stone Technology." Proceedings of the National Academy of Sciences 104 (9): 3043–3048.

Mercader, J., M. Panger, and C. Boesch (2002). "Excavation of a Chimpanzee Stone Tool Site in the African Rainforest." Science 296 (5572): 1452–1455.

Mercier, H., and D. Sperber (2017). The Enigma of Reason. Cambridge, MA: Harvard University Press.

Milks, A., D. Parker, et al. (2019). "External Ballistics of Pleistocene Hand-Thrown Spears: Experimental Performance Data and Implications for Human Evolution." Scientific Reports 9 (820).

Mirazón Lahr, M., and R. A. Foley (1998). "Towards a Theory of Modern Human Origins: Geography, Demography, and Diversity in Recent Human Evolution." American Journal of Physical Anthropology 107 (S27): 137–176.

Mithen, S. (1996). The Prehistory of the Mind. London: Phoenix Books.

Mithen, S. (2005). The Singing Neanderthals: The Origins of Music, Language, Mind and Body. London: Weidenfeld & Nicholson.

Mithen, S. (2009). "Holistic Communication and the Coevolution of Language and Music: Resurrecting an Old Idea." In The Prehistory of Language, ed. R. Botha and C. Knight, 58–76. Oxford: Oxford University Press.

Morphy, H. (1989). "On Representing Ancestral Beings." In Animals into Art, 144–160. London: Routledge.

Morphy, H. (1991). Ancestral Connections: Art and an Aboriginal System of Knowledge. Chicago: University of Chicago Press.

Murgatroyd, S. (2002). The Dig Tree: The Story of Bravery, Insanity, and the Race to Discover Australia's Wild Frontier. Melbourne: Text Classics.

Mussi, M. (2007). "Women of the Middle Latitudes: The Earliest Peopling of

Europe from a Female Perspective." In Guts and Brains, ed. W. Roebroeks, 168–183. Leiden: Leiden University Press.

Nevins, A., D. Pesetsky, et al. (2009). "Pirahã Exceptionality: A Reassessment." Language 85 (2): 355–404.

Nishida, A. K., N. Nordi, and R. R. Alves (2006a). "The Lunar-Tide Cycle Viewed by Crustacean and Mollusc Gatherers in the State of Paraíba, Northeast Brazil and Their Influence in Collection Attitudes." Journal of Ethnobiology and Ethnomedicine 2 (1): 1.

Nishida, A. K., N. Nordi, and R. R. Alves (2006b). "Molluscs Production Associated to Lunar Tide Cycle: A Case Study in Paraíba State under Ethnoecology Viewpoint." Journal of Ethnobiology and Ethnomedicine 2 (1): 28.

O'Driscoll, C., and J. Thompson (2018). "The Origins and Early Elaboration of Projectile Technology." Evolutionary Anthropology 27: 30–45.

Ofek, H. (2001). Second Nature: Economic Origins of Human Evolution. Cambridge: Cambridge University Press.

Parker, C., E. Keefe, et al. (2016). "The Pyrophilic Primate Hypothesis." Evolutionary Anthropology 25: 54–63.

Patterson, D. B., D. R. Braun, et al. (2019). "Comparative Isotopic Evidence from East Turkana Supports a Dietary Shift within the Genus Homo." Nature Ecology and Evolution 3: 1048–1056.

Pearce, E., J. Launay, and R. I. Dunbar (2015). "The Ice-Breaker Effect: Singing Mediates Fast Social Bonding." Royal Society Open Science 2 (10): 150221.

Pearce, E., C. Stringer, and R. I. Dunbar (2013). "New Insights into Differences in Brain Organization between Neanderthals and Anatomically Modern Humans." Proceedings of the Royal Society B: Biological Sciences 280 (1758): 20130168.

Perelman, P., W. E. Johnson, et al. (2011). "A Molecular Phylogeny of Living Primates." PLoS Genetics 7 (3): e1001342.

Petraglia, M. D., C. Shipton, and K. Paddayya (2005). "Life and Mind in the Acheulean." In The Hominid Individual in Context: Archaeological Investigations of Lower and Middle Palaeolithic Landscapes, Locales and Artefacts, ed. C. Gamble and M. Porr, 197–219. London: Routledge.

Pettit, Pa. (2011). The Palaeolithic Origins of Human Burial. London: Routledge.

Pettit, Ph. (1993). The Common Mind: An Essay on Psychology, Society, and

Politics. Oxford: Oxford University Press.

Pickering, T. R. (2013). Rough and Tumble: Aggression, Hunting, and Human Evolution. Los Angles: University of California Press.

Pickering, T. R., and H. Bunn (2007). "The Endurance Running Hypothesis and Hunting and Scavenging in Savanna–Woodlands." Journal of Human Evolution 53: 438–442.

Pickering, T. R., and H. Bunn (2012). "Meat Foraging by Pleistocene African Hominins: Tracking Behavioral Evolution beyond Baseline Inferences of Early Access to Carcasses." In Stone Tools and Fossil Bones, ed. M. Domínguez-Rodrigo, 152–173. New York: Cambridge University Press.

Pickering, T. R., and M. Domínguez-Rodrigo (2012). "Can We Use Chimpanzee Behavior to Model Early Hominin Hunting?" In Stone Tools and Fossil Bones, ed. M. Domínguez-Rodrigo, 174–203. New York: Cambridge University Press.

Pilley, J. W. (2013). Chaser: Unlocking the Genius of the Dog Who Knows a Thousand Words. Boston: Houghton Mifflin Harcourt.

Pinker, S. (2011). The Better Angels of Our Nature. New York: Viking.

Planer, R. J. (2017a). "Protolanguage Might Have Evolved before Ostensive Communication." Biological Theory 12 (2): 72–84.

Planer, R. J. (2017b). "Talking about Tools: Did Early Pleistocene Hominins Have a Protolanguage?" Biological Theory 12 (4): 211–221.

Planer, R. J. (2020a). "Towards an Evolutionary Account of Human Kinship Systems." Biological Theory, 1–14.

Planer, R. J. (2020b). Review of Richard Wrangham's "The Goodness Paradox." British Journal Review of Books.

Planer, R. J. (2021). "Theory of Mind, System-2 Thinking, and the Origins of Language." In Explorations in Archaeology and Philosophy, ed. A. Killin and S. Allen-Hermanson. Synthese Library. Cham, Switzerland: Springer.

Planer, R. J., and D. Kalkman (2019). "Arbitrary Signals and Cognitive Complexity." British Journal for the Philosophy of Science.

Planer, R. J., and P. Godfrey-Smith (forthcoming). "Communication and Representation Understood as Sender–Receiver Coordination." Mind and Language.

Ploog, D. (2002). "Is the Neural Basis of Vocalization Different in Non-human

Primates and Homo sapiens?" In The Speciation of Modern Homo sapiens, ed. T. J. Crow. Oxford: Oxford University Press.

Potts, R. (1996). Humanity's Descent: The Consequences of Ecological Instability. New York: Avon.

Potts, R. (1998). "Variability Selection in Hominid Evolution." Evolutionary Anthropology 7 (3): 81–96.

Potts, R., and J. T. Faith (2015). "Alternating High and Low Climate Variability: The Context of Natural Selection and Speciation in Plio-Pleistocene Hominin Evolution." Journal of Human Evolution 87: 5–20.

Powell, A., S. Shennan, et al. (2009). "Late Pleistocene Demography and the Appearance of Modern Human Behavior." Science 324(June 5): 298–1301.

Progovac, L. (2015). Evolutionary Syntax. Oxford: Oxford University Press.

Provine, R. R. (2001). Laughter: A Scientific Investigation. New York: Penguin.

Pruetz, J. D., and P. Bertolani (2009). "Chimpanzee (Pan troglodytes verus) Behavioral Responses to Stresses Associated with Living in a Savanna-Mosaic Environment: Implications for Hominin Adaptations to Open Habitats." PaleoAnthropology, 252.

Pruetz, J. D., and N. M. Herzog (2017). "Savanna Chimpanzees at Fongoli, Senegal, Navigate a Fire Landscape." Current Anthropology 58 (S16): S337–S350.

Prüfer, K., F. Racimo, et al. (2014). "The Complete Genome Sequence of a Neanderthal from the Altai Mountains." Nature 505 (7481): 43–49.

Railton, P. (2006). "Normative Guidance." Oxford Studies in Metaethics 1 (3): 2–33.

Rauscher, F. H., R. M. Krauss, and Y. Chen (1996). "Gesture, Speech, and Lexical Access: The Role of Lexical Movements in Speech Production." Psychological Science 7 (4): 226–231.

Richerson, P. J., and R. Boyd (2005). Not by Genes Alone: How Culture Transformed Human Evolution. Chicago: University of Chicago Press.

Richerson, P., and R. Boyd (2013). "Rethinking Paleoanthropology: A World Queerer Than We Had Supposed." In The Evolution of Brain, Mind, and Culture, ed. G. Hatfield and H. Pittman. Philadelphia: University of Pennsylvania Press.

Richman, B. (1993). "On the Evolution of Speech: Singing as the Middle Term." Current Anthropology 34 (5): 721–722.

Ridley, M. (1986). Evolution and Classification: The Reformulation of Cladism. London: Longman.

Rizzolatti, G., L. Fadiga, et al. (1996). "Premotor Cortex and the Recognition of Motor Actions." Cognitive Brain Research 3 (2): 131–141.

Roach, N. T., and B. G. Richmond (2015). "Clavicle Length, Throwing Performance and the Reconstruction of the Homo erectus Shoulder." Journal of Human Evolution 80: 107–113.

Roberts, P., and B. Stewart (2018). "Defining the 'Generalist Specialist' Niche for Pleistocene Homo sapiens." Nature Human Behaviour 2: 542–550.

Rossano, M. J. (2010). "Making Friends, Making Tools, and Making Symbols." Current Anthropology 51 (S1): S89–S98.

Rowson, B., B. H. Warren, and C. F. Ngereza (2010). "Terrestrial Molluscs of Pemba Island, Zanzibar, Tanzania, and Its Status as an 'Oceanic' Island." ZooKeys 70: 1–39.

Russon, A., and K. Andrews (2011). "Pantomime in Great Apes: Evidence and Implications." Communicative and Integrative Biology 4 (3): 315–317.

Russon, A., and K. Andrews (2015). "Orangutan Pantomime: Elaborating the Message." Biology Letters 1–4.

Saffran, J., M. Hauser, et al. (2008). "Grammatical Pattern Learning by Human Infants and Cotton-Top Tamarin Monkeys." Cognition 107 (2): 479–500.

Sahle, Y., W. K. Hutchings, et al. (2013). "Earliest Stone-Tipped Projectiles from the Ethiopian Rift Date to >279,000 Years Ago." PLoS One 8 (11): e78092.

Salali, L., R. Mace, et al. (2017). "Cooperation and the Evolution of Hunter-Gatherer Storytelling." Nature Communications 8 (1): 1853.

Sandgathe, D., H. Dibble, et al. (2011). "On the Role of Fire in Neandertal Adaptations in Western Europe: Evidence from Pech de l'Azé IV and Roc de Marsal, France." PaleoAnthropology 2011: 216–224.

Satterthwait, L. (1986). "Aboriginal Australian Net Hunting." Mankind 16 (1): 31–48.

Satterthwait, L. (1987). "Socioeconomic Implications of Australian Aboriginal Net Hunting." Man 22 (4): 613–636.

Schel, A. M., S. W. Townsend, et al. (2013). "Chimpanzee Alarm Call Production Meets Key Criteria for Intentionality." PLoS One 8 (10): e76674.

Schiffels, S., and R. Durbin (2014). "Inferring Human Population Size and Separation History from Multiple Genome Sequences." Nature Genetics 46 (8): 919–925.

Scott-Phillips, T. (2015). Speaking Our Minds. London: Palgrave-Macmillan.

Scott-Phillips, T. C., and R. A. Blythe (2013). "Why Is Combinatorial Communication Rare in the Natural World, and Why Is Language an Exception to This Trend?" Journal of the Royal Society Interface 10.

Seabright, P. (2010). The Company of Strangers: A Natural History of Economic Life. Princeton: Princeton University Press.

Searcy, W., and S. Nowicki (2005). The Evolution of Animal Communication: Reliability and Deception in Signaling Systems. Princeton: Princeton University Press.

Segal, N. L. (2012). Born Together—Reared Apart: The Landmark Minnesota Twin Study. Cambridge, MA: Harvard University Press.

Seyfarth, R., and D. Cheney (2010). "Production, Usage, and Comprehension in Animal Vocalizations." Brain and Language 115: 92–100.

Seyfarth, R., and D. Cheney (2014). "The Evolution of Language from Social Cognition." Current Opinion in Neurobiology 28: 5–9.

Seyfarth, R., and D. Cheney (2018a). "Pragmatic Flexibility in Primate Vocal Production." Current Opinion in Behavioral Sciences 21: 56–61.

Seyfarth, R., and D. Cheney (2018b). The Social Origins of Language. Princeton: Princeton University Press.

Shahack-Gross, R., F. Berna, et al. (2014). "Evidence for the Repeated Use of a Central Hearth at Middle Pleistocene (300 ky Ago) Qesem Cave, Israel." Journal of Archaeological Science 44: 12–21.

Shaw-Williams, K. (2014). "The Social Trackways Theory of the Evolution of Human Cognition." Biological Theory 9 (1): 16–26.

Shaw-Williams, K. (2017). "The Social Trackways Theory of the Evolution of Language." Biological Theory 12 (4): 195–210.

Shea, J. J. (2006). "The Origins of Lithic Projectile Point Technology: Evidence from Africa, the Levant, and Europe." Journal of Archaeological Science 33 (6): 823–846.

Shea, J. J., and M. L. Sisk (2010). "Complex Projectile Technology and Homo sapiens Dispersal into Western Eurasia." PaleoAnthropology 2010: 100–122.

Shipton, C. (2019). "The Evolution of Social Transmission in the Acheulean." In Squeezing Minds from Stones: Cognitive Archaeology and the Evolution of the Human Mind. ed. K. Overmann and F. Coolidge. Oxford: Oxford University Press.

Simões-Costa, M., and M. E. Bronner (2015). "Establishing Neural Crest Identity: A Gene Regulatory Recipe." Development 142 (2): 242–257.

Skyrms, B. (2010). Signals: Evolution, Learning, and Information. New York: Oxford University Press.

Slocombe, K., T. Kaller, et al. (2010). "Production of Food-Associated Calls in Wild Male Chimpanzees Is Dependent on the Composition of the Audience." Behavioral Ecology and Sociobiology 64: 1959–1966.

Smith, D., P. Schlaepfer, et al. (2017). "Cooperation and the Evolution of Hunter-Gatherer Storytelling." Nature Communications 8 (1): 1–9.

Spencer, B. (1928). Wanderings in Wild Australia. London: Macmillan.

Sperber, D., and D. Wilson (1986). Relevance: Communication and Cognition. Oxford: Blackwell.

Stamps, J. A., and M. Buechner (1985). "The Territorial Defense Hypothesis and the Ecology of Insular Vertebrates." Quarterly Review of Biology 60 (2): 155–181.

Stanford, C. (2018). The New Chimpanzee: A Twenty-First Century Portrait of Our Closest Kin. Cambridge, MA: Harvard University Press.

Sterelny, K. (2011). "From Hominins to Humans: How sapiens Became Behaviourally Modern." Philosophical Transactions of the Royal Society B 366 (1566): 809–822.

Sterelny, K. (2012a). The Evolved Apprentice Cambridge, MA: MIT Press.

Sterelny, K. (2012b). "Language, Gesture, Skill: The Co-evolutionary Foundations of Language." Philosophical Transactions of the Royal Society B 367: 2141–2151.

Sterelny, K. (2014). "A Paleolithic Reciprocation Crisis: Symbols, Signals, and Norms." Biological Theory 9 (1): 65–77.

Sterelny, K. (2016a). "Cumulative Cultural Evolution and the Origins of Language." Biological Theory 11 (3): 173–186.

Sterelny, K. (2016b). "Deacon's Challenge: From Calls to Words." Topoi 35 (1): 271–282.

Sterelny, K. (2017). "Cultural Evolution in California and Paris." Studies in History and Philosophy of Science Part C 62: 42–50.

Sterelny, K. (2019a). "Norms and Their Evolution." In Handbook of Cognitive Archaeology: Psychology in Prehistory, ed. T. Henley, M. Rossano, and E. P. Kardas, 375–397. New York: Routledge.

Sterelny, K. (2019b). "The Origins of Multi-Level Society." Topoi.

Sterelny, K. (2020). "Demography and Cultural Complexity." Synthese.

Sterelny, K. (2021). The Pleistocene Social Contract: Culture and Cooperation in the Hominin Lineage. New York: Oxford University Press.

Stiner, M. C. (2002). "Carnivory, Coevolution, and the Geographic Spread of the Genus Homo." Journal of Archaeological Research 10 (1): 1–63.

Stiner, M. (2013). "An Unshakable Middle Paleolithic? Trends versus Conservatism in the Predatory Niche and Their Social Ramifications." Current Anthropology 54 (S8): S288–S304.

Stiner, M., A. Gopher, et al. (2011). "Hearth-Side Socioeconomics, Hunting and Paleoecology during the Late Lower Paleolithic at Qesem Cave, Israel." Journal of Human Evolution 60: 213–233.

Stoessel, A., R. David, P. Gunz, T. Schmidt, F. Spoor, and J. J. Hublin (2016). "Morphology and Function of Neandertal and Modern Human Ear Ossicles." Proceedings of the National Academy of Sciences 113 (41): 11489–11494.

Stout, D. (2011). "Stone Toolmaking and the Evolution of Human Culture and Cognition." Philosophical Transactions of the Royal Society B 366: 1050–1059.

Stout, D., and T. Chaminade (2009). "Making Tools and Making Sense: Complex, Intentional Behaviour in Human Evolution." Cambridge Archaeological Journal 19 (1): 85–96.

Stout, D., and T. Chaminade (2012). "Stone Tools, Language and the Brain in Human Evolution." Philosophical Transactions of the Royal Society B 367 (1585): 75–87.

Striedter, G. F. (2005). Principles of Brain Evolution. Sunderland, MA: Sinauer Associates.

Sugiyama, M. (2001). "Food, Foragers and Folklore: The Role of Narrative in

Human Subsistence." Evolution and Human Behavior 22 (4): 221–240.

Sykes, R. W. (2015). "To See a World in a Hafted Tool: Birch Pitch Composite Technology, Cognition and Memory in Neanderthals." In Settlement, Society and Cognition in Human Evolution: Landscapes in the Mind, ed. F. Coward, R. Hosfield, et al., 117–137. Cambridge: Cambridge University Press.

Tattersall, I. (2016). "Language Origins: An Evolutionary Framework." Topoi 37: 289–296.

Tennie, C., D. R. Braun, et al. (2016). "The Island Test for Cumulative Culture in Paleolithic Cultures." In The Nature of Culture, ed. M. N. Haidle, N. Conard, and M. Bolus, 121–133. Dordrecht: Springer.

Tennie, C., J. Call, et al. (2009). "Ratcheting Up the Ratchet: On the Evolution of Cumulative Culture." Philosophical Transactions of the Royal Society B 364: 2405–2415.

Tennie, C., L. Premo, et al. (2017). "Early Stone Tools and Cultural Transmission: Resetting the Null Hypothesis, with Commentaries and a Response." Current Anthropology 58 (5): 652–672.

Theofanopoulou, C., S. Gastaldon, et al. (2017). "Comparative Genomic Evidence for Self-Domestication in Homo sapiens." bioRxiv, 125799.

Thieme, H. (1997). "Lower Palaeolithic Hunting Spears from Germany." Nature 385 (27 February): 807–810.

Thompson, J., S. Carvalho, et al. (2019). "Origins of the Human Predatory Pattern: The Transition to Large Animal Exploitation by Early Hominins." Current Anthropology 60: 1–23.

Thompson, L. A., and D. W. Massaro (1994). "Children's Integration of Speech and Pointing Gestures in Comprehension." Journal of Experimental Child Psychology 57 (3): 327–354.

Thornton, A., and N. Raihani (2008). "The Evolution of Teaching." Animal Behaviour 75 (6): 1823–1836.

Tomasello, M. (2003). Constructing a Language: A Usage-Based Theory of Language Acquisition. Cambridge, MA: Harvard University Press.

Tomasello, M. (2007). "If They Are So Good at Language, Then Why Don't They Talk? Hints from Apes' and Humans' Uses of Gesture." Language Learning and Development 3 (2): 133–156.

Tomasello, M. (2008). Origins of Human Communication. Cambridge, MA: MIT Press.

Tomasello, M. (2009). Why We Cooperate. Cambridge, MA: MIT Press.

Tomasello, M. (2014). A Natural History of Human Thinking. Cambridge, MA: Harvard University Press.

Tomasello, M. (2016). A Natural History of Human Morality. Cambridge, MA: Harvard University Press.

Tomasello, M., A. P. Melis, et al. (2012). "Two Key Steps in the Evolution of Human Cooperation: The Interdependence Hypothesis." Current Anthropology 53 (6): 673–692.

Toth, N., and K. Schlick (2019). "Why Did the Acheulean Happen? Experimental Studies into the Manufacture and Function of Acheulean Artifacts." L'anthropologie 123: 724–768.

Tramacere, A., and R. Moore (2017). "Reconsidering the Role of Manual Imitation in Language Evolution." Topoi 37 (2): 319–328.

Truswell, R. (2017). "Dendrophobia in Bonobo Comprehension of Spoken English." Mind and Language 32 (4): 395–415.

Trut, L., I. Oskina, and A. Kharlamova (2009). "Animal Evolution during Domestication: The Domesticated Fox as a Model." Bioessays 31 (3): 349–360.

Twomey, T. (2013). "The Cognitive Implications of Controlled Fire Use by Early Humans." Cambridge Archaeological Journal 23 (1): 113–128.

Twomey, T. (2014). "How Domesticating Fire Facilitated the Evolution of Human Cooperation." Biology and Philosophy 29 (1): 89–99.

Veroude, K., Y. Zhang-James, et al. (2016). "Genetics of Aggressive Behavior: An Overview." American Journal of Medical Genetics Part B: Neuropsychiatric Genetics 171 (1): 3–43.

Villamil, C. I. (2014). "An Analysis of Homo erectus Vertebral Canal Morphology and Its Relationship to Vertebral Formula Variation in Recent Humans." American Journal of Physical Anthropology 153: 261–261.

Walker, R. S., M. Flinn, et al. (2010). "Evolutionary History of Partible Paternity in Lowland South America." Proceedings of the National Academy of Sciences 107 (45): 19195–19200.

Wallace, A. R. (1891). Natural Selection and Tropical Nature: Essays on Descriptive and Theoretical Biology. London: Macmillan.

Warneken, F., and M. Tomasello (2006). "Altruistic Helping in Human Infants and Young Chimpanzees." Science 311 (3 March): 1301–1303.

Watts, D. P. (1988). "Environmental Influences on Mountain Gorilla Time Budgets." American Journal of Primatology 15 (3): 195–211.

Weinstein, D., J. Launay, et al. (2016). "Group Music Performance Causes Elevated Pain Thresholds and Social Bonding in Small and Large Groups of Singers." Evolution and Human Behavior 37 (2): 152–158.

West-Eberhard, M. J. (2003). Developmental Plasticity and Evolution. Oxford: Oxford University Press.

Whallon, R. (2011). "An Introduction to Information and Its Role in Hunter-Gatherer Bands." In Information and Its Role in Hunter-Gatherer Bands, ed. R. Whallon, W. A. Lovis, and R. Hitchcock, 1–28. Los Angeles: UCLA/Cotsen Institute of Archaeology Press.

Wiessner, P. (2002). "Hunting, Healing, and hxaro Exchange: A Long-Term Perspective on !Kung (Ju/'hoansi) Large-Game Hunting." Evolution and Human Behavior 23 (6): 407–436.

Wiessner, P. W. (2014). "Embers of Society: Firelight Talk among the Ju/'hoansi Bushmen." Proceedings of the National Academy of Sciences 111 (39): 14027–14035.

Wilkins, D. P. (1997). "Alternative Representations of Space: Arrernte Narratives in Sand." In The Visual Narrative Reader, ed. N. Cohn, 252–281. London: Bloomsbury.

Wilkins, J., and M. Chazan (2012). "Blade Production 500 Thousand Years Ago at Kathu Pan 1, South Africa: Support for a Multiple Origins Hypothesis for Early Middle Pleistocene Blade Technologies." Journal of Archaeological Science 39: 1883–1900.

Wilkins, J., B. J. Schoville, et al. (2012). "Evidence for Early Hafted Hunting Technology." Science 338: 942–945.

Wrangham, R. W. (1977). "Feeding Behaviour of Chimpanzees in Gombe National Park, Tanzania." In Primate Ecology: Studies of Feeding and Ranging Behaviour in Lemurs, Monkeys and Apes, 504–538. New York: Academic Press.

Wrangham, R. (2017). "Control of Fire in the Paleolithic: Evaluating the Cooking

Hypothesis." Current Anthropology 58 (S16): S303–S313.

Wrangham, R. (2018). The Goodness Paradox. Cambridge, MA: Harvard University Press.

Wrangham, R. W. (2019). "Hypotheses for the Evolution of Reduced Reactive Aggression in the Context of Human Self-Domestication." Frontiers in Psychology 10.

Wray, A. (1998). "Protolanguage as a Holistic System for Social Interaction." Language and Communication 18 (1): 47–67.

Wray, A. (2002). "Dual Processing in Protolanguage: Performance without Competence." In Wray, The Transition to Language, 113–137. Oxford: Oxford University Press.

Wray, A. (2005). "The Explanatory Advantages of the Holistic Protolanguage Model: The Case of Linguistic Irregularity. Commentary on Arbib." Behavioral and Brain Sciences 28 (2): 147–148.

Zachos, J., M. Pagani, et al. (2001). "Trends, Rhythms, and Aberrations in Global Climate 65 Ma to Present." Science 292 (5517): 686–693.

Zawidzki, T. W. (2013). Mindshaping: A New Framework for Understanding Human Social Cognition. Cambridge, MA: MIT Press.

찾아보기

가정 수어(homesign) 47, 250~255, 261, 333, 416, 459
개코원숭이(Baboons) 103, 110, 267~269, 454
게셔 베노트 야코브(Gesher Benot Ya'aqov) 366, 368
경고음(Alarm calls) 104, 113, 126, 183~184, 195, 197, 226, 267~268
공기주머니(Air sacs) 336, 369~370
공동 행동(Joint action) 63, 123, 219, 359~360
공적응(Coadaptation) 62~64, 74
공진화(Coevolution) 42, 52, 105, 125, 132, 157, 330, 379, 436
그루밍(Grooming) 340, 347, 349
글린 아이작(Glynn Isaac) 163
기욤 데제카슈(Guillaume Dezecache) 349
길 와인트롭(Gil Weintraub) 342
네안데르탈인(Neanderthals) 357, 368~374, 417~421, 425~426, 428, 433
노엄 촘스키(Noam Chomsky) 12, 35, 323
닉 에반스(Nick Evans) 29
닉 체이터(Nick Chater) 467
단기기억(short-term memory) 125
대니얼 데닛(Daniel Dennett) 52, 78
대니얼 에버릿(Daniel Everett) 17, 49, 57
댄 스퍼버(Dan Sperber) 74, 113
데니소바인(Denisovans) 27, 81~82, 372, 426
데릭 비커튼(Derek Bickerton) 18, 46
데이비드 루이스(David Lewis) 69
데일 거스리(Dale Guthrie) 247
도로시 체니(Dorothy Cheney) 101~104, 130, 267~269, 454
도상성(Iconicity) 132~136, 13~140, 162, 188, 261~262, 330, 351, 446~447
디트리히 스타우트(Dietrich Stout) 262
레이 재켄도프(Ray Jackendoff) 46
레이첼 카모디(Rachel Carmody) 342, 344
로널드 J. 플레이너(Ronald J. Planer) 37, 65~66, 117, 455
로메퀴(Lomekwi) 305
로버트 버위크(Robert Berwick) 12, 323
로버트 트러스웰(Robert Truswell)

270~273
로빈 던바(Robin Dunbar) 77, 346
롭 보이드(Rob Boyd) 119, 392
루이지 카파소(Luigi Capasso) 370
루이스 빈포드(Lewis Binford) 163, 169
르발루아(Levallois) 210, 311, 317, 325
리즈 어바인(Liz Irvine) 135, 212
리처드 굴드(Richard Gould) 169
리처드 랭엄(Richard Wrangham) 172, 340~342, 356
리처드 무어(Richard Moore) 29~30, 140
리처드 번(Richard Byrne) 129
리처드 세이파스(Richard Seyfarth) 247, 267~269, 454
릴리아나 프로고바츠(Ljiljana Progovac) 12, 16, 265
마이클 로사노(Michael Rossano) 56
마이클 코발리스(Michael Corballis) 131, 133
마이클 토마셀로(Michael Tomasello) 12, 110. 113, 122~123, 131, 225, 253, 380
마임/팬터마임(Mime/pantomime) 58~59, 67, 133, 138~139, 185~189, 192, 202, 204, 219, 248
마크 매슬린(Mark Maslin) 148
매스틱/접착제(Mastics/adhesives) 312
멀린 도널드(Merlin Donald) 184, 186
메리 제인 웨스트-에버하드(Mary Jane West-Eberhard) 86
모방 학습(Imitation learning) 454
모튼 크리스티안센(Morton Christiansen) 322
문맥 자유 문법(Context-free grammar) 283, 288, 290~293
발자국(Footprints) 148, 153~155, 210, 262, 448
버나드 차페이스(Bernard Chapais) 410
벌의 춤(Bee dance) 217
베레카트 람의 비너스(Venus of Berekhat Ram) 56
보노보(Bonobos) 270, 306, 396, 427
분자 시계(Molecular clock) 142
브라이언 스컴스(Brian Skyrms) 69
브렛 캘코트(Brett Calcott) 41
브로카 영역(Broca's area) 302~304, 320
비형상적 언어(Non-configurational languages) 260
샐리 보이슨(Sally Boyson) 136
생활사 패턴(Life history patterns) 162, 176
석기 제작(Stone tool manufacture) 25, 85, 88, 120~121, 178~181, 190~194, 205~206, 209~210, 262, 305, 308~309, 448, 452
세실리아 헤이즈(Cecilia Hayes) 77
수 새비지-럼보(Sue Savage-Rumbaugh) 270, 273
수재너 허큘라노-하우젤(Suzana Herculano-Houzel) 340~341, 344
수전 골딘-메도(Susan Goldin-Meadow) 331~332
스카벤징(Scavenging:사체청소) 165~167, 314

스탠리 앰브로스(Stanley Ambrose) 324~325
스테판 프랭크(Stefan Frank) 293, 322~323
스토리텔링(Storytelling) 435~436
스티븐 레빈슨(Steven Levinson) 38, 82, 124, 372
스티븐 미슨(Steven Mithen) 50
스티븐 쿤(Steven Kuhn) 179, 210
시마 데 로스 우에소스(Sima de los Huesos) 369, 371
아르디피테쿠스(Ardipithecus) 147
아슐리안(Acheulian) 85, 87, 127, 167, 178~181, 190, 192, 205~206, 209~210, 308, 324, 448, 452
안토넬라 트라마세레(Antonella Tramacere) 140
알렉산더 벨랴예프(Alexander Belyaev) 425
앤톤 킬린(Anton Killin) 29
에리카 카트밀(Erica Cartmill) 94
에뮬레이션(학습)(emulation) 454
에밀리에 젠티(Emilie Genty) 129
엘리자베타 미셰티(Elisabetta Michetti) 370
연상 학습(Associative learning) 196
오랑우탄(Orangutan) 93, 339~340
오스트랄로피테쿠스(Australopithecine) 143, 147, 152, 340, 347
올도완(Oldowan) 167, 179, 305, 308, 316
올두바이(Olduvai) 166
율릉구(Yolngu) 414

유전적 조절(Genetic accommodation) 86
음성 모방(Vocal imitation) 133, 185, 219, 335, 350, 454
음성 조절(Vocal control) 212
의미기억(semantic memory) 109~111, 125, 447
의미론적 수프(Semantic soup) 271, 279~280
의식화(Ritualization) 233
이족보행(Bipedalism) 43, 142~143, 146~153, 173
인과적 추론(Causal reasoning) 202, 204, 236, 245, 446
자기 길들이기(Self-domestication) 424~427, 430
작업기억(working memory) 116~118
전운동피질(Premotor cortex) 303
제리 포더(Jerry Fodor) 78
제벨 이루드(Jebel Irhoud) 427
제임스 오코넬(James O'Connell) 172
제임스 허포드(James Hurford) 12
조감도 형식 표현(Bird's-eye view representation) 203
조지 카 프리슨(George Carr Frison) 211
조지프 헨릭(Joseph Henrich) 119, 170
존 가울렛(John Gowlett, John) 358, 363, 366
주먹도끼(Handaxe) 56, 112, 119, 121, 178~179, 191~193, 308~309, 317
중심지 회귀 수렵채집(Central-place foraging)
진공 행동(Vacuum behavior) 174

집행 능력(Executive control) 18, 39, 125, 421, 433
찰스 다윈(Charles Darwin) 349, 427
찰스 샌더스 퍼스(Charles Sanders Peirce) 54
추출적 수렵채집(Extractive foraging) 330
칸지(Kanzi) 140~141, 214, 270~272, 279, 329
캐서린 크록포드(Catherine Crockford) 96
캐서린 호바이터(Catherine Hobaiter) 129
커티스 머린(Curtis Marean) 431
케셈 동굴(Qesem Cave) 281, 367
크리스틴 호크스(Kristyn Hawkes) 172
클라이브 갬블(Clive Gamble) 77, 111, 381
클라우스 주베르빌러(Klaus Zuberbühler) 96, 98, 100
클라이브 핀레이슨(Clive Finlayson) 152, 161, 381
킴 쇼-윌리엄스(Kim Shaw-Williams) 148
킴 스터렐니(Kim Sterelny) 10~11, 30, 103, 137, 145, 178, 196, 455
탄탄의 비너스(Tan-Tan figurine) 56
테렌스 투미(Terrence Twomey) 355
테쿰세 피치(Tecumseh Fitch) 335, 370
톰 스콧-필립스(Thom Scott-Phillips) 24, 74, 113, 236
통속심리학(Folk psychology) 78~79

트래비스 레인 피커링(Travis Rayne Pickering) 164
티에리 샤미나드(Thierry Chaminade) 262
팬배니샤(Panbanisha) 141
펠릭스 바르네켄(Felix Warneken) 227
피진(Pidgin) 47~48, 250
피터 고드프리-스미스(Peter Godfrey-Smith) 29, 145, 157
피터 리처슨(Peter Richerson) 453
피터 캐러더스(Peter Carruthers) 116
피터 히스콕(Peter Hiscock) 120, 180, 455
하드자 족(Hadza) 144, 151
하워드 모피(Howard Morphy) 414
하임 오페크(Haim Offek) 356, 399
해부학적 현생인류(Anatomically modern human:AMH) 36, 82, 161, 175~176, 212, 214, 265, 347, 384, 417~420, 424~426, 433~434, 436
헨리 번(Henry Bunn) 164
형식문법(Formal grammar) 283~285, 288~294, 296, 322
호흡 조절(Breath control) 36, 336, 348, 350, 370
황토(Ochre) 56, 427
후두(Larynx) 335~336, 342, 369
휴고 머시어(Hugo Mercier) 407
흉부 척추관(Thoracic vertebral canal) 369~370
FOXP2 유전자(FOXP2) 372

이 책은 언어에 관한 새로운 이론, 즉 현대의 언어는 다양한 원시언어들이 지난 200만 년 동안 점점 더 풍부하게 진화한 결과물이라는 이론을 다룬 책이다. 저자들은 언어와 인지가 공진화했으며, 고고학적 증거들의 핵심을 차지한다고 주장하면서 언어와 인지에 관련된 고고학적 증거들에 기초해 인간의 인지능력과 소통능력의 진화 과정을 추적한다.

고고학적 증거들을 언어와 직접 연결시킴으로써 저자들은 언어를 구성하는 다양한 핵심요소들이 대형유인원에서 발견되며, 이 요소들이 최초의 인류 계통 종들이 사용했던 도구의 일부였다는 것을 보여준다.

또한 이 책에서 저자들은 언어 진화 이론이 극복해야 하는 장벽에 대해 구체적으로 다루면서 단어의 진화, 복합적 발화와 계층적 구조의 진화 과정을 탐구한다. 또한 저자들은 몸짓 위주의 소통에서 음성언어로의 전환, 언어 형성을 이끈 경제적·사회적 요소들에 대해서도 자세히 설명하며, 저자들의 이론이 기존의 언어 이론의 한계를 극복할 수 있는 이론이 될 수 있는 근거에 대해서도 밝히고 있다.